江苏大学研究生教材建设专项基金资助成果、国家社科基金一般项目（22BZW177）成果

民俗文化与国际中文教育

主　编　余红艳

副主编　孙凤娟　孟宇卿　丁青芝

FOLK
CULTURE
&
INTERNATIONAL
CHINESE
LANGUAGE
EDUCATION

上海交通大学出版社
SHANGHAI JIAO TONG UNIVERSITY PRESS

内容提要

本书为面向国际中文教育本科生、研究生的专业教材。全书共分十章,包括民间文学与国际中文教育、传统节日与国际中文教育、人生仪礼与国际中文教育、民间艺术与国际中文教育、饮食民俗与国际中文教育、数字民俗与国际中文教育、色彩民俗与国际中文教育、服饰民俗与国际中文教育、景观民俗与国际中文教育、民俗文化国际传播研究方法。本书以"国际理解教育"为课程教学目标,秉持加强中外民俗文化交流、对话、理解的编写理念,以提升国际中文教育专业学生的中华文化传播能力,增强中外文化理解,促进中外文明交流互鉴。

图书在版编目(CIP)数据

民俗文化与国际中文教育/ 余红艳主编. — 上海:
上海交通大学出版社,2023.12
 ISBN 978 - 7 - 313 - 30254 - 0

Ⅰ. ①民… Ⅱ. ①余… Ⅲ. ①风俗习惯-中国-教材
②汉语-对外汉语教学-教材 Ⅳ. ①K892②H195.4

中国国家版本馆 CIP 数据核字(2024)第 040893 号

民俗文化与国际中文教育
MINSU WENHUA YU GUOJI ZHONGWEN JIAOYU

主　　编:	余红艳			
出版发行:	上海交通大学出版社	地　　址:	上海市番禺路 951 号	
邮政编码:	200030	电　　话:	021 - 64071208	
印　　制:	上海万卷印刷股份有限公司	经　　销:	全国新华书店	
开　　本:	710 mm×1000 mm　1/16	印　　张:	19	
字　　数:	318 千字			
版　　次:	2023 年 12 月第 1 版	印　　次:	2023 年 12 月第 1 次印刷	
书　　号:	ISBN 978 - 7 - 313 - 30254 - 0			
定　　价:	98.00 元			

序

民俗学(folklore)的概念是 20 世纪初从外部传进来的,大体上是关于民间的、民众的知识的意思。在很大程度上,西方民俗学所关注的民俗问题都不是很重要的东西。班尼女士的《民俗学手册》将民俗学解释为:"它把落后民族或保留于较先进民族无文化阶段中的传统信仰、习俗、故事、歌谣和俗语都概括在内。"这样的民俗学教材,后来成为中国大学生学习民俗学的基本教材,"落后民族"、先进民族中的传统"遗留物"是两个关键词。虽然民俗学家与社会也会承认民俗有价值,但是那最多是历史价值,民俗在现实中的意义并没有很好地被揭示。很长时间以来,中国的民俗学是中国人自己研究自己的民俗,而这个知识体系主要来自欧美和日本,民俗学很边缘。

这种情况,21 世纪以来开始发生很大变化。随着中国社会经济的发展,中国文化开始觉醒了,中国学术开始追求自主话语。对待中国文化,人们也开始了重新审视,开始发掘优秀传统文化。一个民族的强大,必然伴随着文化自信。而在全球化日益密切的今天,构建人类命运共同体,需要"美美与共,天下大同"的情怀。中国文化的国际传播不仅是中国影响力拓展的问题,更是与世界人民分享优秀文化成果的大问题。欲了解一种文化,必了解其民俗,这是古来的"入乡问俗,入境问禁"问题,这其中表现了对于多元文化规则的遵从,遵守禁忌也是一种践行。同样,要传播一种文化,首先要传播其民俗。比如佛教传来中国,首先是民俗,是神话:汉明帝夜梦金人,空中飞行。这个故事引发了西行求法之旅。文化通过民俗先行传播,古今都有丰富的案例。

民俗是长期的历史文化积淀形成的,是一种活态的传统呈现方式。民俗虽然表现在当下,其背后却有千百年的认同历程。在这样漫长的历史时期里,只有优秀的、有益的、具有现实适应性的传统才会留下来,所以民俗是文化的精华形式。这样,我们在国际中文教育过程中,在中华文化的国际传播大背景下,中国民俗传播就需要担当重要角色。中国民俗对外传播,一方面是让国际友人更好地理解中国文化,理解中国人,理解中国人的审美价值,中国人的信仰观念,中国人的规则意识,理解中国人的真善美行为与态度。另一方面,也是将灿烂的文化精华与国际友人分享,让他们分享我们享受千年的美食,欣赏生生不息的信仰传统与艺术形式,欣赏中华自然风光与经典建筑,参与中华健身运动,更重要的是一起践行"和美"价值观,让世界变得更加美好。

国际中文教育,早已不是仅仅教授狭义的"语言",而是将包含民俗在内的文化一起传递交流。原来那种讲给自己听、写给自己看的民俗教学,在国际中文教育中,变成了讲给外国人听、写给外国人看的形态。这是民俗学学科的重大变化,其背后有着深厚的时代背景,以及文化观念的变迁。应这一变化,编写一套适应国际中文教育的民俗学教程就迫在眉睫。这些年已经有很多相关教材出版,为国际中文教育的民俗学教学做出很多贡献。这也是近年来民俗学学科的开拓性工作,学术界对此类贡献是相对忽视的,以为只是一些简单的知识读物,不足挂齿,学界几乎很少讨论这个群体对于中华文化传播的重要成绩。我们有很多编纂者似乎也是这样看的,把国际中文教育的民俗学教程写成中国民俗学教材的简写本、通俗本,也很少探讨国际中文教育民俗学的教学原则及理论方法。经过这么多年的实践,国际中文教育的民俗学教学应该从学科层面加以重视了。

国际中文教育非常重要,这是不言而喻的。未来应该成为一级学科,甚至是一个门类。简单估量一下国际中文教育学科对于世界发展、对于弘扬中国文化的重要性,就知道这不是幻想,而是实实在在的现实需求。对外民俗教育,要带着学科意识去发展,带着与世界分享中华优秀文化的意识去发展。

江苏大学文学院余红艳博士领衔主编的《民俗文化与国际中文教育》在国际中文教育的民俗学教材中是富有特色的一部教程。这是一部自觉地将民俗文化视为中华优秀传统文化精华的教材,这样,本书就不仅仅是一种知识传授读本,而是人类优秀文化的共享之作。教程将民俗传统与非物质文化遗产保护结合起来,而非物质文化遗产保护运动是联合国教科文组织发起的,是有178个国家参与的国际组织,这样,民俗资源就排除了民族主义立场,变成了人类文化的共同资源。讨论非遗,教程中这段表述刷新了民俗教学的境界:

第一,非遗是世界各族人民世代相承的文化记忆,其发生、发展及演化均离不开特定的历史、地域和生活于其中的民众,非遗具有鲜明的民族标识性和地域独特性,是"世界文化多样性"的生动体现;第二,入选不同级别非遗名录的项目均为本地域、本民族、本国家历史悠久、传播广泛、艺术形式丰富、文化内涵深厚的代表性历史文化传统,是由民众创造的,经由历史层层洗涤、积淀而成的民族精华,是民间智慧的象征,是人类创造力的表征,对非遗的保护,充分体现了对人类创造力的尊重;第三,非遗作为地域、民族或国家的优秀历史文化传统,是人类社会可持续发展的文化基因与重要保证;第四,非遗还是人与人之间、地域与地域之间、国与国之间文化交流、相互了解的重要渠道。

这段高屋建瓴的论述,强化了世界文化与人类文化的概念,所以,该教程讲述的民俗基于"人类共同遗产"的视野,选择的是人类可以共享的资源。因此,本书将作为中华优秀传统文化的民俗文化推向了世界舞台,这也是外国朋友所乐见、乐学、乐享的共同资源,民俗教育成为人类命运共同体成员的一项共同事业。所以我们赞赏该教程的立意之高!

该教程的案例教学也为国际中文教育之民俗教学提供了鲜活的经验。这些案例是江苏大学及国内、国际中文教学实践的精选,这就在方法上提供了有效方案。相较于仅仅提供知识表述,案例教学举一反三,具有很好的示范性。

该教程具有研究性质,因为这是针对研究生的教程。国际中文教育实施这么多年来,也应该朝着提高的方向发展了。针对民俗研究教学,该教程同样是通过案例选择来实现的。本教程体现了江苏大学民俗学研究的最新成就,如传说景观教学、民俗景观教学。这是他们长期进行民俗学研究的开拓性成果,也是国家社科基金的成果转化。所以本教程具有很强的实用性与学术性,也是一部国际中文教育民俗教学水平的提升性之作。

　　本教程以全新的理念,培养中外国际中文民俗教育教师队伍,本身就是一项探索性成就。将国际中文教育之民俗教学变成一个学科,本教程是一个很好的开端。期待民俗学对外民俗教育这一领域形成规模,希望国际中文教育努力培育这一学科。相信通过国际中文教育同仁的努力,民俗文化教育将成为人类命运共同体建设的坚强基石。

华东师范大学民俗研究所教授、博士生导师、

非物质文化遗产传承与应用研究中心主任

2023 年 5 月 5 日海上南园

前 言

■
　■
　■
　■
　■

　　《民俗文化与国际中文教育》是江苏大学 2021 年度研究生精品教材资助项目、2022 年度国家社科基金一般项目"中国经典传说景观化传承研究"（22BZW177）、中国高等教育学会"2023 年度高等教育科学研究规划课题"（重点）"国际学生中国国情教育课程教学与社会实践体系研究"（23LH0203）的重要成果，旨在以国家语言文化国际传播策略为引领，以"国际理解教育"为目标，秉持加强中外民俗文化交流、对话、理解的编写理念，通过对民俗文化基础知识的系统介绍、中外民俗文化的横向比较，以及对来自教学一线的民俗文化国际中文教育的案例分析和代表性研究论文的参考学习，提升国际中文教育专业学生的中华文化认知理解能力、国际中文教学传播能力，促进中外文明交流互鉴，增强文化自信，为努力塑造可信、可爱、可敬的中国形象奠定扎实的专业基础。

　　2023 年 6 月 2 日，习近平总书记在文化传承发展座谈会上发表重要讲话，他强调"中华文化源远流长，中华文明博大精深。只有全面深入了解中华文明的历史，才能更有效地推动中华优秀传统文化创造性转化、创新性发展，更有力地推进中国特色社会主义文化建设，建设中华民族现代文明"。民俗文化是中华优秀传统文化的重要组成部分，是民众在日常生活中总结、提炼的民族文化、地域文化,是涵养社会主义核心价值观的重要文化基因,也是当前国际中文教育新语境下"构建更加开放、包容、规范的现代国际中文教育体系"的重要内容。2019年12月,连续举办13年的全球孔子学院大会首次更名为"国际中文教育大会"。2020年6月,教育部等八部门联合发布《关于加快和扩大新时代教育对外开放意见》(以下简称《意见》)。《意见》提出要主动加强同世界各国的互鉴、互容、互通,形成更全方位、更多层次、更宽领域;同时,孔子学院品牌的运行由官方层面的国家汉办全面下放至民间的中国国际中文教育基金会。该基金会由全国27家高校、企业及社会组织联合发起成立,旨在通过支持世界范围内的中文教育项目,促进人文交流,增进国际理解。"开放""包容""规范""交流""对话""理解"等关键词的频繁使用,表明国际中文教育事业已从2005年以来的"汉语国际推广"转向了服务世界语言文化多样性发展需求的新时代。这一话语转型对国际中文教育专业人才培养提出了更高要求,要求国际中文教师能够全面掌握并深入理解包括民俗文化在内的中国文化,并通过国际中文教育,搭建中外人文平等交流、对话和理解的教学平台,为中国文化走出去、为世界了解并理解中国贡献力量。

需要特别说明的是,本教材作为主要面向国际中文教育专业本科生、研究生和国际中文教师群体的专业教材,不同于民俗学专业教材的系统性、全面性,更关注在国际中文教育实践与研究中,涉及较多、应用较广的民俗类型,并强调在中外民俗文化比较的过程中,提升国际中文教师对不同国别和文化圈民俗文化的理解,增强其跨文化教学意识、教学能力和中外民俗文化比较研究能力。因此,本教材在每一章都设立了基于某一类型的中外民俗文化比较、民俗文化国际中文教育案例分析和相关研究论文,以帮助国际中文教育专业人才构建应用于国际中文教育与研究的民俗文化知识体系。

本教材由余红艳统筹设计和指导完成,余红艳、孟宇卿负责全书统稿。绪论、第二章、第四章、第六章、第七章、第八章、第九章由余红艳及其研究生(陈倩、孟宇卿、汤敏、胡澳琦、任袁袁、顾云钊、袁婷等)、季薇完成,第一章由余红艳、张哲完成,第三章由公维军及其研究生(倪静雅、胡萍)完成,第五章第一节由丁青芝、骆琳完成,第十章第一节由孙凤娟及其研究生(储意扬)完成,第十章第二节由周伟业完成。感谢梁雨彤、范子宜、刘扬、孟媛媛、杨馨颖、袁歆等研究生参与书稿校对工作。

　　由于民俗文化与国际中文教育均属于跨学科研究,所涉知识范围广博,尽管编写团队深感责任重大、尽心尽力,并多次研讨交流。但是,受专业领域和水平限制,书中难免存在错谬、疏漏之处,恳请专家、读者批评指正!

编　者

2023 年 8 月 8 日

目 录

绪　　论

　　2021年5月31日,中共中央政治局就加强我国国际传播能力建设进行第三十次集体学习。习近平总书记在主持学习时强调,必须加强顶层设计和研究布局,构建具有鲜明中国特色的战略传播体系,着力提高国际传播影响力、中华文化感召力、中国形象亲和力、中国话语说服力、国际舆论引导力,向世界展示一个真实、立体、全面的中国,努力塑造可信、可亲、可敬的中国形象。习近平总书记的重要讲话为进一步提升国际中文教育的语言文化交流和对话指明了新的方向。中国文化国际交流与传播始终是国际中文教育的核心理念和重要教学目标,国际中文传播甚至被认为是"最直接、有效、亲和、畅通"[①]的构建和传播中国国家形象的重要路径。据统计,目前我国已与188个国家和地区、40多个重要国际组织建立了教育合作交流关系,中国已成为亚洲最大、世界第三留学目的国,"留学中国"品牌知名度不断提升。83个国家将中文纳入国民教育体系,中国以外累计学习使用中文的人数达2亿。因此,无论是面向来华留学生还是海外中文学习者,依托国际中文教育进一步提升我国优秀文化国际传播能力都至关重要。

　　民俗文化是中华优秀文化的重要组成部分,是来自民间、流传于民间并融于民众日常生活的重要文化形式。2003年,联合国教科文组织通过《保护非物质文化遗产公约》(以下简称《公约》),非物质文化遗产(以下简称"非遗")作为人类优秀传统文化的代表形式逐渐走进人们的视野。经过比对,我们发现非遗框架中的大部分内容均为民俗文化,"中国的非物质文化遗产名录,实际上就是我们所说的民俗文化的代表作品"。[②] 因此,本章将非遗保护理念及非遗国际传播纳入民俗文化国际中文教学理论与实践研究框架,全面建构国际中文教师民俗文化知识体系,进一步提升国际中文教师的民俗与非遗文化国际中

---

　　①　陈汝东主编:《国际修辞学研究》(第三辑),高等教育出版社,2015年,第220—227页。
　　②　田兆元:《民俗本质的重估与民俗学家的责任——一种立足于文化精华立场的表述》,《山东社会科学》,2011年第5期。

文教学与研究能力。

一、文化精华视域下的民俗文化概念

钟敬文将民俗界定为"一个国家或民族中广大民众所创造、享用和传承的生活文化"。① 因为民俗主体的民众性，民俗往往被人们视为"俗文化"，而与"精英文化"相对。但需要指出的是，民俗之俗并不同于通俗之俗，它是经由历史层积而来的民族文化精华，是民间智慧的象征。民俗文化虽融于日常生活之中，但其作为有别于日常生活的特殊节点，往往又呈现出鲜明的非日常性，故而其得以成为一个民族的身份标识。由此而言，民俗文化必然是一种由民众创造出来的精英文化，是"非日常的生活传统，是提升日常生活境界的一种文化精华形态"。田兆元立足于民俗的文化精华性，将民俗的基本特性概括为"华彩的，凸显的，非日常的，经典的，精英的，雅致的，甚至专业的形态"，②并在此基础上强调，民俗学学科与民俗研究者有责任倡导并传播民俗精华。

其实，将民俗文化视为文化精华，是中国固有的一种传统观念。班固在《汉书·地理志》中，曾对风俗做过如下定义："凡民函五常之性，而其刚柔缓急，音声不同，系水土之风气，故谓之风；好恶取舍，动静无常，随君上之情欲，故谓之俗。"③班固从地理环境和人文差异角度出发，将风俗界定为"水土之风气"与"君上之情欲"。这便传达出一个重要的信息：风俗不仅仅从属于民间文化，还与精英文化密切相关，普通民众与文化精英是传承民俗文化的两大主体。班固对风俗的这一界定，在应劭这里得到了继承。应劭在《风俗通义》中，既指出了圣人对风俗的影响，同样也强调了民众与精英对民俗形成所具有的重要意义。时至今日，全球非物质文化遗产保护浪潮的兴起，再次将民俗文化提升到了文化精华的高度。非物质文化遗产代表着一个民族、国家的传统积淀，是民众创造出来的文化精华，而非遗传承人，则是传承民俗文化的民众代表，是民众中的文化精英。因此，民俗承载了民众生活的丰富文化内涵，民俗文化必然是一个国家和民族的身份标识，是民族独特性与文化多样性的注解，是国家文化软实力的象征。中共中央十七届六中全会通过的《中共中央关于深化文化体制改革、推动社会主义文

---

① 钟敬文：《民俗学概论》，上海文艺出版社，2009 年，第 1 页。
② 田兆元：《民俗本质的重估与民俗学家的责任———种立足于文化精华立场的表述》，《山东社会科学》，2011 年第 5 期。
③ 班固撰，江建忠标点：《汉书》，中华书局，2013 年，第 1640 页。

化大发展大繁荣若干重大问题的决定》指出，要增强国家文化软实力和中华文化的国际影响力。党的十八大更明确将增强国家文化软实力视为国家战略之一。从这一意义上讲，由于民俗文化的对外传播，有助于提升世界对中国文化的认同度，并能有效提升国家文化形象。因此，民俗文化是我国文化软实力建设中十分重要的内容之一。

二、开放共享的非遗保护理念

非遗概念产生于非遗保护的实际需求，最早出现于联合国第 31 届（2001年）成员国大会的会议文件中，并在联合国教科文组织 2003 年颁布的《保护非物质文化遗产公约》中有了明确定义：

> 非物质文化遗产指被各社区、群体，有时是个人，视为其文化遗产组成部分的各种社会实践、观念表述、表现形式、知识、技能以及相关的工具、实物、手工艺品和文化场所。①

2004 年，我国加入《公约》。2005 年 3 月，国务院办公厅公布《关于加强我国非物质文化遗产保护工作的意见》，在《公约》非遗定义的基础上，进一步将我国非遗界定为"各族人民世代相承的、与群众生活密切相关的各种传统文化表现形式（如民俗活动、表演艺术、传统知识和技能，以及与之相关的器具、实物和手工制品等）和文化空间"，②并建立"四级"（国家级、省级、市级、区县级）保护制度，启动我国第一批国家级非遗名录的遴选与保护工作。自此，我国进入"非遗时代"，非遗保护成为举国上下共同实践与探索的文化传承壮举。

非遗保护首先是基于非遗的突出文化特征和重要文化价值，尤其是能够进入国家、国际层面的国家级非遗和人类口头与非物质遗产项目。简单来说，代表性非遗项目应具有"强大的文化传承能力，既具高超的文化创造力，又兼稳定的社区传承能力，还具有强大的文化凝聚力"，③是重塑国家文化认同的重要载体。具体来说，第一，非遗是世界各族人民世代相承的文化记忆，其发生、发展及演化

---

① 中国非物质文化遗产网：《保护非物质文化遗产公约》，http://www.ihchina.cn/zhengce_details/11668。
② 王文章：《非物质文化遗产概论》，教育科学出版社，2013 年，第 8 页。
③ 孙正国、杨军：《重塑认同：国家非遗运动与地方文化实践的双向考察》，《广西师范学院学报》（哲学社会科学版），2017 年第 5 期。

均离不开特定的历史、地域和生活其中的民众,非遗具有鲜明的民族标识性和地域独特性,是"世界文化多样性"①的生动体现;第二,入选不同级别非遗名录的项目均为本地域、本民族、本国家历史悠久、传播广泛、艺术形式丰富、文化内涵深厚的代表性历史文化传统,是由民众创造的,经由历史层层洗涤、积淀而成的民族精华,是民间智慧的象征,是人类创造力的表征,对非遗的保护,充分体现了对人类创造力的尊重;第三,非遗作为地域、民族或国家的优秀历史文化传统,是人类社会可持续发展的文化基因与重要保证;第四,非遗还是人与人之间、地域与地域之间、国与国之间文化交流、相互了解的重要渠道。非遗概念是联合国教科文组织主导的基于"人类共同遗产"理念而发展出的保护制度,非遗保护有助于"维系社区传统、凝聚民族认同、促进文化交流",②有助于促进世界人民民心相通、文明互鉴。因此,非遗一方面是民族文化认同和重塑的重要载体,是"对一个民族文化意识的唤醒和强化";③另一方面又因其"民间性""生活性"和"活态性"的文化亲和性特征,具有促进中国文化与世界文化交流、互鉴的情感基础,是讲好中国故事,建构中国国家形象的重要文化载体。

"站在人类是一个统一整体、世界文明良性持续发展、各族群文化平等共存相互交流、保护人权等高度,国际非物质文化遗产保护界逐渐形成了一系列重要的、先进的理念,诸如文化多样性、文化遗产共享性、重视活态传承、多方保护和社区参与等",④强调非遗保护中的文化平等、文化共享和良性持续发展,在尊重文化多样性的基础上,重视交流与共享,从而形成一种平等、开放的非遗共同保护理念。

三、国际中文教学中的民俗与非遗文化

2019 年 12 月,连续举办 13 年的全球孔子学院大会首次更名为"国际中文教育大会"。大会开幕式上,时任国务院副总理孙春兰强调,要"深化国际中文教育,让世界更加了解中国,构建更加开放、包容、规范的现代国际中文教育体系"。⑤ 2020

---

① 中国非物质文化遗产网:《世界文化多样性宣言》,http://www. ihchina. cn/zhengce_details/15718。
② 刘魁立:《论全球化背景下的中国非物质文化遗产保护》,《河南社会科学》,2001 年第 1 期。
③ 贺学君:《关于非物质文化遗产保护的理论思考》,《江西社会科学》,2005 年第 2 期。
④ 黄涛:《非物质文化遗产保护的理念、法规与实践》,《中国人民大学学报》,2018 年第 1 期。
⑤ 中华人民共和国教育部政府门户网站:《孙春兰出席国际中文教育大会时强调:深化国际中文教育让世界更加了解中国》,http://www. moe. gov. cn/jyb_xwfb/gzdt_gzdt/201912/t20191210_411468. html。

年 6 月,教育部等八部门联合发布《关于加快和扩大新时代教育对外开放意见》(以下简称《意见》)。《意见》提出要主动加强同世界各国的互鉴、互容、互通,形成更全方位、更多层次、更宽领域的教育对外开放局面;同时,孔子学院品牌的运行由官方层面的国家汉办全面下放至民间的中国国际中文教育基金会。该基金会由全国 27 家高校、企业及社会组织联合发起成立,旨在通过支持世界范围内的中文教育项目,促进人文交流,增进国际理解。"开放""包容""规范""交流""对话""理解"等关键词的频繁使用,表明国际中文教育事业已从 2005 年以来的"汉语国际推广"转向了服务世界语言文化多样性发展需求的新时代。这一话语转型对汉语国际教育专业人才培养提出了更高要求,要求国际汉语教师能够全面掌握并深入理解包括民俗文化在内的中国文化,并通过国际中文教育,搭建中外人文平等交流、对话和理解的教学平台,为中国文化走出去、为世界了解并理解中国贡献力量。

《礼记·曲礼》云:"入境而问禁,入国而问俗,入门而问讳。"[①]民俗之差异,是影响跨文化交际的重要因素之一。国际中文教学既是语言教学,更是文化教学,是教学双方展开的一场有关民俗文化的交流。因此,国际中文教学既是一种汉语教学活动,也是以语言为媒介的民俗文化国际传播活动。很多学者早就意识到了这一点。早在 20 世纪七八十年代,就有学者从文化角度切入对外汉语的教学研究。著名语言学家吕必松就曾热切关注风俗习惯、文化传统以及观念等对语言和语言教学的重要影响。在他看来,风俗习惯、文化传统以及观念等一系列文化因素体现于语言系统之中,制约着语言的交际,使得语言教学与一个民族的传统民俗文化彼此依存。[②]而赵贤洲则提出了对外汉语教学中的"文化导入说"理论,认为"第二语言教学必须考虑同步进行第二文化导入",将文化导入视为语言教学的重要手段之一。20 世纪 90 年代初的《对外汉语教师资格审定办法》则进一步明确提出,从事对外汉语教学的教师必须"熟悉中国的历史和地理,了解主要的名胜古迹,有一定的社会、民俗知识"。2002 年,陈勤建在"对外汉语教学跨文化视角"汉语教学国际研讨会上,作了题为"对外汉语教学中的民俗视角"的发言,引起了国内外与会学者的高度重视。[③]《国际汉语教师标准》再次突

---

① 戴圣编,崔高维校点:《礼记》,辽宁教育出版社,2000 年,第 8 页。
② 吕必松:《语言教学中结构、意义和功能的结合》,《中国语文教师学会学报》,1982 年第 2 期。
③ 柯玲:《对外汉语教学的民俗文化思考》,《云南师范大学学报》(对外汉语教学与研究版),2006 年第 4 期。

出强调了国际汉语教师必须具备的三项基本技能：汉语教学、中华文化传播和跨文化交际。这就意味着，教师唯有在充分了解中国民俗文化的前提下，才有可能在国际中文教学过程中更好地对外传播中华传统文化。简言之，民俗文化对语言教学的重要性，使得第二语言习得无法脱离民俗文化；与此同时，两者之间的依托关系，又为中国民俗文化的对外传播，提供了一条有效的路径，即以国际中文教学为媒介，传播中国民俗文化。在我国高度重视国家文化软实力的建设与提升，视民俗文化的国际传播为提升中华文化影响力与国家软实力的重要内容与形式的背景下，相比其他文化传播媒介，如影视、翻译、民俗旅游、餐饮文化等，语言习得过程中的文化传播，更有助于加深世界对中国传统文化的认知，并真正实现跨文化国际交流。这正是当下国际中文教学的独特价值及意义之所在。

2021年7月17日，在教育部与联合国教科文组织合作举办的"面向未来的世界遗产教育"主题边会中，时任教育部部长陈宝生明确阐述了遗产保护与教育的内在关系，他指出"遗产保护事业需要教育，教育工作者也特别关注遗产保护""在世界遗产教育领域，中国既是倡导者，更是实践者，将世界遗产教育纳入国家教育发展总体规划，纳入各级各类学校的教育教学，形成了具有中国特色的世界遗产教育理念与实践"。[①] 8月12日，中共中央办公厅、国务院办公厅印发《关于进一步加强非物质文化遗产保护工作的意见》，强调"要加大非物质文化遗产传播普及力度，促进广泛传播并融入国民教育体系"，并"引导社会力量参与非物质文化遗产教育培训，广泛开展社会实践和研学活动，建设一批国家非物质文化遗产传承教育实践基地，鼓励非物质文化遗产进校园"。[②] 这凸显了"国家主流意识形态在非遗保护工作的主导地位"，[③]同时也对非遗教育提出了更高、更为系统的规划和要求。

随着全球非遗保护工作的推进，截至2022年，已有180个缔约国加入联合国教科文组织发起的《保护非物质文化遗产公约》，入选联合国非遗名录的项目共计676项。其中，部分非遗项目是由多国共同申报、共同享用和传承的跨国文化遗产。例如，"蒙古长调民歌"是由中国和蒙古国联合申报的世界非遗项目；

---

① 人民网：《世界遗产教育：培养今天的参与者与未来的引领者》，http://edu.people.com.cn/n1/2021/0729/c1006-32174302.html。

② 新华网：《关于进一步加强非物质文化遗产保护工作的意见》，http://www.xinhuanet.com/politics/2021-08/12/c_1127755913.html。

③ 萧放：《开启非遗保护传承的新时代》，《光明日报》，2021年8月17日第3版。

"妈祖信俗"千百年来从湄洲妈祖庙传播到 33 个国家和地区,是民众共同享用的非遗类型;壮族与东盟国家的侬族、泰族等同根同源,相近的民俗使其有着共同的文化记忆,①并跨越国界,共享、共护、共传人类非遗。即使是有着较大差异的非遗文化,也可在文化比较和交流中,理解各民族的文化独特性和人类文化共同性,使之成为实现国际理解教育、构建人类命运共同体的有效路径。非遗是分散在全国各地的地域文化代表和民间文化代表,是地域性与民族性、地方化与国际化的统一,它不是文化的抽象存在,非遗的"非物质性"与"物质性"并存,"物质性"是非遗可触可摸、可感可知的形象存在。因此,从国际汉语文化教学环节的设计和实践角度来看,非遗更易于让国际学生在文化语境和文化生态中真实感知,从而深入理解中华优秀文化的形象和内涵,是中华"活态"文化传统的教学,同时也是一种走进民众文化生活的方式,是国际学生喜闻乐见的文化教学模式。

以非遗为核心的国际汉语文化教学还潜藏着一种"多元文化互动综合"的文化交流教学理念。这一理念最早由美国加州伯克利大学的克拉姆契(Claire Kramsch)提出,她倡导站在文化互动的视角,从超越母语和目的语的第三视角进行比较、审视,以一种平等、互动、对话的方式,寻求文化交流与文化理解。非遗文化教学正是基于非遗的多元文化价值和平等、共享的保护理念而展开的文化交流。一方面非遗是各民族自己独特的文化成果,是具有民族标识性的文化身份,非遗文化教学可以让交流者在文化自信中快乐分享本民族的优秀文化;另一方面非遗还是人类文化遗产,代表的是人类共同文明,地球每一位成员都有责任和义务去保护它,非遗文化教学可以让交流者在充分了解人类非遗的基础上,产生对人类文化遗产的敬畏之心和保护之意,从而有助于提升公众的非遗保护意识。文化交流的根本目的是实现文化的共享,有学者提出汉语国际教育的根本目标应该是"中外社会互动",是促进目的语社会(中国社会)与学习者母语社会的"社会互动",最终实现"国际理解教育"的境界。② 联合国教科文组织指出,国际理解教育的目的就是"增进不同文化背景、不同种族、不同宗教信仰和不同区域、国家、地区的人们之间相互了解与相互宽容;加强他们之间相互合作,以便共同认识和处理全球社会存在的重大共同问题;促使将事实上的相互依赖变成为有意识的团结互助,是教育的主要任务之一。为此,教育应使每个人都能够通

---

① 谢中元:《"一带一路"建设与非物质文化遗产保护问题谈论》,《理论导刊》,2017 年第 7 期。
② 胡范铸、刘毓民、胡玉华:《汉语国际教育的根本目标与核心理念——基于"情感地缘政治"和"国际理解教育"的重新分析》,《华东师范大学学报》(哲学社会科学版),2014 年第 2 期。

过对世界的进一步认识来了解自己和了解他人"。① 这与非遗保护和非遗国际汉语文化教学理念相一致,在国际中文教学中弘扬非遗保护,贯穿非遗知识,传递的正是世界多元共存的文化价值观和世界文化平等对话的互动交流观。中华文化国际传播教学应融汇在多元文化互动交流和国际理解教育之中,在文化交流中彰显中华优秀文化魅力,在文化体验中加强世界对中华文化的深入理解,从而助推中华文化走出去和中国国家形象的话语建构。

有学者面向来华留学语言生展开了一项有关中国形象的问卷调查,调查显示,留学生对"自由、开放、和谐"的中国社会,"和平、正义、负责任"的中国形象的认可度比较低。② 显然,语言水平的提升未能增强留学生对中华优秀文化内涵的理解和认同,更加系统的文化教学,尤其是能够传播中华传统美德、中国优秀文化传统的文化教学内容必须成为国际汉语文化教学的重要板块。在2018年教育部新颁布的《来华留学生高等教育质量规范(试行)》中,将来华留学生对"中国的认识和理解"明确规定为人才培养目标,并具体要求来华留学生应"理解中国社会主流价值观和公共道德观念"。③ 我国代表性非遗项目立体呈现了中国自古以来对和平、和谐、和合文化精神的追求和践行,是"正义""向善""崇德""尚孝""包容""诚信"等中华传统美德的形象载体,是涵养我国社会主义核心价值观的传统文化基因,也是中国故事、国际表述的国际汉语教学路径,对进一步塑造我国国家形象有着独特的文化意义。总之,非遗作为世界民众创造、享用和传承的人类文化遗产,其民间性、集体性、多样性和共通性的文化特征赋予其文化平等交流的亲和力和感召力,是国际汉语文化教学的重要内容。习近平总书记在党的十九大报告中指出,加强中外人文交流,以我为主、兼收并蓄。国际汉语教学作为一种体系化的中外人文交流形式,应在文化平等对话中,讲好中国故事,提升国家文化软实力,塑造积极、正义、和平的中国国家形象。

---

① 联合国教科文组织:《教育——财富蕴藏其中》,教育科学出版社,1996年。
② 耿直:《论中国国家形象的话语构建——以国际汉语教育为视角》,《人民论坛·学术前沿》,2018年第2期。
③ 中华人民共和国教育部:《来华留学生高等教育质量规范(试行)》,http://www.moe.gov.cn/srcsite/A20/moe_850/201810/t20181012_351302.html。

第一章

民间文学与国际中文教育

　　民间文学包括散文的口头叙事文学如神话、传说和民间故事,韵文的民间诗歌、谚语和谜语,综合叙事、抒情歌舞以及具有较多表演成分的民间说唱、民间戏曲等。[①] 它是人民大众的语言艺术,是流淌在民间的民众集体智慧和集体生活的文学想象,是中华民族传统美德的形象载体。民间文学传奇的故事性、文化的共通性、交流的民间性等特征使其成为国际中文教育的重要语言教学素材和文化教学内容,是进一步提升中华文化国际传播力,讲好中国故事,传播好中国声音,全面构建更加开放、包容、规范的现代国际中文教育体系的重要组成部分。

第一节　中外民间文学

一、民间文学概说

　　民间文学是人类最古老且基本的文学形式,我们可以把原始发生的文学定位为民间文学。作为一个学科,民间文学始于 20 世纪初。1918 年北京大学歌谣研究会成立可以视作现代民间文学研究的序曲。而"民间文学"以一个明确的名称提出,则始于 1921 年胡愈之发表在《妇女杂志》第 7 卷 1 号的《论民间文学》一文,由此开启了中国民间文学研究。经过 100 多年的发展,针对民间文学这一文学门类的核心内涵基本达成共识。本节拟从民间文学的主体与类型、民间文学的基本特征与传播优势等方面,梳理民间文学的基本知识,并探讨民间文学在

---

① 　钟敬文:《民俗学概论》,上海文艺出版社,2009 年,第 234 页。

国际中文教育中所具有的传播与教育优势。

（一）民间文学的主体与类型

1. 民间文学的主体

民间文学的主体是一个复合的存在，它是"以普通民众为主体的民族集体的文学创作，是一个民族的共同遗产"。① 首先，劳动者和底层民众始终是民间文学创作主体的核心部分。民间文学来源于民间，流播于民众，是普通民众对日常生活的文学想象和诗意创作，很多民间文学作品至今仍能发现其从生活、劳作演化而来的原始痕迹。民间文学的主题及流变也都充分投射了不同时期、不同地域的民众最为关注的话题和情感。正是因为民间文学的主体始终以普通民众为核心和底色，才使得民间文学散发着民族文化的光辉和充满地域特色的审美。

其次，底层民众并非民间文学唯一的主体，知识分子作为劳动人民的重要组成部分，也是民间文学的创作主体之一，民间文学以口头叙事进行的口耳相传正是在精英文人的改编、出版中得到了更加广泛、更加多元的传播与传承。比如明朝末年冯梦龙改编的《警世通言》有很多就是源于民间文学，或者说是在民间文学的基础上进行加工而成的拟话本。以第二十八回《白娘子永镇雷峰塔》为例，该故事以宋元话本《西湖三塔记》为原型，结合江浙一带民间口传的白蛇精故事，将原本局限在杭州西湖的"西湖故事"拓展为沿着江南运河一路从杭州到苏州再到镇江的"江南故事"，②情节首尾相连，并以知名景观为重要场景，赋以景观独特的传说文化符号，最终通过明清时期较为繁盛的出版业广为传播，成为后续"白蛇传传说"的定型版本。应该说，大多数知识分子与民间保持着良性的互动关系，他们一方面从民间文学中汲取养分，改写具有较强民间传播与接受基础的故事；另一方面又通过个人的文学加工、社会影响、出版传播等方式进一步扩大民间文学的传播广度，提升民间文学的审美效度。可以说，精英文人的参与让部分民间文学通过不同叙事形态走向了经典化的发展过程。

值得关注的是，民间文学的主体有时候也包括统治阶层。一方面统治阶层包括帝王、宰相、官员等，他们是民间文学的常驻人物形象，有时候甚至是民间文学的主角之一，例如秦始皇传说、隋炀帝传说、乾隆皇帝下江南传说、刘伯温传说

---

① 田兆元、敖其：《民间文学概论》，华东师范大学出版社，2009 年，第 3 页。
② 余红艳：《民间传说景观叙事谱系与景观生产研究：以"白蛇传传说"为考察中心》，上海交通大学出版社，2022 年，第 217 页。

等;另一方面统治阶层也是民间文学的创作主体之一,甚至是民间文学创作的组织者和推动者,例如中秋节传说就有源于皇宫的说法,民间对联创作和比赛也让很多帝王情有独钟。民间文学所弘扬的传统美德、价值观、世界观等体现的正是文学对真、善、美的最高审美追求,而这与统治阶层期望民间所推崇的价值观往往是一致的。

民间文学作为民众创作、民间传播的重要文学形式,是全体民众的集体创作与集体传播,因而,它具有立足文学审美但又超越文学的更为丰富、饱满的文化内涵与民族情怀,是一个地域、民族、国家的共同文化遗产,也正是因为民间文学主体的多元性与民族性,使得民间文学在国际中文教育中具有更强的教学必要性和教学可行性。

2. 民间文学的类型

民间文学作为一个文学大类,包含了诸多子类。我们可以从创作主体、创作时代、文学体裁,以及民间文学国际中文教学需求四个方面进行多种分类。

首先,从民间文学的创作主体划分,可以分为各民族的民间文学,如汉族民间文学、藏族民间文学、满族民间文学等各民族的民间文学。近年来,各民族的民间文学研究日益兴盛,民族民间文学概论、关于民族民间文学的高层次课题等日益增多。以民族为分类依据已成为最基本的分类方法。

其次,以时代为划分标准,民间文学可以分为中国古代民间文学和中国现当代民间文学。古代民间文学与现当代民间文学之间既有着传承发展的逻辑关系,又在研究对象、研究方法、研究视角等方面有所区别。

再次,按照体裁划分类型,主要包括韵文类、散文类和综合类。其中,韵文类民间文学包括歌谣、民间长诗、史诗、谜语、谚语等;散文类民间文学包括神话、传说、民间故事、童话、笑话等;综合类民间文学包括民间戏曲、民间曲艺,以及相关的表演类作品。在国际中文教育中,歌谣、谜语、谚语、神话、传说、故事、童话等多作为汉语教学素材或文化读本素材,帮助国际学生更为形象、活泼地理解汉语、汉字及中国文化。以表演性为主要特征的综合类民间文学往往适用于文化实践教学或短期文化交流项目中,国际学生通过参观、模拟、表演等具有体验性的教学或活动形式,较为直观地感知并理解中国民间曲艺文化,这对于中外文化交流,提升国际学生特别是来华留学生对中国文化的认知和认同、加快其跨文化适应性等方面有着较好的效果。

最后,从民间文学国际汉语文化教学视角,我们可以将民间文学划分为文化同源类民间文学、文化共通类民间文学和文化相异型民间文学。在汉字文化圈，部分民间文学具有鲜明的传播特性。以牛郎织女传说为例，早在公元 4 世纪，该传说便依托汉移民和墓室壁画传入朝鲜，飞鸟时代末期至奈良时代初期由遣唐使和留学生传入日本。① 因此，在面向日本、韩国、朝鲜等汉字文化圈国家的留学生进行民间文学教学的时候，教师应充分了解具有文化同源性的民间文学，利用学生对该类民间文学相对熟悉、本国有着较好传播，甚至已经与本国文化相融合、落地演变为新的民间文学的认知优势，采取教师深入讲解与学生交流研讨相结合的形式进行教学，增强民间文学教学的针对性和有效性，并能通过学生讲述该类民间文学在本国的传播、发展，提炼出各具民族特性的文化内涵。民间文学作为人类讲故事的古老形式，往往存在相对一致的关注点，例如宇宙、人类、自然和人性等，因此，也存在一部分民间文学有着较为明显的文化共通性，即人类对共同关注的问题所展开的神话想象，例如洪水神话。这是全人类共同面临的生存问题，这类民间文学教学更易引起师生共鸣和交流的欲望，不同文化圈群体对洪水的发生、解决的办法等也会有不同的想象与讲述。民间文学教学将人类共同关注的故事引入课堂，引导学生使用汉语进行本国神话讲述，并和来自不同国别的学生进行深入交流，有助于提升国际学生的汉语表达能力、跨文化交际能力等。当然，还是有很多民间文学独属于中国，与其他国家或地区的民间文学具有较大的差异性，在进行这类民间文学教学的过程中，教师应加强对故事本身的讲述甚至在充分考虑国际学生的接受心理的基础上，对差异型民间文学进行符合国际传播规律、符合国际学生接受心理的文本重述，以减少不必要的文化误读，有效提升国际学生对中华传统文化的理解与认同。

(二) 民间文学的基本特征与传播优势

相较于作家文学以个体创作和文学虚构为主要特征，民间文学的集体创作、集体传播和强烈的生活化、民间化等特征使其在民族文化代表性与独特性等方面具有超越作家文学作品的多元社会文化价值。作为中华优秀传统文化的重要组成部分，民间文学的特征使其在国际中文教育和中华文化国际传播方面具有鲜明的传播优势。

---

① 俞成云：《中国古代四大传说在东北亚的传播和影响研究》，中央民族大学博士学位论文，2004 年。

1. 民间文学的基本特征

民间文学主要有四大基本特征,即民间文学的口头性、集体性、变异性和传承性。口头性作为民间文学的基本特征,一方面表现为以口头语言形式为主要叙事形态或最原始的叙事形态,另一方面又必然存在以口耳相传为主要传播媒介。口头讲述与口头传播主要源于民间文学素材,来自民众生活集体语境,其主体也往往是某一个群体的集体创作、集体传播、集体享用,并体现着某种集体文化价值,即民间文学的集体性。口头性与集体性必然产生民间文学的另一个重要特性——变异性。口耳相传具有一定的不稳定性,讲述人、传播人、讲述及传播语境都可能造成民间文学发生一定程度上的变异,不同的时代、不同的区域由于文化价值取向、区域文化特征等均会对民间文学提出新的发展要求,民间文学总是在传承与适应、调整与优化中得到代代相传,这就使得民间文学的变异性与传承性相辅相成、互为发展。施爱东以孟姜女故事为例,深入剖析了民间故事的稳定性与变异性,指出"在故事的传承与变异过程中,传承的稳定依赖于节点的稳定,变异的随意是指节点之外的随意"。[①] 在孟姜女故事中,孟姜女的出生、千里送寒衣、哭倒城墙等情节属于故事稳定传承的"节点"。换句话说,如果没有了这几个核心情节,孟姜女故事将不复存在。而其他情节例如孟姜女哭倒城墙之后,是与秦始皇斗智斗勇、为夫报仇,还是化身银鱼等情节则具有一定的自由度,是属于节点之外可以变异的内容,变异的方向或主题一定程度上与故事讲述的区域、故事讲述的时代等有着密切的关系。

总之,民间文学的基本特征是一个相互支撑关联的整体,对民间文学特征的把握有助于从国际中文教育的视角厘清民间文学相对于其他中华优秀传统文化所具有的独特魅力,并能基于特征进一步阐释民间文学的国际传播优势,为民间文学的国际中文教育提供思路。

2. 民间文学国际传播优势

民间文学四大基本特征首先是基于民间文学的民间性这一场域而展开的讨论。民间文学在民间讲述、民间传播、民间变异和民间传承,"民间"是民间文学最核心的关键词之一。"民间"相对于"官方",投注的往往是一国、一民族或一地民众的集体记忆,承载这一集体记忆的方式又往往是形象、生动、充满视听感官的审美形式。因此,民间性使得民间文学在国际中文教育中,具有更加显性的平

---

① 施爱东:《孟姜女哭长城》,中国社会出版社,2006 年,第 93 页。

等、交流的文化对话意味,这与当前孔子学院理念转换与话语调适的新语境相一致,体现的是中外文化交流与文明互鉴中的"民心相通"。

民间文学特别是散文类民间文学往往以一个充满生活哲理和神奇想象的故事为主要呈现形式,"讲故事"的方式必然使民间文学比其他具有较强说理性的文化形式更有传播吸引力。以中国四大民间传说为例,四大传说讲述的是四种惊天地、泣鬼神的经典爱情故事。白蛇传传说讲述的是一段千年等一回的人妖之恋;牛郎织女传说想象的是天上的仙女和地上的牛郎鹊桥相会的人仙之恋;梁山伯与祝英台传说中的死后化蝶而飞则很可能是与冥婚习俗相关的人鬼情未了;四大传说中唯一的人与人的爱情则是孟姜女传说,但是孟姜女千里寻夫送寒衣、哭倒万里长城、滴血认亲为夫报仇等核心情节均为传说蒙上了神秘、神奇、神幻的文化面纱。在这四大凄美的爱情传说中,我们读到的是中华民族对美好生活的执着追求,是天人合一、万物有灵的朴素宇宙观,更是中华儿女善良、勇敢、智慧的传统美德。因此,民间文学"讲故事"的方式以及故事中所投射的中华民族精神和核心文化内涵让民间文学更具传播的优势、更显传播的必要,有助于国际学生在美好的故事中了解甚至理解中国。

此外,正如上文所述,民间文学作为人类基于生活的文学类型,具有一定的文化共通性与较为鲜明的传播性,部分民间文学例如洪水神话、智慧故事等普遍存在于诸多国家的民间文学中;部分民间文学还有着较为清晰的跨国传播路径与跨国互动现象;在全球非物质文化遗产保护语境中,部分民间文学类非遗项目为跨国共同申报、共同保护与传承。民间文学的文化共通性使得民间文学在国际中文教学中具有较为夯实的交流基础,国际学生易于围绕一些相似或相通的民间文学进行深入学习和互动。

但是,相较于国外经典民间文学在中国的传播,中国民间文学国际传播现状还不尽如人意,这与中国民间文学自身所具有的深厚、多元的文化内涵,及其所具有的民间性、形象性、文化共通或同源性等国际传播优势不相匹配。民间文学国际中文教育应充分依托中国丰富的民间文学资源,深入挖掘民间文学核心文化价值,发挥其在国际中文教育中的传播优势,使之成为中国文化走出去的重要教学资源。

二、中外民间文学比较

比较文学是民间文学重要的研究方法之一,国际中文教育中的民间文学教学与研究,更是离不开对中外民间文学的比较,一方面比较民间文学有助于强化国际中文教师以文化交流、互动的教育理念进行民间文学国际中文教学,削弱单向推广、传播的跨文化偏见;另一方面通过比较,加深国际中文教师对不同文化圈或国家(地区)经典民间文学的了解,有助于教师设计更加开放、包容的民间文学研讨交流教学模式。在不同类型的民间文学、不同文化圈的民间文学中,特别是具体到国际中文教育领域中的民间文学教学与研究,我们发现中外民间文学在关于神灵的想象、故事的偏爱、民间文学所投射的本民族核心文化精神等方面,具有较为鲜明的民族特性和较大的文化差异性。掌握中外民间文学的相似性与差异性,有助于提升国际中文教师的跨文化教学能力、中华文化国际传播能力,从而设计出更加科学、开放,具有文化对话性特质的民间文学教学方案。

(一) 神灵的想象

神话是民间文学的源头之一,马克思指出:"任何神话都是用想象和借助想象以征服自然力,支配自然力,把自然力加以形象化。"[①]马克思神话观揭示了神话的本质,强调的是人类在童年时代对大自然以及人与自然的关系的想象。具体来说,神话的思想内容主要包括三个方面:对于自然现象的解释,反映生产斗争和征服自然的愿望,对社会生活的反映。[②] 从神话人物来看,神话中的人物形象都是神或半人半神。一般来说,主要来源于自然力和自然物,或者是生活中的英雄人物和首领。

中国神话人物往往是善良、正义的化身,灌注着鲜明的善恶评价,具有浓浓的伦理意味。例如,黄帝被写成善的化身。他"养性爱民,不好战伐",是善良和正义的象征。在神话中,一切与他为敌的势力都注定失败,传递的是善良必战胜邪恶,正义必战胜不义的审美评价标准。[③] 或者表现为与大自然或邪恶势力斗争的勇敢光辉形象,如大禹(大禹治水)、后羿(后羿射日)等。希腊神话人物则往往更具人性化,但也更为复杂,道德上有时候经不起评判,表现出较高的认知品格。以希腊神话主神宙斯为例,他几乎就是一个浪荡公子的形象,不仅娶了赫拉、墨提斯等七个妻子,还有神女卡利斯托、欧罗巴等情妇,并与人间女子迈拉、勒达等交欢。这与中国神话中的诸神几乎不涉及情爱、不食人间烟火的超人类

---

① 马克思:《马克思恩格斯选集》第 2 卷,人民出版社,1995 年,第 29 页。
② 钟敬文:《民间文学概论》(第二版),高等教育出版社,2010 年,第 127—132 页。
③ 梁工:《中外神话差异性概论》,《中州学刊》,1997 年第 2 期。

状态形成鲜明对比。而在希伯来神话中,亚卫被塑造为唯一的神,上帝几乎具有所有神力,被写成全能的造物主、历史的支配者和人类的拯救者,具有鲜明的宗教色彩。

中西方神话人物的差异首先与神话的不同形态特征有直接关系。中国神话主要为产生于原始氏族公社时期的原生态神话和处于从原始阶段向文明时期过渡的过渡态神话。《山海经》作为"保存神话资料最丰富的一部书",①收录了许多原生态神话故事,有学者称之为"一座原生态神话的宝库",②其神灵一般为自然神,主要描写自然现象,表达人类征服大自然的美好愿望。希腊神话主要为流传于文明社会初期的次生态神话,神灵大多是自然神兼社会神,主要投射的是人际关系和社会现象。而希伯来神话则大多是收编于较为发达阶段的再生态神话,其主旨往往与宗教信仰有着直接的关联。以创世神话为例,在中国的"盘古开天地"神话中,(盘古)"左手执凿,右手持斧。或用斧劈,或以凿开,自是神力,久而天地乃分",③创世依托的是物质性的工具。在希腊神话中,创世采用的是神族的婚姻和生育方式。在希伯来神话中,创世则仅仅通过命令式语词即可实现。由此可对中西三种形态的神话发展窥得一斑。

中西方神话人物的差异还与神话凝聚的民族精神和核心文化内涵有着内在的逻辑关系。中国神话充分体现了中国人对"德"的尊崇,对宇宙"天人合一"的朴素认识,以及"人定胜天"的抗争精神。这种民族精神在后来的仙话、传说、故事等民间文学体裁中均有着明显的传承与发展,并逐渐演化为中国经典民间文学对善的嘉奖,对美的追求,以及对勇敢、和谐、积极争取自由等美好品质的讲述与弘扬,投射了中华民族的传统美德与民族核心精神。希腊神话则充分体现了希腊人对"力"的追求。"崇力"和"求知"是希腊神话的普遍精神,这也使得希腊神话对神灵的想象表现出更加强大、自由的力量,以及面对宇宙和知识流露出的迷茫与无助,这些希腊精神在希腊其他文艺形式中均有着明显的呈现和传承。希伯来神话蕴含着浓郁的宗教情怀,但同时也兼具对"力"的追求和"德"的尊崇,努力塑造的是德力兼修的上帝神形象。

在神话类民间文学国际中文教学中,教师应在充分了解中外神话异同的基

---

① 袁珂:《中国神话史》,上海文艺出版社,1988年,第17页。
② 陈建宪:《一座原生态神话的宝库——〈山海经〉导读》,《高等函授学报》(哲学社会科学版),1997年第6期。
③ 周游:《开辟演义》,齐鲁书社,1988年,第2页。

础上,秉持平等、尊重、对话的国际理解教育理念,引导学生在充满神秘色彩的神话故事讲解与交流中,理解中国神话所投射的中华民族"天人合一""万物有灵"的宇宙整体观念,以及勇于与自然、与命运相抗争的民族精神,这与古希腊神话中所表现出来的宿命观截然相反。中国经典神话《后羿射日》《鲧禹治水》《精卫填海》等均塑造了一个又一个勇敢、智慧,又具有奉献精神的中华儿女形象。中国经典神话教学有助于进一步加强中外文明互鉴、文化对话,增强国际学生对中国文化的深入理解。

(二) 故事的偏爱

在民间文学不同文体中,最受世界各国和各民族偏爱的是民间故事。各国民间故事类型索引已经由国际民间叙事研究会组织出版了100多种。"可以说,在民间文学的研究中,最具国际性的研究领域就是民间故事。"[①]总体来说,中外民间故事普遍讲述的是民众对宇宙、世界、人类,以及社会与生活等问题的思考与想象,反映了世界人民对于真、善、美等的美好追求,一定程度上表现了中外民间故事在主题上所具有的共同性或相似性,甚至某些民间文学还能探寻出较为可靠的传播轨迹,特别是在汉文化圈,一些民间故事具有鲜明的共通性或者传播性。

以"狗耕田故事"为例。在中国、日本和韩国均有相似却又各具民族、地域特色的版本,分别是《狗耕田》(中国)、《开花爷爷》(日本)和《兴夫与孬夫》(韩国)。三则故事讲述的都是善良的人因为得到神奇动物的帮助从而创造一系列奇迹,恶者最终得到惩罚或认错的故事,传递的是人类对于善良的普遍认可与尊崇,以及人与动物之间的良性互动关系。当然,著名的寓言故事"东郭先生和中山狼"讲述的也是人与动物的相处。该故事最早记录于明代马中锡《冬田集》之《中山狼传》。讲述了一只穷途末路、摇尾乞怜的狼在猎人离开后,原形毕露,恩将仇报,最终得到惩罚的故事,在陕西、山东、内蒙古、四川等地均流传着"中山狼"型故事及其变体。无独有偶,《俄罗斯民间故事》第1卷第27个故事《忘恩负义》与中国流传的"中山狼"型故事如出一辙,其核心情节、主要人物甚至审美趣味均十分相似。另外,在1992年上海文艺社出版的《蒙古族民间故事集》中也有一个类似的故事,题目叫《机智的兔子》,讲述的是一只好奇的小马打开了装着狼的口

---

① 段宝林:《民间文学教程》,高等教育出版社,2013年,第400页。

袋,狼出来后就要吃掉小马。正争吵着,来了一只兔子。兔子听了故事原委后,表示不相信口袋能装得下狼。于是,狼便又钻进了口袋,被小马和兔子收拾了的故事。尽管这则故事与中、俄"中山狼"型故事略有差异,但是故事总体情节及寓意均较为相近。有学者通过对比,指出在蒙古族应该还流传着一个更加接近于"中山狼"型故事的变体,中原的"中山狼"型故事很可能是由蒙古族人或者是匈奴人西征而传播到俄罗斯的。① 可见,跨民族、跨区域的共通性故事总是同中有异,有的故事是平行关系,有的则属于影响关系。经典民间文学往往表达的正是人类认知的普遍性和民族文化的独特性。

以世界著名的"灰姑娘故事"为例,目前流行最为广泛的版本是格林童话中收录的《灰姑娘》。该故事先后被译成丹麦语、瑞典语、法语、荷兰语、英语、意大利语、西班牙语、捷克语、俄语和波兰语等多种文字。20世纪初,灰姑娘故事得到中国学者的关注并被翻译成中文。但是,英国学者研究认为,"灰姑娘型"童话故事最早的书面记录是公元9世纪中国民间故事集《酉阳杂俎》续集之一《支诺皋·上》中关于《叶限》的故事。周作人也曾将中西灰姑娘型故事进行对比,认为中国的叶限故事与西方的灰姑娘故事同属"灰姑娘式"故事。但是叶限故事比西方的同类故事早1 200多年。② 中国的灰姑娘故事产生于秦汉前的贵州东南侗族聚居地区;晚唐时期由中国西南传入唐朝都城长安,并被记录于《酉阳杂俎》续集卷之一的《支诺皋·上》;后又通过来大唐做生意的阿拉伯人传播到阿拉伯地区;17世纪,在波斯首都伊斯法罕游学的法国民俗学者彼狄斯·迪·拉·克罗依克斯将其译介到法国并在欧洲广为传播;最终由德国格林兄弟传播世界,③并在全世界衍生出了700多个异文。东西方两个版本的"灰姑娘故事"在后母虐待、神力相助、以鞋验婚等核心情节上均有着较大的相似性,表达的是人类普遍的社会心理,即"灰姑娘情结"。④ "灰姑娘型"故事母题不仅是民间文学的经典,还以丰富多元的叙事形态存在于中外小说、影视等叙事载体中,充分投射了世界人民对善良的奖赏心理,以及渴望借助外力改变自身命运的美好期待。因此,在民间故事国际中文教学中,我们要依托东西方共同关注或者具有一定世界影响力的经典民间故事,让来自不同国别或文化圈的国际学生能够围绕该故事类型

① 刘亚丁:《中俄民间故事比较二题》,《外国文学研究》,1992年第4期。
② 王泉根:《中国儿童文学现象研究》,湖南少年儿童出版社,1992年,第14页。
③ 马筑生:《"灰姑娘型"童话溯源》,《昆明学院学报》,2008年第3期。
④ R. D. 詹姆森:《一个外国人眼中的中国民俗》,田小杭、阎苹译,上海文艺出版社,1995年,第59页。

进行充分的讲述、交流,并在故事异同中寻求对话。教师则可以在对故事的起源流变、国际交流与传播、故事变异和落地等问题的深入讲解中,引导国际学生了解故事发展过程、理解故事融合变异,继而深化对中国文化的认识,更为直观地理解人类文化具有共通性与传播性。

但是值得注意的是,即使是全球具有较大影响力的民间故事,也必然是在一定历史时空中产生的具有较强时代特征甚或时代局限性的文本,我们在将民间故事引入国际中文教学并尝试通过民间故事教学深化文化理解与文化交流这一教学目标的时候,还需充分发挥国际中文教师"把关人"的重要作用,即民间文学国际中文教师需从故事的民族代表性、故事的文化交流性、故事的时代适应性等方面,对拟进行教学的民间文学的选材、讲述方式等进行把关,使之成为符合传播规律、接受心理,以及国际中文教育理念的教学对象和教学方式。具体到"灰姑娘型"故事,一方面教师需要通过知识讲解帮助学生梳理清楚东西方"灰姑娘型"故事的异同,深入了解因民族文化、宗教信仰等的差异带来的故事细节的不同;另一方面更需要考虑由于故事核心情节涉及"后母虐待"这一家庭伦理问题,教师需在将故事放置在特定的历史文化语境和国别文化语境中加以解读的基础上,结合当前社会越来越多的重组家庭现象和由此带来的相关问题展开交流研讨甚至是故事重述,让经典民间故事在历史与现代、民族与世界的跨时空语境中得到更具世界视野、时代特征的讲述与教学。

(三) 民族的精神

民间文学作为一种由民众集体讲述与传播的口头叙事形式,历经讲述时代的变迁、传播区域的扩展,承载着一个民族不同时空的价值观、政治观,但是无论故事如何变异始终保留的内容往往便是一个民族最深沉的民族意识与民族精神。因此,我国历来强调对民间文学的搜集整理与保护传承。《诗经》《山海经》《搜神记》等保留了大量民歌、神话、精怪故事等。近现代以来,报纸、期刊等载体成为民间文学交流与研究的重要阵地,例如1922年12月由北京大学创办的《歌谣周刊》,先后共出版了96期,刊登了歌谣13 908首。新中国成立以来,民间文学的搜集整理工作也得到了高度重视,特别是在20世纪80年代发起的全国范围内围绕"民间文学三套集成"编辑工作进行的民间文学普查,全国各省市大约有200万工作人员参与进来,共搜集民间故事184万篇,歌谣302万首,谚语748

万条,总字数超过 40 亿字。刘锡诚称之为"中国民间文学史,甚至是中国文化史上的一项宏伟工程"。① 2003 年,联合国教科文组织发布《保护非物质文化遗产公约》,2004 年,中国正式加入,并于 2005 年启动国家级非物质文化遗产项目申报,2006 年国务院公布第一批国家级非遗名录。自此,我国开始进入非遗保护时代。截至 2021 年,已先后公布五批共计 1 557 个国家级非遗项目,其中民间文学类非遗项目有 251 个,②在十大类型的非遗项目中,占比 16%。具体到其子类型——神话、传说和故事,现有国家级神话类非遗项目 4 个,传说类 117 个,故事类 25 个,共计 146 个,占整个民间文学类非遗项目的 58.1%,包括孝文化故事如"董永传说""东海孝妇传说"等,爱情故事如"白蛇传传说""梁祝传说""牛郎织女传说""孟姜女传说"等,工匠传说如"鲁班传说"等。中国是一个神话传说大国,是一个"好讲故事和听故事的民族"。③ 从进入政府保护体系的代表性民间文学中,我们可以清晰看到其承载的"尚和""尊孝""崇德""重情"等中华民族精神。

以"尚和"文化为例。中华民族崇尚"和"文化,这一文化精神在民间文学中有着较为直观、形象的表达。著名的"和合二仙"传说讲述的就是寒山、拾得两位高僧以"盒""荷"谐音为符号所表达出的"和合"文化。该传说从朋友之间的和合,拓展至夫妻之间的和谐,再覆盖到中国民间的"喜神"信仰,将"和合"文化渗透并扩展到中国民众的家庭伦理和社会交往,并与中华民族的礼让文化如"六尺巷故事""尤唐巷故事"等,共同投射出中华民族的"和乐""和睦""和谐""和平"等核心文化精神。即使是具有较强对抗性质的民间文学作品,也同样投射出中华儿女对和谐的永恒追求。例如中国四大民间传说之一的"白蛇传传说"就是以千年等一回的人蛇之恋,书写了中国人对美好爱情、和谐生活的执着追求,其最具对抗性的情节"水漫金山"表达的也正是白娘子对婚姻的坚守、对生活的热爱,是一个努力通过抗争去追求和谐的经典故事。

在日本民间文学中,"海洋"是一个经常出现的核心概念,这与日本作为一个四面环海的岛国,民众一直有着较为强烈的海洋崇拜意识相一致。以《浦岛太郎》和《日本昔话集》中的数则故事为代表的"仙乡淹留谭"集中体现了日本人的

---

① 刘锡诚:《民间文学:理论与方法》,中国文联出版社,2007 年,第 431 页。
② 中国非物质文化遗产网:《保护非物质文化遗产公约》,http://www. ihchina. cn/project♯target1。
③ 万建中:《20 世纪中国民间故事研究史》,北京师范大学出版社,2011 年,引言。

海洋崇拜，让我们看到了日本民族对于海洋既亲切又敬畏的态度。[①] 此外，留存于日本民间故事中的禁忌风俗，通过具有警示作用的故事讲述，对民众行为具有一定的约束和规范作用，并逐渐养成了一种诚信观念。[②] 在非洲国家，民间故事同样是最受欢迎的文艺形式之一，非洲利姆巴人（Limba）认为民间故事就是他们的民族标识。非洲民间故事一般不探讨人物的内心情感，重点在情节构造上，很多非洲民间故事中有道德说教成分和审美特征。德国著名人类学家露丝·菲尼根将非洲民间故事分为人物类、动物类和宗教类。其中，人物类故事最为流行，爱情和竞争、酋长传位等是故事常见的主题，妇女往往以较为凶悍的形象出现，表达的是利姆巴人潜在的家庭紧张关系，以及他们对权力和首领的担忧。菲尼根认为，非洲民间故事不仅反映了非洲人的生活，而且还影响着他们的生活。非洲故事讲述者的手势和肢体语言具有十分重要的隐喻功能，他们喜欢用动作去表达情感甚至营造一种和谐的氛围。非洲民间故事是深入了解非洲文化的重要窗口。

在民间文学国际中文教学中，教师首先需要对中外特别是我国经典民间文学及其文化内涵有着充分的了解。唯有如此，国际中文教师才能选取具有民族文化代表性的经典故事进入国际中文教学，并从文化国际传播和跨文化交际的视角，对拟教学的民间文学进行故事重述，让中国经典民间文学通过国际中文教学传播给更多的国际学生，让他们在形象有趣的故事教学中获得学习的愉悦、文化的沟通，继而能够提升其对中华文化的理解与认同。并通过国际学生分享、交流本国经典民间文学特别是具有一定共通性的民间故事，让师生在故事讲述中加强文化交流与理解，最终实现民间文学国际中文教育的国际理解教学目标。

第二节　民间文学教学与研究个案

民间文学国际中文教学是面向不同国别、不同文化圈的国际学生进行的跨文化教学，教师在教学过程中，既需要充分考虑学生的汉语水平，又要关注国际学生对中国经典民间文学的了解程度、接受心理，从而选取合适的教学内容和教

---

① 乔禾：《日本民间故事中的海洋观念与"岛国意识"》，《兰州大学学报》（社会科学版），2020 年第6 期。

② 雍和婧：《日本民间故事中的禁忌与诚信及其影响》，《天水师范学院学报》，2013 年第 1 期。

学方法,以实现中华文化国际传播和中外文化交流理解的教学目标。在此过程中,国际中文教师的中华文化知识体系建构、中华文化国际传播与研究能力,以及跨文化教学能力都至关重要。

一、民间文学教学案例分析

老师,牛郎是小偷![①]

学　校	汉语水平	授课对象	作　者	整理者
江苏大学	中级	来华留学生	余红艳[②]	任袁袁[③]

(一) 案例叙事

这是一个由多国籍来华留学生组成的中高级汉语班,课型为中国文化课。近期教学板块为中国传说故事。临近七夕,我选取了中国"四大民间传说"之一的"牛郎织女"传说作为教学内容。为了更好地营造中国传统文化氛围,我特地准备了一套汉服。

上课当天,我身着汉服走进教室。同学们都纷纷点赞:"老师,今天很好看!"我暗暗自喜,想着今天的教学气氛一定会很好。我首先以七夕节来导课。我问同学们:"知不知道明天是什么节日啊?"来自马来西亚的小丽大声说:"知道知道。明天是中国的七夕节。"我表扬了小丽,并且问大家:"有哪位同学知道中国七夕节的故事呢?"同学们纷纷摇头。来自意大利的马里说:"老师,你给我们讲一讲七夕节的故事吧!"

我点了点头,一边打开PPT,一边开始讲述七夕节的来历。

"很久很久以前,有一个小伙子,名叫牛郎。他的父母很早就去世了,他和牛一起生活。有一天,老黄牛突然开口说话了,说自己以前是天上的神仙,因为犯了错就变成了牛,它觉得牛郎很善良,对自己也很好,所以决定帮助他。老牛告诉牛郎,今天你去湖边,你会看见有仙女在洗澡。她们的衣服就放在河边,你把一件红色的衣服藏起来,那么,穿红色衣服的仙女就会成为你的妻子。牛郎听了又惊又喜。于是,他就听从了老牛的话,去了湖边。他躲在一棵大树后面,看见

---

①　该案例来源于编者教学实践。
②　余红艳,民俗学博士,江苏大学文学院副教授、硕士生导师,主要从事民间文学、民俗文化研究。
③　任袁袁,江苏大学文学院汉语国际教育专业硕士生,主要从事民间文学国际传播、文化教学研究。

仙女们在湖里洗澡打闹，牛郎不敢耽搁，在河边找到了那件红色的衣服，并藏了起来。等到仙女们洗完澡，纷纷穿上衣服飞走了。只有一位仙女找不到衣服，快急哭了。这时，牛郎走了出来，给了仙女一件衣服，并表示希望仙女成为他的妻子……"

我正绘声绘色地讲着，马里突然举手说："老师，牛郎是小偷，他偷了仙女的衣服！"玛丽说："老师，牛郎是坏人，他偷看仙女洗澡！"一时间，教室里像炸开了锅一样，同学们交头接耳，皱着眉头，表示不能理解。

Jack 也举手问道："老师，中国七夕节的故事就是一个偷衣服的故事吗？"

我愣在讲台上，一时不知所措。故事才刚刚开始，故事的核心情节，甚至我想交流的中国农耕文化的核心内涵等都还没有讲到，怎么就出现了这样的混乱呢？一个耳熟能详的经典民间传说怎么在留学生的课堂上就出现了这么多不可思议的问题呢？我一边安抚同学们，一边思考着如何回答同学们的困惑。我努力地回忆牛郎织女传说的起源流变，想着如何才能让国际学生理解"人间善良的小伙子通过偷取仙女的羽衣而与仙女结为夫妻"这一典型的"天鹅处女型"故事。

我调整了思绪，笑着对同学们说："你们的问题非常好！为什么会有这样的故事情节呢？原来啊，牛郎是一个善良的小伙子，他没有钱，靠种地为生。老牛虽然是一个动物，但是他对老牛像对亲人一样。老牛看着牛郎无依无靠，到了结婚的年龄，也找不到老婆。所以，就想利用自己的神力帮助牛郎找到理想的爱情和满意的婚姻。织女的衣服啊，其实不是真正的衣服，而是织女的神器，穿上羽衣，就可以飞。故事是通过藏起织女的神器，让织女留在人间，从而给牛郎和织女制造相爱的机会。"我一边观察同学们的反应，一边追问道："你们想知道牛郎和织女最后有没有相爱、结婚吗？"

同学们纷纷点头，我暗暗庆幸"牛郎偷衣服"这一关暂时过了，赶紧趁热打铁，继续讲述牛郎和织女相爱、结婚的过程，婚后男耕女织，并生了一对儿女，过着幸福快乐的生活。但是因为人与仙不是同类，不能结婚，而遭到了天上的王母娘娘的强行拆散，织女被带到了天上。老牛为了帮助牛郎和孩子，告诉牛郎："在我死后，你披上我的牛皮，带着孩子飞到天上去找你的妻子吧。"原来，老牛的牛皮也和织女的羽衣一样，是可以飞到天上的神器。于是，牛郎披上牛皮，挑着两个孩子飞到天上，一路追赶，眼看就要追到织女了，但是王母娘娘用头上的金钗在二人之间划了一道宽宽的银河。一家人泪眼相看，不能相聚。后来，天帝被他们的真情感动，允许他们在每年的七月初七，鹊桥相会。这一天就被称为七夕节。这一天的晚上，如果大家细细听，也能听到牛郎织女在悄悄说着情话。所以啊，这一天又被称为中国的情人节。

同学们都被牛郎织女凄婉的爱情故事感动了，暂时忘记了牛郎和织女第一次见面时的"特别场景"。我不失时机地引导同学们去理解中国传统的男耕女织的生活模式，理解"牛"在中国传统文化中的重要地位，以及中国经典民间传说对于善的奖赏，对于美好生活的追求，并请来自不同国家的同学分享自己本国的爱情故事，在中外爱情故事的分享与对比中，强化文化课的交际性、对话性，最终提升国际学生对中国文化的理解能力。

尽管这节课"有惊无险"地完成了，但是我还是深深地意识到了文化课教学的真正难点，以及文化课教学对教师所具有的中华文化知识体系和跨文化教学能力的要求。虽然教学任务完成了，但我知道，这并不是一次成功的传说故事教学课。

（二）案例点评

1. 亮点分析

（1）具有整体性文化教学理念。教师在教授民间传说板块的时候，一方面充分考虑课堂教学内容与现实的传统节日之间的联系性，将民间传说"牛郎织女"教学设计放置在七夕节前夕，便于国际学生特别是来华留学生在充分了解中国传统节日文化的基础上，参与到节日文化生活中，有助于国际学生在民间传说、节日文化的整体性学习和认知中，了解并理解中国传统文化；另一方面教师身着传统服装——汉服，让学生在视觉审美中较为直观地感知中国传统文化，营造传统文化氛围，并较好地将民间传说、传统节日、传统服饰等具有较强生活化、仪式感和参与性的文化类型融于课堂教学，为国际学生更好地理解中国文化提供了感性元素。

（2）具有较好的课堂组织教学能力。案例中的教师在教学过程中遇到了突发的意外事件，她能够及时调整教学思路并迅速转移学生的关注点，让教学得以继续进行，说明其具有较好的课堂组织与课堂管理能力。课堂管理是国际中文教学环节中的一大难点，尤其是对新手教师来说，课堂管理的难度远远大于教学本身。因为案例讲述到牛郎偷看织女洗澡，以及偷取织女的羽衣，从而引起学生的热议和困惑，甚至一度造成教学的停顿，为组织教学带来了困难。但是，教师在迅速调整情绪后，理清教学思路，采取先肯定学生提问的形式，然后引导学生将关注点投放到故事情节的后续发展,成功吸引学生跟随教学节奏和故事情节,最终完成了教学任务。

（3）具有及时的教学反思意识。教学反思是教学环节的重要组成部分,是提高教学质量的重要手段之一。案例中的教师在经历教学尴尬场面后能及时进行教学反思,总结教学问题,并且发现自身在跨文化教学意识方面的不足,这一点非常值得肯定,及时的教学反思有助于提升教师综合教学能力。

2. 不足与建议

（1）需进一步提升跨文化教学意识。国际中文教学本质上就是一场跨文化教学行为。教师应将跨文化教学理念贯穿在教学的各个环节,包括在对教学对象即学情的充分了解的基础上,选取合适的教学内容、符合国际中文教学特点的教学方法等。特别是在教学内容的选取方面,既要充分考虑文化教学的教学目标和中华文化国际传播、中外文化交流互鉴的教学宗旨,更要在这一教学宗旨的指引下,根据教学需要,对教学内容进行适当调整,使之更加符合国际学生的接受心理。该案例的教学内容是中国经典民间传说——牛郎织女。这个故事是典型的"天鹅处女型"故事,涉及"偷羽衣"这一核心情节,属于在人类特定历史时期婚姻制度转型阶段产生的一种禁忌故事。教师在选取该故事作为教学内容时,就应充分考虑到"天鹅处女型"故事在当代社会和国际中文教学中可能产生的跨文化问题,并准确地抓住问题的关键点,例如"牛郎偷看仙女洗澡"情节、"牛郎偷羽衣"情节等,思考如何处理类似的情节或者采用故事重述的方式回避类似的情节。但是,由于教师跨文化教学意识不足,对文化国际传播中的跨文化问题认识不够,未能在备课环节深入思考这一潜在的教学内容,因而为教学带来了"意料之外"的尴尬。最终,尽管教学继续进行,但是问题并未真正解决。

（2）需进一步加强学习中华文化知识。中华文化传播能力是国际中文教师应具备的三大能力之一,国际中文教师需系统学习中华经典文化,对中华文化的起源流变、文化内涵等有较为深入的理解甚至是研究。唯有如此,国际中文教师才能选取最具代表性并符合国际传播接受心理的中华文化作为教学内容。牛郎织女传说是中国四大民间传说之一,投射出中华儿女对宇宙的想象与探索、中华农耕文明在民众日常生活中的表现,以及中国经典民间故事对善良、勇敢、孝敬等中华传统美德的传颂。如果案例中的教师能够从天体星宿文化讲起,引导国际学生了解中华民族通过对天体的观察,发现牛郎星与织女星遥遥相望的位置关系,从而充分发挥想象,将之想象成相爱而不能长相厮守的情侣,并与中华农耕文明"男耕女织"的生活模式相结合,将两颗星星的"相望而不能聚首"的客观现象置换成人间底层民众对美好爱情与婚姻的憧憬与期待,应该更加有助于达到通过民间故事教学增强国际学生对中国文化理解的教学目标。当然,值得思考的是,对于一些具有鲜明时代印记和文化标识性的民间传说,国际中文教师在教学时,应在保留故事核心文化价值和主要情节的基础上,对故事加以重述,使之更加适用于国际中文教学,减少不必要的跨文化误解。

3. 案例思考

(1) 在中国经典民间文学中,还有哪些故事容易引起文化误解和文化冲突?请选取一个传说故事进行分析,并尝试提出教学策略。

(2) 与同学们一起讨论面向国际学生进行的传说故事重述需明确哪些基本原则。

二、民间文学研究论文

神话文本研究方法探索:多元的要素扩展分析法
——"精卫填海"的扩展研究*
田兆元

摘　要:我们把一个神话文本剖析开发现每个要素都是有用的。我们既要关注那些母题类在神话文本中流动的要素,更要关注那些与文化土壤扎根的要素。通过扩展性解读,我们可以发现神话中更多的信息。

关键词:神话要素;扩展分析法;精卫填海

(一)

神话的研究主要是指对于神话的文本的研究。神话文本的文化内涵是丰富的,我们该怎样去挖掘其文化内涵? 这首先是在对神话文本所含要素分析的基础上去展开。神话的要素性质各异,故我们需要多元的视角。

但是,神话文本,尤其是中国早期神话文本,很多都是较为简短的,它的内容虽然丰富复杂,但对于每一要素而言,它的文化含量到底有多大? 显然,它本身

---

* 该文由田兆元提供,原载于《长江大学学报》(社会科学版),2007年第5期。

只是一个文化本体的入口,就像露在外部的茎叶,地下的果实是要顺着茎叶往下挖掘才能得其所有,于是,对于要素必须扩展开去。

这就是我们所说的神话文本的要素扩展分析。下面,我们试举一例以明之:

> 发鸠之山,其上多柘木,有鸟焉:其状如乌,文首、白喙、赤足,名曰精卫,其鸣自詨。是炎帝之少女,名曰女娃。女娃游于东海,溺而不返。故为精卫,常衔西山之木石,以堙于东海。
>
> ——《山海经·北山经》

这就是人们最为熟悉的神话"精卫填海"的经典文本。

我们先看看以往的分析。朱东润先生主编的《中国历代文学作品选》将其选为古代神话的第一篇,其"解题"这样写道:"这个故事可能产生在沿海的部落。由于那里大海经常吞没人的生命,女娲化鸟、口衔木石以填平大海的斗争,反映了远古人民征服自然的愿望。"①这种解释,显然与马克思对于神话的解释有关。马克思在《〈政治经济学批判〉导言》中指出:"任何神话都是用想象和借助想象以征服自然力,支配自然力,把自然力加以形象化。"这一论断,曾经长期影响中国的神话研究,主要体现在把神话看作人与自然的抗争。如该书选录 4 篇神话文本,分别是"精卫填海""夸父逐日""鲧禹治水"和"黄帝擒蚩尤",前三篇都被视为人类与自然搏斗的崇高精神的体现。该书还有附录"女娲补天""后羿射日""共工怒触不周山",同样都被解释为改造自然的英雄业绩。与此相同的诸多文学史也大体是这样的解释模式。

这样的解释,我们可以视为一种选取片段要素,诠释外来理论的做法。首先,他们只是取用了神话文本的部分要素,其余就作为残骸不予解释,抛弃了,如对于精卫填海,他们实际上只是解释了后面"女娃游于东海,溺而不返。故为精卫,常衔西山之木石,以堙于东海"的部分内容,前面部分在这个解释系统里没有意义,后面部分也只是女娃溺死于海,化为鸟,衔木石堙海,东与西的方位也是没有太大的意义的。显然,神话文本资源在这样的解释中被浪费。尽管我们的解释不可能也没有必要穷尽其意蕴,但是这样的单一解释在纯粹的文本阅读的导

---

① 朱东润:《中国历代文学作品选》(上编第一册),上海古籍出版社,1979 年,第 281 页。

读中只是掘出这样一点点,实在很可惜。

袁珂先生也认为,精卫填海"表现了遭受自然灾害的原始人类征服自然的渴望";在肯定征服自然的同时,袁珂先生认为"这个神话带着母权制氏族社会的痕迹"。[①] 这个增益的解释源于恩格斯和摩尔根的传入中国的古代社会的学说,解释了"是炎帝之少女,名曰女娃"这一要素的部分内容:少女,女娃。至于她是炎帝的少女还是黄帝的少女,都是没有关系的,其中一种重大的文化要素——炎帝,几乎处在被忽视的状态。

对于这个古神话,古人也十分重视,著名的就是陶渊明,他的读《山海经》的诗句"精卫衔微木,将以填沧海"让这个神话故事产生了很大的影响。我国现代神话学的先驱茅盾先生在《中国神话研究 ABC》一书中也引述了这则神话,将其视为鸟兽虫鱼草木的神话,同时认为精卫鸟的壮志很可佩服:在进一步列举了刑天神话后,茅盾先生说:"精卫与刑天,属于同型的神话,都是描写象征那百折不回的毅力和意志的。这是属于道德意识的鸟兽的神话。"[②]茅盾先生的解释,主要来自陶潜的影响,主要崇尚一种精神,比与自然抗争更为抽象,不仅不必顾及时间空间,对于神的身份,弱小者身份的反抗形象可能是受到重视的,但他关心的是这个鸟,关心的是自然神话的一个类属的例证,至于炎帝少女的身份,也未予重视。

于是,我们发现,对于这样一则重要的神话,拘于有限的理论工具和思路,几乎没有办法写成一篇论文,甚至写成一段稍长的文字也很难办到。是不是神话本身的意蕴不深,文化含量不够,没有办法挖掘? 应该说不是的,我们要反思的,是方法问题。前辈的开拓工作甚为不易,我们对于他们的成果抱着尊重的态度,也力图有所探索。

过去神话研究的问题之一在于:必须依傍已有的某种学说,对于神话进行有限的局部的表面阐述,缺少独立的发现能力,神话文本的要素没有被读透;此外,解释过程仅仅局限在文本本身,没有对神话的要素进行扩展性思考。这样,神话研究的意义变得很有限。这种作风一直影响着中国神话的研究,如果说我们有什么发现,不是从神话本身发现出来的,而是拿来另外一种已经形成的思路和学说,往神话文本上面套一下"发现"出来的,如果说有什么意义的话,那就是

---

① 袁珂:《中国神话史》,上海文艺出版社,1988 年,第 26 页。
② 玄珠:《中国神话研究 ABC》,世界书局,1929 年,第 57 页。

另外一种理论学说的注脚，另外一种方法的实验工具。我们常常听到说，现在的研究不能深入，就是因为某著作没有翻译过来，我们要等待翻译出版后，那就有办法了。这似乎不是中国神话研究的道路。

吸收神话学本身的成果毫无疑问是明智的，我们还要学习吸收其他各种理论学说及其知识，掌握更多的解释工具，我们要做的是：不要所有的工具都是他人的。

（二）

神话要素是一个大于母题的概念。母题是要素的一种，它是可以拆分出来，并复制再生到其他神话中去的那种，母题主要关注的是在神话内部流动的要素。神话要素，除了那些母题之类可以在神话内部流动的元素之外，我们还更关心它与神话之外的交流。实际上我们关心的要素，是那些可以和外界交流的文化触须，它们是扎在文化土壤上面的根，是神话的文化内涵的营养导管。因此，神话要素是可以在内部，也可以从神话内部延伸到外部的文化成分。各种要素的水乳交融构造了神话的整体系统，当然这种构造也许是随机的，神话结构并不是每一个都是结构紧密的，它也可能是松散的，或者就是碎片的。我们既可以通过要素从整体上考察一个神话的文化内涵，也可以就一个视角或者多个视角，从神话完整结构或者碎片中窥见文化的某些方面的奥秘。

我们可以把精卫的形象解析出来："其状如乌，文首、白喙、赤足，名曰精卫，其鸣自詨。"

我们可以通过这种描述去做寻找精卫鸟的生物依据的努力，因为这种外形的描述很具体，借助生物学史的知识，我们可以努力找到这种鸟的原型，而精卫自己呼唤名字的叫声精卫，也是寻找该鸟的原型的依据之一，只是有趣的是：这个鸟是用何种方言的拟音叫出"精卫"的声音来的。如果我们通过辛勤的努力，找到了这样一种鸟的原型，通过对于鸟的习性分析，就可以判断这则神话的价值观念。或许这是很难的课题，但我们为什么没有通过努力就简单推断说这行不通？尽管《山海经》中多神话，但我们就有足够的理由说这些描述就是完全的虚构吗？我们还没有这样做过呢！这难道不是研究精卫填海的课题吗？

假如我们没有办法找到这种鸟，假如我们认为这是虚构的，那么虚构的是随意的吗？它有什么文化意义？比如为什么要将其说成是"如乌"？这就肯定是一个文化命题，这当然可以从文化上得到解释。"乌"这一要素是母题类的要素，在神话中有广泛的再生性，是一个具有很深厚内涵的神话母题。乌是太阳乌，这是常识,而本文的主人是炎帝的少女,而炎帝则是太阳神。《白虎通·五行》:"炎帝者,太阳也。"联系到精卫化鸟,这个太阳族系列的鸟崇拜,在这个如"乌"的形象中就得到认知了,再联系到那个山叫发鸠山,这个鸟的崇拜的性质就更加清楚了。

我们再看她的"赤足"。这个赤乃炎帝之色,炎帝又叫赤帝,"赤"的要素与"乌"相伴,它既是一个母题性质的要素,也是向外伸展的一个文化要素。小小的颜色要素可以成为族群识别的标志,我们怎么可以忽视这些基本的文化要素呢?

或许,她的文首,白喙,与赤足构成的一份灿烂的形象,是当时人们的审美观念的表达,表达对于这位逝者的怀念,对于这位不屈不挠的英雄的敬仰。这个诸要素构成的整体形象是否有特有的象征? 这是我们需要解答的问题。

总之,我们是不应该忽视哪怕是外貌描写的诸要素的,他们构成了一副我们识别精卫文化身份的外衣。应该说,我们对于这一段外貌描写的要素分析还是不够完备的,还有更多的开拓空间。

我们可以解析精卫的死去:"是炎帝之少女,名曰女娃。女娃游于东海,溺而不返。"

这里的描述,文化含量很丰富,第一是精卫的身份的明确记述——她是炎帝的少女,第二是她不幸溺死了。对此的解释,一是自然灾害的表现,二是按照寓言学派的观念。这里我们可以挖掘出两个要素:一个是火,一个是水。这是不是水火不容的自然规律的一种寓言性表达? 神话是一种哲学的表达,这个中国的神话与中国的五行学说如此关联密切,是偶然的吗? 其他问题要我们在扩展中解读了。

我们再就其死后所变及其行为加以分析:"故为精卫,常衔西山之木石,以堙于东海。"

在我们将其解释为英雄行为之外,我们发现了两组对立的因素:西山,东海;木石(土),东海(水)。我们可以在此继续寓言学的解释,东西矛盾,土水矛盾。我们似乎是在搞结构主义的一些教条,但我们可能应该从更深的社会背景上去解释。

至于化鸟的要素,则是神话母题的一个大宗内容,与其结合起来研究,自有一片天地。

当我们初步将该神话文本析为数段,我们从其外貌组合,牺牲组合以及复仇组合来看,内涵显然比过去要宽要深一些。寓言观的解释也提供一些新的开掘的可能,但是,我们这里的解释主要拘于母题类的要素,真正对于该神话的意蕴的深入展开还做不到,而这些解释还很空泛,可是我们过去大概也就到此为止了。

(三)

这时,我们就应该进行扩展性的要素分析。

我们要去抓那些不仅仅是活动在神话内的要素,而且要把那些神话的文化触须细加分析,深入到社会历史与文化的深处去探索。这些看起来是历史学家的事,可我们神话研究者不能像那位医治箭伤的外科医生,仅仅只减掉外面的部分,而把肉里的箭头交给内科。

我们有没有想过,炎帝少女怎么会到东海来呢?她为什么要衔西山之木石,而不就地取自南方的木石呢?炎帝本来在哪里?这是历史命题,当然也是神话的命题。

炎帝起自西部,神农氏为最初领袖,这几乎是一个共识了。当他们向东迁移,与东部的蚩尤氏相处时,蚩尤氏便夺取了炎帝的地位,自己号称炎帝。《路史·后记四·蚩尤传》称,蚩尤是炎帝后裔,"兴封禅,号炎帝"。于是炎帝有神农氏、蚩尤氏两大部族。蚩尤取得联盟的主导权,也就让东部的一大片区域加入了炎帝文化圈。那么,这个游于东海被溺死的是神农氏的少女,还是蚩尤氏的少女?

这需要判断。如果说是蚩尤氏的少女,比较符合实际,我们就要认同该神话具有写实成分,因为东海一带,神农氏似乎没有到达,而蚩尤氏活跃在海滨于史有载。

如果说是神农氏少女,则具有象征成分,那么这个故事也就是一个寓言,它是神农氏东进遭到失败,而产生对于东部的一种心理对抗。东西的矛盾就不一定是哲学范畴,而是一个实际的社会文化范畴,甚至我们可以把这种东西的文化冲突说成是两个炎帝的冲突。

这需要很大篇幅来阐述。我最近在《华东师范大学学报》上发表有一篇论文,[①]谈论了东西的两个炎帝的冲突。在汉代,这种冲突为这个"衔西山之木石以埋东海"的情绪性表达提供了很好的注脚。

---

① 田兆元、明亮:《论炎帝称谓的诸种模式与两汉文化逻辑》,《华东师范大学学报》(哲学社会科学版),2007年第3期。

炎帝蚩尤氏后来为黄帝和炎帝神农氏的联军击败,但是,东部的人们及其部众都很怀念他,一直祭祀着他,如齐地八神,蚩尤居天地之后,为第三位大神,地位不可谓不显要。当我们看到那个斩白蛇的赤帝子刘邦的神话故事时,感到那个赤帝还是蚩尤氏,因为刘邦起义时在沛县祭祀了黄帝和蚩尤,这也就是当地人认可的黄帝炎帝。这批东方的人最后跑到西边统治天下了,所以汉初尚赤,刘邦还把蚩尤祠立到长安,这是公然带去自己的保护神,明显置老炎帝神农氏于不顾。在强大的政治权威之下,汉初也视炎帝蚩尤氏为文化主流。

这种情况到了汉武帝时期发生了改变。汉武帝要凸显自我,要改掉汉代的文化形象,要以黄帝为宗,文人们开始打压蚩尤氏,于是蚩尤氏变成了坏蛋被大加打击,而神农氏恢复了作为炎帝的身份;但为了适应人们攻击炎帝造成的炎帝的坏影响,神农氏有时作为独立的好人形象出现。蚩尤氏的废弃实际上是东部文化一部分的被废弃,应该看作是西部文化持续坚持最后恢复自我的一种努力。这个故事是不是这个文化背景下的一种情绪写照呢?炎帝神农氏的东进失败是败在蚩尤氏手下,就相当于一次溺水,化为精卫鸟表达炎帝部落失败后还保持自己的精神理想,填海表达一种复仇对抗的情绪。

是耶非耶?那么有别的解释吗?说它跟这个文化背景无关,有充分的理由吗?

这便是我们把"东"与"西"这两个要素展开,进行一番清理后得出的假说。这时,我们发现,神话本身只是文化营养生长出来的枝叶,它只是某些文化体征,只有深入到文化背景的深处,这些症候的奥秘才可得到揭示。

把神话文本的要素剖开,进行拓展性分析解读,我们就会发现,精卫填海既可以进行抽象的解读,也是可以进行具体的历史的解读的,而具体的解读才是关键的。假如离开了这个背景去谈论神话,就可能制造出新的神话来了。

思考题:

1. 你觉得在国际中文教学中讲述《精卫填海》神话,可能会出现哪些跨文化教学问题?请完成一个45分钟时长的《精卫填海》教学设计。课型为文化课,具体教学对象自行设计。

2. 请选取一个中国经典神话故事,结合汉语国际教学或中华文化国际传播,拟写一篇学术论文。

参 考 书 目

1. 田兆元：《神话里的真实历史》，海南出版社，2023 年。

2. 张晨霞：《帝尧创世神话图像谱系》，上海人民出版社，2022 年。

3. 斯威布：《古希腊神话与传说》，高中甫译，北京燕山出版社，2015 年。

4. 段宝林：《民间文学教程》，高等教育出版社，2013 年。

5. 万建中：《20 世纪中国民间故事研究史》，北京师范大学出版社，2011 年。

6. 钟敬文：《民俗学概论》，上海文艺出版社，2009 年。

7. 田兆元、敖其：《民间文学概论》，华东师范大学出版社，2009 年。

8. 田兆元、范长风：《中国传奇》，古吴轩出版社，2009 年。

9. 叶舒宪：《神话意象》，北京大学出版社，2007 年。

10. 刘守华：《比较故事学论考》，黑龙江人民出版社，2003 年。

11. 田兆元：《神话与中国社会》，上海人民出版社，1998 年。

12. 袁珂：《中国神话史》，上海文艺出版社，1988 年。

第二章

传统节日与国际中文教育

中国传统节日是中华优秀传统文化的重要组成部分,它既是民族文化的重要标识,同时又是民众日常生活中最为"华彩"[①]的特殊时间,是国际中文教育不可或缺的重要内容。在面向国际学生进行传统节日教学时,一方面国际中文教师需要充分了解传统节日的文化内涵,讲清楚"中国故事",另一方面国际中文教师还要通过对中外传统节日异同的比较,让学生理解节日所蕴含的民族文化精神和中华民族传统美德。

第一节 中外传统节日

一、传统节日概说

节日主要指与天时、物候的周期性转换相适应的、在人们的社会生活中约定俗成的、具有某种风俗活动内容的特定时日。[②] 中国得天独厚的地理环境孕育出悠久厚重的古代农耕文明,节日依此而生,并与社会一同变化演进,成为特定的人文符记,是非物质文化遗产的重要组成部分。本节从中国传统节日入手,对节日的发展、类型、特点等进行梳理和阐述。

(一) 中国传统节日的发展过程与类型

1. 中国传统节日的发展过程

《说文解字》对"节"这样解释:"节,竹约也。从竹,即声。"[③]注释中的"竹约"

---

① 田兆元、阳玉平:《中国新时期民俗学研究——华东师范大学博士生导师田兆元教授访谈》,《社会科学家》,2016年第4期。
② 钟敬文:《民俗学概论》(第二版),高等教育出版社,2010年,第102页。
③ 许慎:《说文解字》,中华书局,1963年,第142页。

即竹节,竹节将竹子分为不同的部分,联想到时间的分段,"节"就有了季节、节气、节日的含义。中国古代的传统节日,萌芽于夏商时期,商周后开始全面发展。夏商周时,社会生产力低下,一切活动围绕着温饱生存展开,先民们对一些无法解释的自然现象充满敬畏与恐惧。为了寻求庇护,远古先民开始观测星象、祭拜天地,后随着历法制度的不断完善,祭祀祈福的日期开始固定下来,成为传统节日。如岁末年首的祭祀祈福就逐渐演变为"春节"。

秦汉的两次统一,促进了中国各民族文化和礼仪的融合,为中国传统节日的发展奠定了稳定的基础。首先,秦汉时期,阴阳家精于天文历算,规定了四时、八位、十二度、二十四节,并对上古传统节日进行整理,总结了各种节令禁忌,一些节日也基本定型,如除夕、元宵、端午等。其次,汉代时儒家为了宣扬孝悌观念,在节日活动中又增添了孝亲敬长的成分,使节日更具礼仪性。另外,佛教等外来宗教的传入,也带来了一些新的节日。

到了隋唐,许多传统节日已经在统治阶级的影响下正式定型,如"中秋"一词,最早见于汉代文献。《中国风俗辞典》"中秋条"载:"北宋时始定八月十五为中秋节。"[1]这说明中秋节到了北宋才成为官方认证的节日;清明节的墓祭习俗在唐代之前就已在民间盛行,唐玄宗时被编入《大唐开元礼》,成为国家礼制的一部分;魏晋时期重阳日已有饮酒、赏菊的习俗,唐德宗李适年间将重阳节列为"三令节"之一。此外,传统节日逐渐从祭祀的肃穆氛围中解放出来,变得喜庆欢乐,成为良辰佳节。另外,古代的节日还有休假制度,唐朝的休假制度则更加明确,唐玄宗曾针对放假特地颁布《假宁令》,明确规定"元正、冬至,各给假七日"。[2]宋朝的假期更长,前后加起来大约有一个月,这也为节日期间的各种盛大活动预留了足够的时间。

传统节日的发展过程也是与民俗活动、历史事件、神话传说等元素不断融合的过程,如"七夕"最初来自古人对星宿的崇拜,在发展过程中慢慢糅入了"牛郎织女"凄美浪漫的爱情故事,七夕也就带有了情人节的色彩。随着社会的快速发展,农业的衰退,城市的繁荣,一些影响力较弱、规模较小的传统节日渐渐消失,传统节日朝着数量缩减,内容和形式不断丰富的方向开始转变。

---

① 叶大兵、乌丙安:《中国风俗辞典》,上海辞书出版社,1990 年,第 17 页。
② 李林甫:《唐六典》,中华书局,1992 年,第 35 页。

2. 中国传统节日的类型

节日是以历法为基础的、在社会生活中约定俗成的、具有特定习俗活动的特定时间,是特殊名称、特殊时间、特殊空间、特殊活动、特殊情感的"五位一体"。[①]因此,传统节日的分类标准不一,但大致可以从时间、来历、主题以及文化内涵这四个层面进行分类。

首先,按照节日的时间进行划分,可以分为"孟春节日""仲春节日""季春节日""孟夏节日""仲夏节日""季夏节日""孟秋节日""仲秋节日""季秋节日""孟冬节日"。[②] 这种划分方法主要是将各民族的传统节日按照时间顺序进行简单罗列,是一种十分便利的分类方法。以"孟春节日"为例,"孟春"即农历正月,也是春季的第一个月份,孟春的节日主要有春节、立春、元宵节、古龙坡会、调年会、塔尔寺"灯节"、木脑(总戈)盛会、铜鼓节和填仓节。这些节日在形式和内容上有所区别,但是因为都在一年的开端,所以节日内涵还是以祈求来年顺利为主。

其次,以节日的来历为划分标准,可以将传统节日分为传统本土节日与传统外来节日。传统本土节日是我国民俗节日的重要组成部分,它起源于中国古代,具有鲜明的中国特色。传统外来节日则是从古代就流传到中国,传入之后慢慢被中国文化所吸纳,成为具有中国特色的节日,起源于印度的佛教在流传过程中就与我国的文化有了相当程度的融合,滋生出一些带有外来色彩的节日,如浴佛节、盂兰盆节等。

再次,按照主题进行划分,则有农事类、宗教祭祀类、纪念类、庆贺类等类型。由于单个传统节日中包含着不止一种意蕴,所以在进行主题划分时很难将某一节日确定为某个单一主题。如端午节,它是在我国南北文化融合的过程中逐步形成的民族节日,流传的地区和民族非常广泛,这就形成了端午节的一种习俗特点:端午节的主要习俗在不同民族和地区都是相同的,但一些具体的习俗和观念又呈现出丰富的民族和地区之间的个性差异。[③] 因此,在教学中就需要对传统节日的多个主题进行分别阐述,完整表达出节日的文化主旨。

最后,在传统节日国际汉语文化教学中,我们的主要目的是将传统节日的文化内涵进行梳理与传播。因此将各国的节日内涵与中国传统节日内涵进行比较,再分出节日的类别更有利于学习者理解传统节日的内涵。根据这个标准,可

---

① 张勃:《节日的定义、分类与重新命名》,《节日研究》,2018年第1期。
② 罗启荣:《中国传统节日》,科学普及出版社,1986年,目录页。
③ 孙正国:《端午节》,中国社会出版社,2006年,第2页。

以将传统节日大致分为团圆祈福、慎终追远、人文关怀与男女求爱这四类。

"团圆""和谐"自古就是中国人伦追求,因此许多节日就以团圆为核心内涵。正月十五元宵节是一年中的第一个月圆之夜,清康熙三十三年的《登州府志》记载:"以糯米面作丸,俗称'团圆',士民以此祭先祖,祭毕合家食之,取团圆之意。"在元宵节,家家户户都要煮食元宵,寓意团团圆圆。农历八月十五为中秋节,"月到中秋分外明",八月十五的月亮极其圆满,联想到人事上,也就有了中秋节团圆的内核,天上月圆,人间饼圆。月饼形似圆月,象征着团圆,成为中秋节必不可少的节日食品,中秋节也有互赠月饼的习俗,代表亲人的牵挂和思念,也代表互相祝福各家团圆。除夕是一年中最后一个夜晚,也是最隆重的一个团圆节,无论亲人身在何处,除夕夜之前都会想方设法赶回家中吃"团圆饭",寓意阖家欢乐、团圆幸福、吉祥安康。慎终追远则是与祭祀先祖相关,《论语·学而》:"曾子曰:'慎终追远,民德归厚矣。'"①说的就是要虔诚地祭奠远代先祖,这点与宗族血缘关系和传统孝道观念相辅相成,体现在对长辈的尊敬、祭祀、缅怀中。清明节是当代中国传统节日中最大的祭祀节日,扫墓、祭祀是该节日习俗的核心,清明节时,人们以家庭为单位,带上祭祀的食物、纸钱等物品,为前人扫墓、祭拜,以示尊重。人文关怀主要体现在节日里对亲朋好友的关爱之中,以孝亲敬老为核心的重阳节就表达了对长辈的关爱。男女求爱在中国的传统节日中体现得较为含蓄,主要是借助一些节日来进行爱意的表达,如依托元宵节赏灯为男女相会提供机会,还有一些直接求爱的节日,如七夕主要是女性祈祷姻缘,是单方面的求爱节日。

节日不是一种扁平的文化概念,而是一种立体的文化活动。课堂上开展节日文化教学时,可以加入具有节日主题的民俗文化,如俗语、民间故事、民间艺术等元素,通过体验传统节日情景,利用所学汉语知识交流不同国家的节日习俗,有助于提升国际学生的汉语表达能力和跨文化交际能力。

（二）中国传统节日的特点与传播优势

作为四大文明古国之一,中国传统节日在王朝的更迭、时代的演变中,源远流长,历久弥新。其中蕴含的独特的思想观念与丰富的人文精神更是中华民族传统文化的重要组成部分,对传统文化的国际传播与国际中文教学都具有非常重要的价值。

---

① 孔子著,杨伯峻、杨逢彬注译:《论语》,岳麓书社,2018年,第9页。

1. 中国传统节日的特点

中国的传统节日根植于中国的地理环境、人文思想、社会观念,各个节日的特点也不尽相同,需从根源上探寻,再找出各类传统节日区别于他国节日的共有元素,最后进行总结概括。依照这个思路,传统节日大致有以下几个特点。

1) 特定的历法日期

世界上通用的历法是公历,它是阳历的一种,以耶稣诞辰作为历法的开始。中国节日的历法则以农历为依据,农历是阴阳合历,不仅反映了月相的变化,还结合季节变化指导农业生产。中国的不同民族也有不同的传统历法,如藏族根据月亮圆缺推算年月,又吸收汉族历法,形成了藏族历算;苗族则是分冷暖两季,有时、日、月、季、年六个时间层次的阴阳历法。以新年为例,汉族的新年在农历正月初一,苗族则在苗历的岁首,转换成汉族常用的历法就是农历十月,又因各地苗族风俗不一,具体日期也并不一致。值得注意的是,有些传统节日是用公历标出,如清明节。这是因为清明原本属于节气,而节气的日期是太阳运行到特定位置上的日期,为了方便计算,现代多采用公历算法。

虽然农历是世界上最古老的历法之一,但它在国际上还没有达到广为人知的地步。大多数国家将农历翻译成"Lunar calendar",也就是"阴历",而不是"Chinese calender"。[①] 此外,由此引申出的春节的翻译——"Lunar New Year",不仅指中国的春节,还可以指亚洲许多国家的春节,如韩国和越南的春节,容易引起文化争端。因此在面对国际学生普及传统节日时,需注意传统节日在其所在国家的传播现状,并对这些容易混淆的节日进行辨析,突出其文化根基,用温和有力的手法进行文化讲解。

除此之外,农历日期的结尾通常不加"日"字,如八月十五;单日前通常加"初"字,如五月初五;特殊的月份采用特殊的称谓,如农历一月就叫作"正月"。这是因为,在我国古代,每年以哪个月为第一个月,各朝代都不相同。夏朝以一月为第一个月,商朝以十二月为第一个月,周朝又以十一月为第一个月。这些朝代每改正一次月份次序,就把改正的第一个月称作"正月"。[②] 但是这又和嬴政的名字犯冲,所以秦始皇嬴政便下令,将其读音改为"征",农历十二月可写为腊

---

① 国家质量监督检验检疫总局、国家标准化管理委员会发布的 GB/T 33661—2017《农历的编算与颁行》标准的标题中明确了农历的英文是"the Chinese calendar"。另外,2022 年联合国邮政署发行的虎年邮票上农历的翻译是"Chinese lunar calendar"。
② 袁鸿:《"正月"的由来》,《新长征》,2007 年第 4 期。

月,因为岁末十二月天气寒冷适合风干制作腊味。这些表达方式可以在国际中文课堂中进行适度讲解,让中文学习者在了解中国历史文化知识的同时,更加深刻地记忆传统中国日期的表达方式。

2)深厚的农耕文明背景

中国是最早进入农耕生活的国家之一,农耕文明集儒家文化及各类宗教文化于一体,形成了自己独特的文化内容和特征,①传统节日则集中体现了这些文化。春种夏忙、秋收冬藏,每到特殊的生产活动,人们就要举行一系列的节日仪式。如春牛节时"鞭牛迎春",祈祷来年风调雨顺;中秋时人们摆上收获的瓜果,与家人品尝美食,欣赏秋月。所有的节日都顺应着自然的变化和农业生产的节奏,循环往复,一张一弛。

农业与人民的生活息息相关,在最初的节日里,多数反映出人民对天地自然万物的敬畏和对五谷丰登的渴望。但是因为社会结构的变化、科技的进步,一些农事节日逐渐淡化,如"社日""花朝节""填仓节"等。对于这些节日,在国际中文教学中,可以结合与节日相关的故事、俗语、成语等进行展示,如讲解"花朝节"时可以告诉学生"花朝节"是百花的生日,教授学生关于花的成语,展现中国人对花的欣赏和中国人的审美情趣。另外,各个地区因为地理环境等因素的影响,庆祝节日的方式不尽相同,比如西北地区在二月二要吃煎饼,而东北地区则是吃猪头肉。对于这些具有鲜明地域文化色彩的传统民俗,国际汉语教师可以在来华留学生文化教学中适当增加,一方面作为具有相对普遍性的传统节日的补充,另一方面也可以借此加强来华留学生的地域文化认同感和文化适应性,让面向国际学生进行的文化教学更具地域性,提升文化教学的落地性。

此外,一些农事节日在发展过程中互相渗透、互相影响,融合成新的节日习俗,又顺应时代的不断变化,改造和取缔一些落后的风俗习惯,增添新的节日内涵,逐渐复合起来,形成新的节日特色。

3)极具民族性和地域性

我国地域辽阔,有五十六个民族,因气候和环境不同,每个民族都有极具民族特色和地域特色的节日文化。据统计,中国五十六个民族从古到今有节日1 700多个,其中少数民族民间节日有1 200多个,汉族节日约500个。中国

---

① 任大援、李子林、张执均:《炎帝神农与中华文化传承创新学术研讨会论文集》,武汉出版社,2017年,第175页。

节日数量之大,在世界上首屈一指。①

　　五十六个民族对于自己的节日都有不同的庆祝方式,以节日里最重要的年节——春节为例。汉族的春节从腊月开始一直持续到正月,除了时间长以外,内容也丰富多彩,如扫屋子、剪窗花、贴春联、放鞭炮、逛庙会、置办年货、敬神祭祖等;白族过年时,有一种叫"放高升"的庆祝活动,年前先预备整根高大粗壮的竹子,在竹节里装上火药,点燃以后可以把整根大竹子蹦上天空百十丈,"高升"因此得名;藏族在除夕那天会穿上自己最隆重艳丽的服装,戴上奇形怪状的假面具,用大鼓、海螺、唢呐奏乐,举行庄重盛大的"跳神会";苗族则把春节称为"客家"年,家家户户在这一天都会杀猪宰羊、烤酒打糍粑,唱《开春歌》,寓意新的一年风调雨顺、五谷丰登。

　　了解各民族传统节日的习俗和禁忌,不仅可以解决中文学习者在学习中文时礼节习俗上的困惑,更有利于各民族之间的和谐相处,毕竟不是每一个国家都像中国一样,有着多种民族的存在。中文学习者掌握节日习俗的知识,能帮助他们与中国的各个民族进行友好的学习和交流。

　　4) 注重伦理观念

　　中国古代是宗法制社会,在这种社会结构的影响下,古人多注重伦理道德与人际关系,中国的传统节日也因此表现出浓厚的人情味和鲜明的伦理观念。因此祭祖几乎是所有节日都必不可少的内容。春节、清明、端午、中秋、冬至等节日,人们或燃香祭拜,或清扫坟墓,表达他们对祖先的敬重和追念。同一宗族间也通过这些祭拜活动,维系彼此间的亲情,巩固家族意识。在节日到来时,亲朋邻里间的往来较平日为多,老人在节日里会尤其受到尊重,年幼的孩子也会得到格外的宠爱,整个家族其乐融融。"家族"的概念通过节日得以深入人心,所以,节日也是我们研究中国人家庭结构关系的重要途径。②

　　宗法制除了催生出人们的伦理观念和孝道文化,还带来了丰富的礼节仪式。以"拜年"来说,就有"家拜""近拜""远拜"以及"拜庄乡年""拜年团结"等形式。③不过目前一些古老的节日礼仪已经被现代化的交际理念所替代,渐渐被人们淡忘。虽然这些礼节较为烦琐,但是其中蕴含的"尊老爱幼""团结乡邻"等优秀思想还是被今人所采纳,并演化出更加文明的节日礼仪。

---

①　徐万邦、祁庆富:《中国少数民族文化通论》,中央民族大学出版社,1996年,第306页。
②　王娟:《中国民俗文化》,中央广播电视大学出版社,2006年,第104页。
③　张岳:《在传统与现代性之间》,知识产权出版社,2019年,第93页。

总之,传统节日不仅仅是季节更迭的标志,更是人们愿望、情感、信仰的集中体现。近代以来,传统节日几经变革,但还是在各方保护中流传下来。今天的传统节日除了遵循流传下来的习俗,还融合了许多当代的生活方式和文化观念,使传统节日更人性化,内容和形式更加丰富多彩,更能服务于今天的生活方式。

2. 中国传统节日的传播优势

传统节日在背景、日期、表现形式等方面都极具中国特色,但是这种特色并不会造成民俗文化教学中的障碍,反而是课堂中的亮点。节日中鲜活立体的各项活动为中文学习者带来了别具一格的文化体验,更能加深其对中华文化的理解,有利于节日内涵教学的展开。中国传统节日的传播优势大致可以分为丰富的节日习俗、深厚的节日内涵和浓郁的节日氛围这三点。

1) 节日习俗丰富多彩

中国的节日习俗可谓是包罗万象,大致可分为节日仪式、节日游戏、节日饮食、节日艺术这四类。节日仪式有清明节祭祖、中秋节拜月,节日游戏有元宵节猜灯谜、端午节赛龙舟,节日饮食有元宵节的元宵、清明节的青团、端午节的粽子、中秋节的月饼、重阳节的重阳糕,节日艺术有春节的窗花、元宵节的灯笼、各地的节庆舞蹈等。可以说是数不胜数,精彩纷呈,而这些类别中最具代表性的就是传统节日中特定的节日食物。中国菜历史悠久、品类众多,节日食物能在众多食物中脱颖而出,成为各大节日的饮食代表,除了味道老少皆宜外,美好寓意更是其生生不息的关键。以饺子为代表,饺子谐音"交子",取"更岁交子"之义,形状如元宝,有招财进宝的意蕴。其他节日食物也与饺子相似,多是将美好愿望借助食物的形状、色彩以及谐音的名称表达出来。传统节日食物极具包容性,在中外交流的过程中不断改良,研发出适合海外友人的新口味,如近年来流行的乳酪月饼就广受好评。国际中文教学课堂中可以结合节日食物,让学习者在体会食物美味的同时,增强对食物背后传统文化的认同感,在长期的教学中将文化潜移默化地传授给学生。节日艺术虽然没有节日食物那样深入人心,但是它极具地域和民族特色,各类艺术在传统节日中都有特殊表现。以灯为例,平时生活中的灯笼远不及元宵节灯会上的灯笼繁复精美,有灯车、灯船、兔儿灯、宫灯等,中国北方还有用冰做出的冰灯,与冰雪交相辉映,更是显得耀眼夺目。国际中文教师可以结合地域特色,将具有传统节日色彩的地方艺术搬进课堂,体会不一样的节日文化。

2）节日内涵寄寓深厚

文化特色优势主要是指蕴藏在传统节日中的深层内涵，如团圆祈福、慎终追远等。这些内涵所表达出的对未来生活的希冀，对自然的赞扬与尊崇，对亲朋好友的感谢与关爱都是人类共通的情感，即便中文学习者之前从未经历过这些传统节日，但当他们接触到节日时也能或多或少地联想到背后的情感逻辑。

中国传统节日的意蕴与他国的节日内涵有所重合，但是节日活动背后中国人的民族性格和交际特征是独一无二的。中国的传统节日大多是以家庭为主的内聚性节日。传统节日活动注重家庭成员间的团聚与交流，将节日看成培育家庭意识与强化家族人伦的民俗时间。如在三大传统节日春节、端午、中秋之中，以家人团聚为主题的就有春节与中秋。① 以元宵节为例，这一天人们大张灯火、聚戏朋游到深夜才回家，因此元宵节可以称得上是"狂欢节"。古代礼教森严，女子只有在特定节日才能出门见到外男，所以元宵节还称为古代的情人节。不过，即便是"狂欢节"，中国人也还是以家庭为单位进行庆祝，且以欣赏节目为主，很少会真正地纵情歌舞、放肆游戏，这与儒家的克己思想有关。因此，在展现文化特色优势时还可以揭示中国人参加节庆活动后的心理，便于学习者梳理中外文化差异。

3）浓郁的节日氛围

节日氛围是中国人欢度佳节时产生的一种特殊的氛围和情调，这种与留学生原有认知相似又有区别的气氛会感染来华留学生，让他们在潜移默化中深化对中国传统节日的了解。特别是交通运输技术大大提升后，每年过年还能看到一道独特的节日风景——春运，如果留学生在春节期间出行，也能感受到游子归乡的心切。各大电视台也根据节日推出了各种节日联欢晚会，打开电视就能感受到浓浓的节日气氛，这些节目也为国际中文教学提供了丰富的多媒体教学资源。另外，近年来短视频平台的兴起也打开了中文学习者了解中华文化的一扇窗，节日到来时这些制作精良的文化类短视频也受到广大国外网友的喜爱，让世界更加真切地了解到中国的传统节日。

假日政策也是营造节日氛围的推力之一，我国已将春节、清明节、端午节、中秋节列为法定节假日，来华留学生虽然原本没有过节的习俗，但是每到节日之

---

① 萧放：《传统节日：一宗重大的民族文化遗产》，《北京师范大学学报》（社会科学版），2005 年第5 期。

时，他们也会收到各大手机应用的通知，看到超市里各式节日食物、装饰品等，从而产生不一样的节日感知。一些国家已经将中国的传统节日列入当地的法定节假日，如毛里求斯、印尼、菲律宾、泰国等就将中国农历春节列入假日体系内，这一举动反映出中国传统节日的影响力在逐步提升。

此外，在传统节日到来时，商家会借助节日进行打折促销或者节日限定等活动，这点不仅吸引着中国消费者，也对留学生产生了极大影响。以 2022 年的北京冬奥会为例，冬奥会的吉祥物"冰墩墩"推出了新春限定版，还未上架就广受国内外粉丝的关注，大家都摩拳擦掌，把身着红色虎年服饰的冰墩墩抢购一空。教学时可以结合当代热点与传统节日的交融点进行针对性教学，让学习者体会现代文明中传统节日的独特韵味。

不过，虽然目前中国传统节日在国际的传播情况差强人意，但是仍存在一些问题。中国传统节日的表现形式、文化符号渐渐深入人心，但仅集中于春节等重要节日，其他节日的传播现状仍不尽如人意。再者，某些亚洲国家也有着相似的节日，且节日日期十分相近，一些对亚洲文化并不了解的中文学习者容易张冠李戴，产生文化误解。因此，传统节日国际中文教育应该对学习者的节日认知情况进行调查分析，纠正其文化偏误，还应该充分利用传统节日的丰富表现形式，挖掘背后的民族文化精神，打造独特的以中华传统节日文化为主题的教材和教学体系。

二、中外传统节日比较

世界上每个国家都有着不同的发展历史、文化形态、民族特色和人文气息，而传统节日就像是一面镜子，从不同的角度将这些元素反映出来，体现了国家或民族特有的思维方式、道德观念、社会准则等，是民族精神在特定的文化土壤孕育的结果。下面将节日按照内涵分为四类，并对中外传统节日进行比较，举例说明中外节日之间的差异，帮助教师为中文学习者梳理节日的文化底蕴，建立起中外文化交流互动的平等意识。

（一）团圆祈福类

在中国传统社会，人们对幸福团圆的家庭有着天然的向往，投射在节日中，就形成了在祈愿阖家团圆、生活美满的内涵。中国传统节日中代表团圆祈福的节日主要有春节、元宵节、中秋节。这里主要将中国的春节与西方的圣诞节做对比,分析两者的异同。

　　春节是中国节俗文化中最重要、最盛大、最热闹的节日。春节流传已久,其根源最早可以追溯到上古时代年头岁尾的祭神活动,远古时人们在年末岁首举办祭祀活动以感谢天地众生,慰藉祖先,驱邪攘灾,纳福祈年。春节的习俗不断丰富,庆祝活动一般从农历腊月二十三开始一直持续到正月十五,除夕和正月初一是整个春节期间的高潮部分。除夕这一天,全家人欢聚一堂,辞旧迎新,吃团圆饭,长辈还会准备好红包为小辈压岁,寓意驱除邪祟,新的一年吉祥如意。西方也有类似的团圆节日——圣诞节。圣诞节是基督徒为庆祝耶稣诞生日而准备的节日,在漫长的发展过程中糅合了许许多多不同国家和民族的风俗和礼仪,地位等同于中国的春节。圣诞节前夜,每家每户都会摆上一棵圣诞树,圣诞树下是家人之间互相准备的礼物,全家人会围在圣诞树旁唱圣诞歌并交换礼物,分享最近的生活趣事并祈求来年的幸福。

　　相似的是,无论是春节还是圣诞节,人们都会齐聚一堂进行庆祝,全国上下都沉浸在喜气洋洋的氛围之中。除夕夜时,奔波在天南海北的中国人都会回到家中吃一顿团圆饭,由此还形成春节的一大特色——"春运"。西方则在圣诞节或圣诞节前夕准备好大餐,虽然各家菜式不同,但少不了一只火鸡。

　　虽然春节与圣诞节都指向"团圆"的核心内涵,但在庆祝方式上,还是各有特色。西方庆祝圣诞节时,氛围更加狂野和外放,在街道上有身着红衣的圣诞老人热情洋溢地对路人进行祝福。春节更多的是走亲访友,与熟悉的人互道祝福,方式更为内敛。这是因为中国文化偏向于集体主义,家人之间的关系比较紧密,春节象征着"团圆",一家人欢聚一堂、其乐融融,与传统的伦理道德观念相符。西方偏向于个人主义,节日更为张扬个性、纵情歌舞。在文化多元化的今天,中西方的节日文化开始互相交融,传统的春节虽然已经走出国门,为大众所知,但是也同样受到西方传统节日的冲击。国际中文教师在面对中文学习者时,应先树立正确的文化观念,除了介绍节日风俗和食物,还应当运用多种方式展现节日的文化精神,让传统节日在变幻的时代步伐中散发魅力。

(二) 人文关怀类

　　人文关怀类节日主要体现在对家人的重视、尊重、关心、爱护方面。中国自古以来就提倡"老吾老以及人之老,幼吾幼以及人之幼"的孝老爱亲思想。特别是进入老龄化社会以来,与敬老文化相关的节日——"重阳节"被重新重视起来,2012 年,全国人大常委会修订通过的《中华人民共和国老年人权益保障法》第十二条规定每年农历九月初九为老年节。西方也有类似的节日,诸如父亲节、母亲节。值得注意的是,母亲节源于古希腊,是古希腊人向希腊众神之母瑞亚致敬的节日,带有对女神的崇拜色彩,与现在对母亲的尊重情感有所区别。父亲节诞生于美国,是为了纪念独自抚养六个孩子的父亲威廉·托马斯而设,它表达的是对父亲辛劳付出的感动和尊敬。重阳节在农历九月初九,古代也有黄帝于九月初九乘黄龙升天的传说,所以人们会在这一天祭祀黄帝。中华传统以奇数为阳数,九是最大的阳数,所以也有人曾经提倡过将农历九月初九设为中华父亲节。总的说来,中国的节日是综合性的,重阳节既可以祭祀天帝,也可以寄托人们对长辈健康长寿的祝福,而他国的节日主要是以单项主题为主导,将一种情感贯穿始终来进行节日庆祝。

中国传统节日与其他国家节日最大的差异反映在节日庆祝方式上。在重阳节时,人们登高望远、祭祀怀祖、吃重阳糕、插茱萸,节日活动丰富多彩。在母亲节或父亲节时,人们大多数是为父母亲送上鲜花或者其他礼物,并无特定的节日庆祝方式。此外,中外节日的内驱力也很不一样,中国的重阳节更多是以伦理为主导,节日的主要功能是传承道德原则,而不是给人们提供娱乐和休闲的机会。例如,在重阳节,有些地区有着祭祀祖先的习惯。相比之下,西方节日的伦理特征并不明显,它强调娱乐功能,为现代人提供放松休闲的机会。

而今,交流的便捷使得中外许多节日在各方面产生了碰撞,设置了许多不必要的界限。以敬老主题为例,提起重阳节大多数人只会想起六十岁以上的老人,很少会想到中年人。因此孝敬父母时,大多数人会选择父亲节和母亲节进行情感表达,这是节日功能重合引起的节日概念的束缚。国际中文教师在面对有着相近功能的节日时,要明确节日的内涵,梳理节日的习俗,避免不必要的禁锢,达到节日文化平等交流的效果。

(三) 慎终追远类

生老病死是人类永久的议题,古代因为科技的落后,人们将一些不能用常理解释的现象都归于鬼神,因此也产生了许多祭奠亲人、告慰魂灵的节日。最具代表性的有中国的清明节与墨西哥的亡灵节。

中国汉族的清明节大约始于周代,距今已有 2 500 多年的历史。最初清明节只是二十四节气之一,随着历史的变迁,清明节融合了上巳节和寒食节的习俗,成为包含了这两个节日寓意与习俗的一大节日。清明节的习俗主要有扫墓祭祖与踏青游玩,扫墓始于古代帝王将相的墓祭之礼,唐朝时期,将祭拜扫墓的日子定为寒食节。又因为寒食与清明两者日子相近,所以便将清明与寒食合二为一。此后,唐玄宗下诏将寒食扫墓定为当时的"五礼"之一。扫墓时,后人要携带酒水瓜果、香火纸钱,在先人墓前祭献食物后,清扫墓碑,培上新土,再焚化纸钱,叩拜祖先,最后收拾贡品,打道回府。

墨西哥亡灵节起源于公元前 600 年,最初是用部落交战后俘虏的头颅来祭奠亡灵的,后来改为摆设祭坛,在祭坛上摆放逝者照片和供奉逝者生前喜爱的食物表示告慰。此外,墨西哥人会将"亡灵之花"——万寿菊铺在祭坛到墓地的路上,指引死者回家的方向,晚上还会在家门口点上蜡烛,寓意幽魂回归安息之处。

虽然清明节与亡灵节在祭奠形式上非常相似,但是两个节日的氛围有所不同。清明节是一种哀伤和沉痛的氛围,而亡灵节则带有狂欢的意味,以墨西哥亡灵节为主题的电影《寻梦环游记》中就有许多与家人载歌载舞、通宵达旦欢度亡灵节的镜头,这也体现了墨西哥人拒绝悲哀、乐观豁达、直面生死的价值观。清明节虽有踏青、放风筝等娱乐活动,也在亲近自然、追求幸福的过程中传承"追思先人,勿忘生者"的节日意义,但还是较为克制,多以一些含蓄的方式进行表达。

祭祀是中西方共有的传统文化,但西方祭奠先祖的沉痛情感逐渐淡化,甚至消失。作为传统的农业大国,血缘是农业社会的主要纽带,从而衍生出中国特有的宗法文化,而这种独特的宗法文化又与道佛两教中超度亡魂、消除罪孽的思想相结合,因此清明节是中国人重要的祭奠日。此外,中国的许多节日还担任着教化的作用,祭奠祖先的礼制中蕴含着丰富的人伦道理,是遵行孝道的重要途径。西方文化强调人格独立,是以个人为本位的社会,这也是清明节与亡灵节的节日氛围大有不同的另一重原因。在国际中文课堂中,教师应当先将两者感恩生命的相同内涵进行阐释,再对两个节日庆祝活动的不同进行分析,帮助学生理解中国追思先人、感恩怀远的节日情感。

(四) 男女求爱类

爱情是人类共通的情感,无论是在课堂中还是在生活中,都是古老而又新鲜的话题。将这种浓烈的情感寄于节日之中,在世界各地都有范例,英美的情人节、捷克和斯洛伐克的绿色情人节等。中国的七夕近年来也被称为"东方情人节",但七夕与西方的情人节在很多方面都有区别。

情人节的起源众说纷纭,这里以圣徒瓦伦丁的故事展开介绍。瓦伦丁是公元 3 世纪的一位基督教徒,当时罗马帝国社会腐败黑暗,基督教被镇压,瓦伦丁被捕入狱,在狱中,他与典狱长的女儿相恋,临刑前夕,即将付出生命代价的瓦伦丁给典狱长女儿写了一封情深意长的书简,诉说生离死别之情。受刑当天,典狱长女儿无力扭转情人的悲惨结局,便在瓦伦丁墓前种上红色鲜花,以寄托自己无尽的哀思和依依难舍的深情。这一天为 2 月 14 日,从此,西方就把 2 月 14 日约定俗成地称为情人节,即圣瓦伦丁节(Valentine's Day)。[①]

七夕也称乞巧节,是向七姐祈福、乞巧的节日。七夕最早记载在东晋葛洪的《西京杂记》上,其中写道"汉彩女常以七月七日穿七孔针于开襟楼,人俱习之"。[②] 在七夕,姑娘们会将精心准备的水果、鲜花、刺绣等物品摆放在香案上,向七姐展示自己的技艺,祈求自己嫁个好人家,已婚的少妇则祈求早生贵子。七夕是传统节日里最具浪漫色彩的节日,它的背后还有牛郎织女的传说,这也是它和西方情人节的相似之处,都有故事做背景支撑。

情人节和七夕最大的不同是,七夕在古代是一个女性节日,即便涉及爱情和婚姻,也是女性单方面向七姐祈求,没有男性主角的参与。而西方的情人节是双方互动的节日,比如英国的威尔士,情侣在这一天会互相赠送一把挂着心形装饰物或者钥匙的木勺,代表"你已锁住我的心"。这是因为古代中国婚姻观念比较传统,讲究"父母之命、媒妁之言",而西方没有这些枷锁,更倡导婚姻自主、恋爱自由。此外,古代朝廷以农业为根本,劝课农桑的价值观念深入人心,所以七夕节的主要功能还是在于祈求纺织技艺。传统农业社会解体后女性可以自由地选择自己喜欢的职业,七夕乞巧的传统意义开始渐渐消逝。全球化浪潮的冲击又带来了西方的情人节,人们的婚姻观念也不似过去那么保守,开始追求婚姻自由和婚姻平等,于是现代的七夕节被赋予了情人节的内涵,在顺应潮流与保留传统文化两者之间取得了平衡。

节日的异同反映出中外人民在不同地理和历史环境下产生的文化差异。中国和亚洲多数国家的节日主要以家族为中心,西方节日则更多表现人与人之间

[①]　汪保忠:《中国七夕节与西方圣瓦伦丁节、阿多尼斯节文化习俗比较》,《通化师范学院学报》,2014 年第 7 期。

[②]　葛洪:《西京杂记》,三秦出版社,2006 年,第 29 页。

的互动性、集体性和狂欢性。在传播中华传统节日的时候,教师更应当注意文化差异的比较,帮助语言学习者充分认识各民族的习俗与文化,理解和尊重他国文化,避免文化冲突的产生。

第二节 传统节日教学与研究个案

中国传统节日文化历史悠久,具有丰厚的文化底蕴和多彩的活动形式,是国际中文教学的素材来源和中华文化国际传播的重点内容。教师在国际中文课堂中适时运用各种节日,结合节日内涵巧妙设计课堂活动,让学生亲身体验节日习俗,更有利于激发中文学习者对汉语的兴趣,增强学习汉语的动力,加深对中国文化内涵的理解。

一、传统节日教学案例分析

中国有情人节吗?[①]

学 校	汉语水平	授课对象	作 者	整理者
江苏大学	中级	来华留学生	余红艳	陈 倩[②]

（一）案例叙事

这是新学期的第一堂文化课,考虑到西方的情人节刚刚过去,过几天就是中国的元宵节,所以,我在教学设计时,便将这节课设计成一次节日文化课,重点讲解元宵节的民俗文化,以便国际学生在接下来的元宵节中能够参与其中,深入了解。

导课环节,我以闲聊的方式跟同学们进行交流:"情人节刚刚过去,你们是怎么过情人节的啊?"来自墨西哥的高山笑着说:"老师,我是单身,我没有女朋友。所以,我的情人节没有意思,是一个人过的。"我正准备接过话请其他同学分享,高山接着说:"老师,陈龙的情人节应该很有意思。"陈龙是来自泰国的留学生,因为很喜欢中国功夫,所以给自己取了这个名字。陈龙也很大方,向大家介绍他和

---

① 该案例来源于编者教学实践。
② 陈倩,江苏大学文学院汉语国际教育专业硕士生,主要从事民俗文化国际传播、文化教学研究。

女朋友一起去泰国餐馆吃了地道的家乡菜,还为女朋友准备了一束鲜花。大家都纷纷祝福陈龙。这时,来自巴基斯坦的李娜突然问道:"老师,中国有情人节吗?"同学们七嘴八舌地低声交流起来。说实话,这个问题让我有点儿意外。原本我的教学设计是通过情人节的交流导出学习中国传统节日的话题,因此我的备课重点都是在元宵节的时间、饮食文化、赏灯民俗上,却忘记了"情人节"本身可能带来的话题。于是,我略微调整心态,跟同学们交流道:"现在中国的年轻人一般也会过西方的情人节,因为这是一个快乐的节日,恋爱中的年轻人都愿意一起分享。"接着,我又反问道:"你们知道中国有情人节吗? 是哪一天呢?"来自韩国的金正旭说:"我听说,中国的情人节是七月初七,是七夕节。"来自津巴布韦的杨进说:"我的中国朋友跟我说,中国没有自己的情人节。"我笑着点点头,回应道:"嗯,有人说七夕节就是中国的情人节,有人说中国没有情人节,那么,中国究竟有没有情人节? 是哪一天? 我们一起来了解一下中国的传统节日文化,然后再来讨论这个问题,好不好?"

于是,我以这个问题为线索,快速调整了教学设计,以元宵节的赏灯习俗,引导同学们思考元宵节是家族内部团圆的节日还是走向社区的开放性节日;以古代社会在元宵节这一天取消"宵禁"制度,引导同学们思考元宵节这一天是否带有一定的狂欢性;并在《生查子·元夕》的诗歌诵读赏析和经典传说"牛郎织女传说"的故事讲解中,引导同学们思考元宵节和七夕节这两个传统节日的爱情文化;最后,引导同学们一起讨论中国有没有情人节,如果有,到底是元宵节还是七夕节。

尽管课堂的教学逻辑、教学设计与我备课时预设的内容有所偏差,但是,整个课堂交流互动热烈,同学们对元宵节、七夕节的节日文化有了一定的了解,并且还对"中国究竟有没有情人节"以及"情人节究竟是哪一天"这样的问题有了一个更加开放、多元的认识。应该说,教学效果超过我的预期,也为我今后的文化教学带来了很大的启示。

(二) 案例点评

1. 亮点分析

(1)问题导向鲜明,课堂互动丰富。教师以学生日常生活话题为导入点,一是营造了较为轻松的教学氛围,二是给予学生更多的汉语表达和交流的机会。难能可贵的是,教师能够将学生在交流环节提出的问题与本节课的教学内容进行巧妙的结合,及时调整教学设计和教学重心,准确把握文化课教学的跨文化问题,并围绕学生关心的话题,设计课堂互动,让学生于节日文化知识学习、节日文化内涵对比,以及节日诗词和故事讲解中,深化对中国传统节日文化的认知与理解。

(2) 重视文化交流,结论开放包容。在本节课中,教师能够秉持文化教学并非以知识传达为主,更应强化文化交流、文化理解的教学宗旨,在学生提出"中国究竟有没有情人节"以及"七夕节究竟是不是中国的情人节"这样的问题时,教师并没有简单粗暴地肯定或否定,而是准确地抓住了元宵节不同于中国其他传统节日的文化内涵,巧妙设计课堂问题,引导学生了解元宵节是走向社区的交流性较强的传统节日,是允许青年男女相聚的传统节日。最后对于"中国究竟有没有情人节""中国的情人节究竟是哪一天"这样难以定论的问题,还能选取经典诗词和经典故事,让学生在诗词欣赏和故事讲解中,在更加开放包容的环境中深入交流和讨论。通过教学,国际学生了解到中国节日文化充满了诗情和想象,元宵节和七夕节都可以与爱情相关。

2. 不足与建议

(1) 尽管教师能够根据学生的课堂问题进行快速调整,导课环节的设计也具有一定的积极意义,但是还是能够看出教师在备课时,未能充分进行中西方节日的对比研究,因此未能意识到西方的情人节和中国的元宵节或者七夕节之间的异同性,采取的仍然是传统的节日文化教学思路。如果教师能够更多思考用对比的跨文化教学理念进行教学设计,而非如本节课这样只是被动地设计,教学效果可能更佳。但是,正如教师在案例最后的反思,这节课的教学对其今后一定会有很大的启示。

(2) 总体来说,这是一节相对成功的节日文化教学课,通读教学案例,还是可以清晰看到教师所具有的较为扎实的节日文化知识,这也对我们的文化教学提出了更高的要求。正如我们所了解的,国际中文教学往往会出现意想不到的教学状况,国际学生对知识点的困惑有时会超出教师的备课范围。那么,这就必然要求国际中文教师具备专业的知识体系,能够根据课堂教学实际情况,及时调整并解决学生提出的相关问题。

3. 案例思考

(1) 你认为教师在进行节日文化教学备课时,应该重视哪几个方面的知识储备?

（2）如果让你进行元宵节的节日文化教学，你会如何进行教学设计？请与同学们交流讨论。

二、传统节日研究论文

传统节日：一宗重大的民族文化遗产[*]

萧 放^{**}

摘 要： 传统节日是一宗重大的民族文化遗产，它承载着丰厚的历史文化内涵，是民众精神信仰、审美情趣、伦理关系与消费习惯的集中展示日。我们应该充分认识传统节日的价值与意义，并主动积极地进行传承与建设。首先，节日是民俗文化的主干内容之一，联合国教科文组织《保护非物质文化遗产公约》将节日庆典纳入保护范围，节日属于非物质文化遗产。其次，传统节日有三大传统：反映节日物质生活层面的传统；反映节日社会生活层面的传统；体现节日精神生活方面的传统。最后，节日是传承民族文化的有效方式，是提高民族自信心的重要途径，是发展民族新文化的基础与凭借，是造就和谐社会的文化动力。因此对民族传统节日进行调查研究并予以保护是当前急迫的工作任务。

关键词： 传统节日；非物质文化遗产；民族文化

在全球化、现代化的浪潮中，中国正自觉或不自觉地进入世界格局之中，中国社会正经历着重大的历史变迁，民族文化传统经受着前所未有的洗礼与考验。作为民族文化重要载体的传统节日，它的命运也受到越来越多人的关注。传统节日是一宗重大的民族文化遗产，^③传统节日不是一般假日，它是民族文化情感的凝聚与价值观念的体现。我们应该充分认识它的文化价值与意义，并主动进行传承与建设。

本文从以下三方面进行论述：

---

* 该文由萧放提供，原载于《北京师范大学学报》（社会科学版），2005 年第 5 期。

** 作者简介：萧放，男，教授，博士生导师，北京师范大学社会管理研究院/社会学院人类学民俗学系主任，社会学位分会主席，民俗典籍文字研究中心民俗室主任。

③ 钟敬文先生在 1950 年就撰写了论文《口头文学：一宗重大的民族文化财产》（《钟敬文民间文学论集》上册，上海文艺出版社，1982 年，第 1—20 页），提出了民族文化遗产保护问题，本文就是受到钟师文章启发而作，谨以此文表达对先师去世三周年的纪念。

（一）非物质文化遗产与传统节日

非物质文化遗产是指特定空间、群体传承的知识、信仰、情感、艺术、技术及其外部表现形式。传统节日作为民族文化的时间传承与表现方式是非物质文化遗产的重要内容。

非物质文化遗产是近年的热门词汇。非物质文化遗产保护是新世纪以来联合国机构工作的重点之一，它是世界遗产保护工作的重要扩展。世界上一些国家很早就开始了非物质文化遗产的保护工作，如日本1950年就颁布了《文化财保护法》，其中就有"无形文化财"（包括演剧、音乐、工艺技术等）、民俗文化财（包括有关衣食住行、生产、信仰、年中节庆等风俗习惯、民俗艺能的无形民俗文化遗产和表现上述习惯与艺能的衣服、器具、房屋等物件的有形民俗文化遗产）等内容。受到日本对无形文化遗产的保护和实践影响，韩国在1961年颁布了"无形文化财"的保护法，以后逐渐得到菲律宾、泰国、美国和法国的响应。法国在文化遗产保护方面成就突出。1972年联合国教科文组织通过了保护世界文化遗产与自然遗产的《世界遗产公约》。在讨论世界自然与文化遗产名录的过程中，人们对无形文化遗产也给予了相应的关注。1989年在巴黎召开的联合国教科文组织第25届大会上，通过了《保护民间创作的建议案》，这里的民间创作也可表述为传统的民间文化。[①]

1998年，联合国教科文组织执委会在第155次会议上通过了《人类口头和非物质遗产代表作宣言实施规则》，号召各国政府、非政府组织和地方社区采取行动对那些被认为是民间集体保管和记忆的口头及非物质遗产进行鉴别、保护和利用。对于人类口头和非物质遗产有一个定义，并明确指出它出自《保护民间创作建议案》，定义如下："指来自某一文化社区的全部创作，这些创作以传统为依据、由某一群体或一些个体所表达并被认为是符合社区期望的作为其文化和社会特性的表达形式，准则和价值通过模仿或其他方式口头相传。它的形式包括：语言、口头文学、音乐、舞蹈、游戏、竞技、神话、礼仪、风俗习惯、手工艺、建筑及其他艺术。"此定义中强调特定文化空间，强调空间内自发传承的生活知识、艺能与技能，以及社区共享的文化传统。

2001年5月18日，联合国教科文组织公布了首批人类口头和非物质遗产

---

① 参考杜晓帆《文化多样性与人类口头及无形文化遗产的保护和传承》，2003年7月乌鲁木齐"非物质文化遗产保护传承与开发利用"学术研讨会会议论文。

代表作,保护世界非物质遗产工作进入实质性阶段。同年 11 月发布了《世界文化多样性宣言》,从文化多样性的角度,重视文化生态的保护,重申应把文化视为某个社区或某个社会群体特有的精神与物质、智力与情感方面不同特点之总和,除了文学艺术外,文化还包括生活方式、共处的方式、价值观的体系、传说和信仰。确认相互信仰、理解的氛围下尊重文化的多样性、宽容、对话及合作是国际和平的最佳保障之一。希望在承认文化多样性,认识到人类是一个统一整体和发展文化间交流的基础上开展更广泛的团结互助,认为尽管受到新的信息技术和传播技术迅速发展积极推动的全球化进程对文化多样性是一种挑战,但也为各种文化和文明之间进行新的对话创造了条件。

2003 年 10 月,联合国教科文组织第 32 届大会通过了《保护非物质文化遗产公约》(Convention for the Safeguarding of the Intangible Cultural Heritage),对非物质文化遗产重新定义,这一定义与 1998 年的定义相比在非物质文化遗产的界定上更为明确:"各社区、群体,有时为个人视为其文化遗产的各种实践、呈现、表达、知识和技能,以及与之相关的工具、实物、手工制品和文化空间。各社区、群体为适应他们所处的环境,为应对他们与自然和历史的互动,不断使这种代代相传的非物质文化遗产得到创新,同时也为他们自己提供了一种认同感和历史感,由此促进了文化多样性和人类的创造力"。[1]《公约》还就非物质遗产涉及的范围作了具体的界定,非物质文化遗产有以下五个方面的内容:① 口头传统,包括作为无形文化遗产媒介的语言;② 表演艺术;③ 社会实践、仪式礼仪、节日庆典;④ 有关自然界和宇宙的知识和实践;⑤ 传统的手工艺技能。进而确定非物质文化遗产的"保护"是指采取措施,确保非物质文化遗产的传承的生命力量。对于非物质文化遗产的保存,重视文化空间(cultural spaces)整体,重视文化遗产的生命力量。在非物质文化遗产保护公约中,节日庆典得到前所未有的重视,以前的宣言、条例中都没有明确节日在非物质遗产中的位置,仅在首批 19 项世界非物质遗产名录中有一项节日内容(玻利维亚:奥如诺狂欢节)。2004

---

　① 联合国教科文组织官方网站刊发《公约》关于非物质文化遗产的英文原文为:The "intangible cultural heritage" means the practices, representations, expressions, knowledge, skills — as well as the instruments, objects, artefacts and cultural spaces associated therewith — that communities, groups and, in some cases, individuals recognize as part of their cultural heritage. This intangible cultural heritage transmitted from generation to generation, is constantly recreated by communities and groups in response to their environment, their interaction with nature and their history, and provides them with a sense of identity and continuity, thus promoting respect for cultural diversity and human creativity.

年 8 月，十届全国人大常委会第十一次会议批准了联合国教科文组织《保护非物质文化遗产公约》，标志着中国在保护非物质文化遗产的进程中迈出了重要一步。

非物质文化遗产是以人为主体的，依靠语言、行为等方式进行传递的无形的文化遗产，虽然有时候要表达无形的文化需要有特定的物质形态呈现，如表演艺术离不开乐器、舞台，工匠离不开工具、材料，但其文化的核心是思想、情感、技艺与设计等非物质因素。这些非物质文化因素既源于人的个性，也是民族群体文化特色的体现。同时，它也构成了文化多样性的基础。由于非物质文化依托于人，人又受制于生存的历史社会条件，外部社会条件的变化对非物质文化遗产的传承有着重要的影响。随着现代社会进程的加快，经济全球化的加剧，大量形成于传统社会的非物质文化遗产面临着灭顶之灾。联合国教科文组织之所以由重视文化遗产推进到重视非物质文化遗产，就是已经看到经济全球化对世界文化多样性破坏的现实。联合国教科文组织《世界文化多样性宣言》(2001 年 11 月 2 日第二十次全体会议根据第 IV 委员会的报告通过决议)指出："人类的共同遗产文化在不同的时代和不同的地方具有各种不同的表现形式。这种多样性的具体表现是构成人类各群体和各社会的特性所具有的独特性的多样化。文化多样性是交流、革新和创作的源泉，对人类来讲就像生物多样性对维持生物平衡那样必不可少。从这个意义上讲，文化的多样性是人类的共同遗产，应当从当代人和子孙后代利益予以承认和确定。"民族传统节日文化，正是文化多样性的重要体现。

中国传统节日是民俗文化的主干内容之一，传统节日的形成是一个长期的历史文化模塑过程，它承载着丰厚的历史文化内涵，是民众精神信仰、审美情趣、伦理关系与消费习惯的集中展示与传承的文化空间，传统节日在非物质文化遗产中占有至关重要的位置。

传统节日是人们在长期的历史社会生活中逐渐形成的划分日常生活时间段的特定人文符记。但这种时间段落的划分，又不仅仅是由人们的主观的时间观念，或者如胡塞尔所说的由"内在时间意识"来决定。它是自然时间（季节时间）过程与人文时间意识的有机结合。岁时节日是人们认识、处理自然时间过程与人事活动协调的时机。岁时节日随着历史社会的阶段变化，不断地调整着自己的文化主题，在早期社会它主要表现为人对自然的时间顺应，以及对神灵的祭祀，这时人们对自然的认识是戴着神秘的眼镜的，是神化了的自然。所以人们是在顺应神灵意志的形式下顺应自然，所谓循时而动，遵循的就是神秘的天时，是自然性与宗教性的时间表达。后来随着人们主体意识的增强,社会力量的强大,人们更强调国家与社会在人们生活中的影响与地位,岁时节日中的自然时间性质日渐淡漠,季节性祭献的时间仪式也逐渐世俗化为家庭或社会的聚会庆祝活动,岁时节日主要成为社会性与政治性的时间表达。

岁时节日的这种演变从人本角度看,无疑是巨大的历史进步,是文化演进与社会生活调整的积极结果。但换一个方向思考,从自然时序的角度,考虑人们的社会生活安排,同样符合人的本性。只要我们脱去神秘的信仰意识,将天时回归到自然季节流转的本质属性上,我们就会从早期社会的时间意识上升华出适应真正人性需要的现代时间观念,从而建立一套新的时间生活体系,以服务当代人们生活的需要。在有着强大文化传统的中国,这种新的节日生活体系的建立,当然离不开传统节日民俗,它只能是在传统节日生活基础上的继承与发展。

作为非物质文化遗产的传统节日,它要在文化遗产学上确立自己的位置,首先,必须阐明其文化内涵;其次,要说明它在当代社会的文化功能与意义。只有明确了这两大方面,我们才能对传统节日是一宗重大文化遗产的评估,真正落到实处。

(二)民族节日传统内涵论析

从上述"非物质文化遗产"的定义看,它强调了两大方面,一是特定空间的传统形式的文化活动,二是特定群体传承的文化传统。传统节日的文化内涵正符合这一概念规定。我们结合传统节日民俗活动,重点探讨中国节日传统。

传统是既有的文化模式的传袭。传统二字,从语义上看,是动态的抽象,传者,延续,统者,头绪,人们将复杂的事物理出一种头绪,也就是说抽象出一种能够概括与说明具体事物的认知模式。更明确地说它是指在历史过程中形成的一种特定的精神信仰与价值观念,以及行事的习惯模式。有人进一步说:传统是在文化发展中由社会集体记忆的"既有的解决各种人类问题的文化途径"。[1] 中国是一个悠久的文明古国,在长期的农业社会生活形成的精神文化传统是天人合一、人与自然的和谐,有人说"和合"是中国的文化传统。这里就不仅是天人的和谐,还有一个人事的和谐,"礼之用,和为贵,先王之道斯为美"。[2] 我们用这种

---

[1]　希尔斯、傅铿、吕乐:《论传统》,上海人民出版社,1991年,第7页。
[2]　杨伯峻:《论语译注》,中华书局,1980年,第8页。

思想来解决各种文化问题,在传统社会被证明是有效的。节日传统正是在这样一个文化大传统中形成的小传统,是从传统节日文化中凝练出来的精神要素,节日传统具有超越地域、阶层、时代的意义。节日传统具体说来有如下几个层面:

(1) 节日物质生活层面的传统。如衣食住行的生活消费传统,其中节日饮食传统尤其鲜明。几乎每一个传统节日都有特定的节日食品,甚至人们直接用食品名称称呼节日。正月初一,北方饺子,南方年糕。饺子与年糕既是节日美食,又都饱含民俗寓意,饺子谐音"交子"象征着新年旧年在午夜子时的交替。年糕是南方年节祭祖与馈赠的节日食品,年糕谐音"年高",意味着人们生活质量年年提高。我们的节日就是一路"吃"过来,正月十五的元宵,二月二的龙鳞饼,三月三的荠菜煮鸡蛋,寒食清明的清明团子,四月浴佛节的缘豆,五月端午节的粽子、七月七的巧果,八月中秋的月饼,九月重阳的重阳糕,腊月八日的腊八粥,年三十的团年饭。人们在节日中注重饮食生活,这固然是在物质匮乏的时代,人们对物质生活的周期性的满足与享受,同时我们必须看到,它是中国人处理天人关系与社会关系的一种特殊表达方式,节日食品在传统社会首先是献给神灵(包括祖先)的祭品,其次才是家庭共享的节日美食。以饮食亲宗族兄弟是自古以来的礼仪,《礼记·礼运》曾经说过:"夫礼之初,始诸饮食"。节日食品在节日不仅是物质产品,同时是文化创造物,如端午粽子、中秋月饼等,每一节日食品都负载着深厚的民俗情感,围绕着节日食品形成了丰富的民俗传说,节日食品不单是节日美味,更多的是一种心情的表达。节日食品的献祭、馈送与集体分享,构成了中国节日物质生活的重要传统。

(2) 节日社会生活层面的传统。节日生活既是家庭的,又是社会的。从中国的传统节日看,大多是以家庭为主的内聚性节日。传统节日活动注重家庭成员间的团聚与交流,将节日看成培育家庭意识与强化家族人伦的民俗时间。中国节日生活传统中人伦传统是其中的核心传统。如在三大传统节日春节、端午、中秋之中,以家人团聚为主题的就有春节与中秋,即使是以驱疫、祈求平安为主题的端午,民间也通过节俗活动强调它的伦理内涵,如出嫁女儿回娘家,未婚女婿给岳父母上大礼等。节日人伦传统浸润在中国节日民俗生活之中,在节日活动中随处可见。传统中国是一个伦理文化张扬的社会,伦理文化浸透到社会各个角落,而传统节日自始至终充满着这种伦理情怀。

(3) 节日精神生活方面的传统。节日是文化的节点,是民众精神生活的集中体现,是人们沟通、调节天人关系、人际关系,以及安抚、表达人们内在情感的时机。我们从岁时信仰、节日传说、节日娱乐中可以提炼出节日民俗的精神传统。我们从传统节日民俗中可以经常看到与神灵对话的仪式，人们往往在自然时序的转接点与重要的农事季节跟神灵沟通。伴随着节日民俗仪式与祭祀活动的是人们的系列民俗解释，"与节庆历史同时并行的是节庆诠释的历史"，①这种解释既有对过去历史的片段的、变形的、或象征性的记忆，也有从民众理解的角度对新习俗产生的说明。虽然其中纷繁复杂，甚至相互抵牾矛盾，但都是民众心路的历程，是他们的精神痕迹，更是其情感聚焦的所在。节日传说构成了民众精神生活历史的重要组成部分。节日娱乐与节日游艺同样是民众精神生活的重要表达方式，民众通过节日化装的巡游，节日锣鼓的敲打，节日竞技的展演，抒发内心的情感、期望，并显示自己的生活地位，加强村落社区成员之间的情感依赖与精神联系，从而促进民俗共同体的内聚意识，保证民俗共同体的内部和谐。中国传统节日习俗中的这种精神传统具有重要的现实意义。

上述三大节日传统文化内涵在当代的节日文化建设中仍然具有重要的启示意义。

（三）传统节日文化遗产与当代社会

在经济全球化的时代，要想保证世界文化丰富性与多样性，就必须强调保持不同民族、不同地域文化的个性，文化生态的保护与自然生态保护同等重要。对于当代中国来说，民族传统节日是亟待抢救保护的文化遗产。遗产不是历史的陈迹，遗产是一笔可贵的精神财富。民族传统节日是在长期的民族历史发展过程中逐渐形成的，它是民族文化传统传承的重要载体，是凝聚社会群体的重要力量。民族节日是文化对话交流理解欣赏的桥梁，它是调整社会内部关系的最佳方式之一，同时节日是展示个人才艺、表彰伦理道德、弘扬民族精神的时机。传统节日因其特有的历史文化内涵，在当代社会有着特定的文化功用：

（1）传统节日是传承民族文化的有效方式。传统节日是民族时间认知的重要标志，它起源于民族成员对年度时间的感受与时间经验，不同地域、不同民族的人有着不尽相同的时间认知方式。雷夫金说："时间带着口音发言，每个文化都有一套独特的时间纹路。了解一个民族，就是在了解居民看待时间的价值。"②中国的

①　刘宗迪、约瑟夫·皮柏、黄藿：《节庆、休闲与文化》，生活·读书·新知三联书店，1991年，第38页。

②　劳勃·勒范恩：《时间地图——不同时代与民族对时间的不同解释》，冯克芸、黄芳田、陈玲珑译，台湾商务印书馆，1999年，第1页。

传统节日是民族文化的集中体现,它不仅体现了民众内在的时间意识,以及这种意识所体现的文化观念,同时是民族文化传统周期性复现的重要时机,民族文化通过节日进行着有效的家庭与社会传承。

第一,节日是传承民族文化的重要载体。民族文化在当代社会更多的时候是隐藏在后台,或者说它是作为一种文化底色。在经济全球化的时代,人们的日常生活日益趋同,人们对外来的文化也采取越来越宽容的态度。对于希望继续保持民族文化本色的国人来说,周期性出现的民族传统节日异常重要。人们利用节日定期进行传统的表演与传统的教育,使传统在民众生活中得到延续与加强。传统有时隐藏在生活的背后、隐藏在人们的思想深处,人们要选择具体特殊的时间将它呈现出来,人们通过各种节俗活动,在耳濡目染中自觉理解、接受传统,从而实现传统的传递与继承。

第二,节日保守与强化着民族文化传统的记忆。民族文化传统记忆需要持续反复地加强,民俗节日的周期性出现,不断地为人们提供脱离日常世俗时空,回归神圣的历史时空的现实条件。人们在节日状态中,通过各种节日仪式与传说的讲述,直接面对自己的祖先,反复重温传统,体味传统,使传统始终具有鲜活的生命,给民族文化的传人以生动的文化力量。

(2) 传统节日是提高民族自信心的重要途径。民族自信心是维护民族尊严与文化本位的精神基础,一个民族如果缺乏自信,就会在精神迷茫中失去自己的民族位置。特别在当今全球化的浪潮中,在经济一体化的挤压下,面对强势文化的巨大压力,民族自信心显得更为重要,保持高度的民族自信是自立于世界民族之林的重要保证。民族自信不是空洞的浮夸与盲目的自大,民族自信需要强大的实力作为支撑,它建立在强大的经济基础之上,同时也建立在深厚的文化基础之上。

我们对于经济基础在提升民族自信心方面的重要性,容易理解和认同,对于培植民族文化根本,以牢固民族自信心方面,则缺乏充分的认识。固然,一个民族在经济上的贫弱会影响到民族形象与尊严,让它缺乏自信;可是假如一个民族失去它的文化根基,它可能就不只是缺乏自信,而是失去自己民族精魂,心甘情愿地成为他人文化的附庸。相反,如果我们坚守自己的文化传统,保持"威武不能屈,贫贱不能移"的浩然之气,那么我们的民族就有着光明的未来与复兴的希望。

近代以来中国所走过的历程正说明这一点。今天中国的经济成就举世瞩目，中国正日益上升为经济大国，但是我们民族立身的传统文化正逐渐稀薄减少。不少年轻人对于依附西方强势经济进入中国的西方生活方式兴趣浓厚，对于来自欧美的西洋节日，也觉得时尚有趣，而倍加追捧。人们对于外来文化的新鲜与好奇无可厚非，在文化多元化的时代，人们有不同的文化消费需要，也可以理解。重要的是，我们不能因此而丢掉维系中华民族血脉的文化传统，我们可以"美人之美"，但切忌"东施效颦"。

历史悠久、文化灿烂的中华民族，在经济社会全面转型的今天，正在大量、迅速地流失着自己的文化资源，而这些非物质文化遗产正是我们建立文化自信的重要的精神基础。可是目前有相当一部分人，对自己的文化缺乏自信，对民族文化的深厚内涵缺乏真正的认识。

有鉴于此，我们应该尽量利用各种机会展示传统文化的魅力，增强民族的自信。传统节日，是民族文化的心结。人们通过节日饮食、节日仪式、节日信仰与传说、节日艺术等集中展示民族文化的精华。我们在民族节日活动中，纪念自己的先人，触摸我们民族的魂灵，回归文化根本。传统节日在当代社会的价值与意义，就在于我们不断地给自己创造回归传统的机会。我们通过回归传统来辨识、确认自己的文化身份，树立我们的民族自信。

（3）传统节日是发展民族新文化的基础与凭借。传统节日在当代社会不仅是传承传统文化的重要载体，同时它也为民族文化传统的创新与发展提供了基础与凭借。"民间文化不仅仅是物质的和精神的宝贵财富，它同时还是建设先进文化，将之推向前进的坚实的基础和重要的助力。"[1]传统节日就属于这样的民间文化。我们可以进一步从以下两方面理解：

一是传统节日在历史发展中有着适应社会需要更新变化的文化创造力。民族文化传统依赖家庭与社会传承，其中节日是重要的时间载体。对于传统的认识与理解各时代都有不同的侧重，人们在传承传统时，不断地通过习俗解说赋予传统以新的解释。这种新解释往往构成新的传统内涵。我们一向强调中华文化传统的精神核心是和谐，这种和谐的含义就经历了不断更新发展的过程。在古代偏重于人与上天，人与家族的和谐。人们多以祈求祭献的方式取得与神秘上天的沟通，通过祭祀祖先、家族聚会的方式维护家族的联系。随着节日习俗的演进，我们常常看到民众依托节日进行的文化创造。人们在节日活动中不断地将

---

① 冯骥才：《守望民间》，北京西苑出版社，2002年，第22页。

天神俗化成人格神,继而创造出人们与具有高尚情操的历史人物的情感联系,如端午节本来是驱邪避疫、祈求平安的节日,但在六朝时期由于历史时势的因缘,人们将它与爱国诗人屈原联系起来,将龙舟竞渡与节日食粽的习俗都解释为追悼屈原,从而将一个普通的民俗节日上升为一个具有重大的伦理意义的重要节日。还有七夕本来是立秋时节的星神祭祀,但后来人们逐渐不满足遥远上天的故事,将其变化为充满人间情趣的牛郎与织女相会、庭院穿针乞巧的习俗。在节日发展过程中,人们逐渐将传统的家族关系扩大转化为人与社区民众之间的情感联系,如元宵与市井娱乐等。由中国节日文化演进的历史看,传统节日不仅保守着文化传统,同时也不断更新发展着民族文化。

二是任何民族文化的创新离不开既有的历史文化基础。钟敬文先生曾经说过:"真实的建造,大都是要有已经存在的事物作凭借或借鉴的。它的选择、消化,进而综合、创造。新的东西主要从旧的东西蜕化出来。"①在当代社会,传统节日同样构成民族文化创新发展的文化基础,新的具有民族特色的节日文化的形成应该从中国节日文化传统中汲取营养。人们逐渐重新认识到,集中于节日习俗中的调节人与自然及人伦关系的方式是现代社会所需要的文化之道。重新强化人与自然,人与社会的和谐是人类可持续发展的当务之急。在现代化的快节奏生活中,人们重新发现传统中的人性意义,亲近自然、亲近身边的人正成为现代休闲生活关注的中心内容。当代西方的思想家之所以对中国先秦儒家、道家思想发生浓厚兴趣,就在于人们对文化传统的重新体认。节日正是生发强调这一传统的最佳时机。同时社会可持续发展概念近年来纳入联合国教科文组织世界遗产工作范围,如何让传统的文化遗产在现代社会发挥实际的效用,为人类的健康进步提供知识与智慧也是遗产保护工作者所致力的方向。②

(4) 传统节日是造就和谐社会的文化动力。和谐社会的建立,除了保证公平、公正等社会正义,化解社会矛盾,以及政令畅通、上下同心以外,精神文化建设十分必要,精神世界与文化心理的和谐是社会和谐的根本保证。在当代中国要调动民众的精神力量,就不能忽视我们几千年形成的文化传统,特别是民俗文化传统,"民俗文化不再只是传统意义上的下层文化和地方知识,而是全社会的公民素质、民族意识、价值哲学、政府公共管理政策、多元文化选择和大学教育的

---

① 钟敬文:《钟敬文民间文学论集》(上册),上海文艺出版社,1982 年,第 1 页。
② 杜明纳克:《联合国教科文组织遗产保护工作与中国-北京》,《文史知识》,2004 年第 1 期。

构成元素,是先进的人文文化"。① 而民族节日文化传统是民众最直接感知、最易于产生文化能量的文化传统,它是构建当代和谐社会的重要精神动力。

和谐社会是中国人民追求的现实目标,和谐社会的建设依赖广大人民群众的共同努力,最重要的是通过有效手段,消除不和谐因素,营造和谐的氛围。传统节日伴随着中华民族走过了千年历史,经过不断的淘炼,传统节俗中累积了丰厚的民族文化内涵。中国的春节、端午、中秋等传统大节超越了汉民族,超越了地区,超越了社会阶层,成为覆盖全国的节日,甚至影响到东亚。传统节日习俗适应了中国社会广大阶层物质、精神、伦理与审美的共同需要,它在营造和谐社会的氛围上有特殊的作用。传统节日在和谐社会建设作用上主要有以下三点:

首先,传统节日适应人们定期精神调整的需要,通过祭祀娱乐的节俗进行精神调剂与休闲,以积蓄未来生产生活的心理能量。中国的传统节日一般在季节的转换时节,这一时节人们会因身体不适,造成一定的精神困扰,人们通过节日的庆祝娱乐调整情绪,鼓舞精神。我们在传统节日活动中常见锣鼓喧天、爆竹齐鸣、彩旗翻飞,所有这些物象都是为了发泄与平衡人们内在的情绪,正如《论语》所说:"百日之劳,一日之蜡"。节日不是空洞的说教,它以实际的习俗活动,以"润物细无声"的方式,浸染人们的心灵,短暂的节日狂欢是为了长期的心灵安宁,"乐则安,安则久",②社会成员的"血气和平"是社会和谐的真正基础。

其次,传统节日能有效协调家庭关系与社会关系。中国传统文化重视人情伦理,重视家庭,重视邻里交往。在传统节日中几乎每一个节日都有回归家庭的主题,家庭内部关系的和谐在节日习俗中得到特别地强调,节日给家庭成员提供了周期性的聚集机会,家庭是社会组织的细胞,家庭的和谐与稳定给社会和谐稳定提供了坚实的基础。③ 传统社会有"忠臣必出于孝义之家"的说法,在现代社会,守法公民同样得力于良好的家庭关系。同时传统节日注意调节乡村邻里与城市社区关系,节日除了家族内聚的一面,它也有扩大社会交往的特性。我们看春节的社火表演,清明的郊游,端午的龙舟竞渡,中秋节物的馈送,重阳的登高等,都给人们创造了交往的机会。家庭伦理关系与社会伦理关系通过传统节日得到周期强化,这是建设和谐社会的重要保证。

最后,传统节日以其独有的传统魅力,为协调社会经济发展提供了机会。传

---

① 董晓萍:《民俗文化遗产保护三阶段论要》,《文史知识》,2004 年第 1 期。
② 孙希旦:《礼记集解》,中华书局,1989 年,第 1029 页。
③ 萧放:《岁时——传统中国民众的时间生活》,中华书局,2002 年,第 96—101 页。

统节日为社会消费提供了重大商机。传统节日因其负载的特殊文化内涵,它较一般公众假日更能激起人们的消费欲望。西方社会的圣诞节消费,中国春节的消费都是传统节日推动经济消费市场的典型。传统社会的庙市,当今的城乡庙会,一般都依附于传统节日,传统节日期间人们因为节日物质享受与社会交往的需要,有着超常的消费需求。传统节日为活跃城乡经济,扩大商品市场提供了文化动力。

传统节日是一宗重大的民族文化遗产,它是民族成员情感、知识、智慧、伦理规范的凝聚。它不仅是我们创造民族新文化的凭借与基础,同时它也构成了我们时代生活的一部分。虽然从文化整体上看,传统文化已经成为过去,但其中优秀的文化精华部分,融入了我们的生活,成为镶嵌在我们新时代衣衫上的熠熠生辉的珍宝。传统节日就是这样的文化瑰宝,它的文化价值与文化魅力不仅奠定了它在世界人类非物质文化遗产中的历史地位,同样也影响着民族文化的未来。

思考题:

1. 中国的节日种类繁多,一些节日传播甚广,已经成为汉字文化圈内共有的节日。请选取一个国家的节日,与同学们一起讨论中外传统节日的异同。

2. 节日教学是国际中文教育中的重要内容之一,请尝试选取一个或一类节日拟写一篇节日教学研究的小论文。

参 考 书 目

1. 张岳:《在传统与现代性之间》,知识产权出版社,2019 年,第 93 页。

2. 张勃:《节日的定义、分类与重新命名》,《节日研究》,2018 年第 1 期。

3. 孔子著,杨伯峻、杨逢彬注译:《论语》,岳麓书社,2018 年。

4. 田兆元、阳玉平:《中国新时期民俗学研究——华东师范大学博士生导师田兆元教授访谈》,《社会科学家》,2016 年第 4 期。

5. 钟敬文:《民俗学概论》(第二版),高等教育出版社,2010 年。

6. 孙正国:《端午节》,中国社会出版社,2006 年。

7. 王娟:《中国民俗文化》,中央广播电视大学出版社,2006 年。

8. 葛洪:《西京杂记》,三秦出版社,2006 年。

9. 萧放:《传统节日:一宗重大的民族文化遗产》,《北京师范大学学报》(社会科学版),2005 年第 5 期。

10. 杜明纳克：《联合国教科文组织的遗产保护工作与中国——北京》，《文史知识》，2004 年第 1 期。

11. 董晓萍：《民俗文化遗产保护三阶段论要》，《文史知识》，2004 年第 1 期。

12. 冯骥才：《守望民间》，西苑出版社，2002 年。

13. 萧放：《岁时——传统中国民众的时间生活》，中华书局，2002 年。

14. 徐万邦、祁庆富：《中国少数民族文化通论》，中央民族大学出版社，1996 年。

15. 李林甫：《唐六典》，中华书局，1992 年。

16. 希尔斯、傅铿、吕乐：《论传统》，上海人民出版社，1991 年。

17. 刘宗迪、约瑟夫·皮柏、黄藿：《节庆、休闲与文化》，生活·读书·新知三联书店，1991 年。

18. 叶大兵、乌丙安：《中国风俗辞典》，上海辞书出版社，1990 年。

19. 孙希旦：《礼记集解》，中华书局，1989 年。

20. 罗启荣：《中国传统节日》，科学普及出版社，1986 年。

21. 钟敬文：《钟敬文民间文学论集》（上册），上海文艺出版社，1982 年。

22. 杨伯峻：《论语译注》，中华书局，1980 年。

23. 许慎：《说文解字》，中华书局，1963 年。

第三章

人生仪礼与国际中文教育

人生仪礼是中华民俗文化的重要组成部分，又因其独具特色的仪式感、涵盖诸年龄段的普遍性，从而成为民俗文化教学的重要内容。本章在细致剖析人生仪礼的特点、内涵基础上，通过中外代表性人生仪礼的比较，进一步深化国际中文教师的专业知识。

第一节 中外人生仪礼

"礼"是一种重要的文化形态，起源于早期的原始社会，以原始宗教的祭祀活动为内容。它最初只是人们生活中的一种意向或习惯，后来随着社会的发展和进步，"礼"逐渐成为人们在长期生活实践中约定俗成、共同认可的行为规范。它存在于特定的礼仪形式中，传达着不同人生阶段的深刻寓意，对传承文化、推动社会发展有广泛而深远的影响。在西方，古希腊罗马的诗歌典籍中，有很多关于礼仪的记载。而中国素有"礼仪之邦"之称，早在西周初年，周公"制礼作乐"时，中国的礼仪制度就比较完善。

"礼"常常与"俗"合起来称"礼俗"，它们之间关系密切。"礼"大多起源于民间风俗，但由于朝代更替以及统治思想的改变，不为官方所推行，只在民间范围相传。尽管如此随着社会的变革与发展，"礼"不断发生改变和调整，形成相对稳定的风俗习惯。如《仪礼》中记载的诸多生活礼仪，"成年礼""丧服""士丧礼"，对后世民间流传的风俗习惯有着深远的影响。人生仪礼以特定仪式为标志，以礼的精神为内涵，代表着个体从一个阶段向另一个阶段过渡时，其身份、地位以及角色的转换。这些仪式集中反映了某一时代人们的传统风貌、宗教信仰、行为习惯、生活方式和民族意识等,包含着深刻的社会意义,传达着重要的文化信息。本书所论述的中西方人生仪礼,着重于一般意义上为普通大众所接受的,在中西方社会中传承已久的,具有鲜明民族文化特色的传统礼仪习俗。

一、人生仪礼概说

人生仪礼是人生历程中的重要环节。它的主要表现形式为仪式活动,从多方面反映出家庭伦理关系和社会人际关系,在人类民间生活和仪礼民俗中占有重要地位。泛神论、灵物崇拜、图腾主义、灵魂说、一神论、多神论等思想为人生仪礼的形成提供了坚实的理论基础。

(一) 人生仪礼的定义

文化伴随着人类社会的产生而产生。在人类社会之初的远古时代,生产力极其低下,人类出于生存的需要,不得不联合起来组成群体,同大自然作斗争。后来,群体在共同活动和相互交往中渐渐产生了社会。可以说,群居生活的特性决定了人的社会性。并且,受周遭环境的影响,同一个社会中的人往往会逐步形成一种高度相似的生存方式和生活模式,继而又创造出很多共同的文化和传统习俗,其中包括各种有形和无形的民俗事象,如服饰民俗、饮食民俗、交通民俗、人生仪礼、岁时民俗、文学艺术等,同时也产生了共同的思维方式等。

人生仪礼作为社会民俗事象的重要组成部分,又称生命仪礼,国际上通称为"通过仪礼"(rites of passage)。法国人类学家范·根纳普通过分析人类复杂多变的仪式行为,发现某些具有相同性质的仪礼传达的讯息是相同的,并提出"通过仪礼"这一概念。他认为每一个生命个体都充满了过渡仪式,包括分离、过渡与组合三阶段。一般来说,在不同的年龄阶段,一个人由于社会地位和人生角色的转变往往会举行一些具有特殊纪念意义的礼仪和仪式,这些礼仪和仪式通称为"人生仪礼"。它贯穿于人的一生,是一个人从出生到成年,到结婚,最后到死亡所经历的各种礼俗仪式,具有久远的历史传统和丰富的文化内涵。在人的生命历程中,会经历出生、满月、百日、周岁、生日、成年、结婚、死亡等阶段,而人生仪礼的主要目的则是帮助人们顺利度过这些重要时刻,完成人生角色的转换。其中,诞生礼、成年礼、婚礼和葬礼被视为人类生活中普遍遵守的四大仪礼习俗。

人生仪礼是社会民俗的仪礼,与社会特征紧密相连。人自诞生那日起,就面临一个既定的、带有规则性的社会,在各种风俗、习惯、礼仪、宗教等潜移默化的影响下,逐渐确立了社会性。不同的人生阶段所举行的仪式活动,一方面反映出人年龄和心理的变化,另一方面也表明了社会对于个体人生角色、身份地位与责任义务转变的接受和认同。比如成年礼,个体在举行仪式后,标志着正式踏入社会,成为社会中的一员,享有与其他成人同等的权利,并承担一定的社会责任和义务。在某种意义上,人的一生都是在仪式中度过的。仪式使个体与个体、个体与群体、群体与群体之间发生互动,紧密地联系在一起。人生仪礼不仅在形式上影响着人们的言行举止而且在个体经验和信仰形成方面更起着主导性作用。总而言之,人生仪礼在个人社会化的过程中占有决定性的地位。

随着社会的发展和时代的变迁,人生仪礼内在的人文精神正在逐渐淡化。人们越来越重视物质享受,在婚礼和葬礼上大操大办,讲排场,装门面,忘记了举办仪式的初衷和本义。这不仅助长了社会不良风气,还侵蚀了作为社会人的责任感和使命感。因此,我们呼吁恢复、强化人生仪礼的意义和价值,帮助人们重新认识生命价值、明确社会责任、感悟婚姻真谛、思考人生意义,让优秀的人生仪礼文化代代相传。

(二) 人生仪礼的特点

人生仪礼作为一种文化事象,在人类社会发展过程中普遍存在。它为人们所认同和遵守,并广泛应用于人类社会生产与生活的各个领域。在这个过程中,人生仪礼经过长期的历史积淀与实践检验,形成了一些相对稳定的特征,即人生仪礼具有集体性、象征性、地域性和传承性。

1. 集体性

人生仪礼不仅仅是个人的事情,更是集体的传承行为,它的产生离不开人类的群体活动。换句话说,人生仪礼是以群体中的人为中心的民俗事象,是人类社会为了更好地处理集体中的人际关系,建立的生活秩序和具有导向作用的一种行为准则。在远古时期,早期的原始信仰、原始艺术都具有全民参与的特点。进入阶级社会后,人们仍然遵守共同的仪礼规则、享受着共同的仪礼文化。虽然个人总是处在一定的人生仪礼习俗中,但其存在的价值和意义需要在与他人的关系中显现出来。因此,人生仪礼不是个体的创造,而是属于家庭、家族、村社、部落、种族,甚至是国家等集体的。个体也只有通过人生仪礼,以及在由人生仪礼联系成的社会关系中才能成为真正的人。当然,在人生仪礼举行过程中,所有参加礼仪仪式的群体成员之间都是一种平等互动的关系。

2. 象征性

人生仪礼具有鲜明的象征性,它标志着不同的含义,也显露出人们对人生、社会以及自然的认识和看法。一个人自出生到死亡始终生活在社会中,必然持续受到复杂社会环境的影响。作为社会的一员,其举行的人生仪礼具有一定的象征意义。并且,不同类型的人生仪礼表现出不同的象征形式和象征意蕴。以四大人生仪礼为例,诞生礼是人一生的开端礼,它不仅意味着新生命的开始,还关系到血缘的延续和人类的繁衍。成年礼则象征着一个人儿童时代的结束以及成年时代的开始。自此,个体生理发育成熟,具有进入社会的能力和资格,同时也需要为群体做贡献,承担相应的社会责任。它的举行对个体的成长和发展具有一定的激励和鼓舞作用。婚姻作为人类进化过程中所产生的社会行为,在维系人类自身繁衍和维持社会稳定方面具有举足轻重的作用。婚礼的举行标志着社会对成年男女所建立的婚姻关系和家庭关系的认可,从此组成一个新的家庭,并受到法律与道德的保护。葬礼主要包括处理死者遗体和安抚死者灵魂两个任务。它象征着个体生命的结束,从此脱离现实社会,也表达了死者亲属对死者的真诚怀念。

3. 地域性

人生仪礼具有强烈的地域性。生活在不同区域的人们,为了适应不同的自然环境和社会环境,创造出很多该区域特有的文化传统。不同的文化传统使人生仪礼具有了鲜明的地域性特征。正如王娟所说:"任何民俗事象都不可能脱离其赖以生存的文化环境:一方面,文化传统需要借助于各种民俗事象作为其存在与传播的载体;另一方面,各种民俗事象必须具有一定的文化内涵才具有真正的价值和意义,否则,它们就会变成一群毫无生命的符号。"[①]通过比较全国各地以及世界各地的人生仪礼,我们不难发现人生仪礼受历史传统、风俗习惯、时代潮流等因素的影响,在不同地域、民族中具有不同的特点。而各区域、各民族不同的文化特色和文化传统,也反映了该地区或民族的宗教观念、家庭伦理、道德规范和生活面貌。在某种程度上,人生仪礼的民族性也反映了其地域性特征。比如婚礼,我国东北满族的下茶、插车、坐帐,湘西土家族的哭嫁,云南摩梭人的走婚等,都表现了不同民族、不同地区的风俗和惯例。

4. 传承性

民俗学家普遍认为民俗文化具有传承性。北齐著名文学家刘昼在《新论·

---

① 　王娟:《民俗学概论》,北京大学出版社,2011年,第21页。

风俗》中就指出"人居其地,习以成性,谓之俗焉",即民俗是一定人群生活在一定地理环境中所形成的生活习惯。人生仪礼作为社会性民俗,在发展过程中呈现出世代相袭的特点。虽然作为一种行为方式,人生仪礼有时候很容易改变,但其中支配行为方式的主要内核和功能往往是相对稳定的。尤其是人生仪礼所体现的情感观念,是可以世代相传的。比如说,孝顺父母的情感、慈爱子女的情感、兄友弟恭的情感,都是人们世代相传的精神积淀。人生仪礼经历了数千年的文明进化,以其合理性赢得社会广泛认可,得以代代相传。以婚礼为例,中国传统婚俗中的"六礼"形成于周代,定型于汉代。在漫长的历史进程中,党政权更迭、社会动荡等因素的影响,在一定程度上简化了程序,但其基本框架没有发生重大改变,这也反映了人生仪礼在传承过程中具有稳定性的特点。

(三) 人生仪礼的分类

关于人生仪礼的分类问题,不同的学者有不同的认识和标准。范·根纳普根据人生仪礼所依据的不同原理,将其分为交感礼仪、传递礼仪、直接礼仪、间接礼仪、积极礼仪和消极礼仪,并强调人所经历的所有仪礼都是复合型的,是不同类型的仪礼组合在一起的结果。乌丙安[1]根据状态变化将人的生卒过程中的仪式分为人生仪礼三阶段,即脱离前状态的仪式、过渡阶段的仪式和进入新状态的仪式。虽然这三阶段是所有重要仪礼共同具备的,但它并不能清楚地揭示人生仪礼的性质和特点。钟敬文[2]按人生仪礼的性质或内容将其分为诞生仪礼、成年仪礼、婚姻仪礼和丧葬仪礼。生日仪礼在某种程度上是每年诞生纪念日的重复,所以不计在内。王娟[3]从仪礼的结构出发,将其分为分离仪式、通过仪式和(再)进入仪式三个部分。但这三部分在具体的仪礼中的分配并不均衡,也不一定会被充分展示。

人们随着生理年龄的增长,几乎每年都会举行一定的仪礼。但是,不同的礼式也标志着不同的含义。可以肯定的是,出生、成年、婚嫁及死亡是人的一生中最为重要的四个阶段。据此,按钟敬文的分类标准,从性质和内容出发,将人生仪礼分为诞生礼、成年礼、婚礼和葬礼四个部分来加以阐述。

---

① 乌丙安:《中国民俗学》,长春出版社,2014年,第183—184页。
② 钟敬文:《民俗学概论》,高等教育出版社,2010年,第122—144页。
③ 王娟:《民俗学概论》,北京大学出版社,2011年,第187页。

1. 诞生礼

作为人生仪礼的开端,诞生礼标志着个体在生物意义上的存在,具有一定的社会地位,并在家庭和社会的认可下成为真正意义上的"人"。传统中国社会是一个以血缘关系为纽带的宗法社会。因此,每个家族都十分重视子嗣的繁衍。诞生礼主要是为了庆贺新生命的诞生,涉及婴儿出生之前以及诞生以后的一些仪式活动。在古代,诞生礼大体包括求子仪式、孕期习俗、庆贺生子三个礼程。由于求子仪式和孕期习俗带有一定的封建迷信色彩,已逐渐淡化。目前社会上大部分保留了庆贺生子礼程。庆贺生子一般指孩子出生后举行的报喜、沐浴、剃发、满月、命名、百日、抓周等礼仪仪式,是诞生礼中最重要的礼程。举行诞生礼,孩子家人一般会摆酒设宴,分发喜糖、喜蛋、喜饼等,应邀亲友也会携礼而来,以表祝贺。不同地区、民族的庆祝仪式有所不同,但都是为了表达对新生命到来的喜悦和祝福之情,祈求母子平安和新生命健康成长。诞生礼后来又衍生出庆生礼、寿诞礼,都是为了表示对生殖繁衍的礼赞,以及对生命的尊重。

2. 成年礼

成年礼又叫成人礼、成丁礼或冠礼,是人生礼仪中又一不可缺失的礼仪。它标志着年轻人具有进入社会的能力和资格。成年礼产生于原始社会,具有严格的考验性和规范性,是少男少女达到成人年龄时举行的象征他们由未成年迈向成人阶段的仪式。通过成年礼,年轻人开始享有社交、婚姻以及参与社会大事的权利,并承担成人应有的责任和义务。汉族自古就有成人礼仪,被称为冠笄礼,即男子二十岁行冠礼,女子十五岁行笄礼。冠笄礼意味着受冠者或加笄者将步入成年,开始担当家庭角色与社会责任。据《仪礼·士冠礼》记载,士阶层的冠礼以戴冠为标志,具体分为预礼和正礼两个礼程。预礼是指正式加冠前要做好的各项准备事宜,主要包括筮日、筮宾、约期、戒宾、设洗等环节;正礼是指加冠之日的主要礼程,包括陈服器、迎赞者入庙、三加冠、宾醴冠者、冠者见母等环节。相比男子冠礼,女子笄礼的规模要小得多,主要是由女性家长为受礼者改变发式,表示少女从此成年,具有婚嫁资本。汉文化是礼仪的文化,冠、笄之礼是华夏礼仪的起点。它起源于周朝,鼎盛于汉代,流行于明朝,至满清入关后,被统治者下旨终结。

虽然随着社会的变迁,古代的成年礼已经逐渐消失,但是其所代表的积极意义并没有消失。根据我国宪法,18 周岁以上的自然人为成年人,依法享有公民的权利和义务。当代举行成年礼的目的是要培养青年人的成人意识和公民意识,激励青年立德修身、完善自我,引导其建构成人基本的道德观、价值观和人生观,并自觉承担报效家庭、社会和国家的责任。

3. 婚礼

在人类社会早期,由于没有婚姻规则约束,人们性生活极其杂乱,民知其母而不知其父的情况时有发生。民智开化后,人们发现乱婚、乱伦会使族群里弱智或病态儿童的人数增多,不利于人类的繁衍,于是开始用婚姻来明确男女关系。婚姻既是男女双方的结合,也标志着两个家庭亲密的姻亲关系的建立。"青年男女喜结良缘的目的是传宗接代,让宗族香火世代相传。没有婚姻就没有夫妻、父子、兄弟等伦理关系。"①因此,婚姻是人类安身立命的根本,是人类建立个体家庭、承担发展家族重任的重要标志,对维系人类自身繁衍、家族延续和社会稳定起着重要作用。婚姻作为民俗现象,主要包括婚姻形态和婚姻仪礼两个部分。婚姻形态主要指嫁娶的方式,我国历史上存在过掠夺婚、转房婚、聘娶婚、交换婚、招赘婚、买卖婚等多种婚姻形态。

婚姻仪礼简称婚礼,又称昏礼。古人认为黄昏是吉时,所以必须在黄昏时举行婚礼。因此,人们将夫妻结合的礼仪称为"昏礼"。《礼记·昏义》:"昏礼者,将以合二姓之好,上以事宗庙,而下以继后世也,故君子重之。"婚礼象征着一对男女结合为夫妻,获得建立家庭和生育子女的社会权力。其意义在于结两姓之好,对上既告慰祖宗家庙,对下又能延续家族香火。择偶作为婚姻仪礼的前提,属于一种社会行为。其不仅是两个个体之间的互相选择,更关系到两个家庭,需要考虑年龄、性格、职业、价值观等多种条件。一般说来,"门当户对"是古往今来的择偶标准,即双方家庭、学识、物质条件和三观都大体相当。中国古代传统婚姻礼仪又称为"六礼",大体形成于周代,秦汉以后逐渐形成定制,主要包括纳采、问名、纳吉、纳征、请期、亲迎六个礼程,至今广为流传。婚礼习俗发展到现在,虽然保留了大部分古代传统的礼仪仪程,但自由恋爱、简单大方、热闹喜庆的新式婚礼已经成为婚礼习俗的主要形式。

4. 葬礼

葬礼又称丧礼,人死为丧。在人生仪礼的时间链上,丧礼是人生仪礼的终结。《礼记》载:"丧礼,哀戚之至也,节哀,顺变也;君子念始之者也。复,尽爱之

---

① 郑爱娟:《追本溯源:解析人生礼仪的内涵与教育功能》,《济源职业技术学院学报》,2016年第3期。

道也,有祷祠之心焉。"①亲人突然逝世,生者心中悲恸万分,但为了保重身体,制定礼节来克制自己的情感,便产生了丧葬礼仪。葬礼最初来源于人们对鬼神的敬畏,是围绕殡殓死者、安葬死者和祭祀死者而举行的一系列礼仪仪式。举行葬礼不仅是在社会上正式公开死者的生理性死亡,同时也是为了帮助死者家属从悲痛中解脱出来。在传统观念与风俗中,生命的出生、死亡和转换具有循环往复的特质。人死后,灵魂不灭,且具有强大的能力。死亡不是生命的终结,而是意味着灵魂与肉体的分离,是另一种生命的开始。因而,人们为了慰藉亡灵,会按照一定的仪式和标准安葬死者,为生者祈福,以保平安。同时,举行葬礼也是古人遵从孝道、寄托哀思的重要表现。古代安葬方式主要有土葬、火葬、海葬、风葬、天葬、树葬、洞葬等。其中,土葬是汉族传统的安葬形态,包括停尸、招魂、报丧、设奠、沐浴、饭含、袭尸、小殓、大殓、朝夕哭、吊唁、启殡、朝祖、安葬等仪式,沿用至今。受儒家影响,人们把葬礼与对祖先的崇拜和对父母的孝道结合在一起,体现了生者对死者的温情,展示了"事死如事生"的人文情怀。但随着移风易俗行动的开展,"丧事从简""薄葬厚养""绿色殡葬"的新观念已经逐渐深入人心。

(四) 人生仪礼的功能

在信息技术高速发展的今天,人生仪礼并没有随着社会的变迁成为过去。相反,它广泛渗透在每个人的社会生活中,并随着生活环境的改变,在传承的基础上不断地进行适应性的调整变化,体现出与时俱进的时代性。而人生仪礼之所以能够传承下来,与其所具有的功能和作用密不可分。王娟认为所有人生仪礼都具有特定的功能和目的。② 首先,人生仪礼具有明显的标记功能。在人的一生中,很多仪礼习俗的举行都是为了标记人从一个生活阶段向另一个生活阶段的跨越。不同的仪式活动象征着不同的意义。其次,人生仪礼具有社会功能。人一出生,就进入了仪礼的规范。人们通过一定的仪式实现在社会中地位的转变,并期望获得社会的认可。仪式活动也可以强化和处理社会关系,从而成为维护家庭和睦和社会稳定的一种手段。最后,人生仪礼具有心理功能。仪式的举行在一定程度上可以帮助人们在阶段跨越和角色转变时,实现自身心理转变,安抚人们不安的心理状态,适当地放松和宣泄情绪,并调节到合适的精神状态。在

---

① 白平:《曾国藩对联注释》,山西经济出版社,2013 年,第 57 页。
② 王娟:《民俗学概论》,北京大学出版社,2011 年,第 182—187 页。

人生仪礼的众多功能中,标记功能最为明显,其次是社会功能和心理功能。

除了上述三种功能以外,人生仪礼还具有教育功能,主要表现在如下几个方面。

诞生礼——尊重生命、感恩父母:诞生礼是中国传统的诞生礼俗之一,象征着家族血脉得以延续,也寄托着一个家族新的希望。举行诞生礼可以让参与者和观礼者重新接受生命教育,感受生命的价值和人生的可贵。新生儿在家人的深切期盼中降临,寄托了亲人的无限希望,也象征着生命的延续和家族的繁衍。诞生礼既表达了对母亲生育之恩的感谢,也体现了家族、社会对新生命的重视和期待。它旨在提醒和教育为人父母者要身体力行、以身示范,教育孩子成为有责任心、有孝心的人。俗话说"不养儿不知报母恩",只有体会了生儿育女的痛苦和艰辛,才能体会到做父母的艰辛。诞生礼是感恩父母、传播"孝"文化的开始。在诞生礼中经过洗礼的不仅是新生儿,还有初为父母的两个人,他们从此将承担起抚养子女、孝敬父母的重任。

成人礼——适应社会,承担责任:青少年时期,个体生理日趋成熟,但心理成熟明显滞后。在这一时期,青少年的情绪较为敏感且不稳定,容易产生心理障碍。举行成年礼,标志着一个人进入成年人行列,正式步入社会。在这过程中,父母、亲戚、朋友等人对青年的认可、期望和祝福,在一定程度上缓解了青年困惑、迷茫的情绪,帮助他们做好适应社会、融入社会的思想准备。与此同时,成年仪式的举行有助于青年感受到自己在家庭、家族中的重要性,承担自己未来要肩负的责任和义务,实现自己人生的价值追求。此外,成人仪式对青少年也具有一定的规范和约束作用,有利于个体对自身社会角色的定位。在原始社会,成年礼中通常会设立一些磨难来考验年轻人的责任和担当,并让他们体会到生存的不易和珍贵。后来发展到封建社会,成年礼更加重视受礼者的仪容仪表和自身修养。它不仅要求受礼者要"正容体、齐颜色、顺辞令",还考察其在思想、学识、技能等方面的素质,这对如今的社会、家庭教育具有很好的借鉴意义。现代社会中,虽然成年仪式有所简化,但其精神内核不变,依旧起到教育年轻人正视身份转换、勇于承担社会责任的作用。它告诉青少年成人的生活态度和行为,使他们获得精神的提升,起到积极的引导作用。近些年,越来越多的地方和学校意识到举行成人宣誓仪式对青少年个人发展的重要性。

婚礼——延续血脉,传承家风:婚姻是男女双方以共同生活为目的,在法律、伦理和风俗规定的基础上建立起来的长期契约关系。最初是为了解决近亲繁殖问题,提高人口质量,使生命得以更好地延续。从古至今,人们对婚姻的期望从未改变,"愿得一人心,白首不相离""结发为夫妻,恩爱两不疑""执子之手,与子偕老"等,都表达了人类对爱情的向往及对美好婚姻生活的追求。家庭是婚姻的组合形式,家风是一个家庭的精神内涵,向来为人类所重视。古语有云"夫妇和而后家道成""家之兴替,在于礼仪,不在于贫富贵贱""诗礼传家,不名则利",这无不凸显了家庭和家风的重要性。新时代,习近平总书记更是提出良好家风建设,多次强调"重视家庭建设,注重家庭、注重家教、注重家风"。婚礼仪式的举办,使男女双方意识到家庭的责任,懂得孝顺父母、呵护伴侣、抚育子女等。这种责任的培养,可以促进家庭和睦与社会稳定,熏陶个人的家国情怀,确立家庭责任意识,学习治家之道,让良好家风世代传承。当下,婚姻仪礼的民俗文化中蕴含着自由平等、敬老爱老、夫妻同心、勤俭持家等优良美德。因此,我们要充分发挥人生仪礼民俗文化的育人价值,激发中华民俗文化的生机与活力。

葬礼——尊敬逝者,缅怀先人;古人提倡"生有所养,死有所葬""少有所依,老有所终"。《仪礼》中详细介绍了古代诸侯之士安抚灵魂、安葬棺柩、祭祀逝者的全过程,体现了中华孝道和人文情怀。《荀子·礼论》有云:"丧礼者,以生者饰死者也,大象其生,以送其死,事死如生,事亡如存。"要求人们应当明生死大义,事死如生,不仅要对生者敬厚,也要对死者敬厚,不能因为生者有知、死者无知而薄待死者。儒家认为,亲人的躯体虽然不在,但精气神明与世长存,子女的思念不会因时空而阻断。并且,先祖的灵魂具有佑善惩恶的能力,可以庇护子孙后代。丧葬仪礼采用各种礼节以表达敬意,包含了生者对逝去亲人的不舍和哀悼,体现了中华民族"百善孝为先"的观念。它既是对慎终追远、寄托哀思的表达,也是对逝去生命的尊敬和敬畏,更是中国传统文化中叶落归根思想的写照。葬礼发展到今天,许多礼仪仪式已经简化,但其中蕴含的忠孝仁义传统优秀精神品质完好地保留了下来,对推动新时代良好伦理道德的培养具有举足轻重的现实意义。

总体而言,人生仪礼民俗形式多样、内容宏富,构成了民俗文化独具特色的艺术感染力。在经济高速发展的今天,弘扬中华传统仪礼文化,对提高民众礼仪修养,树立正确的人生观、价值观,营造文明和谐的社会氛围产生了积极的意义。

二、中外人生仪礼比较

生育、成人、婚姻和死亡是人类文化的永恒主题,也是人类文化的重要组成部分。作为其所表现的民俗事象,诞生礼、成年礼、婚礼、葬礼等人生仪礼,蕴藏着丰富的内涵,在很大程度上反映一个国家或民族的精神风貌、文化传统及宗教信仰,是人类物质文明和精神文明的产物。随着经济全球化的不断深入,国与国之间的交往日益频繁,中西方社会在人生仪礼方面显现出来的差异也日益增多,这些差异给跨文化交际带来诸多不便。如果我们不了解西方社会的礼仪风俗和传统习惯,很可能在交流中造成矛盾和误会。因此,我们应当尽量避免因忽视人生仪礼而带来的跨文化交际冲突,了解西方人生仪礼文化,增强国际交往的礼仪意识,培养自身跨文化交际意识和能力,进而使我们与西方人的沟通能够更加顺利。

（一）中外诞生礼比较

婴儿诞生对人类繁衍生命、传宗接代具有非常重要的意义。虽然不同民族或地区的诞生礼在礼仪形式、礼品等方面具有不同的表现形式,但是具有相同的社会文化内涵,都蕴含了父母和长辈们对新生命到来的喜悦与祝福。

1. 中国诞生礼

1）中国汉族诞生礼

传统中国社会是以血缘为纽带的家族社会,对子嗣十分重视。诞生礼主要包括婴儿出生以前的求子仪式、孕期习俗以及诞生以后的庆贺生子活动。

（1）求子仪式。在汉族民间,围绕着祈求母子平安、保护婴儿健康成长,形成了传统的风俗习惯。旧时,人们认为生男生女以及子女的多少是命中注定。若结婚多年不育,便认为是得罪和惹怒了神灵而得到的报应。因此,去观音庙求子是民间最普遍、最典型的求子方式。妇女到庙里求子,需供上点心、瓜果等贡品,烧三炷香,磕头祷告,诉无子之苦,说盼子愿望,最后向观音许诺,若得子会如何还愿,并留下香火钱。送子观音神像前放有泥塑的娃娃,妇女偷偷抱一个回家,一路上不许回头,默念着事先给孩子取的名字,回到家偷偷压在被褥下,并且不能磕着、碰着、压着、踩着,据说这样就可以有子了。

（2）孕期习俗。民间一般把妇女妊娠叫"有喜""有身子""双身子",或者直接说"有了"。由于过去医学的落后和卫生条件的限制,妇女怀孕常常出现流产、难产等意外,因此也产生了很多以平安生育为目的的习俗和禁忌。人们对生男生女也十分关心,通常通过观察孕妇饮食嗜好预测男女。"酸男辣女",喜食酸的生男孩,喜食辣的生女孩。在孕妇临产前一个月,娘家一般会制作婴儿的衣服、被褥、喜蛋等贺礼,送至女婿家,预祝产妇顺利生产。新中国成立后,民间的一些求子仪式和禁忌习俗在逐渐淡化。

(3)庆贺生子。婴儿出生后,人们通常会举行一些特定的仪式迎接新生命的到来。这些仪礼既表达了社会对他的接受,也有为新生儿祈福纳吉的作用。主要包括以下几种。

报喜:有的地方在婴儿诞生后,女婿需要向岳父家报喜。生男孩为"大喜",生女孩为"小喜"。一般人报喜时只是带上礼物,报"大喜"送的礼品为猪肉、白酒,报"小喜"送的礼品为油条。

洗三:指婴儿降生第三日时为其洗澡,接受各方的贺礼。洗三是为了清除婴儿的污秽,需要将艾蒿、槐枝、花椒等中草药放入水中煎沸,再投入钱、枣、蛋等为孩子洗澡,以增强孩子的免疫力,并达到驱邪避瘟的效果。此外,长辈要给孩子做虎头帽和虎头鞋,据说老虎能驱鬼避邪,除恶魔保平安。同时,婴儿的外祖母家要送红鸡蛋为孩子祈福。人们认为红色为吉祥之色,可以消灾避祸,保佑婴儿健康成长。

满月:婴儿出生满一个月,俗称"满月"。男孩称为"弄璋"之喜,女孩称为"弄瓦"之喜。届时,亲友纷纷携礼品前来看望孩子。女方家会送一些食物和小孩衣物,经济条件好的人家还会送银锁、银项圈、银手镯等银饰品。婴儿父母会办酒席招待前来祝贺的亲友,俗称"满月酒"。在婴儿满月这天,还要为婴儿举行剃头仪式,也就是"剃胎毛"。满月后,产妇可以离开产房,进行适当的室外活动。

百岁:又称"百天",俗话说"生日年年有,百岁只一遭"。孩子出生一百天要行认舅礼、命名礼。过百岁,孩子父母设宴招待亲朋好友,孩子的姑姑、姨妈等近亲会送一些衣服、鞋帽、被单以表达心意。通常男孩要送虎头帽,祝愿他虎头虎脑,苗壮成长;女孩要送莲花帽,祝愿她如莲花一般水灵。另外,孩子的外婆还会送给孩子长命锁,希望孩子能够长命百岁。

周岁:孩子长满周岁为第一个生日,民间叫"一生儿"。孩子的爷爷、奶奶和父母对此都十分重视,家里会提前做好庆贺的准备,并通知近亲好友。另外,庆贺周岁时要行抓周礼,也就是将各种物品摆放整齐,让满一周岁的儿童任意抓取,借此预测孩子一生的命运和未来从事的职业。摆放的物品通常是一些笔、墨、纸、砚、书籍、算盘、钱币等。周岁宴后,整个诞生礼也就基本结束了。

2)中国少数民族诞生礼

(1)维吾尔族——摇篮礼。在维吾尔族,妇女生育需回娘家,丈夫在满四十天后准备丰厚的礼物去女方家迎接妻子和孩子回家。同时，这天也要为孩子举行摇篮礼，摇篮礼又叫"毕须克托侬"。婴儿在出生后四十天大多在母亲身边喂养，四十天后要放入摇篮里喂养。摇篮相当于母亲的第二个怀抱，对于孩子来说意义重大。孩子要在摇篮里喂养至一、两岁，意在祝愿婴儿在人生道路上迈开了新的一步。这个礼仪既体现了维吾尔族人对妇女生育艰辛、延续子嗣的重视，又表达了对婴儿踏入新的人生旅程的关切和爱护。

（2）蒙古族——洗三礼。蒙古族十分重视婴儿的诞生。按照蒙古族的传统，婴儿出生之后，家人会在家门外树立标志。生下男孩的家庭需用榆树枝条削一副弓矢挂在门外，生下女孩的家庭则需在门外挂一个红布条。婴儿出生第三天举行洗礼仪式，洗完后用羊皮褟裸把婴儿包起来，并用奶油、黄油等涂抹婴儿额头，祝福婴儿健康成长。接下来，家人制备酒席宴请宾客。此外，婴儿只有满一周岁过满月时，才能剃胎发并进行"抓周"仪式。剃胎发时不能将头发全部剃完，要在孩子脑门上留一块保命。

（3）侗族——三朝酒。生儿育女、传宗接代是侗族的大事，他们一般会在婴儿出生后第三天举行宴请仪式，俗称"三朝酒"。在宴会上，受邀前来祝贺的宾客以女方亲戚为主，外公、外婆是礼仪活动的中心。"三朝"礼仪的内容包括"对歌讨礼""外婆抱孙""剪背带""取名""压岁""宴庆"等。并且，所有来宾都要送来礼物，其中以婴儿外公外婆的礼物最为贵重，包括婴儿的银项圈、银锁、银手镯、衣帽、取名压金以及女儿的陪嫁物等大礼。与外公外婆同辈分的同族亲戚，则送糯米饭、三尺侗布、三五元钱和彩蛋等礼物或礼金。

2. 西方诞生礼

西方的诞生礼仪体现出浓郁的宗教色彩。古代的西方社会对于妇女怀孕一事不能科学地理解，以为是神助。中世纪以来，基督徒们认为耶稣是上帝赐予人类最珍贵的礼物。据福音书记载，圣母玛利亚由"圣灵感孕"而生耶稣。由于西方人相信怀孕与神灵有关，所以绝大多数民族传统上都有"孕避"习俗，即自怀孕到孩子出生这一段时间内孕妇回避众人的礼仪规范。古时候，西方人认为知道孕妇产期的人越多，难产发生的概率就越大，甚至会招致恶灵。所以，在婴儿出生前，产期要对外人绝对保密。在英国，传统上的孕避时间是一个月左右；在德国，这段时间是六个星期；而吉卜赛人的孕避时间最长。吉卜赛女子一旦怀孕，就要回避世人，过与世隔绝的生活。她们在被隔离起来，有相当严格的规范。比如在烹饪时，吉卜赛孕妇必须戴上手套，否则就违反了该民族的戒律，被视为

"不洁"。

过了孕避时间之后，孕妇要到教堂去行礼，然后才开始正常的人际交往。在西方民间，传统的初生礼仪是普遍存在的。婴儿出生后，父母会为他举行洗礼。此后，孩子的父母会设宴庆祝并通知所有的亲朋好友。到场的人除本家成员外，还有教父教母以及少数的亲朋好友。参加宴会时，客人一定要带礼物。在俄罗斯，前来祝贺的人一般会送鸡蛋、面包、食盐和火柴。他们认为鸡蛋和面包能确保孩子一生好运，食盐和火柴则能够帮助孩子辟邪除恶。

3. 比较

生存和繁衍是一切生物的共性，也是人类的基本意识。在中国，子嗣与家族的传承和繁盛密切相关。因此，中国人格外重视人生仪礼中的第一个礼仪诞生礼。他们不仅会在婴儿落地后报喜，还会在婴儿出生三日、满月、百岁、周岁时隆重庆祝。而在西方社会，诞生的仪式和程序不如中国那样繁杂，重点在于洗礼仪式。除此之外，中国人的生育观也不同于西方人。

在中国传统生育观念中，"多子多福"是流传最深远的一种观念，可以说是家喻户晓。中国自古以来就是农耕社会，传统农业生产力水平低下，劳动力的多寡成为影响家庭经济收入高低的决定性因素。因此，很早以前，人们普遍认为孕育新生命的意义在于繁衍后代和种族的延续。中国人受儒家孝文化影响，重视家庭添人进口和人丁兴旺，追求儿孙满堂，认为"不孝有三，无后为大"。在中国传统封建观念里，只有男人才能为家族传宗接代。因此，古人在性别上具有明显的重男轻女倾向。例如"母凭子贵"的说法，以及将生男孩叫"添丁"，生女孩却叫"添口"。

在西方社会里，个人本位的思想观念占有主导地位。个人主义的价值观决定了他们不依附家庭、也不依赖他人。因此，西方人家族意识比较淡薄，并不重视子孙后代的延续。此外，他们追求个人享受与个人解放，提倡男女平等，崇尚生育自由选择，并将生育行为视作个人的私事，他人与社会都无权干涉。在他们眼中，分娩和培育不是女性的全部，生命的意义也不是为人父母，而在于追寻思想的自由，在于能够独立按照自己的想法生活。并且，随着人们物质水平的不断提高，生育子女的质量以及子女受教育的水平越来越受到重视。

总的来说，诞生礼反映了不同民族的生育文化传统。中国人具有很强的家族观念，认为生育后代是一种责任，追求多子多福，具有明显的重男轻女的倾向。而西方人受到个人主义和自由主义的影响，并不局限于家庭的延续。他们认为男女平等,孕育新生命是一种自由选择,而非家庭的首要责任。

(二) 中外成年礼比较

每个民族都有自己独特的文化,也因此形成了与众不同的成年礼仪。成年礼是标志着青年具有成年人的权利和义务的重要通过仪式,对于个人发展有着特殊的意义。它作为一种具有显著民族特点的风俗习惯,曾在世界各民族的社会历史发展中发挥着重要的作用。

1. 中国成年礼

1) 中国汉族成年礼

中国古代的成年仪式是男冠女笄,男子 20 岁行冠礼,女子 15 岁行笄礼。明清以后,古典冠礼和笄礼逐渐衰弱,其他形式的成年仪式开始盛行,主要包括取小名、开锁、还愿、还俗、完灯等习俗。

(1) 取小名。在近代民间,男子通常会有两个名字,即小名和大名。通常成年前用小名,成年后用大名。小名又称乳名、奶名。民间认为人名越贱越好养活,因此男子的小名大多具有贱、土、俗、丑等属性,比如很多孩子的小名叫石头、柱子、大狗、铁蛋等。

(2) 开锁。民间为孩童保生,会给孩子戴锁,然后在孩子十二岁时取掉,以示成人。人们把长命锁戴在孩子脖子上,是为了将孩子的生命锁住,不让鬼神夺走。古代的长命锁多为银制,正面刻有"长命百岁"字样。也有孩子会戴乞百家铜钱打成的铜锁,据说这样制成的锁有驱恶避邪的作用。除锁仪式通常由所拜干亲主持。在山西忻州河曲一带,孩子在十二岁生日那天会在脖子上挂一把旧式铜锁,由干爹、干妈象征性地用铜钥匙打开。

(3) 还愿。有的人家在孩子成长时期曾求神佛保佑并许下诺言,因此,要在孩子十二岁时举办感谢神佛庇护终于成人的还愿仪式。还愿通常在孩子十二岁生日时进行,这一天家里往往要张灯结彩,宴请亲朋好友,同时备办丰盛的祭品,带领孩子前往许愿的神庙祭祀献供,有钱人家甚至还要唱几天戏。

(4) 还俗。明清以来,各地流行让孩子在僧道前做记名弟子,但不剃度出家。并且,记名出家的人家会在孩子长到十二岁时,择吉日举行还俗仪式。民间认为,将小孩寄名神佛、寺庙,会得到神佛的佑护,长命平安。在华北,孩子长到十二岁时,家里择吉日举行还俗仪式,俗称跳墙。也有的人家会给孩子取一个法名,将写有法名的纸和婴儿的一些头发一道装在小布袋子里,送至佛寺寄存,表示孩子是佛门弟子了。然后在孩子长大成人后,请人做法事将布袋取回来,表示孩子已经还俗了。

（5）完灯。还有一些地方,舅舅会在每年正月给外甥送灯,祝愿孩子顺利长大成人。到孩子十二岁时,舅舅要为他送最后一次灯,并举行仪式标志成年。完灯时,舅舅送玻璃灯或手电筒一个,给外甥照亮前程,还要送一些学习用品。前来祝贺完灯的其他亲戚也要送衣帽鞋袜等礼品。孩子的父母要备糖果、摆宴席招待来宾,共贺"完灯"。并且,求神许愿过的人家,到完灯时要敬神、谢神。

2）中国少数民族成年礼

（1）土族——戴天头。藏族女孩长至十五岁还未订婚者,会在农历除夕晚上,由父母做主举行改发仪式,俗称"戴天头"。仪式由母亲主持,主要是改变少女头发梳妆的形式,即将头发挽在头后。"戴天头"是土族姑娘出嫁的一种形式,但姑娘嫁的并非实实在在的男人,而是蓝蓝的青天。因为嫁的对象是天,所以称为"戴天头"。与天成亲只是土族姑娘的成年仪式,它标志着女子长大成人,成为社会的正式成员之一。从此,她们可享受自由选择对象、自由支配自己的生活和行为的权利。

（2）彝族——换裙礼。彝族的成年仪礼保留得较为完整。在成年礼上,彝族少女会举行换裙仪式,即换上代表成年的裙子,这种仪式在彝语里被称为"沙拉洛"。换裙礼以衣饰的改变标志少女被社会承认和接纳,并进入成人社会。彝族女子一般在 15—17 岁举行换裙礼,多由母亲或长辈妇女主持。换裙仪式有三:一为改变耳饰,由耳线改为银光闪闪的耳环;二为改变发式,由垂于脑后的独辫梳成双辫,再戴上绣花头帕;三为改变裙式,由浅色的两截童裙改为中段为黑蓝色的三节拖地长裙。

我国无论是汉族还是少数民族,现代成年礼与古代的都大为不同。汉族不再继承周时沿袭下来的成年礼,少数民族也淡化了成年礼的仪式,有的直接就没有了。

2. 西方成年礼

在西方国家,由于受到宗教和习俗的影响,通常认为孩子年满 14 周岁即为成人。成年礼在西方是一个历史悠久的仪式,每一年都会隆重举办。西方成年礼现场通常会来很多无关的民众,他们参与观礼,给成人的孩子送上祝福。到了中午,孩子们回到自己家中,再由家长举办小型聚会或者舞会,这也是家庭给予孩子的特殊成人仪式。

西方宗教观念非常强,所以一些教徒也用宗教的方式给孩子举行成年仪式。在传统西方基督教信仰世界,第一次领圣体就是成人仪式,西方许多文学作品中都能看到这个仪式的影子。法国小说家莫泊桑在《泰利埃公馆》中详细描绘过仪式的神圣过程:"本堂神父颤巍巍地从排前走过,手里捧着镀金的银圣爵,他用两个手指夹起面包做的圣主基督样子的圣体饼,把它交给他们。"[①]这样把宗教和传统文化结合起来的带有宗教性质的活动就是西方基督教所特有的。"圣体圣事"由耶稣在最后的晚餐建立。在领受圣体圣事时,少年们要带着自己虔诚的心向神灵认罪,诚心祷告,祈求神灵洗去灵魂的污垢,照亮自己的心灵,从而坚定信仰,完善自我。这种宗教仪式暗含着酬谢神恩,承认有罪,在今后的生活中满怀对主的感恩之情,也让少年们明白人类生存的艰险。通过这样的仪式,少年们可以提前预知成人世界的不易,保持着自己对世界的热情和勇敢,以一个新的身份继续前进。

此外,在巴西,亚马逊热带森林的原始部落中还存在着子弹蚁成年礼。部落里的男孩要想成为一个被大家认可的成年人,就必须经历和忍受一大群子弹蚁蜇咬的痛苦。据说,被子弹蚁咬上一口,就仿佛被子弹打中一样。被咬的人会因为疼痛而出现短暂的肢体瘫痪。在整个过程中,男孩不能掉一滴眼泪,只有这样才能成为一个真正的男人。

现代西方的成人仪式中,每年的四五月份,全国满 14 岁的少男少女穿戴一新,由家长、亲友陪同,集合在当地的文化之家。在充满节日的气氛中,地方政府负责人或社会名流致辞。随后,师长、亲友和低年级的小朋友向他们表示祝贺,并赠送礼物和鲜花。中午全家聚餐庆祝,晚上举办舞会,可以破例至夜里 10 点钟。

3. 比较

在中国古代,加冠是成年礼的重要标志,是区分孩童与成年的中间线。后来,冠礼渐渐衰落了,开锁、还愿、完灯等仪式成为孩童成人的标志。自古以来,中国成年礼就十分强调仪式感。整个成年礼以男性为主,也以男性的最为繁杂,仪式、程序和要求非常多。通过成年礼后,参与者将从孩童转变为成年人,他们被允许接受某种权力和参与成年人的活动。此外,中国传统成年礼一般只会在

---

① 莫泊桑:《羊脂球 莫泊桑中短篇小说集》,杨风帆译,天津人民出版社,2016 年,第 115—116 页。

个人的身上完成,集体性的也有,不过没有个体的突出。导致这些现象的原因是当时的社会结构和社会环境,如君王成人礼、女子出嫁等不能集体进行的活动。我国古代所流行的成年礼既包含了人生转折的一个仪式,也包含了权力的托付和参与社会活动的一种默许。如君王只有进行了成年礼之后,才能够正式接受上一代帝王所传下来的权力。

西方的社会结构和环境与中国的大不一样,所以成年礼的进行也有所不同。西方在很长的时期都处于邦国制或庄园国家,非常强调和突出个体在集体中的作用,讲求个人的独立性,所以个体的成年礼往往是在磨炼中完成的,是心理的成长,而不是一个象征性的仪式。西方传统的成人礼主要以实现以个体独立生存为目的,参与者需要经历离家出走、独立生活、接受磨难和回归的洗礼四个阶段。个体在成长的过程中完成整个成年礼,既是身体上的一种成长,也是心灵上的一种锻炼。此外,西方的成年礼更注重仪式的集体性。很多人将西方社会流行的"成人舞会"视作西方成年礼的一个重要标识。成人舞会是一个集体性的活动,参与者经过洗礼之后,便被认可为成年人,也因而具备了社交、联姻和参与社会活动等的条件。西方的集体活动多,个体自由程度比中国高,不同群体和个体之间的社交是他们活动中的一大特色。

成年礼不论是哪个国家举办,以何种形式表现,实质都是为了宣告少年成为一个独立、有担当的人。进入现代之后,中西方的成年礼形式和内容基本都相似,都具有一定的仪式,都标志着孩童转变为成年人,且需要参与社会的建设,承担相应的责任,履行相应的权利和义务。

(三) 中外婚礼比较

婚姻标志着一个人开始建立个体家庭,是人们极为重视的一个生活环节。不同文化背景下的民族,婚姻习俗亦会有很大差异,蕴含着各民族复杂的思想观念和行为方式。透过婚俗的差异和对比,我们可以看到中西民情风俗的丰富内容,并进一步探究背后的文化意蕴。

1. 中国婚礼

中国婚姻习俗素来有"三书六礼""三拜九叩"的说法。"三书"指聘书、礼书、迎书,"六礼"指纳彩、问名、纳吉、纳征、请期、亲迎。虽然中国的婚礼基本上是沿袭"三书六礼",但是随着时代的变迁和人们生活的日益丰富,有些仪礼规定逐渐被废弃或得到了改变。

1）中国汉族婚礼

婚礼是人一生中十分重要的大礼,向来为人们所重视。中国汉族婚礼主要包括议婚、结婚、回门三个阶段。

（1）议婚。提亲:提亲即古时的"纳彩"。旧时,中国人受孔孟文化的影响,男女婚配遵循"父母之命,媒妁之言",婚姻自主几乎不可能。长期以来,民间把无媒自嫁、无媒自婚看成是丑恶之事。因此,男女到了适婚的年纪,父母会花钱找人说媒。1949年后,这些婚俗逐渐被抛弃,特别是青年人婚配,现代婚俗更多强调自由恋爱,婚姻自主。

合庚:又叫"合八字",即古时的"问名"。订婚前,女方将出生年、月、日、时辰写在红纸上,托媒人送往男方家。男方家则将红纸放在祖先神台前,若三至五天家中无异常,则将男庚和女庚交于算卦先生推算八字,看男女双方的命相是否相合。若彼此相合,则可订婚;若彼此不合,须停止联姻。关于属相是否相合,民间有很多忌讳,比如羊不与鼠配,俗说"羊鼠相逢一旦休";马不与牛配,俗说"白马不能犯青牛"。

订婚:即古时的"纳吉"和"纳征",也称"过契"。先是男方遣媒人至女方家下庚帖,意在征求对方意见。庚帖为红色,封皮作龙凤图案,金字书写,又称"龙凤契"。过契多在吉日,经媒人手,双方交换大契以及礼品,从此就算订婚了。在订婚那日,男方做东,摆设订婚席,双方长辈和媒人参加,称为吃"定亲饭"。在这一天,男女双方还会互赠订婚礼物。一般男方送女方布料和金银首饰,女方回男方文房四宝、荷包、扇子、裤带等。

（2）结婚。结婚即古时的"迎亲",指迎娶新娘。这一仪式包括催妆与送嫁妆、压床、迎亲、拜天地、入洞房、宴客、闹洞房等几项内容。

催妆与送嫁妆:临近婚期,各地都有催妆的习俗。"催妆"一般解释为催嫁妆。在迎亲的前几天,男方家要向女方家送催妆礼,俗称"下催妆"。礼物通常是一些服装、首饰和糕点。女方家收了催妆礼,便要往男方家送嫁妆。送嫁妆的时间或在婚期的前一天,或在催妆的次日,也有的随新娘一起过门。在陕西婚俗中,需要有一个娘家弟弟随嫁妆一起送到婆家,叫作"押箱弟"。押箱弟一般由聪明伶俐的孩子充当,表示新娘过门也把新娘家族中生儿育女、家族兴旺的家风和能力带到夫家了。

压床:铺床一般是嫁妆送到后进行,请"全福人"铺床叠被。有的地方是父母双全、子女众多、丈夫尚在的妇女担任全福人,有的地方是父母、妻子、儿女齐全的大伯或叔叔担任。一般在结婚的前一天晚上,先由男方家人将婚床扫一遍,撒一些莲子、花生、核桃、红枣、糖果等食物,意为早生贵子。并且,请一些兄弟姐妹多的小孩在床上抢吃,嬉戏玩耍,被认为是吉利之举。

迎亲:迎娶新娘的方式有很多,一种是迎亲,新郎亲自到女方家接新娘;一种是送亲,女方家直接将新娘送至男方家;还有一种是等亲,新郎在家等候,新郎的兄弟或叔侄前往迎娶新娘。其中,新郎迎亲较为常见。在娶亲队伍中,陪伴新郎的有礼仪娴熟的娶亲太太,还有数名伴郎。陪伴新娘的有伴娘,有压箱的男孩,还有舅叔兄弟等。值得注意的是,无论是男方迎亲人数,还是女方送客人数都必须为偶数,意味着成双成对。迎亲队伍到女方家门口时,女方长辈恭候于外,将其请至家中,以酒席相待。宴毕,新郎及新娘给祖先行礼,辞拜父母,以报养育之恩。接着,新娘亲兄弟或舅舅背其上轿,鸣炮启程。途中,媒人要走在最前面,花轿居中,并要求迎亲队伍必须在午时三刻回到男方家。花轿至门口,新娘下轿,脚不能沾地。一般用两个麻袋铺在新娘脚下,一只麻袋走过,再移至前面,如此反复,称为"传代",象征着新娘嫁入夫家后传宗接代。而后,新娘进大门,跨火盆,象征着以后的生活红红火火。过马鞍,寓意着以后的生活平平安安。最后,新郎、新娘在礼仪先生的引导下拜天地。

拜天地:又称为拜堂。新郎、新娘进门后要一同到天地桌前"拜天地"。天地桌上铺红布,坐北向南,上放斗、尺、剪子、秤、镜子、算盘等物,意为祝愿一对新人永结同心,生活称心如意。拜天地的一般仪式是:一拜天地,二拜高堂,夫妻对拜,然后送入洞房。这种仪式一般由礼仪先生主持,一对新人听从礼仪先生的口令,完成此仪式。

入洞房:入洞房之说,源于原始的抢婚习俗。那时,男方将女方抢来后,囚禁在山洞里。在民间,新人进入洞房后,要先拜床神,意在保佑夫妻和美,全家安寝。然后,新郎用秤杆挑开新娘的盖头,同饮用红线拴在一起的两个酒杯。接着,新郎、新娘端坐床沿,由一位全福妇女用梳子把新娘的头发搭在新郎的头上梳理,俗称"并头"。并且,上头的时候要唱上头歌祝福。而后,新娘更衣整装,由仪礼先生引导一对新人到午宴上拜谢宾客。

宴客:婚礼的主要仪式举行之后,男方家会在当日中午大摆酒席宴请宾客吃喜酒,一般人家会摆几十桌,条件好的人家甚至会摆上百桌。坐席时,新人、父母以及至亲坐尊位。宴饮期间,父母领新郎、新娘到各席与客人一一介绍,并给客人敬酒,说一些祝酒语。男方家要感谢众亲友远道而来贺喜并赠送厚礼。在许多地方,举办婚礼的主家还会请当地有名的叫花子头赴宴,这被认为是吉祥的征兆。

闹洞房:闹洞房也是自古以来的风俗,又称"暖房"或"戏妇"。结婚当日的晚饭后,"三日无大小",左邻右舍的人不论长辈晚辈,皆可到新房里逗弄新郎和新娘。闹洞房的人越多越好,洞房闹得越厉害,新婚夫妇在未来的感情也越好。闹到深夜时,有人藏到床下,有人静立于窗外,都在偷听新人讲话。如果新人不说话,就不吉利,有"新人一夜不说话,生个孩子是哑巴"之说。

(3)回门。回门指新娘结婚后的第三天回娘家省亲,又称"回亲"。它标志着男子正式以女婿的身份进入女方家。回门习俗在很大程度上缓解了新娘初为人妻、初为人媳的紧张,也可以借此机会考验新女婿。回门这天,新娘由新郎及有声望的长辈陪同,去时携带喜糖、点心、肉、粉条这四色礼品。女方家设酒席招待,饭后新女婿拜见女方家长辈和亲戚。新女婿随妻子回门,在女方家会遇到一些考验。如果顺利通过了这些考验,就代表着新女婿被女方家所接受。

至此,一个人的婚姻仪礼就算完结了。婚礼习俗中的这些仪式含有驱恶避邪、祈求吉祥、早生贵子之意,也是对新婚夫妻婚姻幸福美满的良好祝愿。

2)中国少数民族婚礼

(1)傣族——拴线。拴线文化是傣族最古老的文化之一。傣族男女相爱定情后,男方的父母会托媒人去女方家提亲。订婚之后选择"良辰吉日"举行婚礼。傣族实行从妻居的婚俗,因此婚礼一般都在女方家举行。婚礼主要仪式是拴线,傣语叫"树欢",意思是"拴魂",即把新郎新娘的魂拴在一起,把两颗心拴在一起。在傣族人心中,举行拴线仪式可以拴住新人的爱,让他们永不分离。在婚礼上,祝福的人把一条条白线拴在受祝福的新人的手腕上,表达内心的祝愿,气氛隆重而热闹。

(2)摩梭人——走婚。摩梭人通过"走婚"来维持感情并完成繁衍后代的责任。他们日落而聚,晨晓而分。走婚有两种形式,一种是"阿注"定居婚,一种是"阿夏"异居婚。定居婚的男女通过走婚仪式后,双方从家里搬出来居住在一起。而异居婚的男女双方都居住在自己的家里,只有当夜幕来临时,双方才在女方的房间里约会见面。摩梭人的婚礼一般在傍晚举行,不请客,不送礼,也不邀请客人参加。摩梭人认为感情是维持婚姻关系的重要因素,父母和亲族均无权干涉。若夫妻感情不和,即可断开关系。

（3）侗族——"不落夫家"。对于侗族人来说，有行歌坐夜、赶坳玩山的社交活动。坐夜与玩山时，有情人会互送礼物，如手镯、衣裙等，作为定亲的"把凭"。然后说媒、提亲、定亲、结婚。侗族人的婚姻习俗是"不落夫家"，即新娘结婚后回到娘家常住。女方回娘家后，一直在娘家居住和生产劳动，还属于娘家的人。此后几年中，夫家在农忙、逢年过节等大事时，可派人接女方到夫家居住数日，然后女方又回娘家居住，一直到怀孕后才会回到夫家。

2. 西方婚礼

西方婚礼脱胎于教堂婚礼，基本上继承了西方教堂婚礼的礼俗，充满了浓重的宗教和浪漫色彩。西方人认为只有在神的认知和庇护下，婚姻关系才会获得稳定长久；只有尊崇教义对婚姻的理解和规定，婚姻才会幸福。西方结婚流程大概包括求婚、订婚、婚前派对、举行婚礼、答谢派对等步骤。

1）求婚

在西方，青年男女确定情侣关系且交往一段时间后，会有一个简单的求婚仪式。在求婚仪式上，男方会单膝跪地，拿出事先准备好的戒指，请求女方嫁给他。女方如果接受戒指，说明求婚成功，整个求婚仪式就算结束了。

2）订婚

根据西方风俗，男方在求婚成功后，会举办一场小型的订婚仪式。在订婚仪式上，新人把戒指戴在对方左手的无名指上，这代表着他们坚贞美好的爱情。订婚仪式也是一种承诺和约定，象征着男女双方正式成为未婚夫妻。此外，新人在确定结婚时间后，会将结婚预告张贴在举行婚礼的教堂，向众人宣布婚讯。

3）婚前派对

结婚前，新娘家里会专门为新娘准备礼物和举办派对。这个派对由新娘的家人举办，一般不邀请新郎参加。在派对上，受邀的宾客要为新娘的新家准备礼物，为其婚礼的顺利进行提供经济上的帮助。实际上，主人家会把新娘需要的生活用品清楚地注明在邀请卡上。一般来说，派对上赠送给新人的礼物会比婚礼上赠送给新人的礼物便宜。

与此同时，新郎也会在自己步入婚姻殿堂之前邀请自己的男性朋友举办一个单身派对，这个单身派对是不允许女性参加的。新郎举办这个派对的主要目的是庆祝自己脱单。在派对上，朋友们会送给新郎一些珍贵的礼物，这些礼物往往表达了赠送者的依依不舍之情。最后，参加派对的人会为新郎欢呼，庆祝新郎告别单身，走进婚姻的殿堂。

4）举行婚礼

在西方，即便新婚夫妻双方没有任何信仰，他们的婚礼通常也会在教堂中牧师的见证下进行。在婚礼当天，新郎一般穿黑色燕尾服，配灰马甲、白衬衫、黑色或灰色带条纹的长裤、灰领带、黑皮鞋。新娘一般穿白色婚纱。西方认为，白色象征着纯洁和忠贞。举行婚礼之前，新郎新娘需要分别在不同的房间进行婚礼准备。而后，新郎率先到达教堂，与伴郎一起在圣坛等待新娘的到来。新娘随后在父亲和伴娘的陪同下来到教堂。

在婚礼上，亲朋好友齐聚教堂，共同见证这一重要时刻。一般女宾会坐在走廊的右边，男宾坐在左边。女宾前面是新娘的父母，男宾前面则是新郎的父母。当婚礼开始时，负责撒花的花童走在最前面，将整个走道撒满花瓣，新娘手拿花束，挽着父亲的右臂，在结婚进行曲响起时缓缓走进教堂，紧随其后的小女孩提着新娘礼服的裙尾。新郎和新娘在圣坛相聚，新娘的父亲将新娘的手交到新郎手上。然后，主婚的牧师会要求新郎新娘做出一辈子的承诺，并握紧对方的双手进行宣誓。接着，新人在牧师和众人的祝福下交换结婚戒指并亲吻对方，然后在结婚注册簿上签名。随后，婚礼进行曲响起，新郎新娘手挽手走出婚礼教堂。与此同时，宾客站在过道两旁向这对新人抛撒玫瑰花瓣或彩色纸屑，表达对这对新人的美好祝福。

5）答谢派对

结婚仪式之后通常有一个派对来答谢宾客，这也是宾客向新人表达祝福的方式。这个仪式代表着新人们即将告别自己的少男少女时期，成为一名丈夫或妻子。在派对上，新郎新娘一起手握刀子将婚礼蛋糕切成块。新人第一个品尝婚礼蛋糕后，将蛋糕分给宾客。随后，新娘会站在房子的中间或者外面将手中的花束投掷给她身后的年轻女孩，而新郎则会将新娘的吊带袜投掷给年轻的小伙子。传言捡到花束的女宾和捡到吊带袜的男宾将会是下一个结婚的人。派对结束时，新人父母分别致辞感谢。之后，新人就会驱车离开，开始享受他们的新婚之夜和蜜月之旅。

3. 比较

1）婚礼色彩比较

上古时期，华夏先民崇拜太阳，认为红色是可以驱邪避灾的颜色。因此，在中国人眼中，红色象征着喜庆、成功、热烈、好运、繁荣等。红色作为中国文化的主色彩，被广泛应用于节日庆典中。在中国婚礼上，新娘子会穿红色的裙子，新郎会在西服上别一朵红花,家里的门窗上会贴满大红色的"喜"字。这些不仅能够增添婚礼现场的喜庆氛围,还传达了新人渴望幸福美满婚姻的愿望。另外,婚房中的一切也都是红色的,大到床上用品、四周墙壁壁纸,小到蜡烛、贴纸、糖果、摆件等物品。不仅如此,在婚礼当天使用的请柬、礼盒、喜糖、装钱的信封都是红色的,代表着爱、幸运和喜悦,也使中国婚礼呈现出喜气洋洋的红色氛围。

在西方,传统婚礼的色调不是中国式的大红色,而是以纯白色为主色调,这主要是由于中西方在颜色上的认知差异。中国人认为红色是吉祥的颜色,而西方人则认为红色与血相关,是流血、危险、灾难的象征色。相反,白色代表着纯洁与无瑕,与女子的贞节和品格有关,是婚姻和谐的象征颜色。因此,在西方婚礼中,新娘一般都会穿白色的婚纱,代表着纯洁和忠贞。新娘的头纱、捧花以及周围环境的装饰都以白色为基调,显得庄重而神圣,也代表着欢庆、财富和社会等级。

中西方婚礼在服饰与布置上的红色与白色的强烈反差反映了中西方不同的文化背景和价值观。但是无论婚礼主色调如何,其所体现的神圣意义是一样的,都蕴含着亲朋好友对新人的美好祝福。

2)婚礼气氛比较

对中国人来说,结婚是一件大喜事,所以人们希望婚礼的仪式和场面热烈而隆重。放鞭炮是体现热闹的重要形式,也寓意新人今后的生活红红火火。婚礼当天,新郎敲锣打鼓来到新娘家接亲,新娘精心装扮等待新郎的到来,新郎在一阵欢腾的气氛之中接走新娘。婚礼一般在新郎家中举办,届时会邀请所有亲朋好友前来赴宴。婚宴通常在中午或晚上举行,有时甚至持续几天。从招待到入席,再到开宴,所有的人,无论是主人还是客人,都可以大声喧哗,互开玩笑,互相祝福。人们开怀畅饮,畅所欲言,无所拘束,席间的欢歌笑语也都体现了中国婚礼爱热闹这一传统。

西方国家的婚礼仪式是在基督教文化的基础上形成的,所以整个婚礼也是一个宗教结婚仪式。西方的传统婚礼基本上是在教堂举行的。在教堂里,新郎新娘一起站在圣坛上,接受牧师的祷告,宣读婚姻誓言,并被牧师宣布婚姻合法。可见,西方人更加看重的是婚礼的庄严、神圣和浪漫。他们的婚礼虽然盛大,但大多会选择在一些安静的地方举行,井然有序,氛围较为安静低调,不像中国的婚礼那样热闹。西方的婚宴更像是一场派对。在宴席上,所有宾客可以自由走动,与他人交谈,但要注意保持安静。

综上,中国人讲究婚礼仪式的氛围,更强调热闹、欢乐、喜庆。婚礼仪式的热闹也象征着新人今后生活的圆满。而西方人的婚礼仪式更显安静、庄重、严肃,有婚礼的誓言,有牧师主持婚礼。婚礼从开始到结束,都经过精心的组织,一切都在庄严的环境中进行。

3)婚姻观比较

儒家思想作为统治中国人几千年的正统思想,渗透在人们生活的各个方面。在中国传统的婚姻观念中,结婚不仅是新郎新娘两个人的事情,更与两个家族的命运息息相关。婚姻嫁娶的目的是繁衍后代,兴旺家族,维护家族的地位,提升家族的利益。并且,古代男女结婚时讲求"父母之命、媒妁之言",没有自由选择的权利。男女之间的婚姻并非以爱情为基础,而是以家族利益为主要参考标准,在一定程度上担负着家族的使命。此外,受男权至上思想的影响,中国传统婚姻中很少有平等可言。女子须遵守三从四德的约束,七出之条更是反映出中国传统礼教对女性的苛刻要求。

与中国的古代婚姻相比,西方的婚姻表现得较为自由。虽然西方上层社会也讲求门当户对,注重家族联姻,与中国古代婚姻非常相似。但相对而言,西方社会的文化较为自由和开放。由于深受希腊文明、希伯来文明以及基督文明的影响,西方人十分推崇个人价值至上的观点,他们强调个体之间的平等,注重个人天性的发展,讲求人身自由和人格独立。他们认为婚姻是上帝赐予的礼物,爱情是婚姻的基础。因此,西方人在爱情婚姻生活中多遵从个人的感受与选择,敢于追求自己的幸福,不太顾及社会因素。西方婚姻更多的是个人选择和个体行为,父母很少对他们的生活造成干预。在这样一种文化氛围的熏陶下,西方的婚姻观带上了浓厚的个人主义色彩。

对比中西婚姻观,可以看出,古代中国注重群体利益而忽略了个人价值,在婚姻关系中主要以家族的利益为导向,重家长权威,轻儿女感情。而西方更注重人性的感受体验,在婚姻中较为崇尚个人的爱情自由。因此,青年男女对于婚姻的自主权也更大一些。到了现代,随着中西方文化的相互交融,中国现代青年的婚礼吸收了一些西方式婚礼的程序。

(四)中外葬礼比较

葬礼是人类对死亡的一种仪式,是生者对生命最直接的诠释。不同国家因其自身的地理环境、历史传统、文化背景和宗教信仰不同,丧葬礼仪也不尽相同,这也进一步体现了中西方死亡文化的差异。

1. 中国葬礼

1）中国汉族葬礼

我国古代以孝为本,所以最重视丧葬之礼。近代民间的丧礼在程序上大都参照了古代士大夫阶层的仪式,但是仪式的内容又与《礼记》《家礼》等记载的礼制多有不同。我们把汉族民间的葬礼主要分为入殓、出殡、埋葬、祭奠四个步骤。

（1）入殓。人刚死时,死者家属家里要搁好铺板,把人从床上移下来。同时要将屋顶的瓦揭开一片,以便死者灵魂飞升。亲属为死者拭身、整容、换寿衣。寿衣要穿单数,因为双数是阳间人的吉数,而单数是阴间吉数。然后,他们将死者移至正堂门口草铺上,口中含钱,以白布遮蔽,铺前设桌,桌上点一盏灯,昼夜不熄,俗称"长明灯"或"指路灯",旨在为死者照亮去阴间的黑路。死者安置好后,家里要为死者烧纸钱,意为供死者在黄泉路上用作盘缠。丧家的门口要贴上白纸,对外告知家中有丧事。嫡系亲属需要披麻戴孝,昼夜守灵,轮流哭丧。其他吊唁者要到灵前磕头致哀。

入殓是为死者举行的第一个礼仪,也叫成殓或入棺,是把死者安放到棺材里钉上棺盖。孝子和家人穿上合乎礼制的孝服,因此也称"成服"。入殓先要把棺材油漆好,在里面铺上半尺厚的谷草,也称"坐草",有"落地而生,落草而归"的寓意。谷草上铺上衾褥,在衾褥上面放七枚铜钱,铜钱大致摆成北斗七星的样子。然后,把死者从草铺上移至棺材中。接着,在死者身上覆盖衾被,俗称"铺金盖银"。最后盖上棺盖,钉上棺钉,此即所谓的"盖棺定案"。这个人的一生就此彻底画上了句号。

（2）出殡。出殡俗称"归山",指将灵柩送往墓穴,是整个丧葬仪礼中的高潮。通常清晨出殡,不让棺材见太阳就落土。出殡时,举行公奠,孝子先祭拜,众亲友接着祭拜。在抬起棺木之前,打碎死者生前用过的药罐或饭碗,然后升棺起灵,俗称"绕灵大起丧"。棺木抬出院门时要头在前,出了门后要脚在前,一直抬到坟地。出棺后点燃铺草,死者的长子手捧灵牌,由亲戚搀扶,长孙肩扛"引魂幡"在棺前引路。出行时,鼓手、锣鼓班子在前吹奏哀乐。棺木一般由 8 人肩抬,后边紧跟着亲属,男前女后。孝子、孝女皆穿孝服,手拄哀杖,一路放声痛哭。途中抛撒纸钱,俗称"买路钱",用以买通沿路鬼魂。此外,送葬队伍沿途经过人多的地方或大路口要摆供祭灵,供祭奠的人对灵叩拜,孝子匍匍叩谢。行至出村的路口,孝子须再次谢客,远一点的亲戚就可返回,同族近亲则同赴墓地。

（3）埋葬。人死了埋到地下叫"入土为安"。棺至墓地,先行墓祭。祭毕,由子女持扫帚下到墓穴中,亲扫一遍,谓之"扫墓"。然后将棺材下葬,将老盆摔碎于墓穴之上。食品罐则随棺下到墓穴里,供亡者在阴间食用。然后,阴阳先生要摆下罗盘仪定方位,确定棺木位置。接着,儿子、媳妇哀哭,沿墓转三圈,谓之"圆墓"。然后,孝子回避,由执事人往墓穴里填土,谓之"封墓"。墓封为土丘状,孝子将幡插于坟头,哀杖插于坟腰。至此,埋葬一项完毕。俗信认为,这些仪式会影响死者是否安息以及子孙后代的盛衰。1949 年后,此俗也逐渐改变,已经没有幡、哀杖、老盆等物了,取而代之的是坟上放花圈等祭品。

（4）祭奠。安葬后的第三日,孝子和一些亲属要到坟地,给坟墓加土,撒上石灰,焚烧香烛、纸钱、纸马、纸轿等,谓之"复三（山）"。从日期来说用"三",从坟地来说则用"山"。复三过后,接着做的纪念活动就是烧七。从亡日起,每七天家人必须到坟上祭奠一次,称为"过七"。因大部分地方都以烧纸钱为主,又称"烧七"。单"七"为大祭,双"七"为小祭。因此,在七七之中,一七、三七、五七、七七较为重要。尤其是"五七",出嫁的女儿要准备纸钱、贡品和祭拜用的花束。此外,过"七"不得与农历的"七"同日过,要"躲七"。"七"过完之后的纪念日是"百日儿",这一祭日要隆重,子女、家人统统参加,穿孝衣,备祭品,到坟上哭吊亡灵。再接下来的纪念日是周年,一周年要过,二周年可不过,三周年则要隆重纪念。这几个阶段的祭奠都结束后,孝子就可脱孝了。

2）中国少数民族葬礼

（1）藏族——天葬。藏族地区实行天葬。天葬又称"鸟葬"或"野葬"。藏族实行天葬主要是受佛教施舍为善观念的影响,他们认为人死后将自己的躯体舍喂秃鹫,利益众生,可赎毕生罪孽。此俗在西藏一直延续至今。

（2）满族——火葬。我国的火葬由来已久。远在新石器时代,就出现了火葬。火葬方式一般是将死者和棺木一起火化,骨灰撒于山河之中。满族火葬分为有葬具火葬和无葬具火葬两种。前者先将尸体火化,将骨灰和随葬品装入木棺,再在墓穴内将木棺、骨灰、随葬品一起烧掉,然后积土成冢;后者先将尸体火化,装入木匣或布袋中,再放入棺内埋葬。

（3）鄂伦春族——风葬。风葬,又称"树葬""挂葬""悬空葬"或"空葬"。鄂伦春族在游猎过程中死了人,特别是天寒地冻无法进行土葬时,一般都采用风葬。风葬的形式有多种，一种是找一处四棵树成正角的地方，借树杈搭上横木，铺上树枝，将死者置其上，再用树枝、树皮盖好；一种是将尸体装入棺材，然后将棺材放置在开凿好了的山崖峭壁上。由于风葬置尸体于天地之间，所以既不用担心野兽吞噬伤害，又可避免天寒地冻挖土深埋之困难。

2. 西方葬礼

西方丧葬礼俗主要受基督教文化的影响，基本上属于宗教式的丧葬礼俗。在基督教里，每个人的灵魂直接与上帝发生关系，不允许偶像崇拜。他们崇尚灵魂升华而轻视肉体。因此，西方的丧葬风俗多是简丧薄葬。葬礼一般遵循死者生前遗嘱，在教堂举行。

基督教宣称人生来有罪，人活着必须赎罪，死后才能进入天堂。因此。西方的葬礼大多是为死者祈祷，祝其灵魂早日升入天堂，解脱生前的痛苦。另外，基督教认为人死后灵魂需要安静，所以葬礼非常肃穆。在基督教文化影响下，无论是王公贵族，还是平民百姓，丧葬基本从简，即在上帝面前人人平等。一般西方人的葬制以土葬为主，死者头朝东方，表示迎接日出与复活之意，少数人也举行火葬。丧葬礼俗有洗尸、更衣、停尸整容、送葬、哭丧、宴谢、祭奠等程序。人死之前要在神父面前忏悔，之后神父为其祈祷。死后要在神父主持下洗尸，宗教含义是洗去生前罪过，干干净净去见上帝。在西方传统丧俗中，停尸一般停在教堂，由神父主持追悼会。神父介绍死者生平并为之祈祷，亲友随之一同祈祷。完毕后，由四人抬着棺材走向墓地，神父、亲友跟在后边送葬。下葬时，神父还要再为亡者祈祷。另外，无论在教堂、送葬途中还是下葬时，亲友都不能大声嚎哭，只能默默流泪，意为不要打扰死者灵魂安静。下葬时，随土撒下一些花瓣，葬毕在墓前立上十字架，放上一束鲜花，亲友就可以默默离开墓地。此外，人们在居丧的第 9 天、第 20 天、第 40 天和 1 周年时都要举行祭亡灵仪式。

近现代以来，西方人崇尚科学主义，重理性和认知，以一种科学的眼光看待死亡，进一步淡化了社会对殡葬的热情。他们奉行个人本位，主张以个人为中心。因此，在西方葬礼中，也是以死者为中心，重在安置死者的灵魂。

3. 比较

1）葬礼色彩比较

中华民族在传统上崇黄尚红，轻黑忌白，尤其以喜红厌白为明显特色。在中国，人们习惯用"红白喜事"来形容婚丧。白色是枯竭而无血色、无生命的表现，象征着凶兆、悲痛。因此,中国传统葬礼的颜色是白色。中国人对白色的摒弃和厌恶与中国传统文化中的五行相关。古代哲学认为,白色代表秋季,而秋季意味着万物凋零、衰败,使人联想到死亡。同时,白色对应佛教的西方极乐,象征死亡、肃杀,白色也就成为中国人的忌讳之色。中国葬礼上,主家设白色灵堂,家属服丧期间穿白色孝服,丧停的房间用白布装饰,出殡时要打白幡,送花要送白色菊花。整个丧葬以白色为主色调。

追求光明、厌恶黑暗是人类普遍的心理。在西方,黑色是死亡的标志性颜色,象征着地狱深渊和精神绝望,经常与死亡、凶兆、灾难、痛苦联系在一起。比如黑猫,人们认为黑猫从面前走过,会招来噩运和不幸。西方葬礼的主色调为黑色,代表严肃和庄重。人们通过着黑守丧表达对葬礼的重视和对逝者的哀悼。黑色的灵车,遮窗的黑纱,参加葬礼的宾客全部身穿黑色系衣服或者佩戴黑纱表示对逝者的尊敬。如果没有黑色,也必须穿深色的衣服。西方人认为身着颜色鲜艳的衣服参加葬礼,不仅是对逝者的不尊重,还会招来逝者灵魂的攻击。

受西方文化的影响,中国葬礼上披麻戴孝的风俗在逐渐消失,人们往往在衣袖上佩戴黑色的丝布,上面写着白色的"孝"字,以此表达自己对于亲人离世的哀痛和悼念。

2)葬礼用品比较

中国传统葬礼所涉及的用具主要有寿衣、纸制物品和棺材。受佛道教思想的影响,民间认为人死后要去阴间,阴间寒冷潮湿,所以人死后必然要戴棉帽,穿棉鞋,穿寿衣。亡者穿戴整齐去阴间有不受阴寒和表示圆满两层含义。有些法事葬礼中还会用到九幽灯,根据佛道教义,这主要为了让神光照破地狱,使亡灵乘光得悟,脱出冥界。此风俗沿用到民间,人死之后,通常在死者脚后放一盏清油灯,作为照亮冥途之用。此外,葬礼上使用的冥币、幡、纸马车等都与中国人对佛教、道教的信仰密切相关。

西方的葬礼用具主要有圣水、蜡烛和十字架,这与基督教的宗教活动密切相关。西方人主张原罪论,认为人是带着罪恶来到世界上的。而想要消除原罪,需要领受洗礼。在基督文化里,水具有涤除罪恶、拯救心灵的作用。在葬礼中,人们从洗礼池舀出圣水,并向灵柩洒圣水。洒圣水意在净化死者的心灵,使其获得新的生命。蜡烛在基督教中象征着火和光明。人死后需要与光一起,才能升入天堂。因而葬礼上绝不能让死者躺在黑暗里,要在停放灵柩的房间内点上一支蜡烛,表示死者与光在一起升入光明的天堂。

总而言之,中国受佛道教思想的影响,丧葬用具主要有寿衣、纸质物品和棺材等物。而西方葬礼受基督教文化影响,祭祀用具包括圣水、蜡烛和十字架等,带有浓厚的宗教色彩。

3) 生死观比较

生与死是人类永恒的话题,至今无人能超越生死,也无人能改变这个规律。由于中西方文化发展模式的不同,宗教在中西方死亡文化和丧葬文化中的影响及表现呈现出极大的差异。

在传统中国文化中,儒家、道教和佛教对古人的生死观都有着深刻的影响。总的来说,儒家重死,道教重生,而佛教力图超越生死。儒家思想作为中国传统文化的主流思想,对中国人的死亡观起到一定的导向作用。古人一直都信仰灵魂不死。根据儒家的观念,死者的灵魂会附着于神灵,供奉于祖庙,接受生者的祭拜。中华民族又是一个重血缘、重家族、重孝道的民族,认为集体与个人是命运共同体关系,一荣俱荣,一损俱损。因此,在中国文化里,个人只有将集体利益放在第一位,把自己投入集体之中,尽自己最大的努力为社会做贡献,才能实现自身生活的意义,从而超越自身生命的价值。

西方人的死亡观主要受基督教文化的影响,是基督教灵魂学说的一部分,意在培养人们对上帝的情感,净化其道德情操,坚定基督教轻尘世、重后世的生死观。基督教认为人生而有罪,人活着必须赎罪,死后才能进入天堂。因此,西方人轻视肉体,主张薄葬简丧,注重个体生命死后的灵魂得救,希望自己死后能够得到上帝的垂怜和赞许。在葬礼上,众人为死者祈祷,祝其灵魂早日升入天堂,解脱生前的痛苦。宗教信仰让西方人坦然面对死亡,认为死后会进入天堂。近现代以来,由于西方崇尚个人本位,主张以个人为中心,使得西方的丧葬服务、临终关怀更加人性化,垂死者死得更安详。

从葬礼差异显示出来的中西方生死观的差异看,中国受儒家文化、道教和佛教思想的影响,重群体轻个体,重义轻利,以奉献自我、成就集体的方式超越死亡;西方受基督教的影响,重视灵魂,轻视躯体,克己苦身,死后灵魂得救升入天堂,从而超越死亡。随着时代的发展,我们应该意识到生与死是密不可分的,死亡文化同时也是一种生存文化,只有确立了正确的生死观,我们才能更加勇敢地面对生活,珍重生命。

第二节　人生仪礼教学与研究个案

出生是人生中需要经历的首要阶段，因而诞生礼被视为人生礼仪的开端，寓意对新生命降临的尊重与礼赞。在中西文化语境下，庆生是一个氛围隆重热烈又极具纪念意义的仪式。通过中国人过生日的个案切入，进而与其他不同国家的庆生方式进行比较，这能够引导国际中文教育学习者关注人生礼仪，进而有利于培养他们对于汉语学习的兴趣。

一、人生仪礼教学案例分析

在你的国家如何庆生？[①]

学　校	汉语水平	授课对象	作　者	整理者
江苏大学	中级	综合国籍留学生	公维军	胡　萍[②]

（一）案例叙事

在我所承担的留学生汉语课上，同学们来自不同的国家。根据汉语水平分班情况，我主要负责汉语中级班。在教授完课文《祝我生日快乐》的基本教学内容后，我决定以"中国人的生日"为主题，以现场演示加讲座的方式向同学们介绍中国人过生日的习俗和方式。

课前，我广泛查阅中国人过生日的资料，并将其整理成文字材料和课件，内容非常丰富，涉及吃穿玩乐多个方面，相信同学们会比较感兴趣。

当然，在搜集资料的过程中，我也产生了一些疑惑，而类似的疑惑我在之前的文化教学中也经历过。现如今，中国人过生日的方式逐渐"西方化"，不管在城市还是农村，大多数中国人开始选择吃蛋糕、送礼物的方式庆祝生日。我通过备课搜集资料才了解到，很多中国人过生日的传统方式在当下已经不再流行。一些习俗目前也只是在中国的部分地区存在。这些情况在教学中能概括为"中国

---

① 该案例来源于公维军的教学实践。
② 胡萍，江苏大学文学院汉语国际教育专业硕士生，主要从事国际中文教学研究。

人的生日"吗？中国文化教学经常让我感到自己只是在讲述中国的历史文化。

上课开始，我从上节课的教学内容引出这次的"过生日"话题。接下去，我开始介绍中国人过生日的方式。中国人的生日传统很多很杂，不同地区方式各异，我查阅的主要是大多数资料都有记载的，尽量避开一些小众的东西。从小孩出生、三日、满月、半年到周岁，我重点展示了抓周的部分，我认为这对于外国学生来说会是比较有趣和感到新颖的内容，抓周视频大家都看得很认真。

虽然做足了准备工作，但在实际介绍生日的形式、原因、寓意的时候还是花费了很多时间，甚至一些地方会感到力不从心，因为背后牵涉很多历史文化的东西，我一边担心讲得不好，一边担心讲得过多。其间，我发现有一个学生在记笔记，这给了我很大的信心，他写得很慢，但记了很多，有时候也会因为我漫长的解释，选择停下来。后面讲到老人的寿诞时，涉及大量词语，类似"寿宴、寿堂、寿图、寿联""福如东海，寿比南山"等，每一个我都加注了解释，在展示过程中也会捎带讲解。

就这节课而言，同学们大多时候都盯着我和课件，没有课堂突发状况，没有当着我的面发牢骚，但我感到这并不是一个令人舒适的课堂。讲到后面，我确定自己准备的内容过多，有一些内容难度较大。于是在课堂接近尾声时，我布置了一个作业——展示各自国家的生日文化，形式随意，每个同学控制在五分钟以内。

令人期待的作业展示课终于到了。来自巴西的穆成带来了他用橡皮泥做的蛋糕，很小但非常精致，做得很漂亮。他跟同桌说"你捏我的耳朵，二十三下"，之后他切了一小块"蛋糕"端给了他的这位同桌。然后，他解释说在自己家里过生日的人会被捏耳朵，按照年龄捏相应的次数，捏二十三下就表示这是自己的二十三岁生日。而且，过生日的人还要将第一块蛋糕亲手端给自己最亲近或者最爱的人。接下去，他把其他"蛋糕"全部分给周围的同学，大家非常配合地开心收下了。

来自丹麦的乔安举着一面小旗，她告诉我们举旗是为了让别人发现我的生日，明天一觉醒来就能收到很多礼物了。她讲得眉飞色舞，把大家都逗笑了，一些同学表示这确实是一个收礼物的好办法。让我印象深刻的还有来自美国的汉森，他现场表演了一小段说唱和街舞，气氛非常热烈。汉森表示自己平时和家人过生日时也会吃蛋糕、许愿，和朋友一起的时候大家会各自展示最近学的一些小才艺，比如唱歌或者魔术表演。此外，其他同学有的带来小零食和大家分享，有的分享了自己家里的生日视频，还有的组织起了趣味十足的小游戏。

（二）案例点评

1. 亮点分析

案例中的第二次课告诉我们，国际中文教育更重要的是文化交流而非文化单向输出。每一位汉语教师从接触这一专业起都会被告知，我们除了教学还承担着传播中国文化的使命。我们也都深深地希望中国的优秀文化可以被世界上更多的人了解，让全世界的人们感受中华文化的博大精深。因此，很多人抓住机会就在课堂上疯狂输出中国元素。这个过程往往容易忽视文化的多向交流，从而变成单一的信息灌输。案例中的教师所布置的展示作业，让大家各自分享自己国家的文化，从单向输出到多向交流，这对于学生们学习兴趣的提高和文化传播都是一次很有意义的尝试。

2. 不足与建议

很明显，授课教师犯了文化课一直不提倡的教学方式——重讲解，轻体验。实践证明，体验加互动的实践型文化课最受外国学生欢迎，效果非常好，让学生动手操作和体验有时候会比多媒体更有效果。另外，作者前期准备生日文化的部分，几乎将中国的整个生日文化囊括进去，这种近乎贪婪式的教学也不合适。

让学生展示各自文化的环节就达到了非常好的文化传播效果，教师可以借机加入中国传统文化内容，例如在某个同学讲述自己国家生日美食的时候，就可以顺带提及中国人过生日吃长寿面的习俗等，从而更好地在这种氛围中进行文化比较与文化交流。

3. 案例思考

（1）通过这一案例，你认为在教学设计中应如何更好地处理双向文化交流与单向文化传播问题？

（2）任意假定一个国家为你即将前往的任教国，请你选取该国 1 到 2 个人生仪礼方面的习俗，与同学们展开交流。

二、人生仪礼研究论文

"演礼"以"成人"

——中国古代"成人仪式"的理想与实践*

王杰文**

摘　要：中国古代儒家所谓的"礼"不同于现代民俗学意义上的"仪式"。

---

　　* 该文由王杰文提供，原载于《民间文化论坛》，2016 年第 1 期。
　　** 作者简介：王杰文，中国传媒大学艺术研究院教授。

"礼"可析解为"义"与"仪"两个方面,"礼义"恒常不变;"礼仪"可因时、因地而宜。中国古代的"冠礼"可以相应地区分为"冠义"与"冠仪",强调"演礼"以"成人"。"冠礼"的理论意义受到了历代儒家学者的强调,但在现实中它又只是一种"久废不举"的古代文化理想。现实中"成人"与否与"冠礼"被实践与否之间显然无法建立必然的联系。不过,分散在其他仪式(尤其是婚礼)中的冠礼的遗留元素对于中国人"成年"身份的获得与养成的作用仍然是不容置疑的。

关键词:成人;礼义;礼仪;演礼

作为中国古代士人阶层的"成人仪式","冠礼"被详细地记录于儒家典籍中。正如众多研究者所说的那样,这种标准化的仪典体现了儒家文化传统模塑理想的统治阶层的企图。然而,问题在于,尽管中国传统"冠礼"的阶级意图是无可否认的,但是除此而外,这种"成人仪式"中是否会携带着某些"人之为人"的普遍性的文化诉求?如果"冠礼"的确可以有效地模塑参与者的言行,那么,其中所体现的文化诉求是如何长久而深远地作用于这些个体的呢?"冠礼"对于反思后现代语境下现代人的"成人"观念的意义何在?

当然,理解中国古代的"冠礼",首先必须理解"礼"这一概念;而理解"礼"又有必要先析取出"礼仪"与"礼义"两个概念,有必要区分"礼"的先验规定性与经验实践性;这是深入理解"冠礼"的理论前提。反过来,对于"冠礼"之理论与实践的研究,也有助于理解"礼"的普遍意图与具体实践。

(一) 礼者,理也

中国自古以"衣冠之邦"著称,意思是说,中国人是通过"衣冠文化"来展演"仁义道德"的民族;中国又有骂人的话称"衣冠禽兽",指的是那些外表文饰为高尚之士而内心卑劣的小人。然而无论如何,这里的"衣冠"二字,都指向所谓的"礼",即一种外在的人文雕饰。

《礼记·礼运》云:"凡人之所以为人者,礼义也。"[1]在中国早期的儒家学者看来,人之所以为人,就是因为他的人文生命,具体来说,就是和谐群处的文化规则"礼"。譬如《诗经》云:"相鼠有皮,人而无仪。人而无仪,不死何为?"[2]"人而无礼",就堕落为禽兽之流了。所以,"礼"是"人之为人"的外在标志。

---

[1] 李学勤主编:《仪礼注疏》(上),北京大学出版社,1999年,第55页。
[2] 周振甫:《诗经译注·鄘风·相鼠》,中华书局,2001年,第73—74页。

"外在标志"对应着"内在规定"。按照儒家的逻辑,礼乃是仁的外在表现;而仁则本乎道德,乃是礼的内在要求。钱穆先生解释说:"人类原始时代,唯见有自然之道。由是而演出德与仁,乃始有人文之道。义与礼,则为推行仁道之两项目。仁根于其内在之德,义与礼则仁之表现于外在之枝。孔子常仁礼并言,而曰:'人而不仁,如礼何?'则仁在内,礼在外,仁为本,礼为末。"[1]从理论上来说,礼虽然是表现于外在的,但一定得有内在的仁心与之相应。一方面,不能仅存内在的仁心而无外在的礼义之表现;另一方面,"衣冠禽兽"这一成语也提醒我们,表现于外在的"礼"并不意味着其内在必为"仁"。

儒家经籍的现代研究者们往往会强调"礼"作为"西周盛世,宗法封建"社会之产物的历史局限性,强调其在经验层面上如何是矫饰与虚伪,但是,在理论层面上,"礼"既然是"作人的原则",当然也应有不分古今、无别贵贱的意思在。事实上,在中国儒家的早期哲学中,"礼"的思想的确是建基于人之性情、人之德性之上的,其所谓"礼治"就是"德治"。而且,从总体来看,中国社会崇尚礼俗,"礼俗"并举,因此"俗"也是"礼",但是,"十里不同风,百里不同俗",且风俗因时而化,仅限于一时一地;而"礼"则载于经籍,合于大道,通行于天下。换句话说,"礼"——作为"仁义道德"的外在表现——应该是具有普遍性意义的文化规范。

之所以说"礼"具有普遍性的意义并非出于"独断论",而是可以基于严密的逻辑推演的。中国历代儒学经典对此论证颇夥,在哲学层面上,儒家标榜"礼"并论证了"礼本乎天理,法乎天地,顺乎人情"[2]的必然性,一言以蔽之,"礼者,理也",换句话说,"礼"乃是具有合乎天理、应乎物理与顺乎情理的必然性规则。

既然已经认识到了"礼"的先天必然性与价值绝对性,早期儒者就努力要把这"人之为人"的规范普遍地实践出来。在中国传统社会里,礼的普遍性首先在于它广泛地存在于庙堂、市井与乡野。天子在朝廷与宗庙礼见诸侯,平民在乡野礼待友朋,他们上下一体,都在践行"礼",此"礼"在本质上是同一个逻辑,那就是互敬互爱之"礼遇"。其次,"礼"是尊五伦,分上下的。《礼记·曲礼》云:"夫礼者,所以定亲疏,决嫌疑,别同异,明是非也。"冯友兰说:"礼所以规定社会上诸种差别。此诸种差别所以需要,亦因必如此方能使人与人不相冲突也。"[3]当然,正如费孝通所说的那样,中国传统社会是强调"差序格局"的,但即便如此,它仍然

---

① 钱穆:《晚学盲言》,广西师范大学出版社,2004年,第255页。
② 贺更粹:《〈礼记〉"礼者理也"说初探》,《学术论坛》,2009年第4期。
③ 冯友兰:《中国哲学史》(上),中华书局,2014年,第349页。

在原则上要求在上位者有礼以亲其下，在下位者则以礼敬其上。这是一种上下交相敬重的关系模式，完全不应该把它消减为仅仅是一种"不平等的关系模式"。此外，礼在本质上可以调和一己之内在诸情欲的冲突，具有"致中和"之功效。一句话，"礼"可以达成人与自我及他人之间的内在的与外在的和谐。第三，既然礼仪是仁德的外在表现，仁德是礼仪之内在动因，即可知具体的"礼"可以因时宜而变动，非一成不变者，所以，《礼记·礼器》云："礼，时为大。"又《礼记·乐记》云："五帝殊时，不相沿乐。三王异世，不相袭礼。"中国文化向来主张不要拘小礼而伤大道，强调的正是礼的内在要求，即"理"与"义"，在这个意义上，"礼仪"是其次的、第二位的，"礼义"才是首要的、第一位的，不能拘其仪而伤其义，否则即是本末倒置。

总之，理解"冠礼"必先理解中国古代儒家所谓"礼"的一般思想与潜在逻辑。从上面的简要论述中可以知道：中国人的"礼"不可以被消减为"仪式（rite）"，它并不只是人类学意义上的一种"地方性的"仪式传统与实践，其仪式展演的表象背后实际上还有一个具有普适性意义的思想观念存在，其仪式性实践仅仅是表象的、第二性的、偶然的呈现。

（二）演 礼 与 观 礼

中国儒家文化中有"演礼"的概念，即试图把其关于"人"的抽象界定通过具体实践展演出来，意在使参与仪式的个体通晓有关"人"的观念与要求，形成"刻骨铭心"的记忆，从而有效地达成"脱胎换骨"的目的。

《仪礼·士冠礼》详细地记载了中国西周时期"冠礼"的仪式过程，其中包括了"行冠礼前的准备（筮日、戒宾；筮宾、宿宾；为期）；冠礼的正礼（陈设服器；就位；加冠；宾醴冠者；拜见母亲；命字）；行冠礼后的活动（见兄弟、赞者及姑姊；拜见国君、卿大夫和乡先生等；醴宾、酬宾、送宾）"。先秦时代的冠礼，其"礼仪"之具体程式详备可查，相关研究汗牛充栋；其"礼义"之要旨也被要言不烦地记录下来了，《仪礼·士冠礼·卷第三·记》云："适子冠于阼，以著代也。醮于客位，加有成也。三加弥尊，谕其志也。冠而字之，敬其名也。"[①]

加冠仪式在阼阶上进行，是子承父脉的意思；在中堂近室处（客位）受醮（或醴）是尊他为成人的意思；初次加冠，表示授予他"治人"的特权，再次加皮弁，表示他从此具备服兵役的义务，三次加爵弁，表示他从此有在宗庙中参与祭祀的权

---

① 李学勤主编：《仪礼注疏》（上），北京大学出版社，1999年，第55页。

利,三次加冠,一次比一次尊贵,表示尊重冠者已经具备了成人之德;因冠礼而获得"名"外之"字",表示君父之外他人从此对他得称"字"以示尊重。对于这一给予冠者以象征性"再生(symbolic rebirth)"的仪式性意图,《礼记·冠义》中阐释的更加明晰,全文如下:

> 凡人之所以为人者,礼义也。礼义之始,在于正容体,齐颜色,顺辞令。容体正,颜色齐,辞令顺,而后礼义备。以正君臣,亲父子,和长幼。君臣正,父子亲,长幼和,而后礼义立。故冠而后服备,服备而后容体正,颜色齐,辞令顺。故曰,"冠者,礼之始也。"是故古者圣王重冠。古者冠礼,筮日、筮宾,所以敬冠事。敬冠事所以重礼,重礼所以为国本也。故冠于阼,以著代也。醮于客位,三加弥尊,加有成也。已冠而字之,成人之道也。见于母,母拜之,见于兄弟,兄弟拜之,成人而与为礼也。玄冠、玄端,奠挚于君,遂以挚见于乡大夫、乡先生,以成人见也。成人之者,将责成人礼焉也。责成人礼焉者,将责为人子、为人弟、为人臣、为人少者之礼行焉。将责四者之行于人,其礼可不重与?故孝弟忠顺之行立,而后可以为人,可以为人,而后可以治人也。故圣王重礼。故曰,"冠者,礼之始也,嘉事之重者也。"是故古者重冠。重冠,故行之于庙。行之于庙者,所以尊重事。尊重事,而不敢擅重事。不敢擅重事,所以自卑而尊先祖也。[①]

从上面两段阐释中,人们至少可以获得如下四个方面的信息。第一,冠礼是在神圣时空中举行的。从空间的角度来说,它要在宗庙这一神圣的地点举行。宗庙是祖灵安置之所,在宗法社会里,个体生命的意义与价值是与列祖列宗的血脉及荣耀联系在一起的;从时间的角度来讲,它要在神授的日子里举行,这个待选的时间点必须合乎神旨的意图;从挑选仪式的主持人与协理人员的角度来说,他们也都必须获得神秘性力量的许可。第二,冠礼要求通过冠者的身体"表演""成人"的得体的行为规范。从社会关系的层面来说,冠礼本身是在"五伦"关系(虽然没有夫妻关系,但是,冠礼本身象征性地展演了冠者父母的夫妻角色关系)中展演的,冠者需要面对父母、兄弟姊妹、尊长者(可能同时是朝廷官员),他需要从经验的层面习得如何恰当地处理五伦关系;从社会关系之实践的层面来

---

① 李学勤主编:《礼记正义》(下),北京大学出版社,1999年,第1614—1615页。

说,冠者必须有能力把这些"恰当的"处理方式"表演"出来。这种得体的"表演"需要借助于冠者的身体姿势,即"容体"与"颜色";而这种身体语言又要能够配合恰当的"辞令",象征性地展演"五伦"关系的理想关系模式。第三,为了保证这种"身体表演"与"话语表演"不流于"故事"或者"虚文",冠礼需要确保冠者从精神深处接受正确的"容体""颜色"与"辞令"的理所当然性。这主要是通过两种方式获得的:一方面是衣冠本身。在中国古代文化中,"衣冠"自身是一种自足的象征性的符号系统,不同的衣冠模式代表着不同的身份与地位;相应地,其赋予相应的个体以特定的权利与义务,当该个体"衣冠楚楚"地出现在观众面前时,他的衣冠模式交付给对面的观众一种监督的权利,而这种被主动交付的权利的前提是该冠者已经具备一种自我监督的意识与能力:他深知自己穿戴的衣冠所包含的象征性意义,也深知这套衣冠所意味着的相应责任。另一方面是"字"的获得。在冠礼上,冠者仪式性地接受了一次命名,即获得自己的"名"外之"字",这个"字"所携带的社会期许从仪式结束的那一刻起,会深深地镌刻在冠者的潜意识之中,它会潜在地发生作用,规训或者指导着个体的言行与举止。"衣冠"的改变与"字"的获得虽然都是外在的,但是,它们却会在主体的精神深处产生作用。"冠礼"通过仪式性的"加冠"与"命字"赋予冠者以成人地位。第四,冠礼是敬礼。中国冠礼对于冠者礼敬有加,一味地"尊他、敬他",一旦冠者意识到并接受了周围群体在"尊他"与"敬他",他就不能不立刻"自尊、自敬"起来,不能不以"成人"的方式说话与办事,自然不能不因此"尊人、敬人"。这才是"冠礼"起作用的秘密机制。总之,"所谓成人者,非谓四体肤革异于童稚也,必知人伦之备焉,亲亲贵贵长长不失其序之谓备。"[1]汉代刘向在《说苑·修文》里说得非常明白,其中记录有:

> 冠者所以别成人也,修德束躬以自申饬,所以检其邪心,守其正意也。君子始冠,必祝成礼,加冠以属其心,故君子成人,必冠带以行事,弃幼小嬉戏惰慢之心,而衎衎于进德修业之志。是故服不成象,而内心不变。内心修德,外被礼文,所以成显令之名。是故皮弁素积,百王不易,既以修德,又以正容。孔子曰:"正其衣冠,尊其瞻视,严然人望而畏之,不亦威而不猛乎?"[2]

---

① 《云林县志稿》,一九七七年至一九八三年铅印本。
② 刘向著,王锳、王天海译注:《说苑全译》,贵州人民出版社,1992年,第819页。

显然，为冠者举行冠礼的实质，并不只是因为自然年龄成熟后因父兄所命、习俗使然，而且需要冠者具备发自内心的自觉要求，即要求冠者自觉接受冠礼中对于责任与义务所要求的自我申饬、自我检点、自我约束的要求。上述引文尤其强调了"加冠以属其心"，意识到了"心"的重要性。所以君子开始加冠时一定要祷告，行礼完毕才加冠，以此激励自己的内心。此外，上述文字中还体现出这样一种观点，即认为冠者内心的改变与外貌的改变是辩证统一的：一方面，衣冠不成图像，内心就不会改变，这是强调冠礼的正确展演有助于冠者身份认同之改变的重要性的；另一方面，只有内心修养品德，外表才能显出相应的礼仪，才会真正由内而外地获得"转变"，这又是强调冠者只有进德修业才能真正改变其外在仪表。总之，这段文字充分地说明了，冠者只有"自己要好"，才能真正地"成人"。

如果说"自己要好"是"成人"的内在要求，那么，"容貌""颜色"与"辞令"的修饰则是"成人"所必备的外在要求，这些外在要求的获得，理论上应该是内在仁德的自然呈现，《说苑·修文》的另一段文字清晰地说明了这一点：

> 衣服容貌者，所以悦目也。声音应对者，所以悦耳也。嗜欲好恶者，所以悦心也。君子衣服中，容貌得，则民之目悦矣；言语顺，应对给，则民之耳悦矣；就仁去不仁，则民之心悦矣。三者存乎心，畅乎体，形乎动静，虽不在位，谓之素行。故忠心好善，而日新之。独居乐德，内悦而形。《诗》曰："何其处也？必有与也。何其久也？必有以也。"惟有以者，惟能长生久视，而无累于物。[1] 衣服容貌、声音应对合乎"礼"则悦目悦耳；嗜欲好恶合乎"礼"则悦心，心有仁德显现为身体的规矩，身体的舒泰有仪正是内心仁德之表显。

综上所述，论及中国的"冠礼"，究"其义"首推一个"尊"字。人尊之，己自尊；人爱之，己自爱。人尊之爱之，使之自尊自爱；能自尊自爱，必能尊人爱人，此为中国式"成人"的要旨。至于"其仪"，则因时而化，增减可矣，可不论也。

（三）礼者，履也

《明集礼》云："汉晋以来士礼废而不讲，至于唐宋，乃有士庶通礼。"[2]"士礼"——在汉代以后，尤其是在唐宋以来，随着北宋司马光的《书仪》以及南宋朱

---

[1] 刘向著，王锳、王天海译注：《说苑全译》，贵州人民出版社，1992年，第817页。
[2] 杨志刚：《和研究》，《浙江学刊》，1993年第1期。

熹的《朱子家礼》这两部经过简化和调整的"家礼"著作的广泛流传——一变而成为"士庶通礼",从而在一般士绅和百姓人家的现实生活中发挥着重要的指导性作用。

宋代大儒编订家礼多依古礼而"从俗""从简",崇古却不泥古,然而他们简化传统"士礼"的力度又大不相同。比如,尽管朱子《家礼》是依据司马光的《书仪》编订的,但朱子仍然认为后者"与古不甚远",过于繁复古奥,不合时宜,对于广大士庶的居家日用生活不太实用,相反,朱子提出"礼者,履也",认为礼的存在价值在于指导士庶的日常生活实践。换言之,也正是因为广大士庶的日常生活实践才能使礼存在与延续,朱子认为,"古礼非必有经,盖先王之世,上自朝廷,下达闾巷,其仪品有章,动作有节,所谓礼之实者,皆践而履之矣。"[1]显然,"礼"应该是在日常生活实践中延续的,而不应只是载于典籍中的虚文。他又说,"礼,时为大,使圣贤有作,必不一切从古之礼,疑只是以古礼减杀从今世俗之礼"。朱子意识到"礼"的本义在于因时而化,崇化导民,而不是泥古不化,所以,他大刀阔斧地推行"士礼"的通俗化,试图化礼为俗,使之真正发挥指导日常生活的作用。加之明代统治者强力推行《家礼》,因此,明代以降,虽然许多礼仪仅仅"载之礼官,备故事而已",但是,《家礼》仍然是士庶人家居家日用不可或缺的图书。其"化礼为俗",影响明清两代中国人之深且巨是不容忽视的。朱子《家语序》云:

> 凡礼有本有文。自其施于家者言之,则名分之守、爱敬之实者,其本也。冠婚丧祭,仪章制度者,其文也。其本者,有家日用之常礼,固不可以一日而不修;其文,又皆所以纪纲人道之始终,虽其行之有时,施之有所,然非讲之素明,习之素熟,则其临事之际,亦无以合宜而应节,是亦不可以一日而不讲且习焉者也。三代之际,礼经备矣。然其存于今者,宫庐器服之制,出入起居之节,皆已不宜于世。世之君子,虽或酌以古今之变,更为一时之法,然亦或详或略,无所折衷。至或遗其本而务其末,缓于实而急于文。自有志好礼之士,犹或不能举其要,而用于贫窭者,尤患其终不能有以及于礼也。熹之愚盖两病焉,是以尝独究观古今之籍,因其大体之不可变者而少加损益于其间,以为一家之书。大抵谨名分,崇敬爱以为之本,至其施行之际,则又略浮文,务本实,以窃自附于孔子从先进之遗意。诚愿得与同志之士熟讲而勉行

---

① 朱熹:《晦庵集·讲礼记序说》,上海古籍出版社,1990年。

之，庶几古人所以修身养家之道、谨终追远之心犹可以复见，而于国家所以崇化导民之意，亦或有小补云。[①]

朱子区分了礼之"本"与礼之"文"，专就"家礼"而论，礼之本在于"守名分、实爱敬"，可见"礼之本"乃是早期儒者所谓"礼之义"在家族范围内的具体而微的呈现；"礼之文"则是具体的冠婚丧祭仪章制度等，亦即"礼之仪"也；在朱子的时代，已经有好礼之士不能正确地区分"本"与"文"，常有本末倒置的事情出现，鉴于此，朱子竭力推崇以"敬爱为本"，强调"略浮文、务本实"；意在有助于儒家修身、齐家、治国、平天下的理想人生的实现。

然而，朱子在简化"冠礼"并使之化为士庶日常实践的同时，也使得"礼之本"在"礼之文"简化的同时被俗化、淡化了。朱子说："若冠礼，是自家屋里事，却易行。向见南轩说冠礼难行。某云，是自家屋里事，关了门，将巾冠与子弟戴，有甚难！"[②]把"冠礼"说成是"自家屋里事"自然可以使之深入寻常百姓家，但是，也逐渐稀释了"冠礼"之本旨。

在朱子《家礼》之后，"冠礼"逐渐变化为"冠俗"，其贵族气象渐渐被平民气象所取代，这种"平民化"的努力表面上似乎是顺应了社会发展的需要，实质上却是从根本上改变了"冠礼"的严肃性，反而在淡化"礼仪"的倡导下加快了"礼义"被淡忘的速度。反过来说，由于年深日久，"礼义"渐渐被淡忘之后，"礼仪"就只能流变为不为践行者所能理解的"虚文"了。

（四）礼失求诸野

自朱子编订"家礼"以来，历经明清两代下迄民国年间，"冠礼"在中国乡土社会到底是如何被认识与理解的？又是如何被具体实践的？朱子革新"家礼"的意图到底获得了何种结果？换句话说，自明代以降直到民国前后，"冠礼"是如何以"民俗"的方式被有选择性地继承或者扬弃的？或者又是如何以"复古"的方式被"原汁原味地"模仿与表演的？这种曾被儒家称为"人生最始之礼"为什么会"久废不举"？隋唐之际的王通以及南宋的程颐说"冠礼废，天下无成人"，果如其言的话，"冠礼"久废不举后的中华大地上所成长起来的"成年人"因此失去了什么？

借助晚明至民国年间编纂的地方志民俗资料，[③]其中有关"冠礼"实践的材

---

① 朱熹著，王燕均、王光照校点：《朱子全书·家礼序》，上海古籍出版社，2000 年，第 873 页。
② 黎靖德：《朱子语类·卷第八十九·礼六·冠昏丧总论》，中华书局，2004 年，第 2271—2272 页。
③ 《中国地方志民俗资料汇编》，北京图书馆出版社，1991 年。

料集中反映了儒家经籍中所记录的"礼文"被渐渐转化为"礼俗"并不绝如缕地展演于中华大地上的简要情况。这些地方志的编纂者们或详或略，或有意或无意地把相关仪式记录下来了，它们呈现了自晚明至民国年间，全国范围内"冠礼"被遗弃（"久废不举"）或者被有保留地继承（"偶尔一行之"）甚至被予以地方化地革新的大概面貌。

由于上述地方志的编纂者们普遍地尊崇"四书五经"，对于儒家典籍——比如《仪礼》《礼记》《书仪》《家礼》——以及某些具有地方性影响的礼仪书籍谙熟于胸，尤其是对于其中一脉相承的"冠礼"之"礼文仪节"十分熟悉。于是，不难理解，他们大多都习惯性地凭借着这些载录在典册中的仪规来辨析、记录、追溯、评议相关地方的仪式性实践。正如上文所述，在"礼文"层面上，典籍中的"冠礼"无外乎规定了"告庙""筮宾""加冠""命字""拜会（祖先、父母、亲友、兄弟姐妹、尊长）"等相关活动，依据这些程式性的活动，地方志的记录者"以俗逆礼"，试图在不那么明显可以判断为"冠礼"的民间仪式中逆推"冠礼"的遗响，于是乎，当人们在浏览全国各地的地方志时，不时会看到这样一句话，"此冠礼之遗意欤？"

然而，在全部有关"冠礼"的地方志记录中，最常见的一句断语却是"冠礼久废"。显然，这一判断太过粗略了，因为全国各地的具体情况并不一致，"冠礼"以其地方性差异的方式，事实上仍然存活在中华大地上。从现存资料的总体上来看，华东、中南、西南地区较之东北、华北及西北地区，"冠礼"被记录的数量明显要更多一些，其记录的内容更详备一些。在实践的层面上，晚明至民国前后，"冠礼"在中国民间社会呈现出如下一些特征：

第一，"冠礼"附见于"婚礼"

自晚明至民间年间，中国传统冠礼"实存名亡"，它基本上被选择性地保存在婚礼当中了，正如四川《云阳县志》所说："冠礼久亡，而实不亡，今之婚前一夕祭寝命醮是也。"按《颜氏家训》，齐梁士夫已少知者，盖古人视成人为重典，与婚礼相间者十年，复不相涉，故人皆习知；后世绌繁趣便，既冠而婚，转若附冠于婚，实则俗竞早婚，故尔今世取妇召婚党柬称某子"加冠"，则直混婚于冠而不悟矣。[1]

这里所谓"后世绌繁趣便"，实际上就是上文所提及的朱熹的理念，他倡导一切礼仪都应该"便宜行事"，这为士民把"冠礼"纳入"婚礼"提供了理念的与实践的依据。兹以《河南府志》为例："古重冠礼，将以责成人之道，今河南士庶家犹有

---

① 《云阳县志》，民国二十四年铅印本。

行之者。冠礼筮日,今俗于将婚前数日择吉行之。"①客观地说,上述记录中被简化后的"冠礼"仍然保留了《仪礼》中所记录的古代冠礼的基本仪节规程,其按照古礼修改对照的意识十分明显,应该说是一种"有意识的"删繁就简。事实上,全国大部分地方都为了"便宜行事"而冠婚并举,以图一举两得。有清一代,全国各地冠礼仪节基本上散见于婚礼之前、之中或者之后,其中较好地合二为一的例子有河南武陟县的"冠礼"。

冠礼不行久矣,愚者不知行,陋者不敢行,所以不行,无人导之也。近年来,乡先正之,有心者念冠礼为成人之始,读其文不可不习其仪,履其实也。爰斟酌为冠礼,简便宜古宜今,虽乡民亦举行之无难者。其仪即因婚礼行之。② 当地人的融合行为不可谓不完美,整个仪节似乎仍以冠礼为主,婚礼为辅,然而,全国大多数地区却并不能如此完备地整合两种礼仪,反因为"便宜行事"产生了多样化的习惯。比如:加冠者角色的多样化。某些地方,加冠者由冠者的岳父来担当,相应地,加笄者由加笄者的婆婆来担当。具体言之,比如,"(冠礼)久废不行,惟于婚礼纳徵时,女家以冠履衣物相答,必有梳篦、镜匣,曰'冠巾',盖亦存其意云",③在这一记录中,期待男子"成人"反倒成为岳父母的期许了。相应地,"笄礼"也转由男方家长代为谋划。比如,在河南郾城,"婿家卜吉亲迎,先期请女宾以簪珥、首笄来,乘吉时,坐吉方,为女加笄,称曰'冠笄'"。这种仪式角色的选择方式是冠、婚并举之后婚礼胜于冠礼的最直接的后果。此外,在云南某些地方,其风俗是由舅父或者姑父为新郎加冠的。④ 当然,这舅父、姑父很可能就是新人未来的岳父母或者公婆。此外,在许多地方仍然保留了"父醮其子始加冠"的传统,这正是朱子所谓"冠是自家屋里事,关了门,将巾冠与子弟戴",却也不再是由宾者担当相应角色了。当然,更为普遍的情况是,加冠(笄)者是由先辈中年高德劭、地位显达或子孙众多者(笄礼中则是娴妇道,多子孙者)来担当的,其中巫术信仰的色彩便十分浓厚了。

婚礼早于冠礼。从儒家经典来看,冠礼乃是人生初礼,理论上应该早于婚礼,但是,由于不同时代、不同地域、不同群体对于适婚年龄的理解不同;而"冠礼"所要求的年龄又因为典籍记载中互有矛盾,不同群体及其精英人物认为理所

① 《河南府志》,清乾隆四十四年刻本。
② 《武陟县志》,清道光九年刻本。
③ 《朔方道志》,民国十六年天津华泰书局铅印本。
④ 《镇雄县志》,云南人民出版社,1987年。

当然并遵照执行的"冠龄"也可能不相同,这就有可能导致婚礼早于冠礼甚至取代冠礼,此所谓"不冠而婚"或者"即以婚礼为冠礼。既婚娶,谓之成人;未婚娶,谓之童子"。对于女子而言,多"有年幼先嫁,而后笄于婿家"的。冠(笄)礼的重要性自然就被婚礼冲淡了。有论者说,"有应童子试者,亦既抱子,犹然总角,殊无丈夫气",[①]甚至有人指出,"子弟未及冠即与完婚,不特有妨学业,殊非遐福永年之道"。[②]

然而现实中,在多数情况下,民间都是以婚礼作为时间标准来举行冠礼的,往往并不拘泥于典籍所载之冠礼的年龄要求,所以,中国人所谓"冠礼"基本上都是在"婚礼"前一日或数日之内举行的。仪文从略到不识仪文。由于冠礼久阙不讲,且因事易时移,冠礼中的仪式性程序与礼仪用品一切从略从简,其结果是时人对于经籍中所载的冠礼仪文、品物一窍不通,相应地,对于其中所蕴含的深意(尊卑长幼之节)也茫然不知所以了。最终结果是只知有婚礼,不知有冠礼;只知宾筵酒会,而不知古礼仪节。

其后果之一是自古流传的衣冠文化及其配套的相应秩序被毁坏了。众所周知,中国古代的衣冠不仅仅具有划分年龄层级的象征性意味,还具有划分社会等级的象征性功能。恰当得体的衣冠是一种文化标记。穿着打扮做到"不逾礼""不失礼"是中国古代人"成人"的重要内容,而且,在某些历史年代,不恰当的衣冠甚至被判定为非法犯上的行为。但是冠礼久废导致衣冠文化的丧失,衣冠少长无别、贵贱无差所带来的后果是少长之节废,而士众不知礼让。总之,衣冠不依法度礼节却洋洋自得,"既不知法,更无愧于心",所谓"衣冠之邦"已然名不副实了。

第二,"冠礼"并入"十二岁生辰礼"

"十二岁生辰礼"本是一种区别于"冠礼"的民间"通过仪式",它并没有被记录在儒家典籍中,但是它在中国民间部分地区却具有广泛的社会基础。这些地区的俗信以为,儿童从刚出生至十二岁生日,其独立的生命尚未完全获得,仍然在神秘力量的掌控中,只有通过"十二岁生辰礼",儿童才能够作为一个自然生命体完全独立地存在于人世间。换句话说,"十二岁生辰礼"是一种基于民间俗信的仪式,其所谓"成人"乃是指"长大成人"并脱离了神祇的势力范围。但是,由于

---

① 《乌程县志》.清乾隆十一年刻本。
② 《大竹县志》.民国十七年铅印本。

明清两代早婚习俗盛行,十三岁娶妇者比比皆是,然而未冠而婚娶,对于众多循礼的古人来说,似乎从心理上觉得十分不相宜,于是,冠礼就自然被提前至十二岁举行,这样就与"十二岁生辰礼"混融为一了。比如,民国年间,河北《阳原县志》记载:

> 吾县缙绅之家,男婚特早,通例十三娶妇,至晚不过十五。然往者,老师宿儒动心循礼,未冠而娶似有未安;礼须二十始冠,事实难久待,无已,遂将冠礼提前于十二岁时行之。古者三十而娶,是以二十而冠;今既十五而娶,故须十二而冠。推原厥始,意即若是。今则习惯已成,行之者亦莫知所以矣。至其礼节:则富贵之家,子至十二岁之生辰,广延宗戚,飨以酒宴,贺者来临并赠礼物;特种富室或系独子,酒席之外,往往佐以戏剧,一以娱宾、一以酬神,故一、三两日演于神庙(即俗名之奶奶庙。谓之子女之生乃奶奶送来者),中间一日则在宅院中;下逮贫家,虽曰不能如斯,但亦未废冠礼,不过具体而微,贺客少而酒席薄耳。十二而冠,虽非古礼,但其取意实与冠同。礼既非古,故曰冠义耳。(《礼记》有《冠义篇》)

这一县志编撰者不仅解释了当地冠礼纳入十二岁生辰礼的原因,同时颇以为此举乃是"便宜行事",虽不甚合古礼,但仍遵循了"冠义"。又有山西《解县志》记载:

> 解俗于生子十二岁,洁粢丰盛,张灯结彩,往祭后土庙(俗谓之"献娘娘"。五龙峪后土庙最盛)。……,习俗相沿,不过祈年永命之意,而不知此即冠礼之留遗也。①

该记录者也说此十二岁生辰礼的地方性理解是"祈年永命",但又认为此礼乃是"冠礼之留遗",并试图把"成人之道"附加其间,使在场者兼可以知礼。可是,北宋程颐早有论说:"冠礼废,天下无成人。或欲如鲁襄公十二而冠,此不可。冠所以责成人事,十二年非可责之时。既冠矣,且不责以成人事,则终其身不以

---

① 《解县志》,民国九年石印本。

成人望之也。徒行此节文,何益？虽天子诸侯,亦必二十而冠。"①

　　可见,从理论上说,宋大儒程颐也坚决认为十二岁即行冠礼的确于冠礼的"礼义"不相符合,所以,"十二岁生辰礼"之所谓"成人"显然也不能被等同于"冠礼"所谓之"成人"。上述两地编纂者所记录的十二岁生辰礼中的"酒宴、戏剧"等节目当然也于"冠礼"实不相干。事实上,在山西、陕西、内蒙古等某些地方,"十二岁生辰礼"又被称为"开锁仪式"。据《太原府志》记载：

　　　　男子生弥月或周岁,辫红线锁带之；十二岁始蓄发。俱设祭各庙宇或灶神前,然亦有不行者。②

　　其中民间信仰的色彩十分浓厚,比如《归绥县志》记载：

　　　　古代男子三十而娶,二十而冠,后世尚早婚,故冠礼亦早。礼虽非古,其义实与冠同。邑俗,男子生赐乳名,就傅始命名,成丁乃字,十二岁圆锁；女子十三蓄发,十五而笄,殆亦冠礼之遗意也。③

　　此处归绥地区所谓"圆锁"的习俗,实际上类似于前述山西、河北等地的"十二岁生辰礼",尽管记录者语焉模糊,似乎认为它与冠礼接近,可事实上,它与冠礼确为两种不同的仪式,实在不容混淆。另据内蒙古《土默特族志》记载：

　　　　蒙人生子,有尽剪发者；留囟门发一撮者,名曰"马发"。十二岁,到奶奶庙以驴还愿或杂以草,后留发辫,曰"十二和尚"。④

　　显然,蒙古人的"十二和尚礼"也类似于上述"十二生辰礼"；至于成丁礼,却是另外一种礼仪。两种礼仪是分而举行的,这可以算作上述两种礼仪可以明确区分的又一辅证。

　　此外,在福建、中国台湾等地,当地人认为十六岁才算是走出幼年,当地有

---

①　程颐、程颢：《二程遗书·卷第十五·伊川先生语一》,上海古籍出版社,2000年,第192页。
②　《太原府志》,清乾隆四十七年刻本。
③　《归绥县志》,民国二十三年铅印本。
④　《土默特志》,清光绪三十四年刻本。

"做十六岁过关"仪式的习俗。比如,福建《平潭县志》记载:

> 近世于冠礼鲜能行者,郡中惟一二礼法之家偶一举行,民间则男女年十六延巫设醮,告成人于神,谓之"做出幼"。是失礼逾远也。(《府志》)①

福建除了有"做出幼"的习俗之外,还有"出童子""还花堂"的习俗,皆以十六岁为"成人",其与山西、内蒙古等地"十二岁生辰礼"所设置的年龄虽不相同,意义却十分类似,都是以俗信为基础的民间"成人"仪式,却与传统冠礼所谓"成人"的意义并不相类。所以,虽然同是"成人",其记录者也都发现其间有不相通的差异,所谓"逾礼远矣"。

第三,"冠礼"被选择性地传承

在儒家典籍中,"冠礼"主要设置了"告庙""筮宾""加冠""命字""拜会(祖先、父母、亲友、兄弟姐妹、尊长)"等相关活动,全国各地在简化"冠礼"时,总是会有选择地强调其中的某一个方面,而淡化其他方面,并因地制宜地创造出某些地方性的风俗来。

1. "牲醴酬祖,冠带拜见尊长"犹存"冠礼"遗意

尽管"冠礼久废",但是,"尊祖敬宗"的元素却是一直被全国范围内所有"四礼"所突出并予以强调的。事实上,在祖庙或者墓间行祭,客观上可以促使个体有效地习得"为人子、为人弟、为人臣、为人少者"的礼节,并因此而获得"成人"的资格。因此,在婚礼之前或之后拜见祖先宗祠的行为十分普遍。

此外,"拜见尊长"的风习也是婚礼前后所必有的仪节。比如,在陕西部分地区,娶妇前一日要"冠带拜见尊长,尊长酬以酒",这大概也是冠礼的一种遗存形式。在山东济南,"将婚时着成人冠服拜父母、兄弟、姑姊妹,外及宗族、乡党、乡先生"。② 而在山东东平,"男子迎娶新妇时,期前至戚友家行礼,谓之'告冠',而戚友家送礼亦谓之'冠敬',殆将冠婚之礼合而为一欤"。③

总之,婚礼前后"牲醴酬祖,拜见尊长"的行为在全国范围内十分普遍。但是,这些仪节显然只是"冠礼"与"婚礼"中共有的元素,并非只是"冠礼"中的仪节。

---

① 《平潭县志》,民国十二年铅印本。
② 《济南府志》,清道光二十年刻本。
③ 《东平县志》,民国二十五年铅印本。

2."颂号"犹存"冠礼"遗意

冠礼的一个重要环节就是冠者在其"名"外获得一个"字",民间或有"送号""颂号""贺号""起官名""称号""庆号",以庆祝成年的习俗,大有"冠而字之"的遗意。值得注意的是,"冠而字之"是以"字"比附"名",司马光所谓"字必附名而为义焉"。另据《颜氏家训》记载:"古者,名以正体,字以表德,名终则讳之,字乃可以为孙氏。""表德"之"字"对于受者来说,意义重大。所以,"子弟未冠时,不许以字行之,不许以弟称。童子以事长为事,紒而不冠,衣而不裳,名而不字,皆所以别成人教逊弟也。"①命字之后,朋辈前称字,"官名"用于考试,父师之前称名。

事实上,中国士庶重视"字号"的传统无分南北,对于"成人"而言殊为重要。如福建《宁德县志》记载:"古者冠而字之,今冠礼不行而邑犹重字之之义。"②

在其他一些地方,围绕着"赠字"活动来展演"冠礼"。其间农家子弟多有不识字者,须央求地方士人或塾师先生命字,届时亲朋好友聚集会饮,以资庆祝。还有一些地方则赋予"字"以神秘的意义,把书写有个人"字"的横批朱笺悬挂梁间,以祝长生的习俗,由此可见"冠而字之"被民间简省为"赠字","赠字"又一变而为"拜字"了。尤可注意的是,在安徽某些地方有所谓"响号"的遗俗,或与"冠礼"有关,在另一些地方,给冠者送字竟然仿佛是亲友们主动发起的;有些地方,甚至明确称此举为"戚友同赠",而且劝诫冠者的话竟然可以是唱出来的。还有一些地方则明确地区分了"未满幼"与"作大人"在衣着、祭祀、聚会等相关场合的不同角色要求,而婚礼与冠礼(此处为"送号")成为这一身份区分的重要依据。然而,从"冠而字之"转变为"送号"时,民间习俗也从"取字"本身的道德训诫意图渐渐转向了围绕着"送号"而举行的仪式表演了。

更值得注意的是,与男子"取号"相对应的是女子的"上头"仪式,所谓"男家命字,陪十弟兄;女家上头,陪十姊妹",③这是湖北长乐、兴山、巴东、鹤峰、咸丰、光化等地的对称性礼节,其中的仪式性远远显著于其教谕性。

有关"冠而字之"的仪式中,比较罕见的一种模式是宗族内群体性的"庆号"行为,另有一些地方,因为早婚习俗盛行,而冠礼又久阙,被有选择地保留下来的"冠而字之"的习俗又被严格地要求在二十岁以后举行,这就意味着,在这些地方,这一标志"成人"身份之获得的"送字"仪式要晚于婚礼。

---

① 《宜阳县志》,清光绪十七年刻本。
② 《宁德县志》,宁德县志编纂办公室铅印本,1983年。
③ 《长乐县志》,清同治九年补刻本。

当然，中国某些地方完全没有"冠而字之"的习俗，许多人往往以乳名呼之终身，这在下层庶民阶层中应是十分普遍的现象。此外，所谓"冠而字之"乃是专就男性而言的，女性则不在考虑的范围之内。

3. "上头"即"冠礼"

今人以笄女为"上头"，实则"上头"也是男子"加冠"之义，并非专指笄礼。换句话说，"上头"乃是"冠礼"的别称。比如，江苏《江宁县志》记载："冠、笄则为绥带糕以馈遗，设席会饮，谚云'浇头'。"①

此处所谓"绥带糕"，在姑苏、吴县、吴江、震泽、盛湖、周庄、平望等地又名为"上头糕"。当地，婚前加冠即称为"上头"。在浙江于潜、嘉兴、嘉善、乌程、菱湖、南浔、双林、乌青、武康、湖州、德清、安吉等地，除有"上头糕"（又称"上头团子"或"上头圆子"）之外，尚有称为"并头圆"的汤饼的仪式性食物。在山西等地，"十二岁生辰礼"也用"上头糕"相馈赠。

当然，在全国更多地方，"上头"一词专指女子的"笄礼"，"女子将于归，先期行上笄礼，谓之'上（尚）头'"。② 与男子的冠礼相比较，女子的笄礼似乎更被中国民众所普遍地实践与遵守。在我国福建、台湾等地，婚礼与冠、笄礼合而为一之后，男女双方同时举行仪式，在当地，冠、笄之礼又被称为"上头戴髻"；③在西南少数民族地区，女子"笄礼"与其"婚礼"合而为一并产生了另一种习俗，即"哭嫁"。④

4. "簪花披红"犹存"冠礼"遗意

"簪花披红"并非古代冠礼中的仪节，而是一种地方性的、变异性的仪节。河南《重修正阳县志》记载，"由来宾及亲属为新郎装饰，披大红彩绸成十字，顶插金花"，这便是地方性仪节的标记。事实上，广东增城等地同样在冠礼上"加冠于顶，簪以金花，系之彩红"；⑤湖南湘西辰溪、沅陵、古丈、保靖、龙山、永绥等地以及广西融县等地则把冠礼称为"簪花"。四川成都、华阳、金堂、巴县、彭山、彭水、西昌等地也有为加冠者"簪花披红"的习俗。"簪花"于将婚者之冠，主人及贺客均会勉励他，而今以后是"成人"了，理当勉为成人之事。换句话说，"簪花披红"乃是地方性的冠礼仪节，可是在某些情况下，这种"簪花披红"以"成人"的意图很

---

① 《正德江宁县志》，抄本。
② 《分宜县志》，民国二十九年石印本。
③ 《云林县志稿》，铅印本，1977—1983 年。
④ 《桂平县志》，民国九年粤东编译公司铅印本。
⑤ 《增城县志》，民国十年刻本。

容易被淡化或转化为民间的理解,仪式的教谕性已经荡然无存,只剩下民间祈愿性的祝福语了。辗转演变,甚至有贺者"往往狃以邪词",于礼愈远。

(五)"冠礼废,而天下无成人"?

隋朝王通在《文中子·礼乐》中云:"冠礼废,天下无成人矣;昏礼废,天下无家道矣;丧礼废,天下遗其亲矣;祭礼废,天下忘其祖矣。"北宋大儒程颐亦附和此说。综观明清以来遗存的地方志记录,绝大多数编纂者都毫无保留地认同上述观点,因此,面对"冠礼久废"的局面,除了上文中所述及的那些"以俗逆礼",试图从地方风俗中梳理"冠礼"之踪迹的努力而外,试图复兴者亦有之;聊备一格以待后来者有之;从历史发展的角度,分析"冠礼"之阶级性、历史性的记录也偶尔可以一见。

1. 复兴"冠礼"

明清两代,好礼之地方官员及士绅不满于冠礼的式微之势,伤感于世风日下的不满情绪所在皆有。比如,陕西《永寿县志》记载:

> 冠礼自唐以来,即已不行。明清以来,举此礼者尤少。大抵中国俱然,不独陕右也。但关中夙传闽洛之学,二三宿儒,郑重成人之道,颇孳孳讲求斯礼,且参诸温公《家仪》、考亭《家礼》,斟酌定制,传播三秦,以故荐绅之家间或见诸施行云。[1]

诸如此类的记录零星见诸明清以来的地方志当中,毫不夸张地说,中国礼仪文化之所以不绝如缕,似乎正是因为全国各地有星星点点的"二三宿儒"的努力,以及好礼的士大夫家偶一行之,才得以薪火相传、传承不断。某些地方史志的编辑者可谓深明"冠礼"本义在于"待人接物",也一定认可朱了"便宜行事"的主张,对于适当的"冠期"也一定有他们的标准,至少他们坚持认为冠礼应该在婚礼之前举行。事实上,像他们这样坚守"冠礼"传统的地方官员与乡绅不乏其人,其中试图努力复兴司马氏与朱子所提倡的礼仪的也偶有出现。

除了上述有名有姓的复兴者之外,特别需要注意的是,尽管明清两代"冠礼"在全国范围内久废不举,但是,在个别州县,仍然记录有详备可考的"冠礼"仪文。他们大抵依据朱子《家礼》而进一步通俗化,比如西北地区的高陵县、三原县;华

---

[1] 《永寿县志》,清光绪十四年刻本。

北地区的榆社县、解州；东北地区的通化县；华东地区的福清县，漳州；中南地区的开封市、阳武县；阌乡县、洛宁县、慈利县等，尽管社会各界对于这些复兴者的努力基本上是"倡而不和，未有多行者"。

2. 聊备一格，以志不遗

还有一种态度是记录者深知"冠礼"为人道之始，深刻地意识到"冠为礼始，前辈篮宾、醮子甚慎，令人知自重"的苦心，然而在现实生活中又实在难觅其遗踪，所谓"古训湮没，良可慨哉"，只好"聊备一格，以志不遗"。比如《安达县志》记载：

古者男子年二十而行冠礼，盖所以示成人，明自立，表现资格完全而为国家之公民，礼诚重也。厥后，礼教废弛，风俗递变，虽世家巨室，亦罕行告庙、肃宾、加服、致祝之典，况平民哉！安达僻处边陲，人情朴野，不特不明此礼，或且莫识其义，今欲推而行之，不亦难乎！然而事实未见诸实施，巨典亦岂忍付阙如，故聊志篇端，亦告朔饩羊之意也。①

3. 历史化、阶层化"冠礼"

殊为难能可贵的是有记录者意识到，所谓"冠礼"仅仅是明代以来推及庶人的士冠礼，这些编纂者既然能有这样历史的、阶级的眼光，其记录便去除了理想化与浪漫化的语气，能够比较客观地述及此事。比如，《禹城县志》记载：

古冠礼之存者惟士礼，有明推及庶人，纤细俱周。今因之，鲜有行者，载之礼文，备故事而已。②

又比如，《新建县志》记载：

四礼莫先于冠，三加特重于士。古礼不复，此制荡然。编户无论已，即大夫士族亦从简略，或有行者，世且以迂远哂之。③

上述两位编纂者意识到了"冠礼"乃是"士大夫"阶层的仪式，意识到了这一仪式的历史性与阶级性，这是十分可贵的发现，更有谙熟地方史的编纂者，能结

---

① 《安达县志》，民国二十五年铅印本。
② 《禹城县志》，民国二十八年铅印本。
③ 《新建县志》，清道光二十九年刻本。

合地方社会史来理解"冠礼久废"的原因。比如《米脂县志》记载：

> 古者男子二十而冠，所以重人道也。而经云：礼不下庶人。是商周之际，未必自天子至于庶人壹是通行。秦汉而还，世禄世官之风渺，是种仪式亦未必家喻户晓也。降及后代，秉礼君子时或有之，闾里小民多不如是。县邑设置在金元之间，簪缨之家少，草茅之士多，后未闻有彬彬大雅、硁硁然行古礼者。矧俗重早婚，未至冠年而先有室家，岁臻二十，子女竟有成行者，又奚事此冠礼而始为成人哉！故于婚嫁之前三日，父母率子女拜宗祠，无宗祠之家亦必拜祖茔，是即古之人行冠礼必先告于祠堂，然后加冠、加笄之遗意乎！果尔，则礼虽未备，情已自尽矣。①

该地方志的编纂者认为，第一，既然古代有"礼不下庶人"的说法，说明古代所谓"冠礼"不可能是所有人一致遵守的礼仪，换句话说，它其实只是"士冠礼"；第二，从商周到秦汉以降，"世禄世官"凋零殆尽，真正理解并能实践"冠礼"的人少之又少了；第三，唐宋以来，即使有好礼之士偶一实践，但是，这也只能局限于他们这个阶层，不可能为大多数庶民阶层所知，正所谓"多故家右族遵从朱子家礼，田家则不知"；第四，就米脂县而言，宋元以来方始置县，史籍中未见载有好礼之家的故事，因此不可能实践冠礼；第五，其时民俗尚早婚，婚礼已经代替了冠礼的功能，再无另行冠礼的必要。这一解释基本上是正确的，类似的观点又见于《首都志》，其中记载：

> 南朝重冠，王侯士庶莫不兢兢于三加之典。唐始废冠礼。宋元亦无行之者。明兴，定皇太子、皇子、品官至庶人之冠礼，然留都官庶力能行者甚少，所沿俗草率行礼而已。清代以后，此礼遂废。②

此一编纂者对明清两代"冠礼"实践的历史情况的总体评说，可以在其他材料中得到验证，比如：

> 按《明史》：冠礼之存者，惟士礼，后世推而用之。明洪武元年（公元一三六八年戊申），诏定冠礼，下及庶人，然自品官而降，鲜有行之，载之礼官，备故事而已。有清以来，社会更少通行。③

---

① 《米脂县志》，铅印本，1944 年。
② 《首都志》，民国二十四年南京正中书局铅印本。
③ 《凤山县志》，民国三十五年修纂，广西壮族自治区博物馆油印本，1957 年。

又比如：

> 本朝（谓清代）无冠礼，故并不择日命冠。童子自五六岁已顶今制凉暖帽如成人，长即因之。至童子试，分已未冠命题，亦止约计其年限为之区别云。①

"冠礼"渐渐退出生活舞台的直接后果是衣冠秩序以及相应的社会秩序的混乱，清代初年已经引起了统治者的高度重视。于是，"雍正六年钦奉（谕）旨，分别绅士冠顶"，②清雍正六年颁行顶帽，以此划分士人的社会身份与等级，习惯于等级化秩序的士人阶层对此法令的颁行额手称庆，欢欣鼓舞，"贵贱别而等级昭，诚盛典也"，甚至拟以"顶戴"来复兴"冠礼"。比如，湖北《道州志》记载：

> 冠礼不行，由来已久，不独州境为然。今功令颁行帽顶，品级秩如，士人雅重之。入泮授职，必先筮日延宾，设席受贺，然后戴以拜客，庶几近礼矣。③

显然，这一由政府颁行的冠服制度，理论上可以有效地重新区隔久已崩坏的社会等级秩序，但是，在某种意义上，这只是士人阶层维护正在丧失的社会地位的一种期待。从社会历史发展的角度来看，它又是一种历史性的大倒退，因为它把明代以来广泛推广到"庶民"阶层的"成人礼"重新限制在"士人"阶层中来了。

笔者至今唯一一见的轻视"冠礼"之存在价值的观点来自《全县志》，其中记载：

> 文中子曰："冠礼废，而天下无成人"。然三加之礼废缺者不止一邑，而人之成否亦不系此。况全邑子弟，年当童稚，颇谙礼教，不啻成人，似此种无关大体之古礼，其兴废固可听从民便也。④

此论是中国明清两代"冠礼"记载中的异数，它直接质疑了"冠礼"的存在价

---

① 《衢县志》，民国二十六年铅印本。
② 《含山县志》，清乾隆十三年刻本。
③ 《道州志》，清光绪四年刻本。
④ 《全县志》，民国三十一年铅印本。

值，也是一种需要认真回答的质疑，不能不引起严肃的对待。

结　语

在中国"冠礼"实践的历史上，司马光与朱子并列为承前启后的重要人物，他们对于"冠礼"的理解与阐发继承并延续了中华礼仪文化的传统。从上文的议论中可以总结出中国"冠礼"的精要来：

第一，"冠礼"作为中国古代士人的"成人礼"，其中蕴含着"人之为人"的亘古不变的要求，尽管"士冠礼"这一术语本身已经意味着某种现实的阶级性。[①]

第二，"冠礼"可分为"义"与"仪"，"其义"恒常不变；"其仪"可因时、因地而宜。《礼记》曰："礼从宜，事从俗。"[②]具体来说，中国"冠礼"所定义的"成人"就是知道如何身体力行"为人子，为人弟，为人臣，为人少者"[③]的言行规范，学会恰当的待人接物的方法（显然，"冠礼"得以存在的前提条件是理所当然地接受等级化的社会秩序，而现代"平等"观念的引入彻底摧毁了"冠礼"可以存在的思想前提）。为了达到这一目标，冠礼中设计了"庙见""筮宾""加冠""命字""拜会"等仪规，并在历史发展的过程中因地制宜，有所增损。

第三，"冠礼"又可以区分为"仪规"与"实践"，用朱子的言论即非常强调"践履"的重要性。基于上述三点结论，我们可以发现，尽管中国的"冠礼"也符合"通过仪式"的结构性规则，但却又有超越于这一抽象的结构性规则之外的意义存在，这是一种扎根于超验逻辑的、强调个体体验的、具有普世价值的与社会功能的文化实践，这些都是"通过仪式"理论所无法涵盖的。

第四，尽管"冠礼"的理论意义受到了历代儒家学者的强调，但在现实中它毕竟又只是一种"久废不举"的古代文化理想，现实中"成人"与否与"冠礼"被实践与否之间显然无法建立必然的联系，然而分散在其他仪式（尤其是婚礼）中的冠礼的遗留元素对于中国人"成年"身份的获得与养成的作用仍然是不容置疑的。

可以肯定的是，中国古代"冠礼"的设计，考虑的并不是个体身体发育是否成熟的问题，也不是能否独立生活的问题，而是基于一种先天的逻辑——即合乎天理、物理与情理——以培养娴于"待人接物"之身体技能的文化体系。它强调"以

---

①　李安宅：《〈仪礼〉与〈礼记〉之社会学研究》，上海人民出版社，2005年，第7—17页。李先生认为："中国的'礼'字，好像包括'民风（folkways）''民仪（mores）''制度（institution）''仪式'和'政令'等等，所以，在社会学的已有范畴里，'礼'是没有相当名称的：大而等于'文化'，小而不过是区区的'礼节'。"但无论如何，李先生基于人类学的相对性理论，并不承认中国的"礼"背后有任何普遍性的先验性逻辑存在。

②　袁枚著，雷芳校注：《随园诗话》，崇文书局，2020年，第140页。

③　曾国藩著，乔继堂编：《经史百家杂钞上》，上海科学技术文献出版社，2020年，第337页。

身作则"，强调个体言行要合乎先验的人伦规范。人们判断一个人是否"成人"，要听其言、观其行；个体则要通过自身的言行、举止、衣着、名号等来展演自己的成人身份，努力做到心口如一，言行一致。正如早期儒家学者所设想的那样，一切"礼"都是第二位的、其次的，第一位的、首要的追求是成为一名"仁者"。前者是外在的，后者是内在的，外因内彰，内因外显，内外一体，相互依存。在这个意义上，中国古代的"冠礼"是以培养"仁者"为终极目标的。

子曰："人而不仁如礼何。"[1]凡是把"礼"降格为"术"的行为都是有悖于儒家精神的。老子曰："失道而后德，失德而后仁，失仁而后义，失义而后礼。"[2]现代社会以"法律"来维系社会秩序，又试图复兴"礼仪"以补法制不及之处。这种努力基本上都只是在"外面"做文章，忽略了在"内里"下功夫，其效果是可疑的。

思考题：

1. 请结合当代人生仪礼，与同学们讨论中国人生仪礼民俗文化的传承与发展问题。

2. 请选取一个代表性的人生仪礼，与同学们讨论如何进行中外人生仪礼的比较研究。

参 考 书 目

1. 季中扬、张兴宇：《中国民俗文化》，中国农业出版社，2023 年。

2. 刘慧滢：《中国式礼仪》，华龄出版社，2022 年。

3. 任晓霏、刘锋、余红艳：《跨文化交际与国际中文教育》，东南大学出版社，2020 年。

4. 陆思东：《中华吉祥文化丛书（人生礼仪卷）》，泰山出版社，2020 年。

5. 林继富、闫静：《从礼俗现象到生命过程的探寻——基于中国人生礼仪研究 70 年（1949—2019）的讨论》，《长江大学学报》（社会科学版），2020 第 1 期。

6. 萧放、何斯琴：《礼俗互动中的人生礼仪传统研究》，《民俗研究》，2019 年第 6 期。

7. 李维：《跨文化交际视野下汉语国际教学实践研究》，延边大学出版

---

① 纪晓岚撰，林之满编：《四库全书精华 经部》，中国工人出版社，2002 年，第 138 页。
② 李丹：《中国古典名著百部藏书 老子》，云南人民出版社，2016 年，第 38 页。

社，2019 年。

8. 王晖：《中国文化与跨文化交际》，商务印书馆，2017 年。

9. 彭林：《儒家人生礼仪中的教化意涵》，《广西大学学报》（哲学社会科学版），2017 年第 2 期。

10. 叶军：《国际汉语教学案例与点评》，外语教学与研究出版社，2015 年。

11. 朱勇：《国际汉语教学案例与分析（修订本）》，高等教育出版社，2015 年。

12. 李学颖：《仪礼·礼记：人生的法度》，上海古籍出版社，2008 年。

13. 冯天瑜、杨华、任放：《中国文化史》，高等教育出版社，2005 年。

第四章

民间艺术与国际中文教育

　　民间艺术是民俗文化的重要组成部分,是民众艺术地表达日常生活、审美情感的重要形式,同时也投注了民众的创造力和想象力,是国际中文教学的重要内容之一,也是体现中国文化传统、思维方式和价值取向的文化符号,它包含深厚的群众基础和丰富的文化底蕴,因此对民间艺术的了解和学习也在国际中文教育过程中占有举足轻重的地位。

第一节　中外民间艺术

一、民间艺术概说

　　民间艺术属于艺术领域的范畴,区别于学院派艺术和文人艺术,民间艺术是指由那些没有受过正规艺术训练,但掌握了既定传统风格和技艺的普通老百姓所制作的艺术、手工艺和装饰性装饰物,是一个国家或地区均可能产生的一种典型的民间艺术。广义上来讲,民间艺术包含了民间工艺美术、民间音乐、民间舞蹈、戏曲等多种艺术形式,是广大民众为满足自己的生活和审美需求而创造的艺术。狭义上来讲,民间艺术是指民间造型艺术,也可以说是各种民俗活动的形象载体,用一定物质材料如绘画使用墨、颜料,雕塑使用布、木板、核桃等,创造可视化的空间形象,表现艺术家的思想情感和社会生活现实。

　　生产和劳动是原始艺术的题材和主要内容,艺术与生产劳动紧密联系在一起,或者可以说艺术的根本动力是生产劳动,生产劳动是艺术产生的前提。早期的艺术起源于原始巫术和原始宗教活动,典型的艺术形式例如舞蹈、音乐、美术等,正是这些原始的艺术形式支撑着巫术和宗教活动的正常进行,逐渐艺术也成为这些活动中不能缺少的重要组成部分,使得民间艺术和生产劳动、原始祭祀活动产生了难以分割的关系。社会分层变得明显后,艺术也逐渐出现分层,呈现出社会上层艺术和民间艺术两种形式,并不断前进发展。民间音乐、舞蹈、美术等继续在文学、传统节日、人生礼仪、饮食、服饰活动中发挥着至关重要的作用。

(一) 民间艺术的特点

1. 民众性

民间艺术和劳动者的生产生活习俗、节日等相联系,有的民间艺术强调地方特色,叫作"乡土艺术",或者也有专指用于日常生活的,称为"民间工艺",还有的从民俗学角度进行研究,称为"民俗艺术"。无论是"民间艺术"还是"民俗艺术""民间工艺",其中的"民"代表的都是劳动人民的"民"。不论是所谓的宫廷艺术,还是其他社会上层艺术,都是由民间艺术分化演变而来的。艺术没有上层下层、宫廷民间之分,只是随着社会阶级的分化,有的艺术形式出现在了宫廷中,或者所谓社会上层艺术的艺术家手中,而有的则保留在民间,继续发光发热。

人民性在民间绘画、歌曲、舞蹈等方面也有很多体现,以民间歌谣为例,中国最早的一部诗歌总集《诗经》奠定了中国诗歌的优良传统,中国诗歌艺术的民族特色由此开端而形成。[①] 风、雅、颂是《诗经》的三个组成部分,其中风也叫国风,是不同地区的地方音乐,共 160 篇十五国风,多是民歌,少数是贵族作品。《风》是从卫、王、郑、齐、魏、秦等 15 个地区采集上来的土风歌谣;雅是周王朝京都地区宫廷宴飨或朝会时的乐歌,即所谓正声雅乐。按音乐的不同又分为《大雅》和《小雅》,共 105 篇。《大雅》31 篇,多为朝会宴享之作;《小雅》74 篇,多为个人抒情之作。除《小雅》中有少量民歌外,大部分是贵族文人的作品。俗话说文艺不分家,文学和艺术自古以来就是互相映衬、互相贯通的领域,在文学作品上的体现也能折射到艺术领域。首先,对风雅进行划分即是对民歌和宫廷乐歌的划分,其次又将雅划分为《大雅》和《小雅》,是对于艺术进行分门别类,可以说自古以来艺术就在被分层。在各地的民歌中,茶歌是流传度较高、影响力较大的一种。[②] 茶歌的出现起源于各地的采茶人,与各地茶农的生产劳动、日常生活紧密相连,也和采茶人的感情波动紧密相连,随着各地产茶规模的扩大、参与采茶的

---

① 赵沛霖:《二十世纪〈诗经〉文学及相关学科的研究》,《古典文学知识》,2004 年第 3 期。
② 谢元熠:《原生态视角下的茶歌艺术特点与文化价值研究》,《福建茶叶》,2017 年第 11 期。

农民人数的增加,茶歌开始萌芽,并形成了早期的茶歌形式。在之后的发展过程中,随着茶文化的出现和兴盛,茶歌的发展也受到茶文化的强有力推动,茶歌在民间得到广泛的流传,逐渐形成了一种形式较为稳定、风格较为鲜明的民歌艺术形式。茶歌的来源主要有三种:第一种由文人的诗歌等作品改编而来,结合朗朗上口的曲调,变成了广泛传承的茶歌;第二种由民谣歌曲发展而来,劳动人民在生活中根据生活素材所创造的民谣,结合采茶的内容,变为茶歌,广受民间劳动人民的喜爱;第三种由茶农在生活和劳作当中自发创作而来,这一种茶歌也是和茶农的生活联系最为紧密的,并且在茶农中的流传最为广泛。总体来看,中国各地的茶歌来源多样、种类丰富,是当前流传下来的宝贵的非物质文化遗产,对中华民族文化的传承具有重要意义。在劳累的采茶生活中,采茶歌给人们带来更强劲的干劲、更乐观的生活态度和更坚固的团结意识。

2. 意象性

钟敬文认为精神需求的产物对应的可以概括为用于日常生活的民间工艺品,它们起初都是源于民众的物质需求,在日常生活中给民众提供便利,但逐渐演变出更多的功能,[①]例如能够美化民众的生活环境,渐渐能够做到反映出民众的精神需求,而不只是作为日常用品来点缀人们的生活,有的甚至与巫术活动和原始宗教有着密切的关系,表达重要的精神内涵,例如祈祷祝福、祖先崇拜、镇宅辟邪等。

每逢过年的时候,家家户户都要贴对联、贴年画,在窗子上贴窗花,老一辈的人还会在大门上贴上门神,在装饰美化环境的同时,也表现出人们对鬼神的崇拜和对美好生活的向往。正是古代的中国人发明了造纸术和活字印刷术才为这些民间艺术提供了物质条件和基础。传统的中国建筑都是四四方方、连房带院的,并且和现代的住宅公寓不同,传统建筑的门一般是双开的大门,大门就成了看家护院的首要对象,贴在大门上的门神就成为人们的精神依托和祭祀对象,宋代人们的民间习俗是在门上刻画一些虎、龙之类图案,或者钉桃符在门上以达到驱邪的目的,后来的人们逐渐丰富了门神的种类,开始把武将贴在门上,善于捉鬼的钟馗被人们当作门神崇拜,后来演变为尉迟恭和秦琼。

唐太宗李世民成就帝业期间杀人无数,即位后身体每况愈下,晚上常常做噩梦。李世民受不住折磨,召集众臣商议。后来他让元帅秦琼与大将军尉迟恭二

---

① 钟敬文:《民俗学概论》(第二版),高等教育出版社,2010年,第273页。

人每夜披甲持械守卫于宫门两旁,身体才得以好转。时间久了,唐太宗怜惜两位将士的辛劳,于是命令宫廷画师将两人的形象绘制成画,悬挂在宫门两旁。这件事传到民间后,老百姓也想要平平安安过新年,所以也把两人的画像贴在门上以辟妖邪,从此他们两位便成了门神。明清以来,随着人们心态和社会的变化,在门神上的精神寄托由以往的驱邪,转变为祈福平安吉祥,添加了恭喜发财、喜庆佳节、求学仕途的祈愿。

和门神一样,民间剪纸也是历史悠久且广泛流传的民间艺术品,最早也是因为民众驱邪纳福的心理需要而产生的,剪纸的内容是很有讲究的,比如娃娃、葫芦、莲花等象征多子多福,家禽家畜、瓜果鱼虫预示着喜庆丰收。也有很多剪纸的主题是古代神话故事或者对神话人物的怀念,中国众多的神话故事也成为民间剪纸艺术最好的创作题材,比如象征爱情的"许仙和白娘子""梁山伯与祝英台",这些民间剪纸表现了人们对传统的沿袭、对神话人物和神话故事的怀念以及对美好生活的追求,在满足了物质需求之后,也极大地满足了人们的精神需求。

3. 普适性

我国的民间艺术形式通俗易懂,正因为是由民众所创造的,所以人民群众有广泛的参与性,和民众的日常生活息息相关。民间艺术表达了人们对美好生活的向往,它来自民间,服务于民间,而现在民间艺术已经走出民间,走向了世界。因为民间艺术普遍存在于人民劳动和生活中,是民众对于生活的一种艺术呈现方式,因此人们对它有一种自然的亲切感,与其他抽象的艺术不同,我国的民间艺术很容易就能被人们接受。正所谓雅俗共赏,民众的参与感强,就更容易接受,这更加说明艺术的创作要面向广大人民群众,着眼于人民的需求,发展人民大众喜闻乐见的民间艺术。

民间艺术本质上是人民群众在社会实践中基于对生活的感悟而开展的具有群体性特征的艺术创造活动,是一种基于日常生活的美的创造活动,它天然具有与人民群众日常生活密切相融的特点,更与生活相关联。例如民间舞蹈往往是劳动生产的一种模拟,然后逐渐演变为一种艺术的表达形式;民间音乐往往源于最初劳动的需求,例如文学经典中所说的"杭育杭育"其实是一个拟声词,是人们进行集体劳动时的呼喊声,久而久之就变成了口号式的民歌。天上飞的风筝、地上跑的舞龙舞狮、窗上贴的剪纸、身上穿的刺绣、台上演的戏剧等数不胜数,都是深入人们生活的民间艺术,这也正应了那句话"让艺术融入生活,让生活变成艺术"。

4. 地域性

民间艺术在民间的分布具有鲜明的地域文化特征,艺术形式和风格的不同和地区的不同有明显的关系,这就无法避免地导致了民间艺术的多样性和其他特性差异。以中国南北方的戏曲为例,首先,典型的北方戏曲京剧具有剧本偏重叙事、节奏快、剧本通俗、多武戏少文戏、内容及表演方式热情奔放的特点,而南方戏曲以昆曲为代表具有剧本偏重抒情、字少腔多且擅演、剧本多描写男女爱情、多文戏少武戏、内容及表演方式含蓄内敛、曲文优美的特点。其次是唱腔与服饰的差异,北方戏剧的唱腔高亢有力粗犷豪放,南方戏剧则是婉转缠绵、莺声燕语;北方戏剧的服饰往往大红大紫、色彩绚丽,南方的则是清素淡雅、浓淡有致;包括脸谱也是北方浓墨重彩,南方的几近素面朝天。南北方戏剧风格的差异,实际是地域文化差异的具体表现,反映了我国幅员辽阔、文化多元的特点。

影响民间艺术产生这种地域性的因素有很多,例如民族、历史、民间信仰、民俗等。按照地域划分中国古代的文明,可以分为南方的农耕文明和北方的游牧文明。在黄河的中下游自然资源丰富,人们利用木头、石块等材料制作工具、烧制陶瓷、青铜器等,逐渐聚集了城镇和村落,诞生并孕育出农耕文化,而这些满足人们日常生活的生产工具,是人们早期创造出的艺术品。长期处于北方干旱地区的游牧民族则不会创造锄头、犁耙这类生产工具,长期处于北方半干旱地区的他们,由于自然条件的限制,不断地迁徙、掠夺成为他们的生存方式,因此他们的生产生活方式更加贴近原始社会,动物的毛皮成为他们的主要工艺材料,因为轻便、易获取、易携带的特点,取代了陶瓷、青铜器这种笨重的东西,对于游牧民族来说这种材料更适合游牧生活。因此地域文化特征对民间艺术有着显著影响。

历史事件也会影响民间艺术的地域性,每一次人口大迁徙都会带来民族文化艺术的融合,我们现在所看到的地方特色,不仅有原始文化传承下来的结果,更多的是历史上社会发展和人口迁徙、文化传播所带来的影响。民国时期"闯关东"的人口迁徙潮将中原地区,尤其是山东地方的剪纸技艺带入东北,才有了现在所看到的具有东北地方特色的剪纸艺术。

民间造物从本质上讲是为了满足人的生活需要而进行的造物活动,除了本身的宗教崇拜之外,周围的民俗习惯、审美思想等在造物过程中都有所体现。民间艺术是艺术化的生活,体现民众的生产生活方式。静态的、以审美造型为主的民间造型艺术是民俗活动的媒介和道具,是民间文化的具体表现。民间艺术受到周围风俗、宗教信仰以及精神观念的影响。民间艺术是民俗活动的物质载体及固化形态。所谓"十里不同风,百里不同俗",各地有着不同的民俗文化也使得作为其载体的民间艺术各有特色。简单来说,民间艺术取自民间,是手艺人根据自身生活而创作出来的,是劳动群众真实的生活写照。

随着社会的发展,交通运输越来越发达,材料的局限性对民间艺术的影响越来越小,地方的历史发展、风俗习惯、民风信仰承担得越来越多,人们还是觉得具有当地特色的民间艺术如高密的"剪纸"、东阳的"竹编"、天津的"泥人"、陕西的"皮影戏"最传统、最正宗。这也是地域性的魅力所在,因为这些地方有这一类文化的传承,不论是文化语境的传承还是技艺的传承,使得这些民间艺术在这一地方是活态的,是具有文化内涵的,较之其他地方是更具灵性的。

(二) 民间艺术的分类

狭义上说,民间艺术指的是民间造型艺术,包括民间美术和工艺美术等各种表现形式。广义上来讲,民间艺术包含了民间舞蹈、民间音乐、民间戏曲、民间工艺美术四大艺术形式,是广大民众为满足自己的生活和审美需求而创造的艺术。下面,对广义上的四大民间艺术形式逐一进行分类和介绍,在国际中文教学的过程中民间戏曲和民间工艺美术进入教学的环节较多,因为其更有中国符号的代表性和典型直观性。谈到中国民间艺术自然离不开作为国粹的京剧昆曲,它们也逐渐或已经成为中国的一种文化符号,而民间工艺美术是更直观且更容易呈现给留学生的东西,所以民间戏曲和民间工艺美术在国际中文教学的民间艺术教学过程中显得更加重要。

1. 民间舞蹈

民间舞蹈是中国传统文化的重要组成部分,同时也是人类心理活动的表现,是表达美好生活愿望和宣泄情感的需要。在人类发展的历史长河中,舞蹈从原始社会时期开始就是部落中不可或缺的集体活动,并且在社会发展过程中,舞蹈逐渐得到完善和多样性的发展。民间舞蹈属于一种大众型的艺术,与宫廷舞蹈和舞台上的舞蹈相比,民间舞蹈的随意性更强,作为大众自娱自乐的艺术活动,表演时,不必受到表演地点、人数,以及礼仪的限制,能够即兴发挥。这也是为什么民间舞蹈可以展现出强大的生命力并不断得以传承和延续。

近年来,民间舞蹈越来越多地被收录到国家非物质文化遗产名单中,目前被收录的民间舞蹈已有 144 种,356 个子项目。[①] 其中朝鲜族农乐舞更是成功成为人类非遗。朝鲜农乐舞主要分布在中国东北朝鲜族聚居区,是在岁时节庆和祭祀仪式中广泛表演的朝鲜族代表性舞蹈之一,反映了农民祈求丰收的愿望和尊重自然的思想。舞者伴随唢呐、洞箫、锣鼓的节拍欢歌起舞,表达了追求吉祥幸福的美好愿望,场面热烈奔放,民族特色鲜明。农乐舞至今依然是朝鲜族岁时仪式和节庆活动中最常见的民间艺术表演形式,具有广泛持久的社会需求,是民族认同的文化标志和维系民族情感的纽带。

按民族区分,可分为汉族舞蹈和少数民族舞蹈。我国汉族的人口占到九成以上,主要以农业为生产中心的汉族人民,习惯性地将在农业劳动中的生理动作,自然映射在民间舞蹈艺术之中。汉族的民间舞蹈动作灵巧,幅度较小,手部动作设计很巧妙,并且在眼神上含蓄内敛,情感深沉。广泛流行的汉族民间舞蹈东北秧歌、花鼓花灯等都与水稻农业的生产有关系。秧歌一般搭配的动词是"扭",民间对于"扭"的说法不一。江文婷认为,在中国的南方,闽粤地区的舞龙舞狮象征着吉祥,寓意人们生活红红火火。[②] 花灯舞是中国民间舞蹈的一种,但由于民间艺术拥有地域性文化的特质,花灯舞在中国不同地区表现出不同形式和风格的表演,其歌词大多是赞颂江南的秀丽景色,弘扬美好的爱情故事或与农业生产相关的事情,例如有云南花灯舞和四川秀山花灯舞,在嘹亮动听的民歌的映衬之下,整个舞蹈展现出一种美丽富饶的田园山水画面。和花灯舞相似的花鼓戏与采茶舞也是我国南方比较出名的民间舞蹈,这三种民间舞蹈的表演都由生、旦、丑三个角色组成,热情清爽,载歌载舞。以江苏花鼓为代表的花鼓有按照地名的海安花鼓、扬州花鼓、泰兴花鼓等,也有以花鼓道具命名的高跷花鼓、莲湘花鼓等,表演时,舞蹈演员根据当地的山歌曲调随性编词歌唱,十分赏心悦目。采茶舞的出现源自南方地区的种茶业,四至八名轻快活泼的采茶少女,载歌载舞,在欢快的舞曲中表现出轻快灵活的采茶动作,将观众带入充满诗情画意的江南茶乡,给人以精神上的享受和放松。

少数民族的民间舞蹈也是民间艺术版图上的一块,人们可以通过舞蹈的形式来表现劳动、生活、狩猎、战争、祭祀、娱乐、爱情等重要活动。每一个少数民族都有属于自己的独特的舞蹈,风格迥异,这也和少数民族人民的性格、所处的自

---

① 数据来源:中国非物质文化遗产网,http://www.ihchina.cn/,数据时间:2022 年 1 月 20 日 13:45:28。

② 江文婷:《中国民族民间舞蹈的艺术特点分析》,《中国民族博览》,2020 年第 16 期。

然社会环境等息息相关。蒙古族是我国民族的重要组成部分,对中国的政治、经济、文化都做出了杰出的贡献。因常年处于我国北部的高纬度地区,过着游牧和打猎的生活,蒙古族人民养成了不屈不挠的品格和热情奔放的性格,因此,蒙古族的舞蹈呈现出十分鲜明的艺术风格。

观看蒙古族舞蹈,我们不难看出,他们的舞蹈动作大开大合,身体大幅度地动作,以此勾勒出一种热情、豪迈、奔放的舞蹈风格。给人以极大的视觉冲击。和这种极具线条感的蒙古族民间舞蹈相比,傣族的民间舞蹈则显得更加内敛、轻盈、优雅。因为傣族人民生活在云南西双版纳一带,相对优越的自然条件使得傣族人民衍生出了极具特色的民间艺术舞蹈,其中最具代表性的舞蹈就是孔雀舞。孔雀舞充分展示了傣族人民对美好生活的向往。因为孔雀的姿态优雅,性情温顺,符合傣族人民心中自己的形象,也是一种对安静、随和生活的向往和热爱。

民间舞蹈有着很强的娱乐作用,以满足民众的审美和情感宣泄的需要,只能说不论是少数民族的民间舞蹈还是汉族的民间舞蹈,都是中华艺术的瑰宝。

2. 民间音乐

民间音乐是由广大民众自己创造并广泛传播于民间的音乐,它和宗教祭祀音乐、宫廷音乐及文人雅士音乐共同构成中国的传统音乐,主要可分为民间歌曲、民间歌舞、民间器乐及民间说唱四类。作为一种口口相传的艺术,在不断变化中求同存异,保持着强劲的生命力。有些民间音乐的形式可以起到组织劳动、调节人们情绪的作用。例如劳动号子也有与民俗活动相结合的,在红白事中,为了适应不同的社会生活和民众需求,不同的民间音乐发挥了各自特殊的作用。

民间音乐被收录进国家非遗名录的项目比民间舞蹈要稍多一些,共有 189个种类,431 个子项目,其中 8 种传统音乐被列入世界级非遗名单。2005 年 11月 25 日,联合国教科文组织在巴黎总部宣布了第三批"人类口头和非物质遗产代表作",中国和蒙古国联合申报的"蒙古族长调民歌"荣列榜中。"蒙古族长调民歌"是中国第一次与外国联合,就同一非物质文化遗产向联合国教科文组织申报的项目。在蒙古族形成时期,长调民歌就已存在。蒙古族长调民歌与草原、与蒙古族的游牧生活方式息息相关,承载着蒙古族的历史,是蒙古族生产生活和精神性格的标志性展示。

民间歌曲、民间歌舞、民间器乐、民间说唱四大分类中,历史最久远的莫过于民间歌曲,也就是民歌,从远古时期到近现代,甚至可以说只要有人类社会的发展就有民歌的发展。民歌在传播过程中出现了多种多样的形式题材。主要有号子、山歌、田歌、小调四大类。号子主要适用于一些劳动场合,例如搬运、打鱼、干农活儿。具有强烈的节奏感和即编即唱的内容,大多风格鲜明、激昂、通俗。事实上,任何一种号子都具有统一的劳动节奏,具有协调劳动、鼓励劳动者情绪的作用。山歌又叫作山野之歌,主要的传播环境为山区高原和草原,多出现在放牧、砍柴等劳动生活中。山歌具有悠长、自由、豪放的形象特征并展现出极大的随意性,代表性的山歌有陕北"信天游"、蒙古"爬山调"、粤闽赣交会处的"客家山歌"等。田歌是一种流传于汉江流域广大稻子种植区的特殊民歌形式。整体风格和号子、山歌有点类似,但歌者一般不参与劳动,而是站在地头田边,敲锣打鼓,放声歌唱。小调和上面三种不尽相同,它脱离了劳动,主要在城镇民众的社会生活中流传,可以在茶楼、酒馆等地方看到小调的踪迹。正是由于环境和听众的改变,小调在艺术加工方面更加追求韵律的整齐、对称、雅观。民歌中展现的中华民族的逻辑思维和审美规则,也成为中国传统艺术理论的瑰宝,所以将民歌比作民间音乐的领头人再合适不过了。

民间歌曲和舞蹈相结合构成了民间歌舞。这种歌舞、音乐相互交融的艺术形式,经历了经年累月的发展,到现在大多是载歌载舞,歌舞并重。例如在中国北方地区的秧歌、朝鲜族的长鼓舞、景颇族的刀舞等,都有各自独特的艺术特色。

民间器乐是用民间乐器演奏出的音乐,广泛运用在民间生活中,例如婚礼、葬礼、节日假日,以及各种的宗教活动。中国的传统乐器已有将近八千年的历史,四五百种的乐器中,既有我们自己创造的古筝、二胡、琴瑟、钟、笙等,也有来自西域的琵琶、羌笛等,历经千百年的发展,终于形成了吹、拉、弹、打四个大类。吹奏乐器如葫芦丝、笙、唢呐、笛子等;拉弦乐器有二胡、马头琴、京胡等;弹拨乐器有各式各样的琴、古筝、琵琶等;打击乐器有锣、鼓、板等。种类之多,例如唢呐吹奏的《百鸟朝凤》,古筝弹奏的《高山流水》,无一不给观众留下深刻的印象和极致的听觉享受。教学过程中我们可以给留学生加入文化体验课和实践课,如镇江的国家级非遗古琴技艺(梅庵琴派)。

民间说唱艺术融合文学、音乐、戏剧于一体,具体边说、边唱、边表演的生动艺术形式,成为一种独具特色的中国传统民间艺术。主要分为以说为主的说唱艺术和以唱为主的说唱艺术,以说为主的说唱艺术有相声、快板儿、评书三种,以唱为主的流派纷呈,风格多变。传统民间音乐与其他传统音乐相比,具有更为优美动听的旋律、丰富多彩的风格、鲜明浓郁的特点、感人肺腑的艺术表现力,以及勃发旺盛的生机。

3. 民间戏曲

戏曲是中国传统的戏剧形式。它由文学、音乐、舞蹈、美术、武术、杂技等多种元素组成。戏曲有着悠久的历史,经过 800 多年的不断丰富、创新和发展,逐渐形成了较为完整的戏曲艺术体系,起源于民间歌舞、说唱、戏剧三种不同的艺术形式。戏曲中的人物大多充斥着生、旦、净、丑等不同的角色。民间戏曲具有很高的技术性,构成了有别于其他戏曲的完整的戏曲艺术体系。

据不完全统计,我国各民族地区约有 360 种戏曲,传统戏曲数以万计。国家非遗名录中收录 170 种民间戏曲,而其中 5 种戏曲成为世界级非遗,分别是京剧、昆曲、皮影戏、粤剧、藏戏。1949 年后,出现了许多改编的传统戏剧。新编的以现代生活为题材的历史剧和现代剧受到了观众的热烈欢迎。比较流行和著名的剧种包括京剧、昆曲、越剧、豫剧、湘剧、粤剧、川剧、平剧、闽剧、河北梆子、黄梅戏、湘花鼓戏等 50 种。尤其是京剧,最为流行,遍及全国甚至全世界,现在成为中国的十大国粹之首。

谈到京剧,在进行对外汉语教学时我们一定会说到脸谱,关于舞台脸谱的起源有几种说法,一种是源于我国南北朝北齐、兴盛于唐代的歌舞戏,是为了歌颂兰陵王的战功而做的男子独舞,说的是兰陵王高长恭,勇猛善战,貌若妇人,每次出战,均戴凶猛假面,屡屡得胜。人们为了歌颂兰陵王创造了男子独舞,也戴面具。戏曲演员在舞台上勾画脸谱是为了助增所扮演人物的性格特点、相貌特征、身份地位,实现丰富的舞台色彩,美化舞台的效果,也表现人们头脑中理念与观感的和谐统一。

脸谱的颜色分类比较常见的有红色脸象征忠义、耿直、有血性,如"三国戏"关羽;黑色脸既表现性格严肃、不苟言笑,如"包公戏"里的包拯,又象征威武有力、粗鲁豪爽,如"三国戏"里的张飞、"水浒戏"里的李逵;白色脸表现奸诈多疑,如"三国戏"里的曹操;蓝色脸表现性格刚直、桀骜不驯,如《连环套》里的窦尔墩;紫色脸表现肃穆、稳重,富有正义感,如《二进宫》中的徐延昭。演员通过夸张的手法在脸上勾画出不同颜色、不同图案和纹样的脸谱,表现不同的人物性格、身份地位和样貌特点。

还有就是和民间舞蹈类似的采茶、花鼓、秧歌,也可以叫作采茶戏和花鼓戏。比较值得一提的是民间的木偶戏和皮影戏,木偶艺术在我国有着悠久的发展历史,最早的木偶可能与奴隶社会的丧葬俑有关。木偶戏是由艺人操作木偶表演故事的一种戏曲形式,中国的木偶戏兴起于汉代。如今,木偶戏的类别也很丰富,有辽西木偶戏、漳州布袋木偶戏、泉州提线木偶戏等分支。就演出形式而言,可概括为提线木偶、杖头木偶、布袋木偶、铁枝木偶、药发木偶五种。皮影戏发源于我国西汉时期的陕西,距今已有一千多年的历史,是世界上最早由人配音的活动影画艺术,有人认为皮影戏是现代电影的始祖。

在中国,不少地方戏曲剧种都是从皮影戏中派生出来的,而皮影戏所用的幕影演出道理以及表演艺术手段,对近代电影的发明和现代电影美术片的发展起到了重要的先导作用。由此可见,皮影艺术在中国乃至世界上拥有很高的艺术价值。

如今各地的民间戏曲已经逐渐成长起来,成为具有广大影响力的大剧种,各种民间戏曲都以经典的新老剧目和独具风格的表演受到人民群众的欢迎,被搬上人们的精神餐桌。

4. 民间工艺美术

民间工艺美术是由广大人民群众自发创造、享用并传承的工艺美术。过去主要是农民和匠人的艺术,随着社会的发展,平民百姓参与的成分越来越多,如今已是城乡广大民众的艺术。民间工艺美术的创造具有很大的主观性,在生产劳动和日常生活中,广大民众根据自己的需要,创造出各种民间美术品。

民间工艺美术的创造有很大的自发性,人们根据自己的生活需要,创造出各种民间美术品,大多数具有自产、自用、自娱的特点。它们更倾向于满足人们的精神需求,而非商业价值。因此很多民间工艺美术多以手工制作而非工艺标准化的流水线制作。它们是寄托了人们精神生活需要的艺术品。可分为玩具类:泥玩具、布玩具、节令玩具、花灯玩具、棉塑玩具;染织绣类:传统刺绣、民间印染、中国织锦;塑作类泥塑艺术:面塑艺术、木偶艺术;剪刻类:剪纸与刻纸、皮影;雕镂类:玉雕、木雕、石雕、砖雕;绘画类:彩画、农民画、年画;编织类:竹编、漆器;扎糊类:纸扎、彩灯、风筝;其他类:脸谱、面具、瓷器等。民间工艺美术在非遗的划分中应该是传统美术和传统技艺的集合,国家级非遗千余种,世界级非遗14种,其中世界级非遗的传统技艺不乏出现濒危且没有继承人的状态。

如果要挑几件有代表性的民间工艺美术出来的话,那么就不能少了世界非遗——剪纸艺术,剪纸是中国最普及的民间传统装饰艺术之一,有着悠久的历史。全国各地都能见到剪纸,甚至形成了不同的地方风格流派。剪纸不仅表现了群众的审美爱好,还蕴含着民族的社会深层心理,也是中国最具特色的民间艺术之一，其造型特点尤其值得研究。民间剪纸在表现形式上有着全面、美好、吉祥的特征，同时民间剪纸用自己特定的表现语言，传达出传统文化的内涵和本质。中国南北方的剪纸也有很大不同，一般而言，北方剪纸以朴实生动为美，生活气息浓郁，特点是天真浑厚、粗狂写意、质朴夸张，大多运用大块面，以"阴剪"为主；而南方剪纸以"精致"为美，雅致见长，讲究玲珑剔透、细腻写实，以"阳剪"为主，多以"月牙形"配"锯齿形"，线条纤细顺畅。郭沫若曾将南北方剪纸的风格特点说得非常清楚："曾见北国之窗花，其味天真而浑厚。今见南方之剪纸，玲珑剔透得未有。一剪之巧夺神工，美在人间永不朽。"中国民间绘画艺术也是中华民族的艺术瑰宝，是中国民间文化的重要组成部分，是世界文化艺术中的珍品。中华人民共和国成立以来，特别是改革开放以来，中国民间绘画艺术已逐步发展为既具有鲜明的时代感，又富有生活韵味的民间性的现代民间绘画。

此外，泥塑艺术是我国一种古老、常见的民间艺术。它以泥土为原料，手工捏制成形，或素或彩，以人物、动物为主。我国泥塑艺术可上溯到一万年前的新石器时期，史前文化地下考古就有多处发现。中国泥塑艺术最著名的有天津"泥人张"、无锡"惠山泥人"、敦煌石窟"彩塑"等。如今，泥塑艺术是人们追求返璞归真的具体写照，江苏省级非遗"泥叫叫"作为泥塑艺术的代表，也可以运用在国际中文教学过程中。积极合理地利用地方的非遗文化，融入教学，不仅能带动非遗文化的发展，也能丰富文化教学的内容。

二、中外民间艺术比较

民间艺术作为民俗文化的组成部分，是民族文化的外在表现。民间艺术的创作重心在于本土文化，它来源于劳动人民的生活节日、礼仪等日常风俗活动，是一种和地域文化、民族文化息息相关的艺术。与纯艺术相比，民间艺术主要具有功利性和装饰性，而并非纯粹意义上审美的表现。不仅如此，刘惠民认为民间艺术拥有自己独特的表现形式，譬如流行于普通民众生活之中的民间剪纸、农民画、年画、刺绣、印染、风筝等，直接来源于群众再朴实不过的劳动之手，却装饰、美化、丰富了万千人们的社会生活，反映出人民群众的道德观念、虔诚信仰及内心写照。[1] 下面将从中外民间艺术里不同纹饰所表达的意蕴和中外民间绘画艺

---

① 刘惠民、庄沈：《中外民间美术对比与优化研究》，《科技视界》，2014 年第 14 期。

术两个方面进行述说。

(一) 中外民间纹饰艺术比较

对动物主题的偏爱是世界各国民间艺术的一大特色,各种形式、题材、风格、内容的动物美术是全世界人们的心愿、情感、观念的表达媒介。许多动物成为中外民间艺术的表达对象都和远古的动物崇拜有一定的历史渊源。[①] 其实,现在的艺术中已经淡化了这种形象,但我们仍能从之前的作品中,找到相关的信仰、风俗和它所表达的初始意义。

1. 飞禽类

飞禽类包含鸡、凤、鹰、鸽子等几种。从中国古代的神话后羿射日、太阳鸟传说,日本的"天鸡"传说,我们都不难看出鸡和鸟都与太阳崇拜有密切关系。鸡吃害虫、吃五毒,因此在中国民间的剪纸中都是以鸡为守子神的。在中国,鸡还被用来象征爱情,也被视为送子之神。

大雁是成对生活的飞禽,因此用大雁来形容对爱情的忠贞颇为贴切,同时鸳鸯也具有象征爱情的意义。国外对于大雁和鸳鸯纹饰的记载少之又少,发现的少数痕迹也多是从中国流传过去的。所以大雁这个意象基本是中国独有的。中国古代的文官长袍上一直是以飞禽来刻画的,其中明代四品文官绯袍上绣云雁,到了清朝就变成了鸳鸯,因为四品文官自古以来一直绣的是"匹鸟"。所谓"匹鸟"就是指成双成对的鸟,据说鸳鸯成对,鸳鸣鸯和,左雄右雌,双双飞翔,夜晚雌雄羽翼掩合,交颈而眠。若其偶失,永不再配。作为官员的补子,是取其羽毛上耸,象征坚定忠心;眠宿如有敕令,喻其兢兢业业。[②]

在西方,一直流传着诺亚放鸽子察看水情的神话故事。据传洪水泛滥时,诺亚把一只鸽子放出去,要它去看看地上的水退了没有。由于遍地是水,鸽子找不到落脚点,又飞回方舟。七天之后,诺亚又把鸽子放出去,到黄昏时,鸽子飞回来了,嘴里衔着橄榄枝,很明显是从树上啄下来的。诺亚由此判断,地上的水已经退了。这个传说,有两种寓意:一是鸽子是人类最早的通信工具;二是鸽子衔着橄榄枝,象征人类可以平安生活繁衍。鸽子衔着橄榄枝后来又演

① 王海霞:《巫术·宗教·原始文化——中外传统民间艺术探源》,太白文艺出版社,2006年,第84页。
② 邢继贤、曾红玲:《历史从这里走过:鸦片战争文物、遗址故事》,广东人民出版社,2012年,第161页。

变成世界和平的象征,其艺术形象出自毕加索之手。1950年,为纪念在华沙举行的世界和平大会,毕加索画了一只衔着橄榄枝的飞鸽。此后,这一经典形象被公认为是世界和平的象征。在中国,鸽子是信义的象征,也代表了家庭和睦,因为这种鸟有归巢性,而且还能用来送信,所以才有了这些含义,但在古代,中国人很少把鸽子纹在衣服上,而主要用它来送信或表现在诗词中以寄托思念之情。

"凤凰"最早是中国民间艺术独有的,随后才传到其他国家和地区,如亚洲东部、美洲等。凤凰是幻想和神化后的产物。早在六七千年前的河姆渡遗址中,就已经发现了双凤纹。"凤"经过几千年的发展演变,终于成为祥瑞、高贵、吉祥的象征,并被当作神鸟,打上了伦理烙印。凤与龙结合而形成的龙凤呈祥图案也象征着婚姻美满、蒸蒸日上,具有强大的生命力。

朝鲜的民间绘画中,经常会出现鸡,鸡象征着吉祥并被用于庆贺婚礼这种喜事上。印第安人用鸡鸣的办法求婚。在非洲的一些部落中,坦桑尼亚的津古阿族人求婚时,男方的父母会带活鸡事先问卜,若吉利,则说明婚姻是受到保佑的,两方才会定亲。

东南亚国家,例如越南、老挝、柬埔寨、缅甸等都在铜鼓艺术中应用了具有龙凤文化含义的纹样,印第安男性的成年礼中都会用鸟羽做鼻饰品和头饰。古埃及尊鹰为他们的保护神,他们相信皇后和神鹰的后代,才是真正的王子。在祭祀活动频繁的原始时期,鸟一直是生殖崇拜的文化现象,但近现代的许多民族已经将鸟规划为幸福吉祥的象征,例如天堂鸟在俄罗斯的民间铜版画中,就被描绘成有着美丽女人的脸庞和鸟身子的形象。

2. 鱼蛙类

鱼和蛙是人们广泛信仰的神灵,作为艺术题材常被用在各国的民间美术作品中。不管是中国还是国外,都能从原始文化的遗留、原始部落的习俗或是民间艺术中,找到鱼蛙崇拜的影子。无论是中国广大农村的鱼蛙纹饰的民间美术作品,还是其他国家有关鱼的信仰的造型艺术,从中都不难发现鱼蛙所代表的生命含义,和人们在深层次表达出的一种祈求吉祥如意的心理和愿望。

古老的东方民族对于鱼和蛙的崇拜和信仰相较于西方表现得更加强烈。鱼和蛙所蕴含的繁衍、吉祥的诸多功能与农业模式联系更为紧密。可能与工业化的过快提前有关,西方国家在这方面的意义消失得很快,但我们仍能从历史的残迹中找到根源。时至今日,对中国鱼文化的研究已不仅限于对神话传说的诠释。民俗学的研究已深入民间美术这一活化石领域,进入更深层次的文化内涵。现在仍流行于中国农村的鱼纹剪纸、年画、民间服饰、木雕都在深层次继承了彩陶文化中鱼文化的内涵,有长生、阴阳互补、婚姻爱情美满等意义。祈求生命繁衍应该是和鱼多籽的属性有关,而后进一步发展为爱情的象征,也有的将鱼化作女性的象征,是将女性的造化能力、生命赋予能力和鱼相类比。蛙纹的起源、象征意义的演化和抽象纹样的出现,同样脱离不了指代生命这一最基本的功能。在民间剪纸、民间绘画、民间刺绣等工艺中蛙纹一直围绕其间。因为"蛙"和"娃"谐音,使得中国民间美术中又多了蛙枕这一庆生礼物。蛙也成为儿童的守护神,我们看到的是它持久的生命力源泉。

非洲尼日利亚的《双鱼图》和俄罗斯传统木雕装饰的人首鱼身像,都旨在表现男性的繁衍能力。看来不管是"年年有鱼"还是"多子鱼",都表现了东西方民间艺术共同的生命意识。在印度南太平洋岛国以及欧洲土著那里,蛙指代女性,生命延续的寓意是十分明确的。除此之外,巴西亚马逊雨林的部落中还有大量蛙与其他动物组合的纹样,例如蛙鸟图、鱼蛙图、蛇蛙图等,都有相同或相似的价值功能。中外蛙主题纹饰艺术品为我们展示了人类的信仰和追求生命的生动场景。

3. 龙蛇类

《论衡》中说"神蛇能断而复属",[①]是古人对蛇每年脱皮,冬天入土冬眠,春天复出这一现象的观察,人们产生了对蛇长生不老的羡慕。在中国,史前时代就产生了幻想的龙的形象,蛇的信仰又孕育了龙这一最终成为中华民族象征的形象。龙作为中国古代的四神之一,自红山文化中的玉龙算起,龙的形象已有五千年的历史了。唐宋之后,龙逐渐成为帝王专属,龙袍、龙椅、龙榻等,在封建社会龙象征着权势、威仪。民间艺术中使用的龙的形象数不胜数,"二龙戏珠""鲤鱼跃龙门""双龙出海"等,龙在戏曲、绘画、民间工艺美术品上都被广泛采用。而中国的蛇纹很早就融入龙的造型,蛇龙一体是中国传统艺术纹样和民间艺术的一大特色,人面蛇身也是古代艺术中较常见的纹饰。蛇纹同鱼纹、蛙纹一样,也含有一种繁衍力和生命力,女娲和伏羲被中国的古人们奉为人祖,其造型正是人面蛇身,毫无疑问是化身人形、孕育生命的象征。对于蛇这一意象,人们在艺术塑

---

① 黄晖:《论衡校释》,中华书局,2018年,第1139页。

造上也将其归化为民间"五毒"之一,素有"蛇蝎心肠"一说,蛇一旦和蝎子搭配在一起,一般就是被恐惧和嫌恶的,表现出一种狠毒、狡猾、毒辣。

随着文化交流的深入和对中华文化的接受,龙的文化信仰和艺术纹饰逐渐传入东亚和南亚,尤其影响了日本,随后传入美洲,乃至今日的世界各地。中国人作为"龙的传人",把龙文化带给了世界。直到现在,中国的龙族艺术对外的传播影响也是十分深远和广泛的。但在西方的欧洲国家,龙被定义为邪恶、凶狠的物种,因此在呈现方式上和亚洲、美洲的不尽相同,例如玻利维亚的双龙图案装饰在宗教节日的魔鬼服装上使用。国外对蛇的崇拜更多的是一种图腾崇拜,印度人对蛇就是一种正面崇拜,大神湿婆的脖子上就是一条蛇,并且印度教的主神之一也是一条蛇,因此在民间艺术品上自然少不了对蛇的具象化。在古埃及,法老像都采用了蛇的形象,著名法老哈佛拉的狮身人面像,头前额雕刻的也是蛇的神像。同样,对蛇有尊敬的也有抵触的,这也是东西方文化中对于人性的一种引导,如蛇面美杜莎、亚当夏娃被蛇引诱偷吃了禁果等。由此我们看到东西方文化的差异和民族心性之间的不同。

对具有世界意义或分布较广的几种动物纹饰进行了文化内涵的探索和研究,我们可以看出有诸多文化功能是相似的,东西方民间艺术从造型、组合、信仰、习俗中表现出来的文化功能和价值观念有异同,但真正体会的应该是这些艺术的文化内涵,这种蓬勃的生命意识的传承,无论是中国还是外国的民间艺术都值得保留、延续和发展。

(二)中外民间绘画艺术比较

1. 绘画风格

民间绘画是民间艺术的集大成者,民间绘画中各民族的传统文化、心理信仰、审美观念等都以形象生动的绘画语言得到了真实的体现。中国民间传统木版年画有着悠久的历史,它起源于汉代,形成于宋代,繁荣于明清两代,千年不衰,成为中国传统绘画艺术中,覆盖面最广,使用、欣赏人数最多的一种绘画,并且对邻近的日本、朝鲜等国产生了深远影响。中国传统年画的人物造型不同于西方绘画的表现手法,具有强烈的主观倾向,夸张、综合、概括、写意、传神,是根据人们的心理和观念进行造型,在服从形象和观众欣赏趣味的同时,又赋予浓厚的感情色彩。造型、色彩、构图三个基本元素,构成了年画的形式感,因为社会历史、民族风尚、地理环境、审美心理的不同,呈现出鲜明的地域特色,但实际上主观意象化,才是中国民间年画风格多样的真正原因。随着木版印刷术的兴起,年画也不再是普通的门神造型主题,变得丰富多彩起来,蕴涵着各地独特的艺术风格,形式变化多样、内容广泛,各类武将门神、灶爷、财神、观音、八仙、寿星、戏曲人物、耕织农作、民间传说、历史故事、花卉动物、仕女、娃娃、风光景色等应有尽有,真可谓达到了包罗万象的程度。根据地域的不同主要分为三大年画流派,各具特色,分别是苏州桃花坞年画、天津杨柳青年画和山东潍坊年画。桃花坞木版年画具有一版一色的特点,构图丰满、造型夸张、色彩鲜艳、线条流畅却又不失清雅、富有装饰性和朴实感、具有强烈的地方风格和民族特色。杨柳青年画既有版画的韵味,又有绘画的色调,构成与一般绘画和其他年画不同的艺术特色,具有笔法细腻、人物秀丽、色彩明艳、内容丰富、形式多样、气氛祥和、情节幽默、题词有趣等特色,创立了鲜明活泼、喜气吉祥、富有感人题材的独特风格。潍坊年画以传统手工方式制成,题材丰富、重用原色、线条简练、流畅、粗犷,构图完整匀称,画面豪放,造型粗壮朴实、体现民风。

欧洲的民间绘画内容是十分丰富的,尤其是在工业化社会之前,铜版画、木版印画、各种物品上的绘图装饰画等,内容极为丰富,题材覆盖面也很广。传统的民间画,还被广泛用于石板、木板、纸张上,被做成版画、印花布和装饰画,虽然以民间绘画形式为主体的总体艺术形式已经过去了,但它的影响仍然深远,在西班牙、意大利这些民间艺术历史悠久的国家,仍然能见到它们的影子。朝鲜民俗画是朝鲜年画中一种独特的绘画形式,它以传统的朝鲜民俗景象为表达对象,注重对繁盛的民俗场景的表现,场面宏大,气氛热烈,绘画风格笔力挺拔、色彩艳丽、风格清雅。朝鲜民画把线条用作独特的表现手法,即使用一个线条也能精细地描绘出事物的现象和动态,深刻地表现出人物的心理状态。在色彩方面以事物的本色为主,底色为主要色彩,让光度的色彩和明暗与之相协调,从而将景物刻画得更有真实感。

2. 情感表现

中国传统年画的艺术风格与文化内涵的完美结合,表达了民众的审美取向和文化祈求,是年画根深叶茂、长久不衰的重要原因。[①] 年画作为民间的新年祝福,充满了喜庆,因此,民间年画大多采用大红、大黄等鲜艳的色彩,注重情趣和造型的表现,人物生动可爱,富有活力。画中的每个动物和植物都富有吉祥的

---

① 吴祖鲲:《传统年画及其民间信仰价值》,《中国人民大学学报》,2007 年第 6 期。

寓意,如画鸡代表吉利,画佛手或蝙蝠代表福,画花瓶代表平安,丰富的民俗指称体现了民众智慧,形成了博大精深的传统文化。从广义上说,凡民间艺人创作并经由作坊行业刻绘和经营的,以描写和反映民间世俗生活为特征的绘画作品,均可归到年画类。年画习俗反映了古人的心灵慰藉和精神信仰。后来,随着社会的发展,人类对自然的崇拜逐渐转化为对社会性的人格神的崇拜与信仰。

虽然说在其他艺术方面,日本民间艺术与中国民间艺术有着血缘联系,但在浮世绘艺术中,体现着强烈的日本的民族特性,并不单单是中国民间艺术的变体。浮世绘是具有世界性影响的一种绘画形式,描绘了上下几百年日本市民生活的各个方面,表现了人们当时的风俗、理想、时尚元素等,独具一格的造型和色彩同时也为西方的现代艺术提供了灵感,被西方人誉为东方之神韵,可见其影响十分深远。

俄罗斯民间画在不同时期有着不同的含义,它起源于 17 世纪后半叶,在发展过程中不断从俄罗斯民间文学和古典作品中吸收内容、扩充题材,选取适合自己民族艺术的内容和形式,终于使得俄罗斯民间画拥有较高的艺术成就和学术价值。俄罗斯民间画是十分独特和成熟的一种民间画,它与中国年画、日本浮世绘都存在着相似之处。它主要为广大下层百姓所用,服务于他们的宗教生活以及日常生活,并把俄罗斯民族热情、率真、富有想象力的民族性格如实地表现了出来。这些包含木版画、铜版画、手绘画、石版画的俄罗斯民间画,历经二百余年的变革、迭代造就了它的独到之处,奇异的色彩和富有幽默风情的内容表达出俄罗斯人民对生活、生命的热爱。

3. 适用场合

正所谓民众创造艺术,年画被张贴在家家户户、街头巷尾中,而年画也不仅仅是用于新年装饰和美化居所的艺术,更多的是一种祛邪纳福、以此明志的意识形态。根据张贴的场所和功能不同,民间年画可以分为门神、灶神、寓教等门类。大门上所贴的门神主要是武神的形象,在中国的农村地区,一直是以秦琼、敬德门神为主,这类门神大多具有威武的形象,以表达辟邪的意义。卧室门前多以文神为主,与纳福相关,表现广大人民对于健康长寿、家庭和谐、风调雨顺等美好愿望的追求,如《招财进宝》《八仙祝寿图》《策马奔腾》。灶神的造型相对来说较为单一,常贴在厨房灶台的正中央以表示"上天言好事,下地降吉祥"。寓教类的民画一般张贴在卧室内,主要划分为民俗类、教化类、娱乐类等,题材广泛,寄予人们美好的愿望和民俗教化。

色彩艳丽的玻璃画是中世纪教堂彩色玻璃镶嵌画的直接结果,在欧洲极为流行,以意大利最为丰富。玻璃的能力也使得作品的色域完全展现出来,使得绘画作品有更加光艳亮丽的效果,作品的色彩同时追求华丽、逼真、写实,这些都是民间艺术家在模仿和追求学院派技巧的过程中企图努力表现的地方。后来民间艺术家把玻璃画从教堂中搬到了寻常百姓家。

日本作为亚洲最东部的国家,自古以来就和中国有着斩不断的血肉联系。唐宋时期,日本多次派遣唐使和交流学者来中国学习交流。经过几千年的发展,日本形成了自身的文化,与中国的文化艺术的交流使得日本收获颇丰。传入日本民间的美术和工艺就更多了,其中木版印画与本土的民风相结合,形成了日本传统艺术的主流,也就是浮世绘版画艺术。初期为画家们用笔墨色彩所作的绘画,而非木刻印制。到了江户时代,日本经济蓬勃发展,城市里首先产生了一种"町人文化"(即市民文化),浮世绘从屏风和墙壁上搬到了木板上,变成了版画,浮世绘木刻又叫作"绘本",所谓"绘本"即是插图画,它是江户初期古典小说插图的开端,后来陆续出现通俗的插图读物,到万治年间,随着市民小说的产生,这种木刻绘本迅速发展。

艺术没有国界之分,对艺术家来说,只有绘画语言的不同,艺术本质并无区别。真正的民族艺术是最具代表性的艺术,它是民族的,也是全人类的,这也是我们进行中外民间艺术比较的出发点和落脚点。对于国际中文教学来说,我们也要充分重视中外民间艺术的共通性。在国际中文教学中,留学生更容易融入民间艺术的教学内容,对民间艺术的教学也能丰富其对中华文化的认知,真正做到以艺术为桥打通中外文化交流的通道。

第二节　民间艺术教学与研究个案

民间艺术是国际中文教学的重要内容之一,也是国际学生喜闻乐见的教学板块。在实际教学中,教师应充分利用相关教学资源,在条件允许的情况下,采取课堂教学与实践教学相结合的形式,让学生在知识学习、文化体验和交流中,深化对中国民间艺术的理解。

一、民间艺术教学案例分析

幸 福 的 口 哨①

学　校	汉语水平	授课对象	作　者	整理者
江苏大学	中高级	来华留学生	余红艳	孟宇卿②

(一) 案例叙事

这是一个由多国籍来华留学生组成的中高级汉语水平班级,课型为中国文化课。学生来自俄罗斯、乌克兰、哈萨克斯坦、巴基斯坦、法国等。按照教学计划,这节课是一次文化体验课,我安排的体验内容是省级非物质文化遗产项目——太平泥叫叫。因此,我于上周就和太平泥叫叫的传承人周宝康联系,确认了体验时间、体验内容,以及周老师讲解的具体细节等,并安排好了校车接送等保障工作。

课程当天,我们准时来到了位于西津渡的天平泥叫叫传承点,我向同学们介绍了周宝康老师,接着,便将体验课堂交给了周老师。周老师首先向大家介绍太平泥叫叫的来历。但是,问题来了,尽管周老师作了非常充分的准备,讲得也很专业。但是,周老师夹杂乡音的"普通话"给本来汉语水平就较为有限的留学生带来了很大的困扰,我看到大部分同学都流露出云里雾里的神情。好在,周老师很快就进入了作品展示环节,大家的注意力迅速被造型各异、技艺精湛的泥叫叫作品吸引了,并热切期待亲手制作泥叫叫的环节。周老师带着同学们制作了相对简单的"鱼"形泥叫叫。同学们从捏出整体形状到刻出一片片鱼鳞,再到最后用小木棍穿孔,体验过程欢声笑语,看得出来,大家都很开心。

待同学们都完成了泥叫叫的制作,周老师便教同学们对着鱼口尝试吹响泥叫叫。这时,来自乌克兰的安娜介绍道:"老师,在我们乌克兰也有这样的民间艺术,也能吹响,我们把它叫作幸福的口哨。在纳乌鲁斯节到来之前,我们会做龙形状的哨子。因为我们认为龙是保护水的,还能保佑我们生活美好。此外,我们还会制作马、鹿、骑士形状的口哨,都代表不同的意义。因为这些口哨能够吹响,

① 本案例来源于编者教学实践。
② 孟宇卿,江苏大学文学院汉语国际教育专业硕士生,主要从事中华文化国际传播、文化教学研究。

所以,我们就称它们为能带来幸福的口哨。"安娜的分享不仅让班里的其他同学对乌克兰的民间艺术有了初步的了解,还让大家围绕民间艺术对美好生活的表达和追求展开了热切的交流。最后,我提议大家一起吹响泥叫叫,祝福我们所有人都能拥有幸福。

这次体验课就这样在较为轻松快乐的氛围中结束了。但是,我知道,虽然同学们的收获很大,对中国的民间艺术——太平泥叫叫有了真切的了解和体验,也在中外民间艺术的交流中,对民间艺术所蕴含的幸福观有了更多的认识,但是,这并不是一堂成功的体验课。这次教学,让我对体验课有了新的认识。作为教师,我将文化体验课简单地看作是带着学生玩儿,认为体验课的备课主要就是做好后勤保障工作,忽视了体验课的备课环节,这些都值得我深刻反思。

(二) 案例点评

1. 亮点分析

(1) 充分依托就近资源,适当安排文化体验课。理论与实践相结合是文化课教学较为理想的教学模式,但是,受限于课时以及文化资源,文化体验课的设计具有一定的难度。本节课的教师能够充分依托本地非遗资源,带领学生来到文化现场,并邀请非遗传承人为学生进行文化教学和体验指导,是一个非常好的尝试。文化课的教学就是要充分利用本地文化资源,为国际学生提供更多、更便捷的文化实践机会,让学生在身边的文化、落地的文化交流中增强其跨文化适应能力和文化理解能力。

(2) 善于利用文化对比,开展中外文化交流。案例中,当来自乌克兰的学生介绍本国民间艺术,并提出"幸福的口哨"这个概念时,教师能够及时抓住文化共同点,引导学生围绕民间艺术对美好、幸福的表达和追求进行讨论,很大程度上,深化了文化体验课的文化层次,让学生在浅层文化体验中,感知文化内涵,深化文化交流。

2. 不足与建议

很明显,案例中的教师将文化体验课的准备环节仅仅视为后勤保障,认为联系好场地、做好体验服务,就是文化体验课的备课内容。教师未能充分考虑到非遗传承人的专业讲解,甚至夹杂的方言,可能给学生带来的学习困难;未能提前与传承人做好沟通,或者可以考虑将太平泥叫叫的知识介绍环节放置于课堂上,以减少非遗传承人的讲解负担和学生的学习困惑。文化体验课的备课工作应该得到国际中文教师的高度重视。

3. 案例思考

（1）请选取一种民间艺术，拟写一个文化体验课教案。

（2）在你的身边，有哪些代表性的民间艺术？请与同学们展开讨论，尝试设计一场民间艺术类文化体验活动。

二、民间艺术研究论文

解读民俗剪纸中的符号化纹样[*]

梁惠娥　刘姣姣[**]

摘　要：剪纸是民俗文化的物化表现形式，是由一系列约定俗成的符号化纹样组合而成。本篇论文给出了民俗剪纸中符号化纹样的定义，追溯了其艺术本源，并分析了符号化纹样的表现形式及制作工艺，最后阐述了剪纸符号化纹样的两个特征：一是民俗性，二是集体意识和个体意识共建的统一体这一特征，从而使我们对民俗剪纸的文化内涵有了更深层次的理解，它博大精深的历史文化值得我们去继续探索、发掘和重新改造。

关键词：工艺美术；中国传统文化；民俗剪纸；符号化；纹样；艺术作品；风格

中国民俗剪纸历史悠久，具有很强的传承性。自古以来剪纸在前后辈、左右村之间广泛流传，相互之间的吸纳，基本上处于一种互相临摹的状态。[①] 一些传统的表现生活剪纸语言在其发展历史中逐渐固定下来，再凭个人喜好进行随意发挥，传来传去，逐渐交融于民间，同时剪纸的题材和内容丰富多样，善于运用简洁的符号语言概括复杂的形象，久而久之便形成了一套确定的符号化纹样。

*　该文由梁惠娥、刘姣姣提供，原载于《艺术百家》，2011 年第 7 期。

**　作者简介：梁慧娥，女，汉族，山东潍坊人，江南大学纺织服装学院教授，博士生导师。研究方向：服饰文化、现代服装设计。

刘姣姣，女，汉族，江苏徐州人，江南大学纺织服装学院设计艺术学在读硕士研究生。研究方向：服饰文化与服装设计。

①　陈竟：《中国民俗剪纸史》，北京大学出版社，2007 年，第 22 页。

（一）民俗剪纸的符号化纹样概述

符号指具有某种代表意义的标识，是人们约定俗成用来指称一定对象的标志物，形式简洁，具有很强的艺术魅力。而符号化纹样是指使用艺术手段所提炼出来的、能够反映人类情感的图案。剪纸作为民俗文化活动的物质载体存在一套确定的符号化纹样，每个纹样都包含了被大家共同认可的寓意，如表1中部分符号化纹样。语言学家索绪尔认为，一个符号包括了两个不可分割的部分，即能指与所指。在民俗剪纸中，能指是符号的形式即表1中第二列内容，即剪纸纹样的形体；所指为符号内容，即纹样的思想，是纹样想要表达的意义，某种纹样代表了具体特定的含义即表1中"释义"这部分。符号论美学家卡西尔认为，"艺术可以被定义为一种符号语言"，是我们的思想感情的形式符号语言。那么剪纸是民俗文化的艺术表现形式，是以符号为中心的文化表现，而且始终延续着"图必有意，意必吉祥"，剪纸艺人组合运用不同纹样，向人们传达生命繁衍、祈福纳祥的愿望。

表1 剪纸纹样中部分符号化纹样

序号	实例	图样	图样名称	释义
1			万字纹	这是一个被佛教徒视为吉祥和功德的具有神秘色彩的符号，寓意幸福不断
2			孔钱纹	图案呈现为圆圈中有内向弧形方格，似圆形方孔钱，寓意财富
3			寿字纹	中国古代传统纹饰之一。是文字纹的一种，寓意生命长久
4			方胜纹	两个菱形压角相叠，组成的图案或纹样，寓意同心相连
5			绣球纹	八仙纹里的一种图案，寓意女性和爱情
6			十字纹	十字型的纹路符号寓意太阳和生命

续　表

序号	实　例	图　样	图样名称	释　义
7			云头纹	云头纹又称"如意云",寓意福运和如意
8			城砖纹	模仿砌墙的砖,寓意富贵不断
9			喜字纹	一种典型的吉祥纹样,用于喜事庆贺

　　剪纸以民间美术自身特有的文化基因、心理结构、审美情趣为基础,并以程式化的符号化纹样世代相传。① 剪纸作为非物质文化的重要载体,反映着人类本源的东西,它承载着文字所无法传载的文化原形。民俗剪纸的形象来源于生活中的种种事物,从具体的实物演变为平面的艺术形象,离不开其他门类艺术的启迪。在其产生之前,在艺术特点上有与相似的母胎形式如原始岩画、原始彩陶直接给予启发和影响。剪纸本身从原始艺术脱胎而来,所以作品中存在许多与原始艺术原形相似的纹样,或是相同的表现形式。

　　原始岩画是人类原始时代进行宗教活动和生产活动时自我表达的艺术形式,画中有大量的抽象符号,如⊙形纹、┿形纹、✕形纹、◎形纹、十字纹都是太阳的象征符号,十字纹在民俗剪纸中仍在运用,也象征太阳和生命,常用于装饰纹样。原始岩画是一种表意的象征艺术,有许多抽象符号本身就是一定意义象征的体现。内蒙古阴山有幅岩画,在母牛的身体里刻了一只小牛,象征繁衍生殖的意思。在民俗剪纸中也发现了同类型题材的纹样,如图 1 为吉林灯花上的纹样,母鸡身体里刻有三只小鸡,也寓意着生命繁殖。

　　原始彩陶是一种含有丰富意蕴的装饰艺术器具,其表面的具象图形不仅有装饰意味而

图 1　寓意繁殖的纹样②

①　李西秦:《剪纸艺术》,西安交通大学出版社,2005 年,第 105 页。
②　潘鲁生:《中国民俗剪纸图集》,北京工艺美术出版社,1992 年。

且有一定的象征意义。众多的鱼、蛙、鹿、鸟、人、日、月等具象图形多是用简括的线条描绘物象的基本外形轮廓和内部结构,并用夸张的手法突出物象的主要特征。图2左侧是彩陶中鸟的具象图影,右侧是剪纸中鸟的纹样,依图可以看出民俗剪纸继承了彩陶表现平面基本形影像的特征,并在内部结构中融合了自身特有的装饰纹样。彩陶表面还有一定象征意义的抽象线纹符号,常见的有曲线结构的月牙纹、树叶纹、花瓣纹、海贝纹;旋线结构的旋涡纹、风车纹等;折线结构的三角纹、连山纹、锯齿纹;圆线结构的圆孔纹、太阳纹等;交线结构的十字纹、万字纹、变体万字纹、渔网纹等,这些抽象的线纹都是从自然具象中提炼概况而成的,一部分在剪纸中已成为表意的抽象纹样,例如十字纹、万字纹、锯齿纹、太阳纹等等。

图 2　原始彩陶中的鸟与剪纸中鸟的纹样的对比

(二) 民俗剪纸符号化纹样的表现形式与制作工艺

剪纸具有高度的概括性,刻画形象重写意,依据剪纸纹样的外在表现形式,可以将其分为具象纹样和抽象纹样,这些纹样都具有符号化特征。[①]

具象纹样是对自然形象的真实再现,以民俗事象为主题的多是具象纹样。每个具象纹样有其相应的象征意义,也可以这么说,某些特定的意义也必须通过特定的符号来表达。同一地域的纹样存在差异性。当表达祝寿主题时,通常会运用松树、仙鹤、寿桃、老寿星等具象纹样,祝福新婚时少不了龙凤嬉戏、蝶恋花等纹样,还会以瓜果具象纹样祝福多子多孙,家族兴旺。图3中观者能清晰明了地看到莲花、金鱼、蜻蜓这些具象纹样,象征了多子多孙之福。

抽象纹样是对自然形象的抽象概况,一般用在具象纹样的内部,起到装饰作

①　张继东:《从民间剪纸看中国民间美术图式的意象性》,《淮北煤炭师范学院学报》(哲学社会科学版),2004年第1期。

用。相对于识别性较强的具象纹样，只有相同文化背景的群体才能辨认出抽象纹样的具体文化内涵。它是在漫长的历史中逐渐简化而成的，人们不断创造着各式各样的吉祥纹样，同时各种纹样随时代的变化而改变。一种纹样在不同时期、不同地域、不同作者的作品里可能体现出差别，但这不影响纹样传递的深层文化内涵。例如太阳纹的主体是旋状纹样，线条数目在不同地域会稍有差别，但是其旋状

图3　金玉满堂莲花多子　山东临沂

主体并没有改变。太阳纹一般装饰在动物、人物衣物上，河北剪纸用在牛身上，山东刻在猫身上，陕西则用在狮子身上，运用的动物不同但都体现了对生命的崇拜（如图4）。

图4　太阳纹在不同动物身上的运用

　　民间剪纸的许多特点和风格都是由于折剪上的一定技巧而产生的，另外剪纸特有刀法也可以塑造一些富含特定寓意的符号化纹样。剪纸作品基本是由这些符号化纹样组合而成，所要表达的主题人们都能读懂，看明白。

　　折剪，就是将纸先折叠多次，然后在折好的单元上剪出连续对称的图形纹样或文字、符号。用二分法折纸，以合口折边为对称轴线，从对称轴线向旁边剪出不同形态的线条，展开即形成各种纹样，如云头纹、十字纹、城砖纹；用四分法折纸，剪去纹样以外的部分，可以形成方胜纹、盘长纹等；用八分法折纸，可以剪成孔钱纹、绣球纹、太阳纹等。还有一部分由于剪纸特殊的刀法而形成的像月牙纹、锯齿纹、花朵、涡纹、云纹和水纹的装饰纹样。民俗剪纸剪纸的刀法形式有

"锯齿"和"月牙儿"等,"月牙儿"也是剪刻时自然产生的各种弧形装饰,它以阴刻为主,主要表现人物的衣纹,或破坏大块黑的面积,根据不同物象的特征,形状可长可短,可宽可窄,可曲可直,能变化出各种不同的类型。从南北朝时期的"对马团花"和"对猴团花"剪纸技法中的锯齿和月牙儿的萌芽出现,经过于百年的历史演变,一直延续至今,已成为剪纸艺人喜爱一种装饰纹样。

(三)剪纸符号化纹样的特征

1. 剪纸符号化纹样的民俗性

符号化纹样是民俗活动的物化载体,具有民俗性。年节剪胜,元宵挂纸灯、清明烧纸钱、端午除五毒等等民俗活动都离不开剪纸,从岁时节令、婚丧嫁娶、祭祀礼仪到吃、穿、住等都随着时代发展和社会生活变化而形成各自相应的习俗,正是这形形色色、五色斑斓的民俗事象催生了各式各样的符号化纹样。[①] 首先,它依附着这民俗活动而生存和发展。其次,民间美术也为民俗活动增添了剪纸丰富的形象载体,它伴随着民俗活动而产生、发展、完善。

图5　生育神催生娘娘

图6　萨满蛙族图腾

原始宗教文化是民间民俗文化的核心,可以说是符号化剪纸纹样形成的基因。由于原始社会生产力低微,科学落后,原始人将种种神秘关系都看作是天命鬼神的互渗现象,予以膜拜、祭祀、祈求神灵的保护,他们信仰图腾崇拜、自然崇拜、祖先崇拜,每遇重要的事件都要祭拜。

民俗剪纸中有象征生育神的女娲纹样(如图5),有保护婴儿的保生神纹样,每当祈求生子,都会去祭祀生育神,新生儿诞生后要去祭祀保生。云南傣族信仰佛教,在佛寺庙内外悬挂佛灯、佛幡和各种敬佛的器具,都是用剪纸来装饰。萨满教信奉天神、地神、动物神、植物神等等,在满族民俗剪纸中仍能见到传承下来的象征各种神灵的符号化纹样(如图6)。

---

① 沈涛:《中国剪纸的符号系统》,《美与时代》,2003年第3期。

2. 集体意识与个体意识共建的统一体

民间剪纸是附合民间习俗必不可少的一种艺术活动。民间剪纸纹样之所以能够长久流传，与中国农村稳定的文化圈环境有着密切的关系。几千年来封建统治和自给自足的经济形成了相对封闭的乡村文化环境，文化的传承是以家族为单位进行的。民间剪纸纹样是集体传承，通过"口传耳闻手教"的方式，许多剪纸世代相传，找不到明确的作者。民间剪纸离不开这一群体的审美意识而独立存在，表达的自然不是单个农民的审美意识，而必然是民间群众的共同审美意识。集体意识是一种承传久远的集体的智慧意识，蝙蝠象征福运、聚宝盆象征财富、松鹤象征长寿等等这些已逐渐固化为观念的替代物，它使那些与人的切身利益相关的客观对象成为民俗剪纸中特定的符号化纹样。

集体意识所建立的符号，并不是最终成为艺术形象的符号。一方面缺乏个性化的内涵，另一方面观念载体并不是由主体当下建构的表现形式。个体有着自己的艺术修养、审美情趣和个人感情寄托，导致不同地域剪纸的符号纹样是不尽相同的。因此支配剪纸创作的观念是集体意识与个体意识的统一。创作时面临的都是一些具体的、不同于其他创作者的现实问题。剪纸艺人对于剪纸形式程式化的灵活处理，他们按照自己的理解和兴趣，随意灵活的增减和再创造。可能因为一不小心剪错了，顺势将错就错而造成纹样的小变动，也可能是根据实际情况变动纹样的细节，但并不会影响纹样的主体结构。于是在作品中常有"既相似，大不同"的风格，甚至还有观念完全不同的变异。艺人个性化的感受、需求、兴趣和情感，必然要使作品披上个性色彩。当个体产生表现要求时，他既要对符号所指的意义加以主观的排列组合，又要对符号化纹样的形态进行能动的选择综合。扬州自古以来文人墨客聚集，清代形成以"扬州八怪"为代表的扬州画派，置身于此的剪纸艺人张永寿深受影响，他擅长花卉，尤爱菊花，其创作的百菊图更是出神入化的细腻而富有灵气。还有各地形态不同的城砖纹，有的呈现"⊥"纹样，也有呈现"上"纹样，都受到剪纸艺人个体意识的影响，这都离不开创作者的个体意识。

（四）结　语

民俗剪纸是我国传统优秀文化的一部分，随着城市化进程的加快，人们的审美受到了一定的影响。只有对其文化内涵不断地挖掘，才能使其不被时代所运用。通过本文对剪纸符号化纹样的探索，希望能对剪纸艺术新领域的开创有所裨益，使民俗剪纸以独特的形式美编织出绚丽多彩的民族文化形象。

思考题：

1. 民间艺术往往承载着一个民族的文化内核，请选取一个国家或文化圈的某一项民间文艺书，与同学们讨论中外民间艺术的异同及其文化内涵。

2. 民间艺术教学离不开文化体验，这一定程度上为实际教学带来了很多困难。请与同学们讨论如何设计一个科学、可行的民间艺术教学板块。

参 考 书 目

1. 刘劲蓬：《民间艺术符号转换》，中国纺织出版社，2023 年。

2. 唐家路：《民间艺术的文化生态论》，山东教育出版社，2020 年。

3. 陈平、马熙逵：《当代民间艺术新论》，社会科学文献出版社，2019 年。

4. 张艳华、王宝军、塔怀红：《苏州民间艺术形态及文化内涵研究》，《艺术研究》，2018 年第 3 期。

5. 彭兆荣：《另一份遗产：民俗与"非遗"的历史交情》，《重庆文理学院学报》（社会科学版），2017 年第 1 期。

6. 季中扬：《民间艺术的审美经验研究》，中国社会科学出版社，2016 年版。

7. 祝鹏程：《民族艺术的历史建构——以三篇现代相声文献为个案》，《民族艺术》，2014 年第 6 期。

8. 彭兆荣：《手工》，《民族艺术》，2013 年第 4 期。

9. 包贵韬：《民间艺术读本》，大连出版社，2011 年。

10. 陈竞：《中国民俗剪纸技法》，江苏美术出版社，2011 年。

11. 钟敬文：《民俗学概论》（第二版），高等教育出版社，2010 年。

12. 范例：《论云南现代民间绘画的艺术特点》，《云南民族大学学报》（哲学社会科学版），2010 年第 6 期。

13. 王海霞：《巫术·宗教·原始文化——中外传统民间艺术探源》，太白文艺出版社出版，2006 年。

14. 王树村：《中国民间美术史》，岭南美术出版社，2004 年。

15. 唐绪祥：《中国民间美术全集·饰物卷》，广西美术出版社，2002 年。

第五章

饮食民俗与国际中文教育

民以食为天，人类的生存发展离不开衣食住行。"人们首先必须吃、喝、住、穿，然后才能从事政治、科学、艺术、宗教等"，①世界上各个国家、各个民族在长期的生产生活实践中，均形成了各具特色、丰富多彩的饮食活动。在漫长的历史进程中，饮食活动最终形成了独具民族性、地域性的饮食民俗。不同民族、不同国家、不同文化的人在交流时，饮食民俗是最能快速拉近彼此之间距离的方式之一。本章第一节主要从饮食民俗的分类、特点、形成与发展以及功能展开，第二节主要从中外饮食民俗比较的角度选取了锅盖面的教学案例进行比较，并分析其背后的异同。在国际中文教学中，比较并揭示差异存在的原因，有助于从理论和实践两方面深化跨文化交际，推动留学生了解其背后的文化内涵。

第一节 中外饮食民俗

一、饮食民俗概说

饮食民俗是人们在长期的生活实践中形成的有关食物（包括饮料）原料选取、加工烹饪方式、器皿和器具、食用方式的行为习俗和文化规范。从元谋人用火烹烤食物开始，人类对食物的利用有近百万年的历史，在这个漫长的历史时期中，人们世世代代持续不断地丰富着食物的文化内涵，把大量文化符号和内容注入、保存在饮食习惯中，发展出了各具特色、丰富多彩的饮食民俗文化。

---

① 马克思、恩格斯：《马克思恩格斯选集》第3卷，人民出版社，1995年，第335页。

（一）饮食民俗的类型

饮食民俗种类繁多,按照对象食物可以分为饮食习俗及独立于日常饮食习俗之外的饮酒习俗和品茶(或西方的咖啡)习俗。饮酒习俗包括酒的储藏、品鉴、酒具及饮酒方式、酒令等内容。饮茶习俗的核心是茶的烹制与品鉴即茶道,此外还包括茶点、致谢茶、送客茶等功能性茶礼。西方的咖啡习俗则包括咖啡豆的研磨、冲调、品鉴等内容。

按照适用范围可以分为日常食俗、节令食俗、四礼食俗和会客食俗以及其他食俗。

1. 日常食俗

日常食俗主要是指家庭日常主食、副食的食用习惯。中国是一个传统的农业大国,有着了几千年的农耕文化,是中国传统的家庭组织形式和结构大多是为适应农耕文明而建立的,是以血缘关系结合而成的团体,家庭、宗族、氏族成为社会的基本结构单元,强调的是家长、族长的权威,强调的是伦理,这种情形一直持续到 1949 年中华人民共和国成立之前。这一点和西方国家以个体为单位的公众结构有很大的不同。自西汉至 1982 年人口普查,中国户均人口为 2.19(宋)至 6.03(唐),大部分时间户均人口处于 5 左右,即所谓 5 口之家。但是自古以来,不乏大的家庭。《旧唐书·裴漼传》载:"于东京立第同居,八院相对,甥侄皆有休憩所,击鼓而食,当世荣之。"①张家人吃饭时,以鸣鼓为号,必须要等到所有人到齐,才会开饭。不仅人如此,连张家的上百条狗也是如此,只有等所有的狗都到齐了,才会一起开始进食。

《红楼梦》第三回《贾雨村夤缘复旧职,林黛玉抛父进京都》:"已有多人在此伺候,见王夫人来了,方安设桌椅。贾珠之妻李氏捧饭,熙凤安箸,王夫人进羹。贾母正面榻上独坐,两边四张空椅,熙凤忙拉了黛玉在左边第一张椅上坐了,黛玉十分推让。贾母笑道:'你舅母你嫂子们不在这里吃饭。你是客,原应如此坐的。'黛玉方告了座,坐了。贾母命王夫人坐了。迎春姊妹三个告了座方上来。迎春便坐右手第一,探春左第二,惜春右第二。旁边丫环执着拂尘、漱盂、巾帕。李、凤二人立于案旁布让。外间伺候之媳妇丫环虽多,却连一声咳嗽不闻。"②饭后,贾府的规矩是要上两道茶,一道漱口,漱完口再上一道才是饮用的,这个就是

① 刘昫撰、陈焕良、文华校:《旧唐书　第 3 册》,岳麓书社,1997 年,第 1949 页。
② 曹雪芹、高鹗:《红楼梦》,人民文学出版社,1982 年,第 142 页。

所谓的"钟鸣鼎食"之家。但是哪怕是一般家庭,进餐过程中的尊卑关系、次序也都会有的。《论语·乡党》篇"食不言,寝不语",[①]就是规定了吃饭时不能说话,这倒是符合健康饮食的理念。

中国人在吃饭的时候都喜欢热闹,很多人围在一起吃吃喝喝,大家在一起营造一种温暖的用餐氛围。中国也素有"礼仪之邦"之称,讲礼仪,循礼法,崇礼教,重礼信,守礼仪,是中国人数千年的传统。在中国,从古至今大多都以左为尊,在宴请客人时,要将地位最尊贵的客人安排在左边的上座,并且先请客人入座上席,再请长者从入座客人旁依次入座,入座时要从椅子左边进入。入座后不要动筷子,更不要弄出什么响声,也不要起身走动,如果有什么事要向主人打招呼。中国的餐桌上酒是必备之物,以酒助兴,有时为了表示对对方的尊重,喝酒的时候都是一杯一杯地喝。而在西方则是以右为尊,男女间隔而座,夫妇也分开就座,女宾客的席位比男宾客的席位稍高,男士要为位于自己右边的女宾客拉开椅子,以示对女士的尊重。另外,西方人用餐时要坐正,认为弯腰、低头、用嘴凑上去吃很不礼貌,同时,在西方吃饭时主人不会提倡大肆喝酒。

2. 节令食俗

节令涉及农时、神话传说、重要纪念日等,往往有特殊的食品形式或食用习惯。饮食作为人们日常生活中最重要的部分,中国人自古就十分注重饮食与时间节律的关系,在不同的节气制作、食用不同的食物。人们在不同的季节,按照气候变化调整饮食的内容以调养身体:"春省酸增甘以养脾气,夏省苦增辛以养肺气,夏省甘增咸以养肾气,秋省辛增酸以养肝气,冬省咸增苦以养心气。"[②]如"冬至饺子夏至面"这句谚语介绍了人们在冬至和夏至这两个节气形成的特定饮食习俗。春节是中国人最看重的节日,北方一般要吃饺子,状如元宝的饺子代表了人们对于新年里财源兴旺的期盼。煮饺子的过程中,饺子如果煮破了不能说"破、烂"等不吉利的词,而应该改称"挣了",寓意来年会挣钱。南方稻米产区则吃年糕,讨"年年糕"的彩头。如今的中国人,更是把春节作为重要的团圆节日,除夕夜,一家人聚在一起,吃个热热闹闹的团圆饭,饺子或者年糕是一定要有的,但更多的是象征意义了。元宵节,北方吃元宵,南方吃汤圆,都是米制品,做法却大不相同,元宵是用干的米粉一层层滚裹在馅料表面,一般煮食或炸食。汤圆则

① 孔子:《论语》,北方文艺出版社,2019年,第133页。
② 李时珍:《本草纲目》(金陵版排印本),人民出版社,1999年,第55页。

是将米粉和成面团包裹馅料,一般煮食。农历二月初二,民间传说龙抬头,此后雨水会逐渐增多。民间在这天吃煎饼、炒豆。各种吃食在当日也会被赋予特有的名字,吃水饺叫吃"龙耳",吃春饼叫吃"龙鳞",吃面条叫吃"龙须",吃米饭叫吃"龙子",吃馄饨叫吃"龙眼"。这倒不是说人们要把龙吃了,而是用来祈祷来年风调雨顺。农历三月初四寒食节是为了纪念晋国大臣介子推,介子推在晋文公重耳流亡时一直追随左右,危难之时,甚至"割股啖君",助重耳返国执政以后,介子推却功成身退,携母亲隐居绵山,晋文公为了逼迫介子推出山而火烧绵山,最终介子推被烧死在绵山。后人为纪念介子推,在其死难日禁烟火,只吃馓子、青团等冷食,这就是寒食节。五月初五的端午节则是为了纪念投汨罗江自尽的楚大夫屈原,用苇叶或菰芦叶包裹稻米(或黍),煮成三角锥形的粽子,投入水中饲喂鱼虾,让鱼虾不要啃噬屈大夫的肉身。尽管在屈原之前人们已经有了食用粽子的习惯,但是作为端午节的食俗,粽子从原来的局部食用的区域性食品变成了现今全国人民喜爱的食品,甚至成了端午节的节令食品。粽子的馅料有红枣、豆沙、蛋黄、鲜肉等。这一天人们还会饮用雄黄和蒲根泡制的雄黄酒,以消病疫,远虫蛇蝎蚁。农历八月十五中秋节是团圆的节日,古人写了大量有关中秋节的诗文。"小饼如嚼月,中有酥和饴。"[1]这一天,一家人围坐赏月,吃象征着团圆和吉祥的月饼,油糖面团的广式月饼和油酥面团的苏式月饼包裹着枣泥、豆沙、五仁、水果、蛋黄、鲜肉等馅料在中秋节前半个月就摆满了市场。农历九月初九是重阳节,也称敬老节,这一天的特色食品则是由米粉、豆粉发酵制成的重阳糕和菊花泡制的菊花酒。农历腊月初八人们会食用腊八粥,其做法是"用黄米、白米、江米、小米、菱角米、栗子、去皮枣泥等,和水煮熟,外用染红桃仁、杏仁、瓜子、花生、松子及白糖、红糖、琐琐葡萄以作点染。"[2]古代人无论穷富,这一天是必须要吃一碗腊八粥的。大的寺庙一般也会在这天施舍腊八粥,去庙里喝腊八粥则是腊八这天非常重大、热闹的活动。腊月二十三是祭灶的日子,食用饴糖制成的灶糖和糖火烧,据说这些甜食可以让灶王爷"上天言好事,回宫降吉祥"。[3] 有的地方是腊月二十四祭灶,食俗类似。除夕日,即农历腊月的最后一天,北方喜吃饺子,以"交子"之意寓意时间更新,财源广进。而南方则设年夜饭,因为"年夜饭"象征着团圆。中国是一个民族大团结的国家,除了汉族的节令食品,各个少数民族也

---

① 苏轼著,李之亮注:《苏轼文集编年笺注 诗词附11》,巴蜀书社,2011年,第456页。
② 佘志超:《中国节日手册彩图》,华文出版社,2008年,第159页。
③ 任骋:《民间图腾禁忌》,中国社会出版社,2006年,第170页。

有自己的节令食俗。如除夕时高山族吃"长年菜",象征长寿,壮族吃"粽粑",拉祜族吃"糯米粑"等。总之,中国的饮食习俗有明显的节气规律,这种节令特征源于传统的农耕文明,但在具体的饮食习俗上又有一定的地域性特点。

3. 四礼食俗

四礼食俗指的是加冠、婚嫁、治丧、祭祀等大型活动的饮食习俗,内容相对复杂,流程较长。古代汉族男子二十岁行成人礼"加冠",这是古代男子人生中最重要的仪式,从这天开始,男子成人,有了完全民事行为能力。加冠礼中有"醴"或"醮"的环节,冠礼在宗庙举行,冠礼上冠者被三次加冠,分别代表男子有了参政、从军、祭祀的资格。三加之后,行"醴"礼,"撤出皮弁、黑布冠、梳子、席子等,归入于房内。设席于庙室之西,南面。赞者(助手)洗觯酒器于房中,独自斟上甜酒(醴);加柶(勺形器物)覆之,柶头朝前,柶柄在后。宾揖,冠者来到席西,南面。宾授甜酒于户东,加柶,柄朝前(为了冠者接枋祭醴方便),在席前,北面。冠者席西拜受觯,宾东面答拜。冠者将脯醢进置于席前,席地而坐,左手执觯,右手祭脯醢,用柶舀醴而祭之,行三祭。起立,来到席东坐,品尝一下醴酒,把柶插于觯中。起立,离开席子,坐下,把觯置于地,拜。执觯起立。宾答拜。"①也可行"醮"礼,"醮"是在每一加冠之后,赞者撤去冠礼物品。赞者斟酒爵。赞礼唱:"醮冠者"。正宾起席,一揖冠者,冠者在冠者席后端正坐,面向香案。赞者递上酒爵,正宾接过到席前面向冠者祝辞曰:"甘醴惟厚,嘉荐令芳。拜受祭之,以定尔祥。承天之休,寿考不忘。"②冠者向正宾行拜礼(这是冠者第一次行成人之礼),直身,接酒。宾答拜。冠者在席前略祭酒,直身,略饮酒,然后把爵递给赞者。向宾行再拜之礼(拜两次),以感谢正宾为自己完成加冠之礼。正宾答拜,然后起身归位。冠者拜赞者。赞者答拜。仪式结束后,举办"冠礼"的主人要大摆宴席,宴请来宾,宾客也会送上礼物以表祝贺。

婚嫁的习俗是非常热闹的习俗,各地区、各民族的婚礼食俗各有特色。旧时,京西一带结婚前一天,男方要给女方家抬去食盒,内装有米、面、肉、点心等,娘家要请"全福人(上有父母、下有儿女、夫妻恩爱、兄弟姐妹和睦相处的有福之人)"用男方送来的东西做饺子和长寿面,又名"子孙饺子长寿面",把包好的饺子再带回家。结婚这天,新娘下轿,先吃子孙饽饽长寿面。入洞房后,新郎新娘同

---

①　彭庆涛、高天健、龚昌华:《古代冠礼的具体仪程》,中国孔子网 https://chinakongzi.org/,访问时间:2024 年 2 月 21 日 12:03:26。

②　谢无量:《中国文学史》,应急管理出版社,2022 年,第 63 页。

坐,并由"全福人"喂没煮熟的饺子吃,边喂边问:"生不生?"新娘定要回答:"生(与生孩子同音)!"睡前要由四个"全福人"给新人铺被褥,要放栗子、花生、枣,意为"早立子,早生"。结婚这天请客人吃面条,讲究吃大碗面。也有的人家吃大米饭炒菜,菜肴多少视条件而定。陕西结婚,男方需要给女方送四样礼,分别是肉、莲藕、烟、酒。结婚当天新郎新娘需要吃汤圆,寓意一家人团团圆圆。婚宴开始,新娘换上婚宴礼服和新郎一起参加婚宴酒席,婚宴吃到一半应该向每位宾客一一敬酒,以表感谢。古代婚礼还有"同牢而食",入席后,伴娘会将盛着肉食的小盘子递到新人面前,新人用筷子夹起肉蘸盐,微微摇震手腕,抖一下肉上的盐,举至齐眉并低首,放于盘中。随后,新人再共同将酒洒于盘中。在司仪宣布"同牢而食"后,新人开始用餐,先吃一口饭,而后吃一口肉,最后喝汤。"这个过程是重复三遍,分别按照猪肉、腊肉、鱼肉的顺序,以示三餐告饱。"交杯酒也是婚礼中的重要步骤,新郎新娘要先各饮半杯,然后交换酒杯,再饮完对方剩下的半杯,这是夫妻同甘共苦、相依相存的一种承诺。婚姻食俗基本上都包含了对新人百年好合,早生贵子的祝福。

传统的中式丧仪一般称"豆腐饭",也就是全素席,古人在守制期间是不能吃荤的。唐浩明的小说《曾国藩》中提及这个细节,酒店的伙计向丁忧归家路上的曾国藩推荐牛肉,突然看见曾国藩腰间的麻绳,赶紧赔罪,上了素菜。山东有的地方在辞灵(下葬仪式结束后,亲属祭拜死者牌位)以后,亲属要一起吃饭,叫作"抢遗饭"。在吉林,白事宴席较简单,多在送葬完毕设便宴款待亲友,以客人吃饱为度,菜档次较低。菜肴数应是奇数,即"上单不上双"。客人可喝酒,但主人只斟一次,表表谢意即可。一般不互敬酒,饮宴过程也很短。可见,丧仪的饮食多数都是比较简单的。

祭祀食俗是神秘的,也是传承最久的。西周很长一段时间是禁酒的,祭祀时可以有酒,却不能喝,只能闻一闻。除此之外,稻黍、野菜、烹煮的牛羊也可作为祭品。周王室在进行祭祀祖先的祭礼时,礼仪的最后有一道叫作"馂"的饮食礼制,即参与祭祀的人员要吃掉供奉的祭品,按照馂礼规定,馂有严格的顺序:天子—卿—大夫—士—其他底层官员,这种做法就是为了"别贵贱之等"。明清社会重视家族伦理与祖先祭祀,逢年过节都要祭祀祖先,以食物供奉是祭祀仪式的重要内容。明代徽州祁门《窦山公家议》一书详细记载了明代南方地区岁时祭仪食俗。合族祠,每年的正旦,合族为首者备办酒水果饼祭奠祖先,仪式完毕后,按少长次第叩拜,分享祭饼。每年清明各门致祭。合户祠,各房不时祭奠。墓下祠是在墓地附近修建的专门祭祀墓主的祠祀场所,每年正旦、清明会祀。如正旦祭仪,好腊肉一斤,猪肚一斤,新鲜油煎塘鱼一斤,猪心腰舌一斤,以上均切成细片。好冰梅糖串十二两,好酒十二瓶,水菜随备。明朝北京皇家对河间、定兴二王的祭祀,秋祭在良乡,春祭在宛平县。

4. 其他食俗

其他饮食习俗是常规食俗之外的一些特殊食俗,比如因为其身处的极寒之地难以种植水果、蔬菜等植物,因纽特人为了获得足够的维生素 C 形成了食用生肉的习惯。臭豆腐则是中国传统特色小吃之一,具有"闻起来臭,吃起来香"的特点。其名虽俗气却外陋内秀、平中见奇,是一种极具特色的中华传统小吃。臭豆腐在不同国家的制作方式和食用方式上均存在差异,味道也相差甚大。长沙和南京的臭豆腐相当闻名,上海、北京、武汉、玉林等地的臭豆腐也颇有名气。螺蛳粉则是另外一种"闻起来臭,吃起来香"的特色食品,螺蛳粉以及用于熬汤的螺蛳并没有什么异味,其臭味主要来自里面的酸笋。类似的食物还有臭鳜鱼,在 200 多年前沿江一带的安徽贵池、铜陵、大通等地,鱼贩每年在入冬之时,都会将鳜鱼用木桶装运至徽州山区出售,为了防止鲜鱼在运输过程中变质,采用一层鱼洒一层淡盐水的办法,在途中会经常上下翻动鱼,使其浸盐均匀。经过七八天抵达屯溪等地时,鱼鳃仍是红色的,鳞鳍完整,鱼肉也并未变质,只是表皮散发出一种似臭非臭的特殊气味。洗净后经过热油煎炸、热火烹饪,不但没有异味,反而鲜香无比。臭鳜鱼是徽菜名品,湘菜中也有臭鳜鱼。除了"嗜臭"的饮食习惯以外,生食也是较为特殊的饮食习惯。生鱼片又称鱼生,古称鱼脍、脍或鲙,是将新鲜的鱼贝类生切成片,并蘸调味料食用的食物总称。生鱼片起源于中国,有着悠久的历史,后传至日本、朝鲜半岛等地,在日本是很受欢迎的食物。金朝女真人也有食用生鱼片的习惯。剁生是将新鲜的肉食(主要是牛肉),在案板上剁成肉泥,加入白酒及其他配料、香料(去腥),一起剁匀食用。在西方的餐饮文化中,接受不了把食物放进嘴里再把残渣吐出来的过程。因此,西方国家基本上是不会食用鸡爪的。而鸡爪在中国则升级成了"凤爪",是很多人难以舍弃、欲罢不能的美味。

(二) 饮食民俗的特点

世界各地饮食民俗纷繁多彩,各具特色。纵览这些源流各异、历久弥新的宝贵财富,它们一般都具有人类共通性、民族性、阶级性、历史性、地方性、传承性、发展性等特点。

人类共通性是指世界各地的民俗中存在诸多相似的地方,比如人类对于食物的需求,对于食物风味的嗜好,对于食用过程中必要礼仪遵守等。色香味俱全的中餐能够获得世界各国人民的喜爱,很多外国朋友因为喜欢中餐和中国人交上了朋友,继而爱上了中国文化。世界各国、各族人民对美食有着共同的追求,彼此可以通过美食来进行沟通和交流。

民族性是指不同的食俗表现出明显的民族特性,携带相应的民族文化符号。青藏高原上的藏民们用牛粪作为燃料烤饼、用牛粪擦碗,外地来的客人可能无法理解,而事实上高原干燥的气候和长时间的日照能让牛粪迅速干燥,而牛因为食用的都是植物性食物,所以牛粪里面并没有太多的有毒物质,所以从安全角度来说是没有问题的,而且牛粪本身也可以作为鸡、鸭、鱼等的饲料。贵州黔东南侗族人的传统珍贵美食牛瘪,是用来款待贵客的上品。牛宰杀后,操刀师傅会把牛的胃和小肠剖开,取出牛胃及小肠前端刚刚消化、营养还没有被牛完全吸收的草料残渣,清洗后,挤出汁水,最后加入牛胆汁和花椒、茴香、生姜、陈皮、香草、吴茱萸等香料,放入锅内用小火慢慢熬煮。在煮的过程中,要不停地捞出表面的浮沫和杂质,经过多次过滤而剩下的黏稠液体,就是正宗的牛瘪了,神奇的牛瘪美食就是这样制成的。草原上的蒙古族人,每餐都离不开奶与肉,而且喜欢喝酒。韩国人喜爱的泡菜、日本人的纳豆都有着明显的民族特色。

阶级性指人类因为在社会经济结构中所处的地位不同导致的饮食习俗方面的差异,比如贫苦农民的普通餐饮和皇室贵族的满汉全席。秦国的平民六月食郁,七月享葵,八月剥枣,九月叔苴,十月获稻。而秦国贵族的饮食为:特牲(一牛),三俎(豕、鱼、腊),二簋(黍、稷),并祭以肺。而最上层的周天子不仅珍馐有百二十品,酱亦有百二十瓮。百二十瓮酱中包括醯物六十瓮、醢物六十瓮。饮食内容上的巨大差异导致了饮食习俗的差异。无论是奴隶社会还是封建社会,饮食的阶级性都表现得很明显。慈禧太后每顿饭要吃一百多道菜,旁边还有一个专门尝菜试毒的,"吃菜不许过三匙",防止别人知道嗜好后下毒。

历史性是指饮食民俗在其形成发展过程中携带的相应的历史特点,比如唐朝禁食鲤鱼,宋朝禁食牛肉。公元 732 年,罗马教皇规定禁食马肉,此规定在欧洲延续了几个世纪。所以,我们研究饮食民俗,一定要结合当时的历史背景,这样才能更加全面地了解饮食民俗。

地方性是指因为气候、作物种类、口味嗜好的不同,形成不同的饮食习俗。

比如陕西人在冬季将各式菜色混在一起制成热汤面,整个进食过程中食物不至于变凉,沿海的广东人喜好海鲜,川湘赣人民喜食辣等。

传承性是饮食能够成为民俗的重要原因之一,世界各地的饮食民俗都是长期积累形成的,并且随着人们的来往交流互相产生影响,当今我们的餐饮习惯中仍然可能保留先秦时期的一些元素,当今形成的一些新的习俗也必将保留几十年甚至几百年。

发展性是指饮食民俗不是一成不变的,会随着时代变迁、外界环境变化、群体间的交流而发展变化。食物随着历史进程逐渐变得精美、丰富,来源于游牧民族的火锅、烧烤风靡中华大地,中国境内西式快餐店也开始售卖盖浇饭等中式餐品。用“和而不同”的态度来对待中西文化交流,在承认和尊重不同文化差异基础上吸收对方优秀的文化成果,更新自己的传统文化,也就是推陈出新,使自己的文化跟上时代,才是一种积极可取的态度。发展性和传承性相辅相成,并在传承中发展,在发展中传承。

(三) 饮食民俗的形成与发展

随着人类社会产生,饮食民俗就开始形成,在漫长的过程中,不断地把自然因素、经济状况、民族宗教、科学技术的相应元素和符号加入、固化。世界各国的饮食民俗普遍经历了生食阶段、熟食阶段、烹饪阶段、科学饮食阶段等四个阶段。

1. 生食阶段

在人们还没有学会使用火之前,无论是草木果实、飞禽走兽,还是水中的鱼虾蟹蚌,普遍采用生食的方式。生食不仅气味恶劣,难以消化,而且也容易引入病毒、病菌、寄生虫等,这也是相当长一段时期人类先祖平均寿命较短的原因之一。

2. 熟食阶段

当人们学会使用火以后,不管是燧人氏钻木取火,还是埃及人使用燧火,人类开始告别了“茹毛饮血”的生活,进入了烧烤、烹煮食物的年代,但是因为缺乏相应的器皿和调味料等,这个时候人们用火也仅限于将食物煮熟。也正是在用火烘烤泥中食物的过程中,人们逐渐掌握了制陶技术,陶器的出现让人们的食物加工方式有了更多选择。

3. 烹饪阶段

随着生产的发展和社会的进步,人类的食物开始逐渐丰富起来,掌握了种植和养殖技术的先民们将食物分成了主食和副食,稻、黍、稷、麦、豆等植物富含淀粉,主要提供能量,成为主食,马、牛、羊、鸡、犬、豕、蔬菜等成为副食。成书于西汉的《黄帝内经》记载了"五谷为养、五果为助、五畜为益、五菜为充"[①]的配合原则,表明这个时候人们的食物已经相当丰富,并有了基本食品营养学的理念。北魏崔浩所著的《食经》虽已佚亡,但贾思勰《齐民要术》中竟引用120条左右,涉及饮料的酿造、食物的烹调、蔬菜的储藏、果树的栽培、祭品的加工、祭祀仪典等内容,可见,南北朝时期的中国烹饪技术从之前的简单烹煮到开始注重营养,这已经有了相当的发展。

4. 科学饮食阶段

随着现代营养学的发展,人们逐渐清楚了各种食物中的蛋白质、脂肪、碳水化合物、维生素、矿物质、膳食纤维等营养成分的组成和它们对人体的功效,讲究膳食营养均衡的概念逐步形成,食物已不仅仅是饱腹之物,而且和人的健康有着密切的关系,利用膳食营养金字塔和膳食营养宝塔进行每日膳食的合理搭配,以提高人的健康水平的理念已逐渐深入人心。另一方面、挤压膨化、微波、生物技术、超高压、超声波、磁场等现代科学技术的出现也让食物的加工方式出现了改变,诞生了干细胞人造肉、分子料理等新的食物种类,给饮食民俗注入了新的元素。

(四) 饮食民俗的功能

1. 凝聚功能

相同地区、民族甚至相同国家的人会因为饮食民俗中的共同点而相互认同,在认同的基础上产生凝聚力。出门在外,老乡们会因为共同的食俗相约相聚,走出国门,人们也会因为思念故国的美食而聚集在一起。食俗在凝聚人心、增强认同感方面发挥着重要作用。

2. 教育功能

食俗文化内容丰富,人们从中可以学到有关食物原料、制作工艺、食用礼仪方面的知识,还可以学习到传统文化,提升民族自信心和自豪感。崔浩的《食经》就是由其母亲口述,自己记录的。

3. 传承功能

包括饮食礼仪在内的饮食民俗主要靠人们口口相传进行传承,形成文字的

---

① 方泓:《中医饮食养生学》,中国中医药出版社,2019年,第130页。

在整个饮食民俗中占比不高,但是几千年来,人们一直在接续不断地传承着,哪怕很多年已失去实际意义的形式,也因为人们对于传统的尊重而被保留下来,比如大多数家庭早已不供奉灶王爷,但是每年小年祭灶的传统还在。

4. 情感功能

饮食民俗的情感功能是指现在的人们通过在一起聚餐的方式联络感情,现代商务中的饮食也经常承担着其他方式无法替代的交际功能。浪漫的烛光晚餐则是恋人间表达情感的常用方式。

5. 娱乐功能

觥筹交错间人们互相祝福,妙趣无穷的酒令让人们在体会传统文化的同时开怀大笑。企业举行的团建活动内容之一也是希望员工在品尝美食的过程中放松心情,以饱满的情绪迎接下个工作日。

二、中外饮食民俗比较:以茶文化与咖啡文化为例

茶与咖啡作为两种在全世界范围内深受人们喜爱的饮料,分别是中西方饮食文化的典型代表。通过比较这两种饮料的异同可以让我们感受东西方文化的不同魅力。

(一) 起源与发展

陆羽在《茶经》中提道:“茶之为饮,发乎神农,闻于鲁周公。”[1]由此可见,早在上古时代,中国人就发现了茶,中国茶文化由此发端,经过了夏商两代大概一千年的发展,到了鲁周公时期,茶的饮用在贵族间已比较普遍,并且出现在祭品和礼品中,足见当时人们对于茶的重视。《华阳国志·巴志》有关武王伐纣时期得到的巴蜀国的贡品中就有“鱼盐、钢铁、丹漆、茶蜜”。[2]秦国夺取巴蜀以后,学会了茗饮之法。到了两汉时期,茶叶传入中原。到了唐代中期,茶叶逐渐由原来的药用品转为文人雅士追捧的高端饮品。陆羽的《茶经》成了茶文化形成的重要标志。宋代斗茶之风盛行,茶文化进入巅峰时期。明清时期伴随着茶叶海外贸易规模的不断扩大,茶文化输出到欧美并得到普遍认可。时至今日,很多国家都喜爱上了茶叶和中国的茶文化。

---

[1]　陆羽著,知书编:《茶经》,民主与建设出版社,2021 年,第 62 页。
[2]　齐豫生、夏于全:《中国古典文学宝库　第 39 辑》,延边人民出版社,1999 年,第 169 页。

咖啡源于北非,阿拉伯商人从这里把咖啡带到也门种植,碰巧的是,咖啡和茶叶类似,直到 15 世纪,咖啡仍以医学功用和宗教实用为主。之后,咖啡才逐渐成为贵族之间流行的饮品。16 世纪,咖啡传入欧洲并在 17 世纪中叶风行欧洲。17 世纪末 18 世纪初,咖啡被带到了东南亚和南美,适合的生长条件让咖啡在这两个地方迅速发展起来。中国境内也从 19 世纪末开始种植咖啡并且逐渐形成出口,还形成了有中国特色的咖啡文化。

(二) 种类

茶叶种类繁多,根据制造方法的不同和品质上的差异,分为绿茶、乌龙茶、黄茶、白茶、红茶、黑茶、花茶。茶叶一般只加水冲泡,很少用到其他辅料。咖啡则不同,咖啡豆的种类并不多,也不怎么区分炒制工艺。咖啡主要是通过搭配不同的配料来形成不同的口味,诸如玛多奇、白咖啡、拿铁、康宝蓝、半拿铁、卡布奇诺、摩卡、焦糖玛奇朵、爱尔兰咖啡、维也纳咖啡等,也有不加配料的浓缩咖啡和美式咖啡等。

(三) 用具

中国茶具非常讲究,茶具按其狭义的范围是指茶杯、茶壶、茶碗、茶盏、茶碟、茶盘等饮茶用具,而在陆羽的《茶经》中记载的茶具则多达 24 种。咖啡器具则有蒸汽加压咖啡器、虹吸咖啡器具、浓缩咖啡器、直桶形的浓缩咖啡器等。

(四) 饮用礼仪

中国的茶艺分为净手、汤器、请茶、洗茶、泡茶、拂盖、封壶、分杯、回壶、分茶、奉茶、闻香、品茗等十三个步骤。有经验的茶艺师十三个步骤一气呵成,如行云流水。咖啡的观赏性则主要表现在拉花上,同样需要专业的技师来表演。而品鉴礼仪则包括咖啡杯的使用、咖啡匙的使用、糖的加法、杯碟的使用等。

(五) 功用

茶和咖啡,一个是植物的叶子,一个是植物的种子,都因含有咖啡因而具有提神的功效,备受文人雅士、社会名流的青睐,在现代商务交流中发挥重要作用。不同的是,中式茶饮还含有茶多酚、黄酮、多糖、维生素、矿物质等多种营养成分,具有抗氧化、美容、调节血压、降低血脂等多种功能。

总体而言,茶文化和咖啡文化尽管起源、材料不同,但是在发展历程、礼仪、功用等方面惊人的相似。经过几千年的发展,都成了深受各国人民喜爱的饮料,可称为饮料界的"双子星"。

(六) 文化内涵

1. 慢与快

品茗在中国历来是文人雅士的悠闲之趣,"谈笑有鸿儒,往来无白丁"[1],择静谧之处,焚上清香,细冲慢品,让自己浮躁的心远离喧嚣,追求身心俱静,在品茶的同时思考人生,讲究的就是慢、静、闲,往往配以诗画,相得益彰。而西方的咖啡则不同,同样是追求身心的放松,但咖啡提神醒脑的作用更加强烈、迅速,让人释放压力的同时兴奋起来,制作过程也比较快,喝咖啡往往能让人们从暂时的困顿中恢复过来,以更加饱满的精神重新投入快节奏的工作。

2. 天人合一与人文思想

"茶"字的组成是"人在草木中",恰合中国传统哲学中的"天人合一"思想,讲究人与自然界的和谐统一。绿茶的制作过程经历了杀青、揉捻、干燥等多个环节,但师傅们在整个过程都小心操作,以保证茶叶的完整性不被破坏,像毛尖、翠芽、碧螺春、猴魁、金骏眉……从名字上就能看出中国人对茶叶完整性的要求,泡在水里的茶叶重新舒展开来,如鲜叶一般,形成各种造型,观赏这些造型本身就是品茗的重要一环。叶子的完整性又保证了茶叶的耐泡性,经过多次冲泡仍然保持香气,醇厚感不衰减,也让人们能够细细慢品。人们品茶的时候也在追求回归自然,修身养性。中国的儒道释出于"天人合一"的思想,都讲究饮茶。咖啡则不同,焙烤后的咖啡豆要经过多次研磨,变成均匀细小的颗粒,这样才能保证充分溶出有效成分,个性化的拉花、多元的配料则成了咖啡种类多样的来由之一,这和西方人讲究的以人为本的人文思想是暗合的,并不追求统一,而是注重饮者个人的感受,要不要加牛奶、糖等配料都是饮者自己可以选择的。

第二节　饮食民俗教学与研究个案

饮食文化国际中文教学是面向不同国别、不同文化圈的国际学生进行的跨

---

[1]　吴楚材、吴调侯选编,郭锐注译:《古文观止》,崇文书局,2020 年,第 159 页。

文化教学,教师在教学过程中,既需要充分考虑学生的汉语水平,又要关注国际学生对中国饮食文化的了解程度、接受心理,从而选取合适的教学内容和教学方法,实现中华文化国际传播和中外文化交流理解的教学目标。在此过程中,国际中文教师的饮食文化知识体系建构、饮食文化国际传播与研究能力,以及跨文化教学能力等都至关重要。

一、饮食文化教学案例分析

为什么把"锅盖"放到面锅里煮呢?①

学 校	汉语水平	授 课 对 象	作 者	整理者
江苏大学	中级	短期文化项目交流生	余红艳	孟媛媛②

(一) 案例叙事

这是一堂饮食文化课,面向的是来自奥地利的短期文化交流生。中国饮食文化类型繁多、菜系丰富,我在备课的时候,便深感困惑,不确定短短的 2 个课时,应该如何选取教学内容,以什么样的线索进行串联。在新媒体时代,一般性的饮食文化知识并不需要在课堂上进行讲解,学生通过手机、网络等可以轻易获取。为此,我阅读学习了大量的饮食文化知识,尽量多了解地方特色饮食,最终确定以中国饮食文化地图的形式,让国际学生在地理、气候、人文等综合环境中了解并理解中国人的饮食习惯和背后的饮食文化。

走进课堂,我照例先和同学们交流寒暄,并将学生在镇江的饮食情况作为导课内容。我走在同学们中间,问道:"这几天,你们在镇江吃得好吗? 你们喜欢镇江的食物吗?"同学们纷纷点头,马克是一个性格活泼的大男生,他开心地说:"老师,镇江的食物很好吃,不辣,还有点儿甜。我很喜欢。"是的,淮扬菜系相对温和、清淡,比较适合他们的口味。马克又说:"但是,老师,我觉得很奇怪,镇江的面条为什么和锅盖一起煮?"其他同学听了后,也连连附和。他们说的是镇江的特色饮食——锅盖面。就在我准备跟同学们讲述"为什么把锅盖放在面锅里煮"的民间故事时,我突然灵机一动,是啊,中国的很多饮食文化不是都有美丽的故

---

① 该案例来源于编者教学实践。
② 孟媛媛,江苏大学文学院硕士生,主要从事民间文学、民俗学研究。

事嘛，如果我的教学用一个又一个"奇怪的饮食问题"来串联，并用一个又一个"美丽的故事"来讲解，会不会有更好的教学效果呢？

想到这，我就笑着说："是啊，为什么在大锅里煮一个小锅盖呢？"我看到同学们都表现出浓厚的兴趣，便接着说："这里啊，有一个小故事呢。传说，三百多年前，乾隆皇帝来到镇江，听说镇江有一个'张嫂子伙面店'很有名，便一路找到了这个面店，点了一碗面。张嫂子和丈夫虽然不知道这是皇帝，但是一看他的样子，就知道这是一个大人物，便在厨房里手忙脚乱地煮面，好不容易让乾隆吃上面头后，张嫂子在厨房里听见他连声说：'味道不错，味道不错，不烂不硬，喷香爽口！'没想到，乾隆一边说一边走进厨房，却一声惊叫：'呀，你怎么把锅盖放在锅里煮了啊？'张嫂子这才发现，自己刚才手忙脚乱，竟将小锅盖当成了大锅盖，放到锅里了。乾隆夸赞镇江伙面味道不错的故事很快就传开了。镇江的'伙面'也就改了名字，叫'锅盖面'了。"

同学们听完后，都觉得很神奇，亚娜说："老师，原来是因为弄错了啊。"我笑着说："中国有很多的美食，这些美食究竟是怎么做出来的？有什么特别的调料或者技艺？这些啊，都是不能传授给别人的。所以，很多美食都会有一个美丽的故事，我们称它为'美丽的错误'。"同学们听完后，都纷纷点头。亚娜接着问："老师，中国还有哪些和美食有关的'美丽的错误'呢？"于是，我打开了备课时准备的中国饮食文化地图PPT，对着地图，结合各地的地理、气候、人文等特点给大家讲解了代表性区域的特色美食故事。

两节课的时间很快就过去了，同学们表示，中国的美食不仅好看又好吃，还"好听"。虽然教学设计有所调整，但是整个教学环节较为流畅、轻松。有趣的故事一方面能够很好地吸引国际学生的注意力，提升学习乐趣；另一方面也能帮助他们更好地理解中国的饮食文化。这节课的教学设计让我对文化课的教学有了更多的理解。

（二）案例点评

1. 案例优点

（1）备课充分，创新探索。虽然这个案例最终的教学设计与教师备课时的想法有所出入，但是，看得出来，教师在备课时做了非常充分的准备，对中国的饮食文化整体、代表性的菜系等都较为了解，并且准备了中国饮食文化地图，帮助同学们在地图的辅助下，理解中国各地的特色饮食及其背后的文化，这也为教师后来能够根据同学们的问题进行教学设计调整 奠定了重要的知识储备基础。

（2）抓住线索，及时优化。在导课环节，当学生提出"为什么在面锅里煮锅盖"的时候，教师能够抓住"美食疑问"，及时调整教学思路，尝试以"美食故事"串联"美食问题"，取得了较好的教学效果，这一方面需要教师拥有充足的饮食文化知识，另一方面也体现了国际中文教学课堂的灵活性和针对性。

2. 不足与建议

总体来说，这是一堂较为成功的饮食文化课，无论是教学设计、课堂互动，还是最终的教学反馈，都能看到教师备课充分、及时优化，但是，教师在备课和课堂组织环节中，未能考虑到中外饮食文化的交流、互动，未能让学生更多地介绍本国的饮食文化或者美食故事，一定程度上限制了文化教学的交流性和学生在课堂的深度参与性。

3. 案例思考

（1）你还知道哪些关于美食的"美丽的错误"故事？ 请与同学们分享讨论。

（2）如果让你设计一个 10 分钟的饮食文化教学，你会如何设计呢？ 请拟写一个教案。

二、饮食民俗研究论文

汉语与饮食文化[*]

赵守辉^{**}

（一）

从语言作为符号系统的角度看，语言负荷着文化的内涵，文化个性在语言中经过历史的沉淀，结晶在词汇平面，所以特定语言的词汇系统能够最直接、最敏感地折射出一个民族的文化价值取向，"一个社会的语言能反映与其相对应的文化，方式之一表现在词汇内容或者词汇上。"[①]

"饮食文化"是汉族文化的一个重要侧面。中国的"吃"天下闻名。南北大

---

 * 该文由赵守辉提供，原载于《学汉语》，1991 年第 5 期。

 ** 作者简介：赵守辉，男，博士，挪威卑尔根大学（University of Bergen）中国人民大学人文学院外语系中文项目创始教授，博士生导师。

 ① 恩伯：《文化的变异》，第三届国际汉语教学研讨会论文稿。

菜、满汉全席，吃得花样翻新，色香味缺一不美；酒席宴上，四大菜系名吃千种难分上下，寻常饭桌，各地风味千家万户异香纷呈，中餐馆遍布世界各地，外国朋友仍不远万里而来只为一饱口福。口眼之欲乃人之天性，古云"食色，性也"，所谓"国人讲美食，洋人好美色"，有人认为这正是中西方文化差异之所在，天下"吃"在中国。我们在教学实践中发现，汉语的词汇构成深深地打上了汉族"饮食文化"的烙印，用"吃"来比附造词，形成了汉语独特的表达方式，教师如果在解词释义时随时恰当地联系文化背景展开，与汉族的这种文化个性相印证，对于帮助留学生便捷地掌握地道的汉语大有裨益，确不失为一种行之有效的教学方法。

（二）

中国人除了每天见面时要关心一下"吃了没有"之外，还能通过丰富的想象，在选词造句时把复杂的人生感受、千变万化的客观世界和五彩缤纷的现实生活与"吃"联系起来，从而使汉语具有了鲜明的民族特色。下面我们分为"吃"的味道、过程方式、工具及对象四个方面来讨论汉语与"吃"的密切关系。

吃的味道与汉语。颜有七色，食有七味，汉语里用吃的味道来比喻复杂的人生感受，"酸甜苦辣香臭咸"无一不可以入喻。"酸"字多用于描写一个人书生气十足，故作儒雅之态，言谈举止像个老夫子，讥讽文人迂腐的词儿有"穷～、寒～、～溜溜、～秀才"等。不但人的气质可以"酸"，人的身体感觉也可以"酸"，如"腰～、鼻子～"，这是表示生理部位微痛。"酸"也可以构成表示情感悲痛的词，如"辛～、悲～、～楚"等。东北方言"酸"还有容易发急或发怒之意，如"急皮～脸、脾气～性"。[1]"甜"（甘）味宜人，用"甜"字构成的词也多含"美好"之意，如"睡得～、生活～、大有～头"等，"甜"字也可以描绘人的相貌言语。形容女孩子容貌姣好、惹人喜爱可以说"长得～、笑得～～的"，"嘴～"指嘴里说出的话"甜"，招人爱听，听了使人心里"甜丝丝的"挺舒服，但不能过分，"甜言蜜语"则反使人生厌。"苦"，《辞源》释"与'甘'相对"，因此含"苦"字词也与含"甜"字词意思相反，常使人联想到磨难与不幸，挫折和逆运，艰难和辛劳。据初步查考，"苦"的这些引申义早在商周时期就已出现，春秋战国时已很普遍，[2]在现代汉语里更加活跃。《常用构词字典》[3]里由"苦"字的这种引申义构成的词（包括成语）多达一

①　许皓光、张大鸣：《简明东北方言词典》，辽宁人民出版社，1988年，第411页。

②　《墨子·七患》中有"上不厌其乐，下不堪其苦"，又《庄子·达生》"见一夫丈游之，以为有苦而欲死也，使弟子并流而拯之"，这里的"苦"正是"困、痛"意。

③　傅兴岭、陈章焕主编：《常用构词字典》，中国人民大学出版社，1982年。

百零六个。例如"～闷、～思、孤～、清～；～口婆心、含辛茹～"等等。"苦"字构词能力如此强，以至人们在使用时已很少想到它的本义原是一种味道，这也表现了中国人民生活的艰难经历和对待生活的态度。"辣"由于对人体刺激强烈，在生理感觉上引起热感，所以有性格火暴刁钻、言语激烈尖刻等引申义，多用于形容女人，如"泼～、～货、～女人、小～椒"，像《红楼梦》里的王熙凤就被贾母呼作"凤～子"。由于"辣"的"火～～、热～～"的感觉，人们又赋予它一种"狠毒、厉害"之意，如"毒～、心狠手～、～手"。另外，"辛"还可以和"酸苦"等字组词，有"艰难"之意，如"～酸、～苦、～勤、艰～"。和上述三种味道融合在一起构成成语"酸甜苦辣"用以泛指经历复杂多劫，而再搀一味则指感觉复杂难辨，如"五味百感""打翻了五味瓶"，这里的五味一般指"酸甜苦辣咸"。① 中国人对"香"的感觉是模糊的，花"香"不同于肉"香"，但都是人们普遍欢迎的味道，所以含"香"字词表示受重视、受青睐，譬如"吃～、～饽饽"。在人们对味道的评价中，"臭"与"香"恰成对比，在汉语中常有"憎恶、讨厌、蔑视"的意思，"臭"的这类意思使它在文人墨客的笔下难登大雅之堂，而主要出现在口语中。如"这种牌子在市场上早臭了""他在同事间混得最臭""棋下得臭不可闻""～架子、～文章、～骂一顿、～名远扬、～卖货的、～老九"。"咸"字本身不能作喻组词，但这并不影响本文开头的结论，因为与其同范畴的反义词"淡"构成的词随处可见，多含由强至弱、由重及轻之意："平～、冷～、～漠、～然、～薄、～忘、浓妆～抹、轻描～写、～季"。

食之七味说至此还有三种令人不快的味道也应一提，其组词及用法是"臊货""馊主意""一条鱼腥了一锅汤"。

以上是汉语中对"吃"的具体味道的应用，下面以实例简略阐明直接以"味"为词根引申组成的词语及用例。

词：趣～、情～、韵～、意～、够～、对～、体～、玩～、乏～、臭～相投、耐人寻～、枯燥无～、余～无穷、兴～索然……

用例：京戏唱到～挺足、口音带东北～、欣赏口～太高、歌唱走～了、琼瑶小说富人情～……

味道与世界万事相联系进入语言，丰富了汉语的词汇系统，增强了汉语对现实世界的表达力度，这种联系的心理基础实际上是以通感现象为桥梁实现的，即通感修辞格。味道直接作用于人的鼻腔和口腔，如"酸甜苦咸"就是只通过口腔

① 浦吉：《有感于"五味瓶"》，《中国语文》，1988 年第 167 期。

感知的,味道作用于生理感官通过心理感知引起对客观事物的评价,如由香甜联想到美好幸福,这个通感过程可以图示如下:("⇒"表示作用影响的方向):

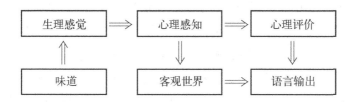

其实,这种味觉通感现象汉语里古已有之。唐代孔颖达疏《左传·昭三十年》中"视民如子,辛苦同之"一句时注曰:"辛苦者,味也,辛苦之味入口,犹困陋之事在身,故谓殃厄劳役之事为辛苦也。"成语"卧薪尝胆"就恰当地反映了这种通感过程。

吃的方式过程与汉语。在汉语里,"吃"的过程本身被分解为一系列细致具体的动作过程来满足复杂的表达需要,包括感觉的过程依次如下:

馋→垂涎→品→尝→啃→嚼→吞→饱→撑

组词及用例:

看到下棋心里馋得慌、眼馋、馋猫;垂涎三尺、垂涎美色;品评、品味、评头品足;尝试、艰苦备尝、浅尝辄止;啃书本、敢啃硬;咀嚼、咬文嚼字;吞并、吞没、侵吞;饱学、饱经风霜、饱食终日、白吃饱、吃饱了撑的。

"吃"的感觉还有表厌烦不满的:腻味、腻烦、玩腻了;表憎恶的:令人作呕、叫人恶心;表合兴趣的:合胃口、对胃口、胃口大开。

食物的制作过程和方式在汉语中也各有妙用。

煮饭烧菜的关键在于"生熟","生、熟"的本义对于初学汉语的外国留学生透彻地理解下列词语无疑也是关键的熟:～悉、～人、～思、～练;生:～人、～分、～疏。汉族人食熟忌生的饮食习惯在汉语中也有所表现。事情没有达到理想的地步叫"欠火候"或"火候不到",这样做成的"夹生饭"会带来很多麻烦,"不生不熟"的事棘手,"不生不熟"的学生难教,因为还需要"回回锅"。

中国的烹饪技法纷繁复杂,不下数十种,下列五种在汉语里被广泛引申运用。

煎:～熬;熬:～夜、～过这一关;炒:～卖、～鱿鱼、～冷饭;烩:大杂～;熏:～染、～陶。

此外,还有三种以吃的方式比喻做事的能力使用频率也很高,分别是:吃得开、吃得住、吃得消。

吃的工具与汉语。吃的工具出现在汉语里主要是通过借代和借喻等修辞方式，"碗"是近年来在现代汉语里使用最多、用法最活的一个。我们今天所用的碗多是瓷制的，但从碗的造字法上可以知道古人所用的碗是石制的，所以今天人们从碗的制造原料上创造了"铁饭碗""金饭碗"来借代保险的工作、称心的工作。用"碗"喻工作用法还有很多，如"吃这碗饭的""执照一扣，饭碗就成问题了""端人碗，服人管"。吃的工具还有许多如"锅盘碟筷瓶灶勺"等，多为一些固定的俗语性用法，如"吃大锅饭""背黑锅""开小灶""打翻了五味瓶""吃着碟望着盘"……至于中国农民把自己的终身伴侣比作做饭的工具——"做饭的"，一方面反映了中国传统中妇女地位的低下，同时也足见中国人对"吃"的重视程度。

吃的对象与汉语。汉语里对一个人的外貌心理、衣着行为的好恶喜憎，都可以用吃的对象通过比喻、夸张、借代来描绘。古人可以不下餐桌、不出菜园就把一个美女栩栩如生地烘托出来，并使人感到活灵活现：杏核眼、樱桃小嘴、瓜子脸、胫如嫩藕、乳似馒头、指纤若葱白、口若含贝、一笑两酒窝。这种通过人的形体外貌与食物的相像进行想象夸张的描写手法历久不衰，延续至今。下面的例释则多含贬义：奶油面孔、橘子皮脸、西葫芦脑袋、豆腐心、巧克力牙、蒜头鼻子……形容人长得又高又瘦"像棵豆芽菜"，形容人长得又矮又胖"三块豆腐高"。这些都是以食物的外部取形。下面的用法则是从食物自身内部特点和属性着眼的。喻老人："姜还是老的辣"；喻女人："老牛吃嫩草""癞蛤蟆想吃天鹅肉""强扭的瓜不甜""宁吃鲜桃一口，不吃烂杏一筐""秀色可餐"；喻妻子："糟糠（之妻）"。"糟"的原义本是酿酒时剩下的渣子，引申为"败坏、次品"等义。《现代汉语词典》里共列了八个词条，其中"糟糕"（或糟了）使用频率最高，与这种用法和意义基本相同的短语在北方口语里也说"坏菜了"。①

中国人喜食油腻食物的习惯与西方人大相径庭，在谈到这一点时，下面的趣闻经常被人们引为例证：在一次国际会议上，在谈到列强对旧中国的野心时，周总理曾作过一个很贴切的比喻，他把中国比作人人都想分食一口的"肥肉"。这个对中国人来说通俗易懂的比喻，对于惧怕高脂肪食物的西方人却造成了理解上的障碍。当今的中国人也正在逐渐放弃这种饮食习惯，但"肥、油"表示"利、益"的用法在现代汉语中却广泛应用，也可以说明文化对语言的制约作用。例

---

① 陈刚：《北京方言词典》，商务印书馆，1985年，第105页。

如:"这项工作真是个肥缺""外事单位油水最大""政策的失误肥了个别人"。

下面我们从词汇角度以社会惯用语为例,考察汉语里大量以吃的对象为话题,诙谐深刻地描绘人情世故的词语,熟谙世事、明哲保身的人:"老油条""老油子";哗众取宠的人:"油嘴滑舌";一知半解的人:"半瓶子醋";不讲信义:"食言而肥";本性难移:"生姜断不了辣""狗改不了吃屎";打架斗不过:"瘪茄子";很平常的事:"家常便饭";轻而易举的事:"小菜一盘";事情混乱不堪:"乱成一锅粥";事情办得不及时:"黄花菜都凉了"……

我们还可以从语法—语义角度通过动宾搭配来解释吃的对象在汉语中运用的灵活多变。谓(动)词与其周围体(名)词之间的及物性关系(格关系)多种多样,动词对其后面所结合名词的语法合理性要求宽容度越大,那么动名(谓宾)结合所产生的语义关系越复杂,同时也说明该动词的使用频率越高。根据《动词用法词典》,[①]"吃"至少可以带五种格关系的宾语:受事、工具、方式、处所、杂类,在汉语中活动能力如此之强的动词寥寥无几。而像下面这类不可照字直接超常搭配的"吃"族词不胜枚举,试随手撮取若干例:

吃:～偏饭、～小灶、～大碗、～包伙、～食堂、～独食、～干饭、～官粮、～红本、～利息、～回扣、～闭门羹、～后悔药、～全聚德、～集体、～救济、～出租、～官司、～红灯、～耳光子、～棍子……

(三)

以上我们试图从"吃"的味道、方式过程、工具、对象四个方面谈"吃"是怎样进入汉语、丰富汉语表达的,实际上这样初步的总结还远未能概括无遗,因为在自然语言中"吃"的运用随处可见,不拘一格。据我们对《汉语谚语小辞典》[②]的初步统计,该辞典共收谚语 3 443 条,而其中源于"吃(喝)"的竟达 305 条,占总数的百分之九。例如:

巧妇难为无米之炊、柿子要挑软的吃、油多不坏菜、心急吃不了热豆腐、肉肥汤也肥、一锅米煮不出两样饭……

下面的例子都是我们从书面材料或日常生活中看到或听到并信手录下的:

傻干时有你,分房子时你连味也闻不着;他说我爱翘尾巴,平时净给我吃辣

---

①　孟琮、郑怀德等:《动词用法词典》,上海辞书出版社,1987 年。
②　中山大学中文系编写:《汉语谚语小词典》,广东人民出版社,1982 年。

的;这些个贫困村贫困屯都让国家给喂懒了;你越是禁止,偏就有人喜欢这一口……

"吃"、"喝"本同源,"喝"对增强汉语造词造句能力也有不少的贡献,限于篇幅,仅举一例说明。我们都知道酒多伤身,但微醉却能给人一种朦胧的快感,多数含"醉"的字词就是从这个意义上构成的,如"陶～、沉～、麻～、～心、～人"等,古往今来无数骚人墨客歌咏豪饮的名篇佳句对汉文化和语言产生了不可低估的影响。

(四)

近年来,由南方青年语言学者倡导的"文化语言学"方兴未艾,但我们认为这种研究的主流是探讨中华民族传统文化和思维习惯,以及汉语结构特点的作用,如汉语的意合结构与中国人传统的整体性思维的联系,而对外汉语教学领域更关心的是汉文化与汉语遣词造句和表达方式的关系,过去谈得较多的都限于不同文化背景之间表达方式的对比,如文化与问候、称谓、称赞等,且多是泛泛而论,而极少深入对学习者影响更大的词汇平面。[①] 目前对外汉语教学对文化的研究,应该以文化为核心,向语言的各个层面辐射,分析定向,沿不同角度纵深开掘,使研究目标更为明确,同教学实践的结合更加直接。"饮食文化"对中国人生活中的渗透无孔不入,但对于汉语程度不同的学习者来说,其接受能力并不处于相同的层次上。例如"吃"与汉族节庆日的关系:春节吃饺子、年糕,灯节吃元宵,端午节吃粽子,中秋节吃月饼,腊八节喝腊八粥,过生日吃长寿面,[②]这样的习俗就应该放在较高级的汉语教学阶段。

(五)

几千年来,中国人讲究"吃",汉语中对"吃"丰富多彩的表达方式深刻反映了中国自古作为农业大国的文化特色,中国古有名训"民以食为天"。[③] 孟子在阐述自己的哲学观时就用"鱼"和"熊掌"来借喻所希望获得的东西;[④]汉代的史学家司马迁的《史记》在记述历史上有名的"鸿门宴"时也有"方今人为刀俎,我为鱼

---

① 第三届国际汉语学讨论会上郭锦桴的《汉语与深层文化》较详细地探讨了汉族文化哲学观与色彩观对汉语词汇的影响。关于汉语与文化的关系对汉语教学的影响可参见该次会议上刘宁、张柏玉、岳长顺等的有关文章。

② 刘宁:《谈汉文化的汉语表证》,第三届国际汉语教学讨论会论文。

③ 《汉书·丽食其传》中有"王者以民为天,而民以食为天"之句。

④ 朱熹《四书集注·孟子卷之六·告子章句上》:"鱼,我所欲也;熊掌,亦我所欲也,二者不可兼得,舍鱼而取熊掌者也。"

肉"句。

"吃"在中国人心目中的地位,对汉语的影响程度,对来自异族文化的汉语学习者来说,其心理接受难度是不可低估的。基于这种认识,中国的"饮食文化"作为整个传统文化的一个重要组成部分,作为对汉语学习者具有重要意义的"交际文化"①的重要组成部分,无论是作为一种文化现象本身,还是其对汉语的深刻影响,都值得汉语教学工作者进一步深入研究。

思考题:

1. 与同学们讨论如何充分利用饮食文化进行汉语教学。

2. 与同学们讨论饮食文化与民族、地域性格生成的关系。

参 考 书 目

1. 胡兆量、王恩涌、周尚意主编:《中国地学通鉴·文化地理卷》,陕西师范大学出版总社,2019 年。

2. 王作揖、王臻、姜波:《中华传统饮食民俗》,气象出版社,2018 年。

3. 姜若愚、吴瑛主编:《中外民俗》,东北财经大学出版社,2013 年。

4. 赵序、金丽娟:《中外民俗》,天津大学出版社,2011 年。

5. 冯玉珠:《饮食文化旅游开发与设计》,浙江工商大学出版社,2010 年。

6. 隗静秋:《中外饮食文化》,经济管理出版社,2010 年。

7. 高文铸:《"北魏·崔浩〈食经〉"考》,《中华医史杂志》,1993 年第 1 期。

8. 国务院人口普查办公室、国家统计局人口统计司:《中华人民共和国 1982 年人口普查》,中国统计出版社,1985 年。

---

① 黎大睦:《现代外语教学法》,北京语言学院出版社,1987 年,第 188—194 页。

第六章

数字民俗与国际中文教育

数字是一种重要的文化语言，它以符号的形式出现在人们的日常生活中，并逐渐形成以数字崇拜和数字禁忌为代表的数字民俗文化。具体来说，数字民俗是指人们根据自己的观念、理解赋予普通数字某种特殊含义而逐渐形成的一种具有集体潜意识的约定俗成，它投射的是一个民族、区域特有的民俗心理。我们把这种被人为主观赋予的、对数字的使用所体现出来的、反映不同民族价值取向的、代表不同文明的文化类型，称为数字民俗。在国际中文教学中，数字民俗的教学既有利于学生更加深入地理解与数字相关的成语、俗语、熟语等汉语教学内容，同时，数字民俗更是中国文化教学的重要内容之一，数字民俗教学有助于进一步深化国际学生的中国文化认知、提升跨文化适应能力。对于国际中文教师来说，中外代表性数字民俗文化是必备的专业基础知识，充分掌握中外数字民俗文化的缘起及差异，能够很好地提升国际中文教师的跨文化教学能力。

第一节 中外数字民俗

一、数字民俗的缘起

数字作为一种特殊的语言符号，除了用于表达日常的计数和运算之外，还蕴含着独特的民族文化和民俗心理，从而形成相对稳定的数字民俗。可以说，世界上的所有民族都拥有自己的数字民俗，因此数字民俗是打开中外文化交流的重要窗口，是一种独特的民族心理，"它植根于民族深远的历史和民族生存的沃土之上"。①

---

① 周作明：《民俗心理窥探》，《广西民族研究》，1990 年第 4 期。

本节主要从两个问题展开,一是普通的数字为何会被赋予神秘的符号意义,二是广泛存在于各民族文化土壤中的数字民俗究竟源于哪些独特的文化传统。

(一)宗教信仰是形成数字民俗的重要文化基础

就中国数字民俗而言,道教与佛教对其的形成影响深远。道教经典《道德经》云:"道生一,一生二,二生三,三生万物。"道教核心信仰的"道"由无到有,由"三"而生万物,这是事物变化的一种标志。道教中的"三玄"经典分别为《老子》《庄子》和《周易》,老子、庄子和列子又被誉为"道家三圣"。"天官赐福,地官赦罪,水官解厄",道教中的"三官"神明则掌握着人们的命运。在佛教文化中,数字"三"有着统合观念、组构思想的基础作用。我们常说的"三生三世"便起源于佛教,"三生"指的是过去生、现在生和未来生,"三世"指的是人的前世、现世和来世。而"人有三业(三业为身业、口业和意业),生有三世,业有三报(三报为现报、生报和后报)"的佛教观念,便是转世轮回思想和因果报应思想的产物。在西方文化中,数字"三"也具有浓重的宗教色彩。"三位一体论"是基督教教义神学中的重要课题之一,即"圣父""圣子""圣灵",它们既是"三位",又是"同一实体"的上帝。"三位"之间区别严格,但又是同性、同体的,彼此间无长幼尊卑的同一个上帝。他们认为这神圣奥秘只有通过上帝的启示来信仰,而不是人们的理性所能彻底理解的,同时这种信仰也并不违背理性。数字"三"在基督教国家便有了吉利而又神秘的文化内涵。[1]

(二)民俗心理是形成数字民俗的催化剂

数字作为一种特殊的语言符号,本无好坏、褒贬、吉凶之分。从历史发展的角度来看,人们对某一数字的喜恶往往从经验中"习得"。这些数字出现在重要的历史场景之中并有一定的重复,则会让人们对数字本身产生偏爱或忌惮的心理,从而形成吉祥数字和禁忌数字的数字民俗文化。在国际中文教学中,国际中文教师始终处于一种跨文化的生活与教学语境。因此,充分掌握汉语文化以及国际学生所属国别的吉祥数字与禁忌数字至关重要。所谓吉祥数字是指一个民族在漫长的历史中逐渐形成的,得到民众普遍偏爱、崇拜的,具有褒义的数字。吉祥数字反映的是一个民族的数字崇拜民俗。在中国民俗文化中,民众普遍认

---

① 周颖异:《神话传说与宗教观念中的神奇数字"三"》,《知识经济》,2010 年第 18 期。

同的吉祥数字为六（顺利）、八（发财）、九（尊荣）、十（完美）等，其中双数形态的吉祥数字占比较大。所谓禁忌数字则是指民众普遍忌讳，在生活或生产中尽量回避的具有贬义的数字。相对于吉祥数字，禁忌数字在中外文化交流和国际中文教学中更为重要，它往往是一个民族不能触犯的民俗心理。在中国民俗文化中，禁忌数字民俗往往与具体的事项、使用的场合或行业等直接相关，例如数字"四"由于与汉字"死"谐音，因此在医院、交通、房地产等与生死息息相关的行业或环境中较为忌讳。但是另一方面，"四"作为一个双数，在其他场域中并未引发民众强烈的抵触心理，相反由于"四"与中华民族对大自然如"四季""四海"等的认知相一致，具有"平衡""和谐"等数字隐喻，因此经常作为一个重要的数字出现，例如"四大发明""四大名著""四大传说""四大美女"等。

（三）经典文学和典故传说是数字民俗广为流传的重要载体

历史典故、民间传说具有形象、生动的传播优势和解释功能，因此很容易成为数字民俗广为传播的故事载体。例如，在中国数字民俗中，"二百五"代指呆傻、愚蠢的人。关于数字"二百五"符号意义的来源一直众说纷纭，其中一个代表性的说法是源于历史典故《齐王的故事》。相传战国时期有个著名的说客叫苏秦，由于谋划六国合纵抗秦，身挂六国相印，风光无限，但在齐国被人暗杀。齐王十分恼怒，决定一掷千金，引蛇出洞。齐王张榜声称："苏秦是内奸，刺杀苏秦者是义士，是为国除害，现对刺杀苏秦者奖励黄金千两。"榜文一出，便有四人前来领赏。齐王问："一千两黄金，你们四人各分多少？"四人齐声答道："二百五！"齐王拍案大怒："把这四个二百五推出去斩了！"从此，民间就有了"二百五的传说"。① 在中国"四大名著"《水浒传》第二十六回中有这样一段文字："那胡正卿心头十五个吊桶打水，七上八下。"这里的"七上八下"被用来形容心里慌乱不安。诸葛亮《出师表》云："臣本布衣，躬耕于南阳，苟全性命于乱世，不求闻达于诸侯，先帝不以臣卑鄙，猥自枉屈，三顾臣于草庐之中。"由此，"三顾茅庐"便有了一再邀请之意。《史记·项羽本纪》中的"四面楚歌"、《西游记》中的"六根清净"、毛泽东《水调歌头·重上井冈山》中的"可上九天揽月，可下五洋捉鳖"等，均是由于数字在经典文学作品中的巧妙运用，从而产生较大的社会影响，最终形成了新的数字民俗。

---

① 韩文虎：《"二百五"的来历》，《小学教学研究》，2011 年第 30 期。

二、中外数字民俗比较

数字民俗一方面具有鲜明的民族独特性,投射的是一个民族的民俗心理和文化传统;另一方面数字民俗作为民俗文化的一大类型,关注的又必然是人类共同关心的文化指向。特别是对于国际中文教学来说,中外数字民俗异同的比较,有助于国际中文教师充分利用各民族偏爱的吉祥数字以提升学生学习汉语及中华文化的兴趣,同时又能帮助国际中文教师规避不同民族的数字禁忌,以免因触碰文化禁忌而带来教学及生活的困惑。

(一) 共同的数字民俗心理

尽管民族性、地域性是数字民俗最基本的特征,各地数字民俗各有不同。但是,追溯数字民俗形成的文化心理,则可以发现数字民俗的背后普遍投射的是人类对美好生活的渴望与追求,对灾难祸事的回避与恐惧,数字民俗反映了民众祈福禳灾的民俗心理。

趋吉避凶是普遍存在的一种社会心理。在日常社会生活中,人们总会不自觉地规避读起来"不吉利"的数字,而偏向于读起来"吉利"的数字。例如中国人对数字"八"的偏爱正应和了改革开放以来,随着中国经济的快速发展,民众日益强烈的对发家致富的需求心理,采用的趋吉策略正是数字谐音法,即"八"与"发"的谐音。于是,不管是电话号码还是车牌号码,带有数字"八"的号码都易于得到偏爱。反之,由于数字"四"与"死"谐音,大家便避之唯恐不及,特别是在医院、交通等特殊场合。同样,由于数字"四"在日语里的发音为 SHI(接近汉语的"西"),也与"死"字的发音相同,所以日本人也认为"四"是一个不吉利的数字,甚至为了避讳与"死"字相同的发音,日本人还为数字"四"创建了另外一个发音 YON(接近汉语的"用")。同样的还有数字"九",尽管日本人偏爱奇数,但是由于数字"九"在日语里的发音为 KU(接近汉语的"哭"),与日语中"苦"字的发音完全相同。因此,数字"九"虽是个奇数却因其发音而不被日本人待见。[①] 但是,数字"九"在汉语中与"久"同音,且作为最大的阳性数字,具有相对稳定的"尊崇"之意,备受追捧。更有用"九"来寓意长寿的用法,如俗语云:"饭后百步走,活到九十九。"

---

① 刘笑非:《中日风俗习惯的异同——以色彩和数字禁忌为中心》,《语文学刊》,2008 年第 15 期。

当数字作为年龄在使用时,因为关乎健康和生命,所以也往往被赋予了凶祸的含义,从而使得民间在叙说年龄时尽量避免使用它们,以防危及生命。在我国民间流传着这样一句俗语:"七十三、八十四,阎王不接自己去。"人们对数字"七十三"和数字"八十四"的忌讳主要体现在年龄方面,究其原因,有一种较为流行的说法乃是出于对圣人和英雄人物的追念和崇拜。传说,七十三是孔子的死亡年龄,而八十四则是孟子的死亡年龄。儒家思想作为中国传统社会的主导思想,孔子和孟子被推崇为"圣人"和"亚圣",因此,人们认为孔子和孟子的死亡年龄是人们不愿意接受的,也是不吉利的。民俗心理所反映的逻辑是如果这个年龄连圣人都跨不过去,那么对普通人来说就更难以跨越了。因此,许多老年人便将"七十三"和"八十四"视为生命的"劫",在被问及年龄时,都会将自己的年龄减一岁或者加一岁。① 当然,在中国传统社会,民众对"七十三"和"八十四"的年龄禁忌还与当时相对落后的科学技术和医疗水平直接相关。俗话说:人生七十古来稀。能活到七十岁以上,已经属于高寿。因此,对于超过七十岁的老人来说,每一年都可能是一个生命的"坎",这样的健康忧虑就更加滋长了人们对"七十三"和"八十四"的恐惧与禁忌,从而使得"七十三""八十四"不吉利的说法世世代代流传了下来。

不同的是,在信奉伊斯兰教的民族,"四十"是一个具有吉祥意义的数字。穆罕默德是伊斯兰教的先知,深受伊斯兰教信徒的爱戴。据《伊斯兰教简史》记载:"穆罕默德约四十岁开始得到'创造万物的主的信息',被真主选为'纳比'(先知)。于是他从四十岁时开始,'专心致志于思索神圣之道'。"因此,数字"四十"对于信奉伊斯兰教的民族而言,往往意味着一个飞跃、转折的幸运时机。纵观伊斯兰教的风俗习惯不难发现,数字"四十"在教民的一生中扮演着重要的角色。如新生儿的"四十天满月礼"(年长妇女取四十勺水为四十天的婴儿洗澡);有人去世则要诵经四十天、守孝四十天,在满四十天时,举行四十天祭,点四十盏灯等。

(二) 独特的民族审美倾向

中华"和"文化历史悠久、内涵丰富,包括人与自然、人与人、人与社会、国与国之间的和谐理念。可以说,"和谐"始终是中华民族最核心的文化基因与

---

① 张建英、杨玉明:《浅谈中俄数字文化及其对比》,《长春理工大学学报》,2010 年第 9 期。

最深沉的审美倾向。在数字民俗中具体表现为对具有对称、和谐之美的"双数"的偏爱与崇拜。不管是婚嫁搬迁，还是送礼采买，中国人普遍信奉好事要成双，凡事讲究对偶、对称，喜欢双数的偶合意义，将"和谐"之哲学与"对称"之审美展现得淋漓尽致。例如，中国婚礼上张贴的喜字，一定是"双喜"，表达夫妻成双成对、恩爱成双等美好祝福。在双数中，中国人最偏爱的是"六"。中国自古便有崇尚"六"的传统观念，这与中国人对自然、社会、文艺等的认知相一致。"六艺""六师""六亲""六府""六情"等称谓的沿用均说明了中国人对自然、社会、文艺、身体等较为一致的认识，民间俗语中用来表达美好祝福的也往往是"六六大顺""六畜兴旺"等。于是，农历中包含"六"字的时间也被视为适宜举行婚礼的黄道吉日。在选取电话号码、车牌号、楼层等时，人们也偏爱尾数为"6""66""666"的单数或数字组合，认为含有"六"的数字便象征着事事顺心。当然，中华民族对数字"六"的崇拜也与道教文化相关。在《易经》八卦中，坤卦为一个六爻都是阴爻的卦，也就是用三个六，"六六六"表示坤卦，意思就是顺，坤就是承载、柔顺、安定的象征。但是有趣的是，在中国备受追捧的数字"六"，在西方文化中却遭遇冷眼。因为在《圣经》里，"666"是魔鬼撒旦的代号，据说美国前总统里根离任前在贝莱尔市克劳德大街买了幢别墅，由于门牌号是"666"，他不惜动用总统权力更改门牌号。可见"666"在西方人心中是多么可怕的存在。[①]

而深受《圣经》基督教教义影响的西方民族则更为崇尚单数，他们认为差异、冲突才是美。例如西方人对数字"七"就尤为崇拜。《圣经》中记载道，上帝用了七天时间创造了万物；耶稣告诫人们原谅别人要七乘以七之多；圣母玛利亚有七件快乐的事，七件悲哀的事；圣灵有七件礼物；人的一生分为七个生长时期；主祷文也分为七个部分。[②] 俄罗斯人也偏爱单数，在俄罗斯文化中，送妇女鲜花，枝数一定要奇数，送一枝也绝无"寒碜"之嫌。

值得注意的是，在崇尚单数的西方文化中，有一个特例，那就是数字"十三"。广为流传的便是基督教的《圣经》故事。相传，耶稣受害前和十二个弟子共进晚餐，那个为了30块银元而出卖他的弟子犹大正好坐在第十三个座位上。巧合的是，晚餐的日期也是十三号，传说耶稣也是被钉死在十三号十字架上的。由于

①　张德鑫：《中外语言文化漫议》，华语教育出版社，1996 年，第 347 页。
②　白春阳、郭运瑞：《中西方数字文化差异》，《河南科技学院学报》，2010 年第 11 期。

"十三"这个数字给耶稣带来了巨大的苦难和不幸,并将他推向了死亡的深渊,因此,人们将"十三"视为一个会带来不祥的禁忌数字。还有一个关于数字"十三"的故事与魔鬼撒旦有关。据说每月的十三日都是十二个巫婆的狂欢夜,而第十三个魔鬼撒旦也会出现在晚会上,并给人们带来灾难和不幸。所以数字"十三"被认为是不幸的象征,是背叛和出卖的同义词。

虽然各民族拥有不同的数字民俗,甚至有些数字在不同的民俗文化中拥有截然相反的文化意义,但是显然,数字民俗已经作为深入民心的文化被社会普遍接受并深深影响着人们的日常生活和工作。在中国商品市场尾数定价模式中,"最受到偏好的是 8 尾数定价,同时回避 4 尾数定价,吉利数字偏好对尾数定价模式具有显著影响",特别是在"节日期间零售商注重回避不吉利数字,进一步表明文化背景对商品市场价格粘性的影响"。[①] 数字民俗究其实质还是一种文化暗示,它的产生和发展与民族的宗教信仰、传统文化、民俗习惯等诸多因素密切相关,体现着不同民族特有的趋吉避害的文化特色与民俗心态。随着科技的进步和时代的发展,各民族之间的跨文化交际日益频繁,数字民俗的神秘色彩也越来越淡化。但是,淡化并不意味着消亡,数字民俗特别是各民族代表性的吉祥数字与禁忌数字始终充斥在人们的生活中,并影响着人们的心理甚至是工作。国际中文教师需充分了解中外代表性的数字民俗文化,努力提升自身的跨文化交际与教学能力,才能更好地开展汉语及中华文化教学与研究。

第二节 数字民俗教学与研究个案

数字民俗国际中文教学是面向来自不同文化圈的国际学生开展的跨文化教学,这就要求国际中文教师在进行数字民俗教学之前,一方面充分了解中国的代表性数字民俗文化,另一方面还应关注到参与教学的国际学生的数字民俗背景,从而更好地开展数字民俗国际中文教学与交流。

---

① 黄滕:《吉利数字偏好、尾数定价与价格粘性——来自互联网的证据》,《财贸经济》,2014 年第12 期。

一、数字民俗国际中文教学案例分析

"不迷路"的小数字①

学　校	汉语水平	授课对象	作　者	整理者
江苏大学	初级	来华留学生	余红艳	汤　敏②

（一）案例叙事

有一次，一位来自加纳的留学生有事情找我。我们约好下午两点在我的办公室 905 见面。我坐在办公室里一边处理文件，一边等她。眼看着时钟已经指向了两点半，她才气喘吁吁地推开了我办公室的门。我赶紧让她坐下，询问她是不是发生了什么事情。她连忙道歉道："余老师，非常抱歉，我提前半个小时就从宿舍出发了，本来十几分钟就可以到您办公室，可是这个楼层房间太多了，我左边右边一个一个找过来，用了好长时间才找到，这才晚了这么久。"她说的话让我意识到，这个学生并不知道在中国数字民俗文化中，数字具有阴阳两性，而我们的房间设置又往往是根据房间号的阴阳来排列的。

于是，我就借由《中国文化》这门课，针对学生们在日常生活中运用数字存在的实际困难，专门增加了一堂有关中国数字民俗中数字阴阳两性的教学内容。在上一堂课结束的时候，我给学生们布置了一个课前作业，让大家去找一找自己生活中的数字，并拍下照片，记录下这些数字所代表事物的地理方位。

课堂一开始，同学们满怀兴趣地分享了自己拍的照片，并把自己发现的数字和对应方位写在黑板上，很快大家就发现了一个规律：通常情况下，奇数号码所标志的事物在阳面，而偶数号码所标志的事物在阴面。这是为什么呢？原来在中国古代五行八卦中，朝南的方向为阳，朝北的方向为阴。同时奇数被认为五行属阳性，偶数则被认为五行属阴性。所以，如果两个房间南北相对而设，一般编号为奇数号码的房间都在南面，坐北朝南，数字依次等差递增；而编号为偶数号码的房间则会设置在北面，坐南朝北，数字也是依次等差递增。现代很多房子为了更好地采光，通常会东西向建造，那么此时，东面就是阳面，西面就是阴面。所

---

① 该案例来源于编者教学实践。
② 汤敏，江苏大学文学院汉语国际教育专业硕士生，主要从事中华文化国际传播、文化教学研究。

以如果两个房子东西相对设立,那么号码为奇数的房间通常都在东面,号码为偶数的房间则在西面。

来自约旦的同学听到这里,恍然大悟地说,自己刚来中国的时候住的酒店房间是 821 号,就是在朝南的那一边,而他的小伙伴住的 822 号房间不是在他的隔壁,而是在他的对面,原来是因为数字的阴阳性啊。同学们都感到非常神奇,纷纷列举了很多自己在日常生活中看到的相关数字现象。接着我又设定了一个"猜猜这里住着谁"的脑筋急转弯游戏环节,分小组,让同学们根据已知的线索,绘制出"维特小镇"邻居分布图。大概线索设置包括玛丽家的门牌号是 101 号,那么,请问她应该住在小镇的哪里呢? 经过大家兴高采烈地讨论和绘制,一张精美准确的"维特小镇"邻居分布图呈现在大家面前。相信今后同学们在中国寻找房间号的时候会相对简便。

(二) 案例点评

1. 亮点分析

(1) 及时关注到来华留学生日常生活中的文化认知盲点。中国民俗文化博大精深,教师在日常教学过程中,很难面面俱到地对所有的民俗现象一一解释。这就要求教师在日常教学生活中多观察、多反思,一旦发现学生的文化认知盲点,要及时采取措施。案例中的教师能够在日常交流中敏锐捕捉到学生的文化认知盲点,并且巧妙设计教学内容,不仅普及了中国民俗文化中数字民俗的相关知识,更为来华留学生在中国更方便地生活提供了文化知识支撑。

(2) 具有较好的课堂组织教学能力,游戏环节设定实用有效。本堂课的教学目标旨在带领学生了解中国数字的阴阳性,帮助同学们在日常生活中更便捷地找到目的地。本堂课游戏环节的设定不但要求同学们熟练运用所学到的数字民俗知识,而且对他们的课堂参与度也提出了很高的要求。同学们在绘制地图的过程中,一方面要理解奇偶数的阴阳性,另一方面还要结合东西南北地理方位的阴阳性。这可以很好地训练同学们的数字民俗思维模式,提高他们的数字民俗文化素养。通过小组成员之间的讨论,可以更清晰地了解自己学习到的内容是否存在认知偏差。

2. 不足与建议

总体来说,本案例中的教师具有较强的民俗文化渗透意识,能够快速捕捉到学生知识范围内的民俗文化盲区,巧妙设置课堂内容,学生课堂参与度也得到有效提高。其实在民俗文化中，难免要涉及中国古代的阴阳八卦学说，如果教师在规划本学期民俗文化教学的时候，能够考虑到中国古代阴阳八卦学说在民俗文化中的重要地位，进行相关知识讲解，那么在上本堂课的时候就会更加轻松。此外，在本堂课上，教师只关注到了中国数字民俗的相关规律，如果能够让来自不同文化圈的同学分享一下自己国家的数字文化，那么本堂课将会更加饱满，更具有国际中文教学过程中跨文化交际的特征。

3. 案例思考

（1）如果你是本案例中的教师，你还会怎样设计本堂课的游戏环节呢？试着说说你的想法。

（2）数字民俗是一个广而泛的知识框架，你在日常生活中还遇到过哪些具有代表性的数字运用呢？请选取其中一个你感兴趣的案例编写出相关的教学设计。

二、数字民俗研究论文

东西方数字文化观比较[*]

杨海庆[**]

摘　要：由于东西方各自不同的文化传统、宗教信仰、风俗习惯，逐渐形成了各自独特的数字文化观，对于不同或相同的数字，有不同的崇尚或禁忌习俗。对东西方数字文化观的对比和探源，深刻剖析东西方人们对数字的崇尚和禁忌习俗产生的原因，对于外语学习者的语言学习和理解，对于跨文化交际顺利进行有着重要的现实意义。

关键词：数字；文化观；崇尚；禁忌

数字是语言中表示数量或顺序的词类。它除了表示事物的数量或顺序外，还广泛用于成语或词组之中作为夸张或比喻的修辞手段使语言生动简练，达到言简意赅的效果。世界各民族都有自己的数字文化，由于受民族心理、宗教信

　　* 该文由杨海庆提供，原载于太原师范学院学报（社会科学版），2005 年第 1 期。

　　** 作者简介：杨海庆（1971—）男，山西曲沃人，太原科技大学外语系讲师，从事语言与文化和跨文化交际研究。

仰、语言崇拜和审美观念等文化差异的影响，数字被赋予各种神秘的褒贬吉凶和象征意义，从而形成各自独特的数字禁忌文化。在人类历史的发展过程中，中西方语言中的数字符号，虽然有共同的发展规律，但从文化角度进行比较，还是能发现许多明显的差异。

（一）数字文化与神话、宗教的关系密切

语言中的数字本无所谓吉凶禁忌，但由于中西方各自文化传统的不同，而赋予各自文化中的数字词以不同的社会文化内涵。数字禁忌本质上是一种迷信。数字作为语言文字的一种，本是用来区别事物量度关系的一种符号。然而，出于恐惧和迷信，古人把原本一点也不具有任何超人力量的数字符号神秘化了，像迷信宗教神魔一样崇拜或畏惧。不同或相同的数字，在不同民族、不同时代和不同地域，可以成为或神圣、完美、幸福或罪孽、丑恶、不幸的象征。数字禁忌，各种文化中都有，古今中外相通，虽是迷信，却成为一种独特的文化现象，渗入了从政治权力到世俗生活的人类文明的方方面面，包含着深厚的文化底蕴。

在信仰基督教的西方国家，人们看重"七"，认为它吉祥有力，因为上帝在七天内完成了创造世界万物的壮举，圣母玛利亚有七件快乐的事，七件悲伤的事，主祷文分为七部分，等等。佛教和伊斯兰教中也很尊崇"七"。据说释迦牟尼面壁七天而修成正果；佛教认为万事是由地、水、火、风、空、识、根七种本原生成；佛寺由七种厅组成；人死后要祭奠七七四十九天等。伊斯兰教认为安拉创造世界用了六天，第七天休息。阿拉伯人说天有七重，地有七层，一周有七天，因此常用数字"七"表示数量或次数之多。由于世界三大教派尊崇"七"，所以，人们发现它被用来广泛表述各种事物，人有七情，面有七窍；音乐有七个音符；西方童话中有白雪公主和七个小矮人；中国神话中有七仙女；牛郎织女在七月七相会等说法。①

数字"十三"成为西方头号忌讳，是因为它有神话和《圣经》两大源头。希腊神话有这样一则故事：一次，天国为了追悼阵亡将士的亡灵举行宴会，赴宴者共十二位神，席间，来了一位不速之客凶神罗基，给众神带来了灾难，使宴会上众神之首奥丁之子——光神巴尔德丧生。此后众神也在战事中处处失利，一蹶不振。"十三"遂被视作不祥之数。还有一来源就是《圣经》。基督教的《圣经》记载，耶稣和弟子共进晚餐时，十三人中有一叛徒——犹大出卖了耶稣，使耶稣被钉死在

---

① 平章节：《礼貌、礼节、礼仪》，天津古籍出版社，1993年，第216页。

十字架上,而这一天正好是星期五。还有,亚当和夏娃偷吃禁果而被逐出伊甸园也是十三日星期五这一天。于是"十三"成了不吉利的数字,十三日和星期五都成了不吉利的日子。如果十三日又遇上星期五,就更加不吉利。因此西方人千方百计避开十三,以免触犯大忌,请客避免十三人同坐一桌;门牌、楼房、房间号避免编 13 号;运动员不要 13 这一编号;学生考试拒绝坐 13 号座位;海员厌恶 13 号启航。

然而,中国人却对 13 情有独钟。据《皇都风流》一书说,《儿女英雄传》里有"侠女十三妹";北方的戏曲和曲艺的押韵都定为"十三辙";儒家经典有《十三经》;北京人爱养鸟,最多的叫口为"十三套";明皇室陵墓有"十三陵";晚清时,十三位著名的京剧和昆曲演员被称为"同光十三绝";北京同仁堂有十三味最有名的中成药,号称"十三太保"。

(二)数字文化与传统文化价值观关系密切

有些数字迷信,与各自民族的传统文化有着密切的关系、深刻的渊源。华夏文化自古崇信阴阳二元学说,《易经·系辞上》中讲"易有太极,是生两仪,两仪生四象,四象生八卦"。中国人的这种宇宙观和方法论体现在审美心态中,便是崇尚偶数为美为吉。由于对偶数的偏爱,再加上中国原始宗教和道教都尊崇偶数,便形成了汉民族崇尚偶数的习俗。汉语中偶数及其倍数几乎都含褒义,预示吉兆。

如数字"六"在中国人看来是非常吉祥的数字。我国古代有"六经"(六部儒家经典);诗经学有"六艺";周代兵书现存有六卷,称为"六韬";明代有"六子全书";古代农牧社会以"六畜"、"六谷"为本;周代政区分为"六乡",官制设"六府"、"六官";汉代官职有"六曹";隋唐政府中有"六部",军队统称"六军";周礼有"六典"、"六行"、"六德",在道德规范中把主要亲属归纳为"六亲"等等。中国有句俗语"六六大顺"就充分体现了"六"吉祥顺利的含义。在挑选电话号码或汽车牌照时,人们尤其喜欢尾数是"66,666,6666"这几组数字,因为它们象征着做什么事都顺利,万事如意。农历初六、十六、二十六被视为举行婚礼的吉日。

再如"十",中国人审美心理追求十全十美,视"十"为完整、圆满、吉祥的象征,因而从生日祝寿到国庆都以"十"为大庆成了我国的传统习惯,并成为民族性格的一个重要组成部分。如我国古代贤人有"十圣"(文圣孔子、武圣关羽、医圣张仲景、书圣王羲之、史圣司马迁、草圣张旭、画圣吴道子、诗圣杜甫、茶圣陆羽、酒圣杜康);花有"十大名花";北京有"十里长街"、南京有"十里秦淮"、上海有"十里洋场"；现在每年要评选"十大新闻"、"十大杰出青年"、"十大体育、影视明星"等；我国汉语成语中还有"十拿九稳"、"十年树木，百年树人"、"十全十美"等。①

然而，西方人与我们不同。视偶数为不吉祥，奇数为大吉（十三除外）。他们认为偶数隐含分裂。如英国人给母鸡孵小鸡时拿的鸡蛋总数是奇数，若拿偶数，据说都会变坏或养不好小鸡。俄国人在这方面似乎更迷信，他们相信单数体现信念，双数兆示灾难，所以俄国教徒划十字必须用三根手指划；婚礼赠花要单数，丧礼献花宜双数。

在信奉基督教的西方国家，人们不喜欢"六"。美国前总统里根离任前在贝莱尔市克劳德大街买了幢别墅，当获悉该别墅门牌号是 666 号时大惊失色，因为三个连写的"6"在《圣经》里是个可怕的"野兽数字"，是魔鬼的代号。这使得里根想起了肯尼迪总统是在 11 月 22 日被刺身亡的，这几个数字之和正好是 6，那天又是星期五——英语里星期五"Friday"恰好由 6 个字母组成，凶手又是在六层楼上向肯尼迪开枪的，这三项"6"组合在一起正是 666，由于这些原因，深信迷信的里根不惜动用总统权力为其新别墅更改门牌号。②

其实，奇数兆示吉祥的习俗在东方民族也有，如数字"九"，在中国的传统文化中被赋予了特殊的含义。它既有吉祥之意，又有凶祸之嫌。中国古代认为个位数为阳数，而九又是阳数中最大的，所以又称"天数"。当人们表达极高之意时，说"九霄云外"、"九重天"；表达宽广之意时说"九州方圆"；表达极冷之意时说"数九寒天"。在汉语中，"九"与"久"同义，因而"九"字又受到封建帝王的青睐，常借"九"字象征他们统治的地久天长。如故宫内三大殿高度都是九尺九，宫殿和城门上的金黄色门钉都是横九排、竖九排，各殿的台阶都是九级或九的倍数。③ 但另一方面，中国民间有"明九、暗久，非死即病"的迷信传说。这里的九是指人的带"9"的岁数。"明九"指九岁、十九岁、二十九岁、三十九岁等岁数。"暗九"是指十八、二十七、三十六、四十五等岁数。很多地区的人们忌讳岁数中的"明九"和"暗九"年，到了这一岁数的当年，人们讲究穿红色衣服，尤其是红色内衣，或者系红色腰带以避邪保平安。而在西方文化中，对于"九"则没有中国人那么迷信。

日本人就认为奇数象征阳，是吉祥幸福的数字，所以做买卖喜欢用奇数价

---

① 包惠南、包昂：《中国文化与汉英翻译》，外文出版社，2004 年，第 240 页。
② 张德鑫：《中外语言文化漫议》，华语教育出版社，1996 年，第 347 页。
③ 平章节：《礼貌、礼节、礼仪》，天津古籍出版社，1993 年，第 216 页。

格。日本的和歌共有三十一个音节，依照五、七、五格律分作三行，皆为奇数；日本人婚礼上的交杯酒是新郎新娘各用三只一组的酒杯饮九次，所谓"三三九度"；即使平日送礼，捆扎礼品的绳子必是单数，招待客人的盘中果品也是五等单数；日本人对"三"也非常喜爱。

（三）数字文化与谐音、谐义也有关系

由于任何语言的语音结构都是有限的，而客观对象是无限的，用有限的语音结构去表现无限的客观对象，便有了同音词，故谐音现象普遍存在于各种语言之中。数字文化在汉语中的谐音现象就很常见。中国人大多对数字"四"特别忌讳，因为它与"死"谐音；日本人也是由于"四"与"死"谐音而非常忌讳，在日本许多医院都不标"四楼、四室、四床"；中国人大都不愿意要"174"和"154"为尾数的车牌或电话号码，因为这些数字听起来像"要妻死或要气死"和"要我死"。而由于"八"在汉语中与"发"谐音，"六"与"路"谐音，所以很多商人喜欢"888（发发发）、168（一路发）、918（就要发）"这些数字。①

数字词的谐义现象在中西方文化中都存在。以"八"为例，由于该数字在汉字中写为"捌"，有"别"在内，所以，许慎将之解释为与分别有关的意义。这种对离别之忌至今仍保留在一些地方的民俗中：河南有"七不出，八不归"之说，湖北送礼要避讳跟"八"数相关，湖南、福建有些地方还有逢"八"不回家的习惯。

有趣的是，西方人对"8"的谐义象征却是褒义的，认为"8"由两个"0"连接，从而被广泛视为不止，对两性具有特殊意义，而且是稳定、和谐的神秘符号。因而 1988 年 8 月 8 日是德国人举行婚礼人数最多的一天，市政厅甚至提前办公以便能让佳侣在 8 时零 8 分完婚，人们向新人抛投 88 马克表示祝贺。在这一天，埃及也是办婚事的吉日。美国更有一个以"88"为名的小城，8 月 8 日是该城的法定假日，这天庆祝活动的高潮是切开一块长 8 英尺、宽 8 英寸的蛋糕。"8"在英国也是吉祥数字，最难得的是，1988 年 8 月 8 日下午 8 时 18 分，安德鲁王子的妻子生下一女婴，英王子在一个世纪之中只有这一次在集中了那么多"8"的时辰喜得千金，成为举国美谈。

东西方语言文字、习语表达、风俗习惯等方面都含有许多数字词，以及与数字有关的知识。了解东西方的数字文化观，对于我们学习东西方语言，进行跨文

---

① 陈建民：《语言与文化面面观》，胡文仲：《文化与交际》，外语教学与研究出版社，1998 年，第 205 页。

化交际有着十分重要的现实意义。我国有句俗话说:"入乡随俗,入境问禁",如果在跨文化交际中,我们不了解东西方数字文化观的差异,就会不可避免地产生许多问题,包括误解、不快、关系紧张,甚至产生严重的后果。数字文化中,不少数字都与文化禁忌、宗教禁忌、社交禁忌有关,所以,我们应该对东西方的数字文化观给予足够的重视,进行全面深入的了解。只有这样,才能在外语语言的使用和跨文化交际中,不触犯对方的禁忌,恰当得体、成功地与他人进行沟通交流。

思考题:

1. 你觉得在国际中文教学中讲述数字民俗文化,可能存在哪些教学难点?请完成一个 45 分钟时长的《中国数字民俗文化》教学设计。课型为文化课,具体教学对象自行设计。

2. 数字民俗具有相对的稳定性,但也受时代影响,存在一定的变异性,请结合这个话题,和同学们展开交流讨论。

参 考 书 目

1. 老子著,张景注:《道德经》,中华书局,2021 年。

2. 姬昌著,杨天才、张善文注:《周易》,中华书局,2021 年。

3. 任晓霏、刘峰、余红艳:《跨文化交际与国际中文教育》,东南大学出版社,2020 年。

4. 叶舒宪、田大宪:《中国古代神秘数字》,陕西人民出版社,2011 年。

5. 钟敬文:《民俗学概论》,上海文艺出版社,2009 年。

6. 王晓澎、孟子敏:《数字里的中国文化》,团结出版社,2000 年。

7. 刘孝存:《中国神秘言语》,中国文联出版社,1999 年。

8. 吴慧颖:《中国数文化》,岳麓书社,1999 年。

9. 尹小林:《汉语数目词辞典》,中华书局,1993 年。

第七章

色彩民俗与国际中文教育

"色彩文化是人类天生的生理本能和审美诉求,它随着人类的诞生而产生,也会伴随并影响着人类的发展。中国传统色彩文化由'五行''五色'发源,在'儒、道、佛'三家色彩观中发展,其色彩文化中不仅蕴含着中华民族特有的审美旨趣,同时也承载着诸多对天、地、人、事的关怀。"①色彩感知的背后,折射的是一个民族的文化、历史脉络以及民族性格。色彩的运用辐射民俗文化六大类的方方面面,其辐射广度将为打造语言文化交流合作新亮点创造重要契机,色彩文化教学与文化交流也是国际中文教育有力促进中外人文交流、文化交融、民心相通的有效途径。

第一节　中外色彩民俗

一、色彩民俗概说

中国的色彩文化历史悠久,早在公元前两千至三千年之间就产生了代表中国古代文明的五色系统。中国古人在总结时空万象运动变化的内在关系的基础之上得出了具有象征意义的色彩系统,色彩文化是中国古人观察、类比、附会自然万物的结果。本节将从中国传统色彩文化入手,对色彩民俗的发展过程、特点和传播优势进行阐述。

---

① 李鑫:《中国传统色彩文化及绘画色彩观的发展研究》,《民族艺术研究》,2023 年第 3 期。

（一）色彩民俗的发展过程

1. 中国传统色彩民俗的发展过程

原始社会时期的色彩文化，可以看作是中国古代色彩符号的萌生期，这一时期是人类文化历史中色彩最纯粹、最有感染力的时期。山顶洞人在茹毛饮血的时代把天然矿物质颜料赤铁矿粉末有意识地撒在墓葬里，这是人最初对天然颜料的感性认识，并经过主观处理，成为色彩审美的天然表达。

夏商周时期，人们在生产生活经验的积累中不断完善对所处世界的认知，通过五方进行空间位置的明确，在日影测定中开始有明确的时间意识，殷墟甲骨文中也出现了代表颜色的字。

春秋时期，社会各个方面都已经有了巨大的改变和发展，人们对色彩认知和应用的水平也有了较为明显的发展，民间已经能够广泛地使用各种色彩。而春秋时期产生的阴阳五行学说，对中国传统色彩文化的形成及发展产生了极为清晰且深刻的影响。《周礼》中记载："画缋之事：杂五色。东方谓之青，南方谓之赤，西方谓之白，北方谓之黑，天谓之玄，地谓之黄。青与白相次也，赤与黑相次也，玄与黄相次也。"[1]色彩被分为正色和间色，例如在服饰方面，各个诸侯国的统治者在治理他们的王国时，都特别注重用不同色彩的服饰区分不同的阶层，服饰色彩被纳入"礼制"的范畴之内，成为统治者规定社会尊卑等级的工具，深刻影响了整个中国封建社会的发展和进程。

春秋以后，"礼崩乐坏"对民间色彩的应用造成影响，色彩在观念和习俗上变得较为混乱。正色和间色的观念虽得到了强化和扩散，但较为靠近朱色的淡红色和紫色的间色系列，也成为被人追捧并使用在正装中的颜色。对于这一现象，同时代的孔子却认为，色彩必须有正色、杂色、美色、恶色之分，这些颜色不能随意混淆，如同君臣、父子、男女有严格界限一样。孔子重象征色，即为"礼仪"的象征色，因为它象征着社会等级分明的伦理规则。到了战国时期，阴阳五行学说更为盛行，"五色"与"五行"按下列关系相配：青配木、赤配火、黄配土、白配金、黑配水，五行即五德。占有某种"德"的王朝也必须崇尚与该"德"相配的那种颜色，国之色是一个王朝国运隆盛、国统延续的象征。自秦始皇开始，每到改朝换代之时，新的王朝都将"改正朔，易服色"视为极其重要的事，其中的"易服色"就是改变前一个王朝所推崇的服饰颜色，明确并推行如今朝代当权者所崇尚的服饰

---

① 郑玄注，贾公彦疏：《周礼注疏》，中华书局，1979年，第27页。

色彩。

魏晋南北朝时期社会战乱频繁,值得一提的是,谢赫在"六法"中提出"随类赋彩"、宗炳提出"以色貌色",即随物类的自然色而赋彩,物类的自然色是它的恒定属性,不会因为光照、阴晴等因素发生变化,表现的是留存在人们心底的视像,也就是说它表现的色彩不是再现真实,而是更自由地表达内心的、诗意的、主观化的色彩。

隋唐时期,正色的观念有所淡化,间色及种类更多的色彩开始得到重视并被广泛使用。这个时期"品色服"制度开始出现,不同身份等级的人群被规定了特定的着衣颜色,严禁僭越。例如,"唐代公卿高官衣着朱紫,荣宠显赫;工商、皂隶、屠沽、贩夫如无特殊渠道、手段改换身份,只能穿白衣、寒酸卑贱"。[①] 在建筑方面,也采用了统一的规划和等级制度,黄色开始成为皇室专用色,王府官臣宅第用红、青、蓝等色,社会底层的平民百姓则只能在房子中选择"无彩"色系的黑、白、灰等色。除此之外,重彩画达到了极点,其色彩庄重典雅、富丽堂皇、瑰丽浓艳而又明快协调,符合大众审美,得到广泛推崇。以展子虔、李昭道为代表的青绿山水,阎立本、吴道子、张萱、周昉为代表的人物画,韩幹为代表的鞍马画等,都体现了重彩画的特征。它除了体现中国人原本所具有的喜爱绚丽浓重色彩的审美心理倾向,也使得色彩的运用越来越自由开放。唐以前的色彩多用五行、阴阳来诠释和限制,后逐渐趋于体现当时的社会心理,色彩不再是漂浮的阴阳时空,它更加贴近人们的现实人生。

宋元明清时期,中国绘画、陶瓷和服装等艺术形式达到了繁盛的巅峰。著名的山水画中,运用了淡灰、浓绿、深蓝等大量颜色,以展现自然景物的丰富层次。同时,明清时期还兴起了以红、黄、蓝、绿为主的宫廷礼仪色彩。这一时期,中国传统色彩的发展更加成熟和多样化,色彩观念逐步定型,后代的变化往往是在此体系上随着时代而发展出新的内涵。

2. 近现代的色彩民俗发展

近代以来,悠久历史中稳固传承下来的色彩文化发展开始受到西方文化的影响,出现了一些新的色彩潮流。例如,20世纪初的五四运动推崇科学与民主,对色彩的喜好也有所改变,更加注重明亮、清爽、活力的色彩。此后,中国的色彩应用逐渐多样化,呈现传统和现代相融合的趋势,包括革命标志所用的红色、奥

---

① 杨健吾:《中国民间色彩民俗》,重庆出版社,2010年,第70页。

运会的五环标志色彩等,都体现了色彩文化稳定性和发展性的统一。

总体而言,中国传统色彩的发展过程经历了从原始、简单到复杂、多样的演变过程。每个历史阶段的文化和社会环境都对色彩的使用和喜好产生了影响,形成了丰富多彩的传统色彩体系,这些色彩表达了中国人民对大自然、社会生活和审美情趣的理解和追求。

(二) 色彩民俗文化的特点和传播优势

1. 中国色彩民俗文化的特点

中国传统色彩运用的核心就是"观念",色彩观念在这里是一种目的性设计,并由此形成了一种独立的色彩系统观念,而中国传统色彩也由此获得了独立于西方色彩体系之外的身份存在。[①] 从中国色彩的发展历程中我们不难发现,在华夏文化影响下,中国传统色彩的运用存在一种以观念介入为主导的色彩系统。色彩系统的建构中有着极为明确的政治、伦理、文化目的性。下面将以色彩在具体民俗中的运用为例进行色彩民俗文化特点的归纳。

1) 自然主义和象征性

中国传统色彩注重自然的表现,追求与大自然的和谐统一。许多颜色源自自然界的事物,如红色代表火,黄色象征土地和稻谷,蓝色代表水等。这些色彩与自然景观相呼应,体现了中国人对自然的敬畏和崇尚。以中国色彩丰富而充满自然美感的名称为例,它极大体现了中国古人在与自然相处中创造出来的极其丰富而有创造力的色彩体系,例如姜黄、半见、女贞黄、朱红、嫣红、丹红、绛紫、酡红、缥绸、缃色、翠绿、霁青、葱翠、黛蓝、澹黄、绿沉、青碧、黄鹤、黄芩、黄连、黄菊、苍黛、紫檀、紫罗兰、紫瑞、紫薇、青翠、青葱、靛青等等。这些颜色不仅有着美丽的外观,更有着丰富的文化内涵和深厚的历史底蕴。每种颜色都有其独特的文化内涵和象征意义。例如,朱红代表着吉祥、喜庆、祥瑞等;嫣红则寓意着婉约、温婉、柔美等;绛紫代表着高贵、典雅、神秘等;酡红则象征着热烈、豪放、热情等。这些色彩在日常生活、节日庆典和艺术创作中都得到了广泛运用。

2) 哲学性

中国传统色彩追求色彩的平衡与和谐。中国古代绘画、服饰、陶瓷等艺术作品中常常运用明暗对比、冷暖色调的平衡来达到和谐的效果。灰色、天蓝、象牙

---

① 陈彦青:《观念之色:中国传统色彩研究》,北京大学出版社,2015 年,第 2 页。

白等中性色常被用来平衡对比强烈的色彩,使整体画面或装饰更加和谐稳定。除了这种平衡和和谐之外,还注重渐变和层次感的表现。在绘画、刺绣等艺术形式中,善于运用渐变色彩,通过淡化、明暗交替的技法来营造层次感和立体感。这种色彩表现方式使作品更具生动性和艺术感。

老、庄认为包括颜色在内一切美的艺术只会刺激人的欲望而对生活无益,"圣人为腹不为目",艺术属于阳春白雪,是专供奴隶主贵族享受的,他们穷奢极欲,而老百姓则食不饱、衣不暖,所以老子极为不满。他对美和艺术采取了一种简单的否定态度。知白守黑,老子不求色彩的华丽,而是返璞归真、清淡平和地追求宇宙论本体的还原朴素之美。

以宋代文人画为例,玄学、佛学、儒学之融合共同促成了文人画的色彩观。大部分文人画家都因为政治上不如意,加之道家"淡泊无为"的思想影响,逃避现实,学儒参道,居住于山林之中,不问世事,艺术上崇尚"墨色",提出"墨色五分"而舍弃丹青,在文人们高举写意的旗帜下,色彩进一步丢失了自己的品格,沦落到笔墨的书法性塑造中,绘画成为文人们一吐胸中意气的方式,也是抚慰心灵的港湾,苍凉的过往注定在择色之时涤荡色彩,甚至走向黑的冷寒,文人画的色彩不再是自然界中真实的璀璨艳丽而是隐退后的简逸心灵之色,黑白浅淡中蕴含万物又空无一物,色彩逐渐在中国画中淡化乃至消失。

3）与民间文化价值相结合的历史发展性

中国传统色彩与中国的民间文化价值密切相关。例如,红色在中国传统文化中具有重要意义,代表着吉祥、喜庆和幸福,是人民群众喜闻乐见的颜色。按照历史脉络来看,中国传统色彩文化的渊源可追溯至春秋时期产生的阴阳五行学说,而后魏晋南北朝时,佛教从印度传入中国,进而佛教美术开始影响中国,尤其是在绘画方面,青绿开始兴起,这种现象一直持续到唐宋时期,壁画、帛画、漆画、院体青绿山水画和重彩人物、花鸟画用色大胆浓郁,色彩亮丽优雅,有着明显的"概括色"特点。而在色彩民俗方面,色彩的应用进一步制度化。服饰方面,有地位的阶级讲究衣着、服饰华丽,追求新奇豪饰。在以皇帝为首的统治集团提倡下,社会形成了一股崇尚华丽的风气。建筑装饰也敢于、善于使用色彩,尤其是唐代,建筑色彩鲜艳悦目,简洁明快。雕塑方面的代表——唐三彩陶塑更是令世人瞩目。唐宋之后,儒家、道家色彩观开始影响人们的色彩观念,绘画中黑、白、灰色调的水墨画和淡彩的浅绛画开始盛行,"文人画"开始发展,到宋元时期发展壮大,及至清代青绿山水几乎被淹没,"黑分五色"取代了绚烂彩色,至此,文人水墨色成为中国画的主流,飘然出尘、静默如蝉、空灵似水的色彩观成为中国画独有的色彩语言,绚丽多彩的颜色在中国色彩文化中被渐渐淡化。

这些色彩的运用不仅仅是为了装饰和美化,还蕴含着人们对美好生活和幸福未来的追求。即通过丰富多彩的色彩组合,表达出中国人民对自然、社会和美好生活的追求与理解。从上述历史进程可以看出,不断丰富发展至今的色彩文化在悠久的历史动态语境下,它与民间文化紧密结合并在其持续地与官方的互动制衡中体现出较为明显的历史发展性特点。

2. 中国色彩民俗文化的传播优势

随着人类社会的发展,色彩被不断赋予各种不同的人文意义,而人类与生俱来的色彩知觉也随着社会的进步,慢慢升华为以生活中的细节和点点滴滴为特征的色彩艺术性创造,这种伟大的创造力渗入人类社会的各个方面,尤其是在服饰、绘画、建筑、风俗文化等各个领域,表现出不同的心理效果、象征效果、文化效果、政治效果、传统效果和创造性效果。[①] 中国色彩文化对民俗生活的辐射广度和其文化内涵的容纳度也使得它成为国际中文教育中传播中国文化、让世界人民了解中国文化的重要一环,它有以下几方面的传播优势。

1) 丰富的文化内涵

中国的色彩文化深深根植于人们的生活中,并与中国传统节日、宗教信仰、艺术和文学等紧密相连。中国的色彩文化具有源远流长、独特而丰富的内涵,从最初的五方正色和间色的观念色彩系统的基础成型,并由此被纳入五行观念之中,后更因此以五德终始说介入有关王朝更替的历史进程中。

首先是五行色彩与哲学思想,中国传统文化中有五行学说,即金、木、水、火、土。每种元素与一种颜色相对应,包括黄、绿、黑、红、白。这些色彩代表了宇宙的各个方面和属性,反映了人们对自然和宇宙的观察和理解。在中国的传统文化中,色彩还与道德观念密切相关。例如,红色被视为祥瑞和吉祥的象征,代表着幸福和喜庆;白色却因原始恐惧和时空象征,成为一种凶煞之色。中国的宗教信仰也对色彩文化产生了深远的影响。在佛教、道教和儒教等宗教中,各有自己独特的色彩象征体系。比如,佛教中常用的金色袈裟、道教中的蓝色和绿色服饰,都具有宗教仪式和信仰的内涵。色彩还与中国的一些艺术审美表达相关,在

---

① 爱娃·海勒:《色彩的性格》,吴彤译,中央编译出版社,2004年,第3页。

中国传统绘画、工艺品和服饰等领域，色彩起着重要的作用。中国画注重对墨色的运用，追求水墨的意境和气韵；传统工艺品中的釉彩、丝绸和刺绣等，以丰富的色彩表现技巧展示了中国独特的艺术魅力；古代的礼仪和服饰也根据不同场合和身份，选用不同色彩和纹样，体现了中国古代人们对形象美与传统规范的追求。在中国的传统节庆活动中，色彩也是不可或缺的元素。比如春节期间，红色被广泛应用，象征着喜庆和好运；元宵节则以五彩缤纷的灯笼和烟火为特色，营造欢乐祥和的氛围。这些节庆活动中的色彩运用，既体现了人们对美好生活的向往，也传递了特定节日的意义和祝福。

总的来说，中国色彩文化凝结了千百年来人们对宇宙、自然、道德和美好生活的思考和追求。这种丰富的历史内涵在中国社会中随处可见，既是文化传承的瑰宝，也是中华民族独特的精神财富。国际中文教师作为中国文化的传播者，有使命将经过千百年积淀的中国传统色彩观念与艺术表达方式讲好，将独特而深刻的文化故事讲好，让这种强大的历史底蕴为中国色彩文化在国际舞台上赢得信任和尊重。

2）强大的辐射力

色彩文化在中国民俗中有着广泛而深远的影响，它对中国民俗有强大的辐射力，民俗的方方面面几乎都有涉及色彩文化的部分。首先是婚嫁习俗，在中国的传统婚嫁仪式中，色彩起着重要作用。红色是中国婚礼中最常见和重要的颜色，象征着幸福和喜庆。新娘常穿红色婚纱或红色的婚礼服饰，戴着红色的头饰，新婚夫妇还会在婚礼上抛撒红枣和红花瓣，以祈求婚姻幸福美满。中国的民间舞蹈和表演中也常常运用丰富的色彩元素。例如，著名的京剧和豫剧中，演员们身着鲜艳的戏装，在灯光的照耀下展现出多彩的色彩，增添了舞台的视觉效果和表演的魅力。在一些重要的节日庆典和庙会中，花车游行是常见的活动形式。花车装饰华丽绚烂，上面用鲜花、彩带和灯饰装点成各种图案和形状，营造出热闹喜庆的氛围。中国的民间手工艺品中也常有色彩浓郁的表现。比如瓷器、刺绣、剪纸和彩绘等，都采用了丰富多彩的色彩组合和精细的纹饰，展现了中国传统文化的独特魅力。除此之外，还有上文叙述过的传统节日、民间传说和信仰、道德观念等，都和色彩文化的运用紧密相关。

色彩文化强大的辐射力，给予教师极大的空间讲好中国民俗文化，在体系化的民俗文化类别下穿插丰富的色彩文化，向国际学生展示追求美好生活的中国人，以及中国人的文化智慧和艺术才华。

3) 突出的趣味性

中国地域广阔,民族众多,不同地区和民族都有独特的色彩文化。这种文化多样性为中国色彩文化提供了广泛的表达方式,以及丰富多样的故事和传统。这种多样性能够吸引来自不同文化背景的人们,激发他们对中国色彩文化的兴趣和好奇心。例如,红色在中国文化中具有重要的象征意义,它通常代表着喜庆、热情、吉祥和祥瑞。在神话故事中,红色常与火、太阳、龙等元素联系在一起,《山海经》中有关于赤帝的记载,他是掌管夏季和火焰的神灵。黄色在中国文化中被视为皇家的颜色,代表尊贵、权威和地位。在神话故事中,黄色常常与帝王、皇室和财富相关联。比如,《封神演义》中的黄帝就是中国古代一位重要的神话人物,是华夏族的先祖。青色在中国文化中象征着生命和成长,同时也与自然界的吉祥和平安联系在一起。青龙是四方神兽之一,代表东方和春季,象征着权威和福祉。在神话故事中,白虎是四方神兽之一,代表西方和秋季。白蛇传、贵妃醉酒等民间传说中也出现了与白色相关的元素。黑色在中国文化中常常与神秘、死亡和深奥联系在一起。在神话故事中,黑色通常与暗夜、幽冥界和龙王等元素相关。例如,《西游记》中的黑水玄蛇就是一个黑色的神秘生物。

中国色彩文化承载了大量的历史、神话、传说和故事。这些故事背景和文化内涵赋予了中国色彩文化更深层次的意义和价值。在教学过程中,教师可充分利用这些形象而生动的故事,引发国际学生的共鸣有效激发他们对中国文化的兴趣和热情。

二、中外色彩民俗比较

色彩深深植根于天宇间物态、生态中,更在人类繁衍及文明演化的律动之中,体现无限的繁复,伟大和神奇。色彩本身就是文化,是一个民族情感、经验和思想在色彩应用过程中的显现。[①] 不同的地域、民族及文化滋养着各自独特的色彩审美趋向。色彩因人的生态环境和文化氛围产生不同的组合。色彩文化作为民族传统的组成,区域、文化等因素也是极其重要的考量维度。中国色彩以"五行"为指导的"五色"是色彩的本源之色,是一切色彩最基本、最纯正的元素,被定为正色。下面将以"五色"为范例对中外色彩民俗进行比较,以期为国际中文教师更好开展具体教学提供参考。

---

① 魏丽芳:《色彩的魅力——古今中外色彩文化的比较与运用》,《包装世界》,2007年第1期。

（一）"赤"

"赤，赫也，太阳之色也。"[1]"赤"被认为是太阳的颜色。中国人向来有喜爱和崇拜红色的惯俗。红色在中国传统民俗中有两大含义：一是原始的生命敬畏，二是驱邪祥瑞之义。据考古发现，在北京周口店山顶洞人的墓穴里，死者的遗骨周围有用赤铁矿粉撒成的圆圈。学界认为，这是古代先民对生命的敬畏，包含了原始的巫术礼仪。红色的赤铁矿粉被认为是鲜血的象征，是生命的来源和灵魂的寄生处，在死者周围撒赤铁粉，其意是为死者祈求新的生命。除此之外，红色还象征喜庆、吉祥，有消灾驱邪的功能。古代传说中的"赤乌""赤兔""赤鲤"都是我们所熟知的祥瑞之物。例如，本命年我们通常使用红色物品，婚俗中的红色服饰以及红"喜"字，春节张贴的对联、窗花、灯笼等都使用了红色。在我国红色无疑是一种幸福吉祥的色彩。

在西方文化中，红色通常与爱情、激情和力量相关联。例如我们所熟知的情人节，人们会赠送红色的玫瑰花表达爱意。红色也与圣诞节以及一些宗教庆典相关联。例如，在基督教文化中，日历表上的重大节日和假期都是用红色标注的，称为"red-letterday"；接待重要客人的时候，通常也会铺上红地毯以示尊重。不同之处是红色在西方文化中多以负面形象出现。红色在英文中象征革命时是贬义的，代表着激进暴力的革命，如 a red revolution（赤色革命）、red activities（左派激进运动）。

值得一提的是，印度婚礼中，新娘通常会穿着红色的婚纱，红色丝线被认为能够带来好运，这点和中国相似度极高。尽管运用红色的具体场合和情境有所差异，但我们不难发现，"赤"在某种程度上因为人们对该色彩的天然感知，在大多数情况下，它带给人们的情感体验都是有积极的一面的，而在不同的情景和社会模式下也有消极的一面，这点在东西方文化中都有所体现，这是教师在教学中的一个极佳切入点：从"同"中讲"异"，最后又抵达"同"。

（二）"黄"

"黄，晃也，晃晃日光之色也。"[2]在中国，黄色具有特殊的象征意义，它居五行中央，象征大地。古时有"黄生阴阳"的说法，即把黄色奉为彩色之主，居于诸

---

① 刘熙著，刘江涛、任继昉注：《释名》卷4，中华书局，2021年，第14页。
② 刘熙著，刘江涛、任继昉注：《释名》卷4，中华书局，2021年，第14页。

色之上。中国人与"黄"这种色彩有着不解之缘:中华民族的发源地在黄土高原,黄河为中华民族的母亲河,中国的人文始祖称为"黄帝",炎黄子孙的皮肤为黄皮肤,我们也属黄色人种。除此之外,中华民族长期是农耕民族,劳动人民对土地极为重视,全国分布最广的神庙当属土地庙,由此可见人们对土地的膜拜。人们对土地所持有的态度,引申抽象为黄色,也就是说黄色很大程度上承载了人们对土地的深厚感情。最后,黄色还有长寿的含义。"人初老则发白,太老则发黄"①,后来人们就用黄发来指代长寿者。而且"黄鹤"也是长寿的象征,它常与人们羽化登仙的美好愿望联系在一起,如唐代诗人崔颢就留下了"昔人已乘黄鹤去,此地空余黄鹤楼"②这样的诗句。

黄色在西方文化中通常被视为快乐、活力和阳光的象征。它也与友谊、希望和创造力等积极的意义相关联。而在有些宗教信仰影响大的国家,黄色被认为是一种特殊的色彩,代表着神性和纯洁。例如印度教寺庙中的装饰常包含大量的黄色,象征着文化、宗教和精神上的净化。但黄色在西方也有许多的贬义内涵,表示危险、警告的 yellow alert、yellow band、yellow light、yellow line;表示懦弱、胆怯的 yellow livered、yellow belly、yellow streak(性格中的怯懦)、yellow dog(胆小鬼,懦夫);也有表示廉价的,比如 yellow covered(法国出版的)黄色纸张印刷或黄色封皮的廉价小说,中国近现代语境下的"黄"表淫秽等意义也受其影响。尽管中外"黄"的意义的差异很大,但是它们的意义发展仍然存在互相影响的趋势,教师不应仅仅局限于词本身的意义,独特的民族性的有关黄的相关中国故事,都可以为教学提供支撑。

(三)"白"

"白,启也,如冰启时之色也。"③通常来说,在中国人的色彩观里,白色是具有截然不同意义的色彩。汉语中白色的褒义文化内涵多来自古人对玉的欣赏及由此的引申阐发。人们常用"白玉无瑕"比喻人完美无缺。白色还有"清白、廉洁"之意,如荀子道"是故穷则不隐,通则大明,身死而弥白",以及"不白之冤""清白无辜"中的"白"都有此含义。但是"白"在中国的文化中,更多是被视为一个基本禁忌词。五行学说中西方为白虎,白色是枯竭而无血色、无生命的表现,象征

---

① 孔颖达:《礼记正义》卷 3,上海古籍出版社,2008 年,第 21 页。
② 崔颢:《全唐诗》卷 1,上海古籍出版社,1986 年,第 13 页。
③ 刘熙著,刘江涛、任继昉注:《释名》卷 4,中华书局,2021 年,第 14 页。

死亡、凶兆。"白"在《说文解字》中被释为："西方色也。阴用事，物色白。"[①]五行说中"白"与"秋"对应，秋天的肃杀衰败之景也让人联想到衰老、凋零和死亡。久而久之，"白"就有了凶丧之意。在中国的葬礼中，人们通常要穿白色孝服，设白色灵堂。一方面是表达对逝去亲人的缅怀；另一方面，白色属金，有刚健、收敛、变革之特性，它可以帮助人们收敛悲欢情绪，直面生死大事，正视生命转折。

在西方文化中，白色通常被视为纯洁和纯净无瑕的颜色，这是因为白色与无瑕疵、无污染的状态相关联。从宗教角度来看，白色通常与天使、圣洁和虔诚相联系。例如国际传播度很广的"圣诞老人"和"白雪公主"等形象都给人一种纯洁和美好的感觉，是幸福和纯洁的象征。在西方的婚礼中，"白色"通常为主色调，这源于19世纪英国维多利亚时期的传统，当时英国女王维多利亚选择了白色婚纱。此后，白色成为婚礼的代表色彩，象征着纯洁、纯真和新的开始。白色在西方文化中也被视为高雅和简约的象征，常常在艺术、设计和时尚领域中使用，传达纯粹、优雅和简洁的风格。白色还与医疗和护理有关，医院和医疗机构常常使用白色装饰，因为白色可以使人感到安心和舒适。此外，白色也被视为医护人员的专业和纯洁之色。"白"在这个意义上，和中国的悲伤、死亡、凋零之义是截然相反的。

在中国现代民俗文化中，葬礼依旧主要使用白色调。但在婚礼中，大家对白色的接受度非常高。反过来，我们也看到很多国际友人尝试选取以红色为主调的传统中式婚礼，这些不仅仅是色彩运用的国与国之间的信息互换，更是一种色彩民俗文化之间的良性互动。教师在教学过程中也应该充分重视这种"民间交流性"视角，让文化在交流互动中"活"起来。

(四)"黑"

"黑，晦也，如晦冥之色也。"[②]黑色在《易经》中被认为是天的颜色，他们认为北极星是天帝的位置，所以在中国人的宇宙观和精神色彩中，黑色是宇宙混沌的色彩，是自然的母色。与之相印证的是，西方色彩学认为红黄蓝为色彩的三原色，而三原色之合则为黑色。黑色属水，水有公平、公正之意，"法"字即以水作为偏旁部首，因此，黑色也常常表示刚正不阿、公正无私。戏曲脸谱中的黑色脸谱

---

① 许慎：《说文解字》卷7，中华书局，1963年，第31页。
② 刘熙著，刘江涛、任继昉注：《释名》卷4，中华书局，2021年，第14页。

代表忠贤之臣,这些人有秉公执法、铁面无私的高尚人格。例如在中国大众所熟知并且喜爱的包青天传说中包公就是面色如炭,其更多地表现了普通百姓对公平正义的追求和向往。当然,在后来的发展演变中,"黑"也增加了贬义和不祥的含义,黑色也常与"坏的、邪恶的"等意义联系在一起,如"黑名单""黑帮""黑市""背黑锅"等。

在西方文化中,黑色具有丰富的历史文化内涵和象征意义。在欧洲历史上,黑色被用来表示反对当时的政治和社会体制。例如,在 18 世纪的法国大革命中,黑色成为反对君主制度和封建主义的象征。黑色也常常与哲学和文学中的思考、沉思以及深度联系在一起被用来表达内省、哲学思考和思想的无限性,许多西方文学作品中都有与黑暗和黑色相关的象征主题。黑色在宗教和仪式上也具有重要的意义。在基督教中,黑色通常被视为悲伤、忏悔和死亡的象征。而在一些异教信仰中,黑色代表神秘、神圣和魔力。黑色还在艺术和时尚领域被广泛使用,因为它被认为是经典、优雅和神秘的象征,黑色的简约和纯粹性也使其成为时尚界的永恒经典,黑色的礼服在正式场合和晚宴上经常成为首选。除此之外,人们也会把事事不如意的一天称为"黑色的一天(a black day)",black dog 字面意思是"黑狗",比喻意义为"忧郁""烦闷",在这点上是和中国很类似的。

(五)"青"

"青,生也,象万物生时之色也。"①在古人的观念中,青色是生命之色,有生命之意。"生"是个象形字,它像草从土中长出,而草为青色,"青"和"生"在象形方面同出一源。古人从植物生长时呈现出的青色而赋予"青"以"生"的内涵,完成了由具象向抽象的提升。"静"字从青,且"青通静",即静也与青色有关。在五色中,青色的确是最能让人感到安稳、静谧的颜色。古时候,人们还认为青色有生发、旺盛的作用,是灵感之色,因此儒生身着青色衣物,可助其文思泉涌,下笔千言。在器物方面,青花瓷是瓷器中覆盖面最广、产量最大的品种,也是单色瓷器中影响最大和流行时间最长的品种,是中国古典文化的标志之一,这都体现人们对青色及其意象、意趣、意蕴的钟情。

在与我们共处东亚文化圈的日本,青色(蓝色)被称为"青",在民俗中有着重

---

① 刘熙著,刘江涛、任继昉注:《释名》卷 4,中华书局,2021 年,第 15 页。

要的地位。例如,在日本的传统神社里,人们穿着青色的衣物和鞋子参拜神灵,除此之外。日本的传统木制建筑中常使用青色的油漆保护木材,同时也给人一种清爽的感觉。而西方文明的摇篮是古希腊文明,古希腊文明就是典型的海洋文明,亦称"蓝色文明"。全世界范围内用蓝色作为国旗主色调的国家,主要以环绕海洋一带的欧洲国家为主。在欧洲,出身高贵的人通常用"蓝色血统"形容,此文化来源于西班牙。在英国,贵族血统被称为"蓝血",皇室和王族女性所穿的深蓝色服装被称为"皇室蓝"。在基督教中,蓝色是圣母玛利亚的象征,在西方绘画中圣母通常身着蔚蓝色的衣服。这些都是西方文化中对蓝色的非一般的情感和精神寄托的体现。蓝色是高贵身份的象征,类似于中国文化中的"黄"。

但不论是西方还是中国,人们对于色彩的阐释和理解都是流动性的,无论是"黄"还是"青"都已经从等级的代名词变成了民间可共通共享的色彩审美表达,即越来越通往具体的人,教师在教学过程中应重"故事性",而非其背后的等级传统。因为,今日流行于日常生活中的青色正在持续焕发着新时代的活力,弱化它的政治性、等级性,通向民间的审美表达,这正是一种民间的力量所在。

第二节　色彩民俗教学与研究个案

色彩文化历史底蕴丰厚,辐射民俗文化的众多类别,是国际中文教学的重要内容。教师在教学过程中,在关注国际学生对中国色彩民俗文化的了解程度、接受心理的同时,更应该在文化教学中注重方法的故事化、内容的当地化。

一、色彩文化教学案例分析

老师,我可以穿白色衣服去参加婚礼吗?[①]

学　　校	汉语水平	授课对象	作　者	整理者
江苏大学	中级	来华留学生	余红艳	胡澳琦[②]

---

① 该案例来源于编者教学实践。
② 胡澳琦,江苏大学文学院汉语国际教育专业硕士生,主要从事民俗文化教学研究。

（一）案例叙事

这是一堂色彩文化课，重点讲解中国色彩文化的稳定性和变异性。我选取了新娘的婚服从"红色"到"白色"的流变作为主要教学案例，教学思路主要是通过婚礼视频片段、古代和现代的婚礼图片对比等形式进行教学。

导课环节，我首先给大家播放了一小段婚礼视频，那是我结婚时的现场录像。同学们看到年轻时的我穿着洁白的婚纱，都纷纷夸赞。我也告诉同学们："当时啊，我的一个留学生就参加了我的婚礼。"课堂里的气氛十分融洽温馨。然后，我就抛出了我的第一个课堂问题：中国的新娘一般穿什么颜色的服装结婚？大家七嘴八舌，很多同学都说"白色"，也有同学说"红色"。于是，我就通过展示影视剧中的中国古代婚礼视频片段，让同学们看到在古代社会主要是红色的新娘婚服，这与中国人认为的红色含有喜庆、吉祥的意义有着直接联系。因此，不仅仅在婚礼，在其他节日或者重要的喜庆的日子里，中国的女性也常常身着红色服装。接着，我抛出了第二个课堂问题：中国的新娘从什么时候开始选择白色的婚纱作为婚服呢？之后，我从西方文化中的白色文化讲起，让同学们了解色彩文化的中西融合和历史演变。

这时，来自巴基斯坦的女生突然问道："老师，在中国，我可以穿白色的衣服去参加朋友的婚礼吗？"这个问题是我没有预料到的。是啊，在整个备课和教学环节，我关注的都是婚礼中新人的服装色彩演变，那么参加婚礼的客人的服装有没有特殊的民俗要求呢？是不是也跟着演变了呢？我来不及细想，赶紧回答道："你这个问题非常好，是的，在中国人的婚礼上，新娘可以穿传统的红色，也可以穿洁白的婚纱，很多新娘还会先穿婚纱迎宾，然后再换回红色的旗袍敬酒，是典型的中西色彩民俗的融合。"我点开视频，让同学们继续观看我的婚礼，我穿着红色旗袍与新郎一起敬酒。"但是，参加婚礼的客人一般都穿什么颜色的服装呢？"我截取了我婚礼现场的图片，让同学们看客人们的着装，特别是女士的着装，大多数女士会穿着黄色、粉色、蓝色等色彩明亮的服装，并告诉同学们，一般来说，作为客人参加中国人的婚礼，一般不穿白色服装。为什么呢？这与白色在中国传统色彩民俗中的文化符号相关。中国的色彩对应不同的时节，白色对应秋天，有萧瑟杀气；色彩还对应着方位，白色代表方位"西"，成语"驾鹤西去"表示死亡。因此，虽然现代中国人接受了西方用"白色"表示纯洁的爱情这一色彩文化，但是对于参加婚礼的客人来说，还是应该穿着相对喜庆的服装以表达美好的祝福。当然，女士参加婚礼，也尽量不要穿大红色的服装，以免与新娘"撞色"。

虽然学生的突然提问并不难回答，但是也让我意识到备课环节的疏忽，专门场合的服饰色彩民俗涉及方方面面的细节，色彩民俗文化丰富杂糅，国际中文教师应对色彩文化有一个较为全面、深刻的理解。

（二）案例点评

1. 亮点分析

（1）教学设计角度新颖，导课环节亲切自然。上述案例的教学设计十分巧妙，教师选取新娘婚服的色彩变化，让学生了解色彩民俗的稳定性和变异性特点，也很好地展示了色彩民俗的中西文化交融。同时，教师以本人的婚礼为导课内容，通过展示个人的婚服，带领同学们走进婚服色彩演化，亲切自然，达到了很好的师生互动效果。

（2）以课堂问题串联教学，教学线索清晰明朗。教师在串联教学内容时，采用的是抛出课堂问题的形式，让同学们带着问题学习、了解甚至理解中国婚服的色彩民俗文化变迁，教学线索清晰。特别是在同学提出新的问题时，能够给予肯定，并及时补充相关教学内容，完善教学设计，体现了教师较高的课堂把控能力。

2. 不足与建议

正如案例中作者所反思的，教师在备课环节将关注点全部放置在了新娘婚服色彩的演变，忽略了婚礼中的其他人员，特别是参加婚礼的客人的服饰色彩民俗文化。事实上，新娘的婚服一般是不会出错的，因为有经验丰富的专业人士全程指导，易于出错的往往是参加婚礼的客人。对于来华留学生来说，她们最可能以客人的身份参加中国朋友的婚礼，因此，国际中文教师在教学过程中，应对来华留学生最需要关注的民俗文化细节进行介绍和讲解，增强其跨文化适应能力，树立全面、真实、立体的中国形象。

3. 案例思考

（1）请选取一种色彩，查阅资料，谈谈其色彩民俗的历史演变。

（2）请选取一种色彩，设计一个10分钟的色彩民俗文化教案。

二、色彩文化研究论文

中国色彩文化的"五色"认知与建构*
田兆元

摘　要：色彩是自然现象，但也是文化呈现，中国的色彩文化在一定程度上是中国文化的根本问题之一。不仅中国如此，各国均有对于色彩的独特文化解读。法国人类学家涂尔干和莫斯《原始分类》将色彩当作一个分类知识，从社会阶层的角度予以解读。中国的色彩文化的代表是"五色"观。《周礼》时代将"五色"定为空间标识，宇宙世界只是"五色"之变，"五色"成为一种制度框架。《春秋繁露》将"五色"用于解读历史，夏商周不过是青白赤三颜色而已，春夏秋冬不过是青红白黑，这种颜色观太过凝重。《山海经》将"五色"变为"五彩"加以讲述，突出了江山的灿烂，但是也是制度的变调。《世说新语》里的士人无奈的青白眼，以及"朝如青丝暮成雪"的生活际遇，竟然将"五色"变成了"无色"，水墨的世界由悲剧转为逍遥的审美。《闲情偶寄》终于回归到"素以为绚"的范式，将彩色带回了感性的生活之中。中国的色彩文化，从官方的制度性规定，到民间的感官感性感受，形成了独特的多样性的认知谱系。体现了中华文化的博大与细微、世界秩序与个人感受相统一的特色。色彩的认知与色彩的消费，将在新的时代焕发新的神采。

关键词：五色；五彩；感性感受；制度框架；色彩消费

（一）

颜色辨别是人类进步的阶梯，辨析是一种分类，而分类是人类心智的飞跃。在对于原始人的研究中，颜色的辨别往往与族群与图腾联系在一起。如在澳洲的某部落，白色凤头鹦鹉图腾与太阳、夏天和风联系在一起，而黑色凤头鹦鹉图腾则与月亮、星辰和流星联系在一起。这种界限的分类依据是颜色。有一派学者认为，分类的动力源于社会。社会区分你我，制造同类异类，生产图腾、氏族、

---

* 该文由田兆元提供，原载于《楚雄师范学院学报》，2021年第2期。

胞族等。① 法国社会学家涂尔干和他的学生莫斯一起写了一本叫《原始分类》的书，讲述了分类的古老的问题，其中很多却是颜色问题。色彩很重要，在一定程度上，它是文化的根本问题。由色彩认知到色彩消费，思维起到重要的制约作用。

《原始分类》从祖尼人的思考中发现很多有趣的问题，比如，他们把空间分为东西南北上下中，这样成为一个七维的世界。而时间就依次配置到相关的方位，这样的时空叠合和中国很相似，更加令人惊讶的是：不同的方位还与特定的颜色相配伍。如北方是黄色的，南方是红色的，上方是彩色的，下方是黑色的，中间则是什么色彩都有。东西南北上下中七方便有七个不同类型的图腾与颜色相区别。"每个区域还专门有一种颜色，反映出该区域的特性"，②图腾物也是被颜色化了，黑头白头类型就不同。颜色在人类生活中都被高度重视了，成为社会与文化的分类。读书的朋友都知道，这种分类观与中国是有点相似的，只是我们的六合、五方、四季、五色说，表述有所不同。

作者也专门辟出篇幅讲述中国的分类，讲到中国的空间观与时间观，也提到颜色问题，但是很可惜，可能作者对于中国古籍的阅读能力所限，没有很好展开，这很有些遗憾。但是这些遗憾可以从苏州博物馆的青年学者蒋玮的《五色的哲学笔记》里得到弥补。这样一本充满深趣的书，反映了中国色彩文化的很多问题。

就像涂尔干和莫斯所说，中国是一个思维发达的社会，但是这个社会带有深厚的古老的传统。了解中国可以去田野，但是进入书斋则是重要的入口。五本中国古典文献可以反映出中国的色彩文化。中国的色彩文化，其根本问题是"五色"问题和"五彩"问题。颜色难道只有五种色彩吗？显然不是的。"五彩"问题是中国文化的问题，而中国色彩文化的代表性问题是"五色"问题。

形而上者谓之道，形而下者谓之器，形而外者谓之色。"色即是空"是佛教的话语，那个色不仅仅是颜色，更是可触之世界。对生活中的人们来说，不仅物质世界不空幻，就是色彩也是不空的。在中国人的意识中，色不仅是物本身，色还是精神世界，哲学世界。时间空间叠合在颜色里，这就是中国人的颜色认知。虚幻的色彩表皮，却是凝重的，世界不过就是一种色谱错杂的构成：天地玄黄！所

---

① 涂尔干、莫斯：《原始分类》，汲喆译，上海人民出版社，2000 年，第 19 页。
② 涂尔干、莫斯：《原始分类》，汲喆译，上海人民出版社，2000 年，第 47 页。

以色彩之于中国,远较那些原始族群更为重要。在中国的民俗学、人类学研究实践中,通过传统经典入手,是非常传统也是正确的路径。因为中国人的色彩意识,已经早早地被中华传统经典记录了。

在中国的传统典籍中,《周礼》《春秋繁露》《山海经》《世说新语》和《闲情偶寄》五本书具有独特的色彩话语。但对古籍有点知识,对五色彩有点了解的人看了这个目录就会想,拿前三者来说中国的五色观,是没有太大问题的。那后面两部书,几乎很少说五色之事,放在一起,为什么呢?这问题确实很有意思。

其实,从严肃的国家话语,到充满文化个性色彩的民间话语,这五本书形成了一个中国色彩文化的谱系。前三者与后二者是对于同一问题的不同表述,是中国色彩文化的独特构成。中国的色彩消费,无论是政治性的规范,还是感性生命的审美,都受到认知话语的严重制约。

(二)

《周礼》是时空错杂的六维结构:天官冢宰、地官司徒、春官宗伯、夏官司马、秋官司寇、冬官司空。这个是怎么跟五色结合起来了呢?

天官、地官,那是以空间命名:春、夏、秋、冬四官,这是以时间命名的。这样一种错杂,看起来是有些不伦不类的,但是作为一部中国经典,难道是随意的吗?它是怎么把时空统一的呢?我们还是从色彩上来看。《春官·大宗伯》篇在讲祭祀之礼时候说:

> 以玉作六器,以礼天地四方:以苍璧礼天,以黄琮礼地,以青圭礼东方,以赤璋礼南方,以白琥礼西方,以玄璜礼北方。皆有牲币,各放其器之色。[①]

这里世界一下子变成了六方,六方变成了六色:苍、黄、青、赤、白、玄。五色为什么成了六色呢?颜色也多出来一种:苍-黑白之间色,苍介于黑白之间,调节了天地四方六合之需,这就是中国阴阳五行学说这一根本思维应对世思之变的权变。空间方位的颜色规范,即制度之色,即"制色",是天子管理天下的代码。

该怎么理解《周礼》那种时空交错呢?《五色的哲学笔记》有这样的表达:看上去是空间安置,实则蕴涵了时间原则在其内部。冬至礼天,夏至礼地,立春礼东,立夏礼南,立秋礼西,立冬礼北。在此基础上,天有北极,地在昆仑,东有苍精

---

① 郑玄注,贾公彦:《周礼注疏》,中华书局,1979年,第762页。

之帝,南有赤精之帝,西有白精之帝,北有黑精之帝,而璧圆象天,琮方象地,圭锐象东,半圭象南,琥猛象秋,半璧象冬。苍璧、黄琮、青圭、赤璋、白琥、玄璜,形色相称,貌似平行,不可分离,而末尾一句,"皆有牲币,各放其器之色""各放其器之色",不是"各放其器之形",实则把"色",在特殊的语境中,推升至于"本体论"高度。[1]

　　这样讨论,对于中国色彩与时空的制度性话语应该说讲得很是清楚。那么这个五、六看似矛盾的问题如何解决呢?我们发现《周礼》是六数的大框架,五数的核心框架,如:"画缋之事:杂五色。东方谓之青,南方谓之赤,西方谓之白,北方谓之黑,天谓之玄,地谓之黄。青与白相次也,赤与黑相次也,玄与黄相次也。"[2]"杂四时五色之位以章之,谓之巧。"这里还是天的玄与北方的黑,实际上是一个类似的颜色。六合还是五色。当然这个玄很多的时候用"苍"来表达,天的玄其实是程度比较浅的黑。天地四方是六合,但是春夏秋冬是四季,这就有了五的调节。天地东西南北后来就演化为东西南北中,这样看,五色彩最后竟然影响了我们的世界观,成了现实的社会秩序,族群观念,领土观念。随着"五色"观念的深入人心,围绕着王权,言说权力的意识形态话语体系,也即制度文化被立体地、多维地建构起来—"五色"虽为兆气,其所兆者也便不再是远古"人民"的个人命运,而事关国祚之威权,必须放在民族、国家的宏阔视野中去理解。也不得不说,中国这种对色彩的都有点"过分"的文化观,真的就是这样。

　　可以说,《周礼》给中国的"五色"定了一个主调,成了传统的主流话语。《春秋繁露》是将《周礼》理想图示转化为现实图示的谋划,是以五色观对于历史与当下的解读。夏、商、周分别以青、白、赤表达其政治色彩。而春夏秋冬舞龙,龙的色彩不一样。春天舞苍龙,夏天舞赤龙,季夏舞黄龙,秋天舞白龙,冬天舞黑龙。[3]这个五龙成为五色龙,只是四季难配五色,就在夏天末季增加了黄龙。《周礼》给出理论大框架,《春秋繁露》历史化现实化。

　　近年来《山海经》是神话学、民俗学的学术热点,也是文化创意的关注热点图书,作为哲学书来读则更为直接。《山海经》一开篇便是《五藏山经》,南西北东中,六合变成了五方,这是色彩学对于宇宙世界的重构。"中"成了中国的话语表述关键词。

---

① 蒋玮:《五色的哲学笔记》,凤凰出版社,2021 年,第 89 页。
② 郑玄注,贾公彦:《周礼注疏》,中华书局,1979 年,第 918 页。
③ 董仲舒著,张世亮等译注:《春秋繁露》,中华书局,2012 年,第 583—591 页。

山经是"山",重出产;其他讲的是"国",重族群诸民。所谓"地之所载,六合之间,四海之内,照之以日月,经之以星辰,纪之以四时,要之以太岁,神灵所生,其物异形,或夭或寿,唯圣人能通其道。"所以"海外经"就没有海外中经,"中"只有一个。

但是我们发现,前几个经:山经五山,海经之海外经海内经,其次序都是南、西、北、东;荒经即变成了东、南、西、北的顺序。这种空间顺序的变动或许与地域发展有关,但是东西南北怎么都不是单一的中心,而是整个东、西、南、北都是"大荒之中",都是一些"中国"之国。《周礼》里面的天地,在《山海经》这里变成了"中",这就是六合向五方的变迁,也是五色找到了真正的对应归属。但是《山海经》却不全然遵守之。

现在的《山海经》研究者绞尽脑汁,想鼓捣出一点什么秘密来,这都很难。蒋玮《五色的哲学笔记》采用了简单的方式:统计。山经的出产核心是金玉。青碧玉是重点。青碧玉把蛇的地位也提升了,所以"青蛇"也是重点。青碧美玉,后来指代什么呢?青就是天。碧云天,黄花地这样一幅灿烂的图景,是天地玄黄的美术版。天也被描述为青天,青碧玉,那是天的色彩。这也许就是五色玉中,青碧玉凸显的原因。黄金出产在《山海经》里重要,那黄色,当然是大地之色。所以《山海经》把青碧玉、黄金强调出来,不仅仅是对金玉的重财重宝那么简单。统计还表明:丹红很重要。这既是生命之色的注重,当然也是与大汉时代尚赤开始铸就的"中国红"难脱干系。

《山海经》的色彩选择,真的就是那么一体多元,既重视五色的传统,又关注当下的选择,把天、地色加重,把家国色、生命色加重,是不是有点创造性转化的味道?这中间的核心是天变了:玄天变成了青天碧云天,后来经过女娲一补,有了五彩色的天。还有那红,红遍了江山。再仔细想一下:是不是五色真的变成了五彩?黑白这两种消色,在《山海经》里面淡出了。这样看,称为"经"的《山海经》真不能说很民间,真的国家主流意识很强。

于是,我们发现,《周礼》《春秋繁露》和《山海经》都是国家色彩主流话语的书写者、推进者。

(三)

《世说新语》与《闲情偶寄》说五色,则是民间的"五色"观,体现了中国民间的色彩观念。他们从"无色"的无奈变成五彩斑斓的色彩拥趸。

一批在野的知识者,他们感到秩序感就是压迫,是不是有解构五色秩序来达到解构社会的目的？无论如何，他们想恢复和展现世界的斑斓，那不仅仅是五色的问题。魏晋时期的一些知识者时运不济，感觉岁月流逝，如白驹过隙。像董仲舒那样出入王侯家，那真是少数。可是灿烂的世界，在传统知识者那里，也是难以消受其真美的存在。老百姓要么是"黔首"，要么是"苍头"，哪有什么灿烂的颜色？这样，现实的悲剧就把世界点染成无色。于是，白色与黑色这两种消色，既是普通百姓的色彩，也成了魏晋以来，一批知识者的选择。

　　阮籍的青白眼，把世界分成了两种色彩。这个世界，后来演为水墨的世界，墨色成为艺术主调。我们称赞水墨中国审美格调，是不是有点忽视了中国知识者的悲剧本色。享受这种在野，是《世说新语》的主调，朝如青丝暮成雪，这是一种生命的慨叹，这黑白世界对于彩色世界的过滤，有过多少泪流。而当我们把黑白的世界视为生命的本体，超脱个人的得失，这种色彩选择就成为民族的审美与智慧呈现了。

　　《世说新语》里的在野文人第一次解构了五色谱系，五彩变成了"无彩"。但是，这只是一种民间知识者的传统，在庶民生活世界里，食色之性一直是在莽莽苍苍的奔流着，他们享受这真实的色彩世界，江南尤甚。随着江南经济的发展，文人不一定要仰赖官方供养，民间的文化消费可以为文人带来生计。明清重要的文化形式是戏曲，戏曲强调剧美、声美，更有形美色美。李渔这位杰出的戏曲家，重新发现了"素以为绚"的中华色彩传统。其对于女性美标准的提出，也许有人说是变态，却是其真心的发现与赞美。这就是李渔的著作《闲情偶寄》，一部色彩之书。强调以白为核心的形体基质是在野文人民间传统，这是"素"；但是妆饰就是一种感性本源色彩的精彩应用，这是"绚"。他说"但脂粉二物，其势相依，面上有粉而唇上涂脂，则其色灿然可爱，倘面无粉泽而止丹唇，非但红色不显，且能使面上之黑色变而为紫，以紫之为色，非系天生，乃红黑二色合而成之者也。黑一见红，若逢故物，不求合而自合，精光相射，不觉紫气东来，使乘老子青牛，竟有五色灿然之瑞矣。"这种对于色彩的知识表达，真的就是专家级别的表达了，不再有审美制度之色了。他说，三分人才，七分妆饰。李渔是一个将无色之白的女性基质与五彩之饰结合起来的人，很好地调节了自然的色调与人文的色调的关系。

　　李渔感叹自己"一介寒生，终身落魄"。但是，他有绝对一流的"好色"禀赋。且看他关于簪花之论：

　　　富贵之家如得丽人，则当遍访名花，植于阃内，使之旦夕相亲，珠围翠绕之荣不足道也。晨起簪花,听其自择。喜红则红,爱紫则紫,随心插戴,自然合宜,所谓两相欢也,寒素之家,如得美妇,屋旁稍有隙地,亦当种树栽花,以备点缀云鬟之用。他事可俭,此事独不可俭。①

这到底是爱女人还是爱花啊? 其实,这是"好色"。这才是五色的真正的解构:从制度之色向生命色彩的回归。至此,庶民的色彩消费,在生活世界得到了关注。

我们因此也就明白了为什么南方的戏曲都北上了,因为这人还是感性的存在,帝王不仅以"五色"治天下,还真好色。有皇帝七下江南,目的很多。赏江山秀色难说不是非常重要的动机之一,帝王的色彩消费,也是理性与感性的统一。

但是,选择这些典籍,只是一种选择。关于"五色",不同的人可能会选择大不相同的典籍来解读。但是回归典籍,这是中国学术发展的前提。读书以承道,解书以达理,写书以明志。从读书开始治学之路,怎么说都是正路。

赤橙黄绿青蓝紫,七色为基本,世间何止五色? 中国人为何独钟情五色,这是说色彩有民族性问题。目之于色有同好,这是说色彩有人类共性问题。这样一看,五色的问题真是不小。要说是审美问题,那是美丑好恶;说是政治,那真是族群身份和阶级划分;要说是历史,那是朝代更替、文化转型,这都是色彩的大问题。要说色彩哲学、人类思维,以上都是:辨类构型,色以类分。涂尔干、莫斯想从社会学找出解读方式,那也只是路径之一,还远远不够了。

从《周礼》"五色",到《山海经》变为"五彩",这是江山的美丽所致,色彩是一种空间的制度,也是王朝的不同旗帜。而《世说新语》时代的文人之"五色",开辟了文人世界的黑白色调,起初是一种悲剧性的放诞,后来成为中华审美格调之一,那是不断叠加解读的结果。到了江南的文士李渔那里,民间真的打开了绚烂的色彩之门,"素以为绚"的审美传统便开出自由之花。

"五色"的文化,是一种传统,远非感官感受那么简单。"五色"的官方、士大夫与民众合力构建的色彩认知,是中华智慧与审美的文化结晶。

思考题:

1. 中国的色彩民俗文化具有较强的辐射力,请以色彩与方位的关系为例,与同学们讨论如何在国际中文教学中进行色彩与方位的教学。

---

① 李渔:《闲情偶寄》,云南大学出版社,2003年,第86页。

2. 请选取一种代表性色彩,与同学们讨论中外色彩民俗文化的异同。

参 考 书 目

1. 牛克诚:《中国传统色彩研究》,文化艺术出版社,2022 年。

2. 蒋玮:《五色的哲学笔记》,凤凰出版社,2021 年。

3. 陈彦青:《观念之色:中国传统色彩研究》,北京大学出版社,2015 年。

4. 董仲舒著,张世亮等译注:《春秋繁露》,中华书局,2012 年。

5. 杨健吾:《中国民间色彩民俗》,重庆出版社,2010 年。

6. 韩杰:《数字与色彩趣谈》,中华书局,2010 年。

7. 季国清:《文化嬗变的时代色彩》,人民出版社,2009 年。

8. 爱娃·海勒:《色彩的性格》,吴彤译,中央编译出版社,2004 年。

9. 涂尔干、莫斯:《原始分类》,汲喆译,上海人民出版社,2000 年。

10. 郑玄注,贾公彦疏:《周礼注疏》,中华书局,1979 年。

第八章

服饰民俗与国际中文教育

中国自古就有"衣冠上国、礼仪之邦"的美称,"华夏"中的"华"就因"有服章之美,谓之华"而得名。服饰作为中国的文化符号,是展示国家形象的重要载体,服饰民俗更是国际中文教学的重要内容,服饰与民俗的密切关系凸显了服饰背后的文化意蕴在教学过程中的重要性。本章第一节主要从服饰民俗的定义、分类与特点这三个方面展开,第二节主要从服饰传播的角度着重选取中国代表性服饰——旗袍、汉服、中山装,与国外服饰展开对比,并且分析背后的异同。服饰民俗在日常生活中会被简单归纳为传统服饰,而在国际中文教学中则需简要概述服饰民俗在传统文化中的重要呈现形式,研究具体的服饰外观、配饰、图纹,了解背后蕴含的深厚文化底蕴。

第一节　中外服饰民俗

"衣"的甲骨文是 ，[1]字形类似于一件衣服的形状,上半部分"∧"近似衣领,下半部分" "类似衣服袖口及下摆。"衣"的本义是指人穿在身上用以蔽体或御寒的东西,又有衣服的总称之意,可见"衣"与"人"密不可分。"袭叶为衣裳",[2]"有巢氏始衣皮",[3]均是对人类社会早期衣物的记载。从树叶毛皮到丝绸棉麻,树叶、动物毛皮不仅是早期遮蔽人体的工具,还是人类服饰文化史的起始点。当人类对这类物品的关注点从打猎捕食变为遮蔽形体,就意味着社会开启

---

① 孙海波:《甲骨文编·卷八》,哈佛燕京学社,1934年,第355页。
② 李廷机:《鉴略妥注·三皇纪》,岳麓书社,1988年,第1页。
③ 张岱:《夜航船》,团结出版社,2019年,第899页。

文明时代,至此,"衣"亦可被定为人类从蒙昧走向开化的分水岭。

一、服饰民俗概说

民俗是人类祖先顺应自然、征服自然、展开社会活动的过程之中约定俗成并延续已久的产物,而服饰的产生与地理自然环境、物质生产活动以及社会审美、时尚设计有关。一方面,服饰作为一种物质容器,承载着民俗文化的内涵,在人生礼仪、节日风俗等方面有所体现;另一方面,服饰作为民俗文化的精神寄托与信仰符号,这种物质存在直接表达了一定的思想意识,其外观设计是物质民俗的直接体现。

(一) 服饰民俗的内涵

纵观人类服饰发展史,社会政治、经济、文化与地域等因素对人类服饰的发展产生了众多影响。从遮身蔽体、防寒御暑的普通衣物,到契合生产劳动的各类服饰,服饰在人类社会中一直是不断发展的。服饰是人类生产生活的产物,也是民俗文化的载体。随着生产力的发展,人类制造出各类布料,如棉、麻、丝绸,服饰设计的着眼点也从整体外观设计逐渐转向色彩、图纹等细节的处理。与此同时,服饰还是社会身份、等级观念以及思想文化的外在表现,古代只有皇帝才能穿五爪龙袍,品级不同的大臣所穿服饰图纹也不尽相同。

钟敬文将服饰民俗作为一种物质生活民俗加以界定,认为服饰的外观设计及用途均承载着一定的民俗文化。[①] 天津师范大学的华梅交叉研究民俗和服饰,在《服饰民俗学》[②]一书中将服饰定义为一种民俗事象,研究服饰的事与象在民俗活动中表现出的文化内涵。有学者依据此书具体提出服饰民俗是民族或地区生活风尚的表征,着重剖析服饰与民俗的关系,直接提出服饰的民俗内涵以及服饰民俗学孕育的理论基础。

服饰标志着人们的生活方式尤其是民俗活动的变化,服饰的变化必定包含了一定的内在精神和外在审美。因此,服饰民俗表现着人们的思想文化,在传统的中国社会中,服饰包含了以下思想:一是礼仪伦常的社会意识,在不同的人生礼仪中,不同场合的穿着要求大有不同;二是求吉心理,求福求吉是人类最普遍

---

① 钟敬文:《民俗学概论》,高等教育出版社,2008 年,第 82 页。
② 华梅:《服饰民俗学》,中国纺织出版社,2004 年。

的愿望,如中国的婚礼中喜用红色,以示吉祥喜庆;三是民族自我意识,这一点突出表现在多种多样的各民族服饰上;四是政治观念的载体,如辛亥革命推翻清政府后提倡"剪辫易服"。[①]

综上,服饰民俗的研究主体是服饰本身及其包含的文化内涵,这些均是社会约定俗成的文化内涵,是人类代代传递思想价值观的情感纽带。这些"变"与"不变"的外观设计和精神文化都是服饰民俗中有待挖掘的重点。服饰民俗包括但不限于服饰外观呈现,除了样式、图案、色彩等设计层面,也包含着一定的风俗礼仪、民族精神、社会文化以及基于传统民俗而被赋予的人文内涵。

(二) 服饰民俗的分类

服饰民俗分类繁多,随着社会的发展和西方服装设计理念的传入,服饰民俗依据当代消费者的喜好与市场需求不断变化与调整。钟敬文从用途的角度将民间服饰分为衣着、附加的装饰物、人体自身的服饰、具有装饰作用的生产工具、日常用品等。[②] 陈勤建将其分为年龄服饰、季节服饰、职业服饰、专用服饰、民族服饰及性别服饰。[③] 华梅对民俗服饰详细分类,将民俗服饰分为人生仪礼服饰、节日礼俗服饰和游艺民俗服饰,日常生活中还可以将民俗服饰分为民族服饰、民间服饰、传统服饰,或是农村服饰和城市服饰。[④] 本章服饰民俗的分类是在陈勤建与华梅的分类基础上进行的整理,主要包括日常服饰民俗、人生仪礼与节日服饰民俗,其中日常服饰民俗又可分为汉族和少数民族服饰民俗。

1. 日常服饰民俗

中国作为多民族国家,民族文化丰富多样。而服饰作为民族文化的载体,往往可以成为少数民族的身份标识和民族认同的象征。日常生活中同样展现出鲜明的民族风俗和民族特色,是最重要和醒目的文化标志之一。《中庸》的《诗》曰:"'衣锦尚䌹。'恶其文之著也。[⑤]"中国自古提倡谦逊含蓄的处世之道,因此,在服饰选择上更倾向于通过繁复的纹样、华丽的装饰含蓄地彰显服饰之美。

汉族作为中国人口最庞大的民族,其民族服饰也被称为汉服,汉服以飘逸宽松为美,与自然朴素、和谐包容的传统文化理念相呼应。其他少数民族受地理环

① 钟敬文:《民俗学概论》,高等教育出版社,2008 年,第 84—86 页。
② 钟敬文:《民俗学概论》,高等教育出版社,2008 年,第 83 页。
③ 陈勤建:《中国民俗学》,上海人民出版社,2017 年,第 126—139 页。
④ 华梅:《服饰民俗学》,中国纺织出版社,2004 年,第 21—94 页。
⑤ 幺峻洲:《大学说解·中庸说解》,齐鲁书社,2006 年,第 116 页。

境、风俗习惯、经济、文化等多方面因素的影响,在民族服饰中呈现着各自的独特之处,如位于西北的藏族因气候严寒偏爱宽袖大袍,具有保暖御寒的功能,而在西南的傣族则因气候炎热选择了窄长的筒裙。在服装的制作中,各民族会就地取材,在草原上或以畜牧业为生的民族,他们的服饰多为牲畜皮毛,如藏族和蒙古族。而在潮湿多雨的南方,植物生长茂盛,服装材料则多棉麻质地,短窄轻薄。

2. 人生仪礼与节日服饰民俗

日常的服饰在面料上就地取材,在设计上注重实用性以满足日常劳动便利的需求,而人生仪礼与重要节日的民俗服饰,由于场合更为正式严肃,在穿着选择上更注重仪式性与美感,在颜色的选择上也会更为谨慎。在重大的仪式和节日中,汉族会身着等级分明、繁复精美的礼服,而少数民族总是在节日当天身穿各自的民族服饰进行庆祝,虽然各民族的节日不尽相同,但核心都是对"礼"的尊崇。在国际中文教学的过程中,所选服饰与所在场合的适配是教师讲解的必要内容。

中国的传统四礼是出生、成人、婚姻和丧葬,这些礼仪也是每个人重要的人生节点,在这些礼仪中,最重要的就是诞生礼与婚礼。新生儿满百日或周岁举行的仪式中最为流行的是挂长命锁,在江南地区就以"长命锁"为代表。明代医学家李时珍在《本草纲目》中记述道:银具有"安五脏,安心神,止惊悸,除邪气"等作用。中国偏爱银饰的民族不只是苗族,长命锁也是旧时中国家庭对新生的孩子能够健康成长的美好祝愿,现代也有不少父母会为新生儿打造金银饰品以表美好祝福。

(三) 服饰民俗的特点

从古至今,服饰民俗的发展过程极为繁杂且衍生性较强,且服饰随着物质生产民俗、人生仪礼民俗、精神信仰民俗等民俗活动的变化而改变其外观或内涵。服饰不仅样式纷繁、外观多变,其背后所蕴含的民俗也丰富多样。服饰民俗常常作为风俗礼习的重要内容及表现形式之一出现在人们生活的方方面面,因此,服饰民俗呈现出一定的地域性、阶段性、传承性。

地域性。"百里不同风,千里不同俗。"[1]民俗产生于某一地域且具有地域个性,而服饰民俗作为民俗的囊括内容具有鲜明的地域性。地域性是影响服饰的

---

[1] 班固:《汉书·卷七十二·王贡两龚鲍传》,中华书局,2012年,第598页。

客观因素,许多服饰民俗的产生都是以地方风情为基础的。例如,我国生活在西南地区的少数民族,服饰虽大体相似,但又各有特色。从服饰角度看,苗族女士一般身穿绣衣,头戴双脚形的巨大银质头饰;侗族女士多穿半长衫和短裙;布依族女士头缠包布,穿无领对襟短衣和长裤;佤族女士一般身穿短上衣和长筒裙。又如,住在山上的布朗族女子出于登山的需求,她们往往穿着短筒裙,而住在水边的布朗族女子为了方便涉水和洗浴则会选择较长的筒裙。以上这些现象直接体现了服饰民俗中的民族地域性。

阶段性。服饰民俗是人类社会生活的精神文明产物,它产生于一定的社会文化背景,并展现当时的社会风貌和文化习俗。例如,被誉为中国国粹和女性国服的旗袍,《辞海》对于旗袍的解释是:"旗袍,原为清满洲旗人妇女所穿的一种服装……下摆不开衩……辛亥革命后,汉族妇女已普遍采用……紧腰身,衣长至膝下,两侧开衩。有长、短袖之分。"[1]由此可见旗袍的出现是社会移风易俗的一种标识,体现的是社会文化对服饰显著的影响。

传承性。在人类社会历史上,民俗的传承一般都是代代相传、口耳相传。而服饰民俗的传承又不同于一般的民俗传承,其绵延力和生命力强于一般事物。服饰蕴含着特殊的民俗文化,以色彩为例,色彩的色相、明度、彩度等都是服饰色彩的要素。色彩所象征的历史、神话传说、天象人事、图腾,纪念的祖灵神物、所求愿望、宣泄的感情和传达的其他种种民族文化的信息,均是服饰色彩的内容要素。在服饰主要颜色选择上,传统汉服以与五行相对应的"五色"(青、红、黄、白、黑)为主色,汉服的色彩各异不仅体现了穿衣者的颜色审美偏好,也反映了社会地位。

民俗服饰由特定的民俗繁衍而来,体现着民俗精神和生产生活的独特性和多样性。各族人民在社会生产生活、民族文化和社会审美中的演变也不断影响着民俗服饰的发展,各民族的民俗服饰虽在外观特色上各不相同,却承载着中华民族独特的民俗精神和多样的社会生活,构成了"美美其美,美美与共"的服饰民俗蓝图。

二、中外服饰民俗比较

服饰是社会历史发展的产物,服饰文化是人类精神文化的外在表征,服饰民

---

[1] 辞海编辑委员会:《辞海》,上海辞书出版社,2003年。

俗作为服饰文化的一部分，其中包含的物质、精神文明是不可估量的。而在国际中文教学中，教师首先需要对中外服饰特别是我国服饰及其文化内涵有充分的了解。唯有如此，国际中文教师才能从文化国际传播和跨文化交际的视角，让国际学生充分了解中国服饰的魅力和独特之处，如汉服在国外街头极高的吸引力和关注度就是中华文化向外传播的优秀案例。如此有利于提升国际学生对中华文化的理解与认同，让师生在服饰文化的异同对比中加强文化交流与理解，最终实现国际中文教育的国际理解教学目标。

服饰作为一种保存性、传承性较强的物质存在，除了内部传承外，国与国之间的服饰交流与借鉴也十分密切。服饰及其文化内涵的丰富性是国际中文教学内容的重要着眼点，国际中文教育中的服饰教学与研究，更是离不开对中外服饰民俗的比较。在服饰文化研究领域中，特别是具体到中外服饰民俗研究，服饰文化离不开"传播"二字。服饰作为一种文化性和实用性较强的社会产物，一方面保存性较强，另一方面能直接体现民族文化特色和审美价值。本节以文化传播为切入点，从向外传播角度比较汉服与和服、旗袍与奥黛，从西服传入中国的角度比较中山装与西服、"红色"与"白色"。

（一）中国服饰的向外传播

1. 汉服与和服

汉族作为中国人数最多的民族，是中华传统汉文化的主要传承民族之一。汉服历史悠久，为汉族传统服饰。关于"汉服"一词，最早的记载见于《汉书》："后数来朝贺，乐汉衣服制度。"[①]此处的"汉服"意指汉朝的服装礼仪体制。现如今所说的汉服与古代的汉服有所不同：现代汉服仅仅是一套服装，而古代汉服包含一整套服制，如衣裳、发饰、鞋子、配饰。汉服发展至今已十分成熟，除了衣料，衣物构成也十分繁杂，主要分为"深衣""上衣下裳""襦裙"，另有领、襟、衽等多个部分。汉服作为传统汉文化的重要元素，其服饰纹样是汉文化的另一重要部分。在图纹设计上，现代汉服除了选择自然界中的动植物，也会选择几何状等现代图纹。这些都是汉服深刻融合现代文化和汉文化元素的表现，也彰显出汉文化追求自然和谐的美感及兼收并蓄的思想。

日本的民族较为单一，统一称为大和民族，因此，和服是日本的传统民族服

---

① 曹胜高、岳洋峰：《汉乐府全集　汇校汇注汇评》，崇文书局，2018年，第316页。

饰,在日语中,"和服"意为"穿的东西"。和服由中国古代吴越的襦裙演变而来,通过文化交流传播到日本,根据日本人的习惯和审美设计产生。在日本飞鸟奈良时代(中国盛唐时期),日本借鉴中国服饰等级政策,引进中国纺织技术,丰富了服装样式和织物种类。《冠位十二阶》中记载:"服装为立领,改右衽为左衽,筒袖衣,下穿白表袴,系带并垂结于前。"①这一服装规定的描述直接证明了和服的确是仿制汉服服装样式。和服的色彩及图纹设计受地理环境的影响,往往从自然中取材,如粉色樱花、红色枫叶。此外,和服的裁剪较为方正,所以从视觉上看和服整体呈直线状,这是和服不同于汉服的一大特点。

汉服与和服作为中日两个国家的传统服饰流传至今,二者在服饰等级上都有极为相似的严格要求,但是,在穿着场合方面却不相近。21世纪汉服热和汉服运动的兴起,使汉服在中国逐渐发展为日常服饰。而和服由于其繁杂的制作工序、昂贵的制作费用及穿着程序烦冗,日本人往往只有在宴会、结婚等重大场所或隆重仪式中才会穿和服。在服饰外观方面,和服虽由吴越襦裙演变而来,却有其独特之处。和服除了外观上的直线型外,腰带的长度、打法以及花样都具有独特性,穿上和服,系上腰带和兜包,这是和服的独特之处。

在汉服与和服的国际中文教学中,教师应在充分了解两者异同的基础上,秉持平等、尊重、对话的国际教育理念,在引导学生从外形到内涵上区分汉服与和服的过程中,理解汉服的美感和服饰内涵,抓住二者外观上的不同之处,因势利导,并辅之以多种教学手段,帮助学生直观认识汉服,体验中国汉服之美。这也有利于加强国际学生对中国文化的理解,进一步推动中外文明互鉴。

2. 旗袍与奥黛

从传统意义上来说,旗袍与奥黛均受清朝满族的旗装影响。而旗袍相较于奥黛更接近旗装,现如今的旗袍分别经历了汉文化的融合、西洋文化的注入及现代审美文化的改良,体现了中华民族兼容并蓄的胸怀、儒家的中庸之道、天人合一的思想及中国近现代与时俱进的精神。如民国时期随着西洋文化的渗入,旗袍的图案从花鸟等自然图案变为直线、方格等几何图形,甚至旗袍的裁剪也受"中西结合"理念的影响,更趋于贴合、收腰、修收等,重点凸显女性身材曲线。

奥黛是越南的代表服饰,也是越南的国服,受越南地理位置的影响,因此与

---

① 龚凯歌:《圣德太子"冠位十二阶"对中国儒道的受容与发展》,《商丘职业技术学院学报》,2018年第4期。

旗袍不同,皆是长袖。奥黛(AODAI)在现代越语里是指颈部以下的服饰,上衣的上半段酷似中国旗袍,而下半段分为前后两片裙摆。奥黛承载着越南特色的民族文化,彰显着越南女性宽大的胸怀和坚忍的性格。如奥黛最常见的装饰图案是莲花,因为莲花生命力顽强且具有"出淤泥而不染"的特质,越南人民认为它承载着一种乐观进取、积极开拓的精神,彰显着越南女性的朴素坚毅。

越南官方认为越南传统服饰奥黛源自中国旗袍,先后受中国旗袍和法式服装的影响。在服饰、文字、制度等级方面,越南一直模仿古代中国,越南奥黛的前身是五身袄和四身袄,二者与明代的长袄襦裙极其相似。到清朝,越南的五身袄、四身袄又发生外形变化,借鉴了满族旗装的外形,从宽大变为修身。法越战争后五身袄和四身袄逐步演变成奥黛,在外形中融入圆形低领、马甲剪裁,图案样式中加入流苏、蕾丝等西方元素。

旗袍和奥黛除了外形相似,在外交场合的特殊政治属性也加强了两者的相似性。这两类服饰作为外交礼仪的符号,具有承载着国家外交形象的重要意义。奥黛作为越南的日常服饰和国服,不仅在越南境内普遍流行,在国际上更是扮演着不可或缺的角色,流行的背后是越南强调本国文化的独特性、民族性。而旗袍的正式性使得其在中国被誉为中国国粹和女性国服,也具有一定的政治地位和特殊性。

在旗袍与奥黛的国际中文教学中,教师应在充分了解两者异同的基础上,秉持平等、尊重、对话的国际教育理念,在引导学生从外形到内涵上区分旗袍与奥黛的过程中,理解旗袍与奥黛的不同之处和重要性,通过观看纪录片、呈现国家领导外交服装图片等多种形式开展教学,带领学生实地考察旗袍博物馆及旗袍制作工艺,加强国际学生对中国文化的理解。

(二) 西服的中渐

1. 中山装与西服

西服作为一种舶来服饰,从广义上可以理解为来自西方的服饰,而狭义的西服指的是正式场合所穿的一般为深色的套装。西服是由外传播至中国、向内引进的一大服饰。鸦片战争后的"西服东渐"[①]成为中国服饰历史上的一大转折点,西服不仅影响了清末民初的男性服饰,也同样影响了女性服饰——旗袍的改

---

① 卢新燕:《浅析中国服装史上的四大变革》,《攀枝花学院学报》,2004 年第 5 期。

良。中国传统服饰因含蓄内敛的审美与包容和谐的文化理念以宽大飘逸为美，而西服的剪裁贴合人的身体曲线，展现了人体之美。

中山装首次正式亮相是在 1912 年孙中山就任临时大总统的仪式上，这也是"中山装"名称的由来。中山装的首次亮相政治文化意味极浓，因此，中山装的设计主要凸显了中国个性化的服饰特征。它的形制与西服有所区别，在外观上呈现出立翻领、对襟、前襟五粒扣、四个贴袋、袖口三粒扣、后片不破缝的特点，立足于中国传统含蓄包容的审美观点。此外，还吸收了西方的美学理念，裁剪方式趋于贴合、收腰、修收等，重点凸显身材曲线，这既是服饰的自由，也是社会进步的体现。1927 年南京国民政府成立，改易服制，推广中山装，因其更具中国个性的审美特点与服饰面料价格亲民，中山装开始在中国社会流行。

中山装的流行不同于以往封建社会统治者喜好的流行，而是领袖引导、民众自发流行的服饰风尚。随着中山装派生出的服饰有毛式中山装、人民装、军便装、青年装等类型，其中毛式中山装尤为著名，甚至被英国媒体评为"十大名人服饰"之首。中山装因孙中山闻名，又因毛泽东而流行，中山装如今成为现代中国男装的典型服饰，改良后更具有中国魅力与特色。直至今日，中山装依旧为中国政界所喜爱，中国领导人在国际外交场合身穿中山装已成惯例。

中山装既是传统中国社会思想变革的反映，是中西审美良性互动的体现，也是中西文明碰撞下的产物。在当今社会，西服已经成为国内日常工作或其他正式场合规范的职业套装，其政治意义已经弱化，为国人普遍接受。不仅如此，西服穿着的性别范围也扩大了，西服不再局限于"绅士"，这与中国女性地位的不断提高相关。而中山装更多成为中国的"国服"，在更为正式的国际场合出现已经成为惯例。虽然传统的中山装在日常生活中相对少见，但中山装元素在国内甚至国际服装设计中都不断得到应用。今天的中山装与旗袍已经成为当代中国的服饰名片。在国际中文教育事业中，尽管中山装的知识点占比不高，但对中山装地位及文化内涵的普及是教学中尤为重要的知识点，合理利用西装和中山装的对比展开教学，是国际中文教师可借鉴、待思考之处。

2."红色"与"白色"

在传统的民俗服饰中，服饰色彩是重要的因素之一。在封建社会初期，服饰以黑色为贵，随着文化的交流与染色技术的发展，色彩开始丰富起来，但是鲜明的色彩依旧归封建统治阶级所有。传统服饰色彩中，主要以一种颜色为主色，其他颜色则用不同的面积渲染修饰以体现出和谐的服饰色彩之美。每个朝代都将一种颜色当作代表性色彩,色彩成为政治伦理的外在形态,被用以区别阶级,成为古代统治阶级权力等级差别的象征与标志。随着社会的发展和各民族、国家之间的交流,服饰色彩的运用逐渐变化,颜色禁忌被打破,但同时仍然保留了中国传统服饰的颜色喜好。

服饰民俗的色彩选择具有一定传承性。自古以来,中国传统文化崇尚红色,认为红色代表了活力、热情与生命,至今都是喜庆日子的主色,甚至国际上也存在着"中国红"的说法。在古代,红烛、红帕、红衣、红鞋等红色物品在婚礼中极为普遍,红色是中国婚礼的主要色调,尤其是中式婚礼中最为常见的凤冠霞帔,新娘从头到脚都是红色的,极为喜庆。而白色在中国传统文化中一直被视为充满矛盾的颜色,一方面,白色对应凶神白虎,与死亡密切相关,丧服均是白色,丧事也称为"白事";另一方面,在戏曲中,白脸还代表奸邪、阴险的人物。由此可见,中国传统文化中的白色一直笼罩着消极色彩。但随着西方文明的传入,渐渐打破了中国人对白色的消极观念。

随着西装在中国的盛行,人们也开始接受作为纯洁、庄重象征的白色婚纱,这类婚服的改变从色彩上冲击了中国服装界。现下大多中国人尽管接受了白色的婚纱,但大红喜字仍是新人结婚不变的符号。现代男女举行婚礼时,新娘一般会选择一套婚纱、一套凤冠霞帔以及一套旗袍。由此可见,中国人对服饰色彩的选择是与文化纹理相一致的,呈现出包容并蓄、内外兼收的态度。从服饰色彩上看,这是红色与白色的碰撞;从文化理念上看,这是中西方文化的借鉴与交融。白色头纱和红色盖头的兼容并蓄体现了文化的和谐共存、百花齐放。在国际中文教学过程中,教师也应该秉承对他国服饰文化尊重的态度,基于语言展开文化交流,实现文明互鉴,让国际学生了解中国文化,了解中国服饰,让中国服饰走向世界舞台。

综上,在人类的物质生产、社会观念、民族信仰等场景中服饰扮演着至关重要的角色,服饰民俗最终体现了人类在服饰方面的物质与文化需求,甚至异国服饰文化的引入和本国服饰文化的传播也会对服饰民俗产生相当大的影响。白色婚纱是从色彩上挑战了中国传统红色喜服;旗袍的改良和再设计以及中山装的流行是人们思想开化的间接表现;汉服传入日本后,日本将其民族文化精神融入服饰设计,产生和服。可见,服饰民俗总是处于传承、吸收与变异之中。但受地理环境、文化传统、社会民俗等因素的影响,各个国家的服饰民俗相差甚远。因此,教师在开展跨文化交际时,首先要选择恰当的服饰,其次也要尽可能读懂服饰背后的文化,在弘扬与传承我国特色文化的同时表示对他国服饰的尊重,这才是充分利用服饰这一外交符号的正确做法。

第二节　服饰民俗教学与研究个案

服饰民俗国际中文教学既需要充分考虑学生的汉语水平，又要关注国际学生对中国服饰的了解程度、接受心理和中外服饰内涵文化的异同之处，以便选取合适的教学内容和教学方法，实现服饰文化国际交流与理解的教学目标。

一、服饰民俗教学案例分析

老师，这是和服吗？[①]

学　校	汉语水平	授课对象	作　者	整理者
江苏大学	中级	来华留学综合班	余红艳	顾云钊[②]

（一）案例叙事

这是一堂服饰文化课，班上有来自巴基斯坦、德国、非洲等多个国家的留学生。在备课时，我将重点放在了讲解中华民族服饰的历史演化，精心选取了一些古装影视剧、民国电影中的传统服饰图片，着重讲解汉服、唐装、旗袍、中山装等不同历史时期的民族服装。

为了营造服饰文化教学氛围，我特地盘了头发，穿了一条碎花旗袍。走进教室，同学们发出"哇、哇"的赞叹声，非洲的学生很热情，夸赞道："老师，真漂亮！"我还没来得及沾沾自喜，来自巴基斯坦的同学问道："老师，这是和服吗？"说实话，我差点儿气得吐血。因为我一直认为旗袍是中国的民族服饰，在很多重要场合，都是女性的服饰首选，普及度较高。没想到在中国学习了一年多的留学生竟然还不认识旗袍，甚至错认为和服。惊讶之余，我赶紧调整心态，决定"打乱"教学顺序，从旗袍开始讲起，因为相对于其他传统服饰，旗袍是女性在日常生活中

---

① 该案例来源于编者教学实践。
② 顾云钊，江苏大学汉语国际教育专业硕士生，主要从事国际中文教学研究。

穿着较多的服饰之一。

于是,我整理了思绪,离开讲台,对着同学们问道:"有没有同学知道,老师今天穿的衣服叫什么呢?"这时,来自德国的女生大声说道:"老师,我知道,这是旗袍。我一直想买一条穿穿。"我肯定了她的回答,对着大家说:"是的,安娜说得很对。老师今天穿的是旗袍,这是中国的传统服饰,我们一起看看旗袍都有哪些特点吧!"我打开事先准备好的电影《花样年华》的视频片段。视频里的张曼玉先后穿了23条不同款式、颜色的旗袍,婀娜的身姿、静谧的气质,尽显东方女性之美,同学们赞叹不已。接着,我对着旗袍图片,跟大家重点讲解了旗袍的水滴领、盘花扣,以及京派旗袍和海派旗袍的特点。同学们被制作精细的旗袍吸引了,几名女同学都表示,回国前,一定要买一条旗袍带回去。

讲完旗袍,我才回到原定教学顺序,从中国汉服开始讲起,并通过与日本和服、韩国韩服的对比,让同学们对中国的传统服饰以及其他国家的服饰有了整体认知,并让来自不同国家的留学生介绍了本国的传统服饰,课堂在热切的交流中顺利结束。但是,这节课带给我的震撼很大,中外文化的交流与理解还需要国际中文教育贡献更多的实践。

(二) 案例点评

1. 亮点分析

(1)备课较为全面,代入感较强。总体来说,教学案例中的教师作了充分的备课准备,不仅进行服饰文化知识的教学,还通过教师服饰、发型等细节营造良好的教学氛围,让学生在直观、形象的文化生活中进一步了解中国服饰民俗。

(2)课堂互动较多,重视文化交流。特别值得一说的是,案例中的教师不仅介绍中国的传统服饰,对比中、日、韩等相近的服饰文化,还引导学生介绍自己本国的传统服饰,既为学生提供了语言表达的机会,同时也增加了文化交流互动,让国际学生在彼此的交流中深化文化理解。

2. 不足与建议

总体来说,这是一堂较为成功的服饰文化课,教师备课充分、课堂互动丰富,但是,正如教师在案例中反思的,我们在中国文化教学和文化交流中可能会存在一些误区,这就要求国际中文教师不仅具备专业的文化知识体系,还要进一步学习跨文化教学理论,增强文化交流与文化传播能力。

3. 案例思考

(1) 选取一类中国传统服饰,设计一个 10 分钟的教案,教学对象自行确定。

(2) 选取一类中国少数民族服饰,向同学们介绍其服饰民俗文化。

二、服饰民俗研究论文

文化认同与民族服饰的流变*

余梓东**

摘　要：中国历史一个最显著的特点就是从很早的时间起,各个民族在通过各种方式联系与交往的基础上,逐步形成了文化认同与政治认同的互动机制。在民族的生存和发展过程中,民族服饰往往以直观的方式参与并反映民族间的联系和交往。历史上有三次突出的民族服饰的流变:一次是赵武灵王的胡服骑射;一次是唐代的开放唐装;还有一次是清代的旗装。民族服饰在彰显浓郁的民族和地域特色的同时,还是多民族国家文化认同的外在符号。

关键词：文化认同;政治认同;民族服饰;流变

文化认同是指在不同民族成员交往联系的过程中,突破民族的狭隘性和局限性,彼此认可、承认对方的文化或者文化要素,在此基础上形成一系列民族文化的共同之处、共享之点和民族间的亲近感,逐步构成不同民族间利益共同体的现象。古往今来这种现象在不同民族之间不同程度地普遍存在。

民族服饰流变,是指特定民族的服饰在形成、发展和流传过程中,在综合因素的作用下所发生的一系列变化,这是人类服饰发展历史上最常见的现象。在民族的生存和发展过程中,民族服饰往往以直观的方式参与民族间的联系和交往,在多种因素的综合作用下,正是以这种联系和交往为渠道,促成了民族之间的文化认同、政治认同和民族文化的发展、民族服饰的流变。

(一)

回顾中国的历史,其中一个最显著的特点就是从很早的时间起,中国的各个

---

　* 该文由余梓东提供,原载《中央民族大学学报》,2006 年第 6 期。

　** 作者简介:余梓东(1959—),男,满族,广东澄海人,中央民族大学民族博物馆馆长、教授、博士生导师。

民族在通过各种方式联系与交往的基础上，逐步形成了文化认同与政治认同互动机制，而这种机制的强化与弱化，从深层次上反映了中国统一与分裂的变化过程与特点。在中国古代从很早时起就形成了多民族共存的格局，在中国独特的地理单元的基础上，逐步形成了各民族分布区域与地理区域和文化区域相重叠的现象。从汉族及其前身华夏族的形成和发展历史看，华夏族是在蛮、戎、夷、狄的异化与同化的双重作用下逐步形成和发展的。对于蛮、戎、夷、狄来说，华夏族是在他们本身社会发育程度存在差异的基础上出现民族异化而形成的；对于华夏族来说，是蛮、戎、夷、狄中的社会发育程度相同或者相近的部分在密切交往联系基础上出现民族同化而形成的。因此，从更深的层次上看，民族的文化认同和政治认同在这一过程中发挥了非常重要和不可替代的作用。

众所周知，华夏族的主要来源是夏人、商人和周人，同时吸收了周边的文化和其他人们共同体的成员而形成的。夏人兴起于黄河中下游地区，"无论考古文化与地区的文化与远古传说，又都与黄河中下游部落有渊源联系"。[①] 在夏朝时期除夏族之外，还有东夷、羌氏、三苗、北狄族系等，其中包括莱夷、任、宿、须句、颛臾、莒、杞、介、根牟、邾、小邾、郯、西羌、氐、商、畎夷、荤育等族，而且，夏族与西羌族有非常密切的渊源关系，夏族与周边民族(统称四夷)建立了广泛的联系，夏王室还与东夷族通婚。在商朝时期除商族之外，还有东夷、楚、越、鬼方、獯鬻、猃狁、犬戎、氐羌、西羌、畎夷、狄(翟)等民族或族系，他们建立了许多方国，如：土方、羌方、马方、井方、羊方、危方、人方、吕方、林方、洗方等，商族与东夷有着族源上的联系，商族与周边民族进行了密切的政治、经济和文化等方面的交往。而且当时周边民族与商族共同参与了社会变革，在夏桀进行暴虐统治时期，九夷中的有缗氏率先举起了反夏旗帜，商汤率领商夷(主要是畎夷)联军灭夏，建立了商朝。在周朝时期除周族之外，还有夷、蛮、戎、狄四大族系，以及淮夷、徐戎、奄、蒲姑、荆楚、濮、越、荆蛮(荆楚)、闽、巴、羌、犬戎、山戎、貉、肃慎、燕北戎、燕京戎等民族。

在西周时期，已经形成了中原地区的华夏族以及其周边的东夷、南蛮、西戎、北狄的"五方之民"的分布格局，周族与周边民族进行了前所未有的、广泛的联系和交流。在周武王讨伐商纣王的过程中，周族联合了南方的庸、蜀、羌、髳、微、卢、彭、濮诸族，击败了商纣王的军队取得了胜利，建立了周朝。为此，满族的先

---

① 陈连开：《中国民族史纲要》，中国财政经济出版社，1999年，第72页。

民肃慎人从遥远的东北黑龙江和松花江流域地区专程携"矢石"前往祝贺。在这一时期,夏族、商族、周族之间已经形成较为高度的融合及广泛的认同,形成了文化发展程度相对趋同的民族实体——华夏族,虽然"华夏"一词最早出现在周朝初期,但是,华夏族形成过程却始于西周以前的时期。在历史文献中较早出现的是"夏",《说文》释为"中国之人","华"《说文》释为"荣"或"赤色",《孔传》将"华夏"释为"冕服彩章曰华,大国曰夏",《孔颖达疏》将"华夏"释为"中国有礼仪之大故称夏,有服章之美谓之华"。华夏作为族称具体是指居住在中原地区、文化发展程度较高的人们共同体。

在春秋时期,"华夏"一词才最终成为人们共同体的名称,它往往成为与戎狄、夷狄、蛮夷、诸戎相对应的称呼,"可以这样说,没有'戎狄'、'夷狄'、'蛮夷'、'诸戎'的存在,也就没有华夏的出现"。[①] 当时,中原地区有华夏(华、诸华),在其东部有莱夷、徐夷、淮夷等诸族;在南部地区有群蛮、卢戎、百濮、巴、邓、庸等诸族;在西部地区有犬戎、大戎、小戎、羌戎、骊戎、茅戎、蛮氏戎、北戎等诸族;在北部地区有赤狄(包括潞氏、甲氏、留吁、铎辰等族)、长狄(包括瞒等族)、白狄(鲜虞、肥、鼓等族);当时出现了齐、秦、晋、楚等诸侯强国争霸的局面,诸侯强国纷纷兼并周边的诸族,而周边民族也积极参与中原地区的争霸战争(战争也是一种特殊的交往形式),其中以戎、狄、楚等诸族和族系参与程度最高。

在战国时期,经过春秋时期 200 各民族的民族融合与民族分化,民族族体发生了明显变化,有的民族继续生存下来,有的民族融入其他民族之中,还有新形成或新出现的民族。在中原地区的北方分布有东胡(包括乌桓、鲜卑等诸族)、匈奴(是商朝和西周时的獯鬻、鬼方、猃狁以及春秋时期的戎、狄等诸族发展而来,包括休屠、宇文、贺赖、独孤、羌渠诸族)、林胡、楼烦等诸族;在中原地区的西方分布有义渠、羌戎等诸族;在中原地区的南方分布有楚、越、于越、句吴等诸族。而以前分布于中原地区东方的东夷诸族在族际间的密切联系和交往过程中,已经逐步融入华夏族之中。不容忽视的是在这一时期,华夏族内部、华夏族与其他民族之间,通过各种不同方式(通商、通婚等)进行了密切和持久的联系与交往,形成了广泛的文化认同和一定程度的政治认同,为后来秦统一奠定了坚实基础。

在秦国横扫六国,建立统一的多民族国家——秦朝之后至汉朝时期,华夏族又进一步融入了许多其他民族的成员(如:汉朝的南匈奴等),逐步形成了人口

---

① 江应樑:《中国民族史(上)》,民族出版社,1990年,第103页。

明显多于其他民族的共同体——汉族与其他少数民族共存的格局。秦在统一之后实行了"书同文，车同轨"等一系列政策，在汉朝实行"独尊儒术"的政策，以政治认同促进文化认同，形成了文化认同与政治认同有机互动的机制。这个机制延续了几千年，意义非常深远。无论是民族同化，还是民族异化，民族族体的发展变化，都是通过民族之间交往联系的渠道，在文化认同和政治认同的基础上发生的。从以上华夏族和汉族的形成与发展的历史阶段看，从夏、商、周、秦等朝的兴替过程看，当时的各个民族已经形成了文化认同与政治认同的互动机制，上述机制的强化与弱化，与中国的统一与分裂是相一致的，这是不以人们的主观意志为转移的客观规律。

同时，我们还应该看到，在我国不同民族是分布在不同地理区域中的，我国民族分布格局的特征是以汉族为主体的大杂居、小聚居。汉族多分布在平原和东南沿海地区，少数民族多分布在高原和边疆地区。我国领土幅员辽阔，并且不同地区具有非常明显的地理环境特征，如：高原、草原、平原、沙漠、森林以及亚热带湿润气候、温带季风气候、半干旱气候、干旱气候等等。因此就决定了在长期的历史发展过程中，特别是在民族形成的过程中，不同地区的不同人群在利用自然资源方面逐渐形成不同的文化类型，即农耕文化、游牧文化、渔猎文化等，并在此基础上形成了不同的民族特征，出现了不同民族。在我国不同民族聚居区往往与民族文化类型的典型地区、与地理环境的典型地区相重叠。因此，从事农耕业的汉族等民族主要分布在平原和沿海地区，从事牧业的蒙古族、藏族、哈萨克、塔吉克等民族主要分布在草原、高原地区，从事渔猎业的鄂伦春、赫哲等民族主要分布在山区和林区。因此，这在主观和客观上就决定了我国单一的经济文化类型是不能满足任何单一民族的生存发展需要的，历史事实一再证明：自给自足的自然经济是相对的，而人的需求是丰富无穷的，民族发展的需要是多方面的，不同民族必须互相联系与交往，才能在政治、经济、文化等社会生活的各个领域共存、共享、共荣。这类事例在中国历史上不胜枚举。例如：中国古代的农业是以精耕细作闻名于世的，汉族地区许多农作物品种就是从少数民族地区传入的，其中就有：高粱、玉米、花生、芝麻、棉花、苜蓿、葡萄、西瓜、蚕豆、大蒜、黄瓜、胡萝卜、石榴、核桃、西红柿等等，因此，有效改善了中国古代农业种植结构，同时也改变了广大人民的饮食结构，大幅度提高了中国古代农业满足社会需求的能力。这充分说明不同民族和不同经济文化类型之间的密切联系与交往，明显提高了中国古代农业的生产能力。又如：匈奴族最早饲养驴，又将驴与马相交配培育出骡，这种适应力强、耐力好、力气大的家畜新品种在秦汉以后大量输入内地，在农业生产中取代了部分人力，在相当程度上减轻了汉族地区农业生产的劳动强度，提高了中国古代农业的劳动生产率，促进了农作物单位面积产量的不断提高。另外，少数民族最先从事棉花的种植，而汉族的棉纺织技术和毛纺织技术都是从少数民族地区传入的。元朝的黄道婆就是从海南的黎族地区学到棉纺织技术，回故乡松江乌尼泾镇(今上海县)后，对棉纺织技术进行改革和传播。棉花种植面积的扩大和棉纺织技术的传播，进一步增加了中国人民衣着服饰质料的种类。还有在中国历史上长期存在的"茶马互市"以及"茶马古道"等也是很好的例证。不同民族和不同经济文化类型之间的联系与交往已经成为良好的传统，在此基础之上，形成了文化共存、文化认同、文化共享、文化共荣、文化创造的局面。在中国近代史上，中华民族屡经磨难，而没有灭亡，并且走上了民族复兴之路，重要的原因是长期以来我国各个民族在广泛的文化认同和政治认同基础上形成的民族凝聚力和利益共同体。

（二）

服饰是人类文明特有的产物和重要标志，并伴随人类的形成与发展，伴随民族的形成与发展。服饰还是物质文化和非物质文化的载体。服饰的流变过程反映了人类文明演进的不同历史阶段。民族服饰作为民族文化外在化特征的重要组成部分，也是民族物质文化、精神文化和制度文化的重要组成部分。长期以来，不同民族的服饰综合反映了不同民族生产和生活方式、生存环境、生活水平、价值观念、审美意识、宗教信仰以及民族之间的联系交往程度，是民族社会生活经验的积累，是民族历史的积淀，也是民族文化的创造，还是民族智慧的结晶。

人类服饰形成的历史可以追溯到原始社会时期的旧石器时代。在北京周口店山顶洞人的遗址中就发现了骨针和项饰，说明在当时就已经存在服饰，并且，已经具有御寒与审美多种功能。从古至今，我国诸民族的服饰发生了许多流变。

华夏族是以"服章之美"著称的，同时，与华夏族共存的还有其他许多民族，他们也有自己独特的服饰，这是不同民族的智慧创造，也是不同民族适应其生产和生活环境的结果。春秋战国时期是中国社会大变革时期，也是不同民族文化大交流时期。正是在这样的时代背景下，出现了华夏族的"服饰创新"，这是华夏族在对其他民族文化认同的基础上实现的。赵国的赵武灵王在总结经验和教训的基础上，实行了军服改革，采用了北方游牧民族"胡服"的样式，即短衣、窄裤、革带和长靴等,[①]其特征是"衣长仅齐膝,腰束郭洛带,用带钩,穿靴,便于骑射活动。"[②]改变了华夏族传统的上衣下裳的服饰格局,史称"胡服骑射"。这种改革,是赵国由弱国成为强国的重要原因之一。"胡服骑射"被学者称为中国历史上"第一次服饰飞跃"。[③] 因此,可以说是当时其他民族的服饰文化丰富了当时华夏族的服饰文化。同时,这种"服饰飞跃"充分反映了不同民族的文化认同与文化共享。

南北朝时期,尽管当时政治上不统一,北方少数民族大量入主中原,这种民族分布格局的变化,使各民族间文化交流非常密切和广泛,出现了民族文化进一步认同的局面,与之相适应的是汉族服饰也发生明显流变,北方少数民族的短衣结构的绔褶(上穿褶,即上衣;下缚绔,即下满裆裤)成为汉族服饰的组成部分。同时,北魏孝文帝也下令群臣皆着汉服。在当时南朝基本保持了汉代的服饰风格,而北朝的许多少数民族则大量接受汉族文化,形成了一股汉化潮流。因此我们应该看到,尽管当时中国没有政治上的统一,但是,不同民族之间的广泛文化认同为后来的中国政治上的统一奠定了坚实的基础,这是不可否认的。

中国在隋唐时期又走向政治统一,在经济文化发达,统治地域辽阔,中外交流频繁的历史背景下,唐代的服饰,特别是唐代的女服,成为我国服饰发展史的另一个飞跃。唐代的服饰以装饰艳丽、衣料考究、造型华贵而著称。这种服饰变化是在受到北方少数民族的服饰文化影响和西域文化的影响以及广泛的对外交流的情况下出现的,形成了唐代特有的开放浪漫的服饰风格。如唐朝皇帝的服饰也明显受到少数民族服饰的影响,《旧唐书·舆服志》载:唐太宗的常服为"赤黄袍衫,折上头巾,九环带,六合靴,皆起自魏、周,便于戎事。"[④]"靴,胡履也,取便于事,施于戎服"。[⑤] 当时汉族大量接受少数民族的服饰,重要原因之一是"戎服所乘,贵于便习者也"。[⑥] 据《旧唐书·舆服志》记载:"开元来……太常乐尚胡曲,贵人御馔,皆供胡食,士女皆衣胡服。"[⑦]《新唐书·舆服志》记载:"宫人从驾,皆胡帽乘马,海内效之,至露髻驰骋,而帷冒亦废,有衣男子衣而靴,如奚、契丹之

① 李康:《中外服装知识词典》,黑龙江科学技术出版社,1988年,第40页.
② 沈从文、王孖:《中国服饰史》,陕西师范大学出版社,2004年,第44页。
③ 袁杰英:《中国历代服饰史》,高等教育出版社,1994年,第81页。
④ 《旧唐书·舆服》(卷四十五),中华书局,1974年,第1938页。
⑤ 《旧唐书·舆服》(卷四十五),中华书局,1974年,第1935页。
⑥ 《旧唐书·舆服》(卷四十五),中华书局,1974年,第1950页。
⑦ 《旧唐书·舆服》(卷四十五),中华书局,1974年,第1958页。

服。"①《新唐书·五行志》记载:"天宝初,贵族及士民好为胡服胡帽。妇人则簪步摇钗,衿袖窄小。"②正是这种开放唐装,构成了中国历史上"第二次服饰突变"。从此,中国的"传统衣妆,走向成熟并更加完美,为世界服饰文化增加崭新的篇章"。③ 因此,宋代著名学者沈括在《梦溪笔谈》中总结性地写道:"中国衣冠自北齐以来,乃全用胡服,窄袖、绯绿短衣,长靴,有带,皆胡服也。窄袖利于骑射,短衣,长皆便于涉草。"④从此不难看出,在唐代实现了中国各个民族的文化认同与政治认同的良性互动,即文化认同促进了政治认同,政治认同推动了文化认同,因此,从更深的层次上说唐代服饰发展水平之高就不难理解了。

清朝是我国第二个由少数民族建立全国统一政权的封建王朝,由于清朝政府制定并实施了在当时来讲是相对正确的民族政策,进一步促成了我国各民族之间前所未有的广泛的文化认同与政治认同,在此基础之上,出现了"康乾盛世",清代的服饰也因此形成了中国服饰史上的"第三次突变"。"清代服制的变化,是由外力促成而产生的改革与变化,从衣着的特点和后世传播的持久性来分析,它是以新代旧的一种进步,是时代前进的产物。因此,可以说这种变革,已经形成我国传统服制的又一次飞跃,是历史上'胡服骑射''开放唐装'之后的第三次明显的突变。所以说这种改革是起到了推进服饰演变的积极作用"。旗装的风格是"造型完整严谨,呈封闭式盒状体,因此,形象肃穆庄重,清高不凡,因而独树一帜。它突破了几千年来飘逸的塔形样式,为世人留下了深刻的形象记忆。时至今日,它已对国内外产生了'一代优美服饰'的影响。特别是随时代发展,经过加工曲线突出修长秀丽的旗袍,已经形成了汉民族的服饰代表,显示了东方女性的温柔与内涵,具有永恒存在的价值"。⑤ 旗装具有用料节省,制作简便,穿着方便的独特优势。"旗袍……外观简洁修长,省料合体,适用轻便。因此,清袍要比古老的袍式进了一大步"。⑥

清代的服饰尽管具有明显的满族服饰特征,但是,其中也融合了汉族服饰的要素,丰富了服饰的样式,提高了服饰的美感。以清代的官服为例,其补服源于明代,明代的补服是圆领右衽大襟,而清代的补服是圆领对襟。而且,文官的补

---

① 《新唐书·车服》(卷三十四),中华书局,1974 年,第 531 页。
② 《新唐书·五行一》(卷三十四),中华书局,1974 年,第 878 页。
③ 袁杰英:《中国历代服饰史》,高等教育出版社,1994 年,第 81 页。
④ 沈括:《梦溪笔谈》(卷一),江苏古籍出版社,1999 年,第 7 页。
⑤ 袁杰英:《中国历代服饰史》,高等教育出版社,1994 年,第 197 页。
⑥ 袁杰英:《中国历代服饰史》,高等教育出版社,1994 年,第 37 页。

子纹样为飞禽,武官的补子纹样为走兽,明清两代是相同的。但是,在具体方面也存在不同之处。例如:明代文官官服补子的纹样是:一品为仙鹤,二品为锦鸡,三品为孔雀,四品为云雁,五品为白鹇,六品为鹭鸶,七品为鸂鶒,八品为黄鹂,九品为鹌鹑,杂职为练鹊。明代武官官服补子的纹样是:一品为麒麟,二品为狮子,三品为豹,四品为虎,五品为熊罴,六品七品为彪,八品为犀牛,九品为海马。清代官服补子纹样大体上沿袭了明代官服补子纹样,但是,个别品级官服补子纹样方面进一步细化,使官服补子的品级区别更加明显。清代的文官补子的纹样是:一品为仙鹤,二品为锦鸡,三品为孔雀,四品为云雁,五品为白鹇,六品为鹭鸶,七品为鸂鶒,八品为鹌鹑,九品及未入流的为练鹊。武官补子的纹样是:一品为麒麟,二品为狮子,三品为豹,四品为虎,五品为熊罴,六品七品为彪,八品为犀牛,九品为海马。为了进一步突出官服区别等级的功能,在冠饰方面进行了详细的品级划分,如官帽的"顶子",一品为红宝石,二品为红珊瑚,三品为蓝宝石,四品为青金石,五品为水晶石,六品为砗磲,七品为素金,八品九品为金顶无饰。在冠饰方面还有"顶戴",即由花座和不同质地和颜色的宝石组成的标志品位低的帽珠。清朝规定:皇帝的顶戴为三层,皇子、亲王和郡王为两层,文武百官为一层。由此可见,在官服方面,满族、汉族与其他民族实现了共存、共享、共荣。

(三)

中华民族的形成与发展是在文化认同与政治认同基础上实现的,中国的统一,不仅仅包括民族分布地域的统一,共同经济生活的发展,还包括文化认同与政治认同。尽管在长期的历史发展过程中,存在着统一与分裂两种现象,但是,即使在政治上分裂的情况下,我国各民族之间的文化认同并没有解体,而且文化认同成为秦统一以来中国历史上统一主流的深层次原因。回顾中华民族形成和发展的历史,我们可以发现其具有以下特点:第一,中华民族的起源和形成有明显的本土特点。中华大地这片热土是人类的起源地之一,也是蒙古人种的故乡,从古人类的原始群、氏族、部落、部落联盟到民族,形成了完整的进化序列,中华民族的祖先是从远古时期起就生活在中华大地上的人们。第二,中华民族的起源形成具有明显的多元特点。在我国云南发现的元谋猿人其生存年代距今已经有 170 历史了,所发现的新石器时代 7000 址遍布全国的 9 大区域,并形成了明显的区域文化特点,而这些区域文化特点相当部分逐步演变成民族文化特征。第三,中华民族的起源和形成具有明显的"源"与"流"多元相交织的特点。在中华民族形成的过程中,民族融合与民族分化并举,出现了多途径交织演进的局面,既有其他民族成员融入汉族,也有汉族成员融入其他民族。上述特点都与文化认同和政治认同密切相关。

中华各民族在相互联系与交往的过程中,不仅形成了文化认同、文化共享的优良传统,而且各民族共同创造了中国悠久的历史和灿烂的文化,形成了中华文化的两大基本特点,第一个特点:文化认同与政治认同互相交融,互相促进,形成了中华民族凝聚力的源泉。因此,从秦朝统一中国以来的两千多年的历史过程中,统一成为中国历史的主流。第二,在各民族文化形成和发展过程中,出现了各民族文化共存、共享与共荣的现象,各民族杰出的文化创造,使中华文化呈现姹紫嫣红、生机勃勃的盛况。所以,在秦朝统一中国以后,逐步形成了中华民族在政治上一体,在文化上多元的格局,我们可以概括为"一而不同"。

文化认同与政治认同等不同,它深入到社会生活的各个领域,并与每个社会成员息息相关。产生文化认同和服饰流变的主要因素:

第一,建立在民族之间广泛联系基础上的民族交往。这种交往在主观和客观方面都是非常必要的,不同民族往往具有不同的经济文化类型,而单一经济文化类型是不能全面满足特定民族生存和发展需要的,因此必须通过民族之间联系与交往,实现文化要素的互补和文化资源的共享,这是符合各个民族生存与发展的根本利益的。

第二,各个民族所创造的文化具有宝贵的价值。我国各个民族所创造的文化具有民族特色和地域特色,是千百年来民族社会生活智慧的结晶,具有不可估量的价值。文化和文化要素的价值,往往体现在能够满足人们的生活需要方面,古往今来都是如此。因此,文化和文化要素必须随时代的进步和民族的发展而变化,一个有活力的文化或者文化要素必须不断进行文化选择和创造,不断吸纳其他民族的文化或者文化要素,实现民族生存发展需要与民族文化系统之间的动态平衡,使民族文化系统的功能得到充分发挥。

第三,建立在民族之间交往基础上的文化认同和政治认同。这种文化认同可以突破民族狭隘性和民族局限性,形成不同民族间的利益共同体,既政治上一体,又文化上多元。从这种意义上说文化认同和政治认同的有机结合是中华民族凝聚力的源泉。

第四,不同民族的文化要素各具特色和优势。因此,在不同民族的文化选择、文化共存、文化共享、文化共荣的过程中,可以形成文化优势互补。从服饰方面来说,人们不断变化的需求、丰富和发展的审美、穿着和制作服饰特色及优势是导致服饰流变的直接原因。

　　总之,民族之间的交往联系,促成了民族之间的文化认同和政治认同,而民族之间的文化认同和政治认同,又影响到服饰的流变;服饰的流变一方面是民族之间文化认同和政治认同的组成部分,另一方面是民族之间文化认同和政治认同的直观反映。

思考题:

　　1. 服饰民俗是一种显见于日常生活的民族文化,请与同学们讨论服饰民俗与民族认同的关系。

　　2. 请选取一个或一类服饰,与同学们交流讨论中外服饰民俗的交流融通。

参 考 书 目

1. 刘琼、成雪敏:《服饰民俗》,湖南大学出版社,2020 年。

2. 王亚蓉、贺阳:《中国服饰之美》,中国纺织出版社,2019 年。

3. 郑桦:《汉字与服饰文化》,宁夏人民出版社,2018 年。

4. 郭平建:《中外服饰文化研究》,中国纺织出版社,2018 年。

5. 李楠:《服饰文化论》,中国传媒大学出版社,2017 年。

6. 华梅:《服饰》,中国纺织出版社,2014 年。

7. 沈从文、王孖:《中国服饰史》,陕西师范大学出版社,2004 年。

8. 陈连开:《中国民族史纲要》,中国财政经济出版社,1999 年。

9. 杨韶容:《服饰》,上海人民美术出版社,1997 年。

10. 袁杰英:《中国历代服饰史》,高等教育出版社,1994 年。

11. 江应梁:《中国民族史(上)》,民族出版社,1990 年。

12. 李康:《中外服装知识词典》,黑龙江科学技术出版社,1988 年。

第九章

景观民俗与国际中文教育

　　景观(landscape)是书写在大地上的美妙文本，它承载、融汇着民族和地域文化的历史形态与充满人文情怀的地方风情，它是民族文化的物质形态，是了解、理解民族文化的极佳支点。如果说景观是民族文化岿然屹立的大山，那么讲述民众日常生活的民俗则是民族文化缓缓流淌的河水，民俗与景观的融汇犹如一次江水环绕山林的历史性相遇，它们以景观的静态和民俗的动态，共同书写从传统中一路走来的民族文化篇章。因此，国际中文教学常常依托景观民俗深化国际学生对中国传统及当代文化的感性认知与深刻理解。

第一节　中外景观民俗

　　景观作为一个现代专业术语滥觞于人文地理学，人们明确提出了文化景观概念，即"附加在自然景观之上的人类活动形态"。文化景观是民族、地域文化精神的象征物。从文化景观的构成要素分析，文化景观主要包括物质要素和非物质要素。物质要素是指肉眼可见、具有实体的建筑形态；非物质要素则主要是指附着在物质景观上的文化因子，表现为某种社会关系，沉淀着一国、一地历时的文化变迁。因而，文化景观具有一定的符号能指性，景观民俗是文化景观符号内涵的核心元素之一。本节拟从景观民俗的概念、类型和特征以及中外景观民俗对比等方面厘清景观民俗的概念范畴及民族特性，以期国际中文教师能更为深入、全面地理解景观民俗，并充分发挥其在文化认知上的优势，进而为国际中文教学实践提供理论知识和实践参考。

一、景观民俗概说

（一）景观民俗的概念

在传统民俗学研究框架中，景观往往依附于某一民俗事项，作为其物象形态而存在。然而，随着全球民俗旅游的日益兴盛，民俗资源利用得到更多关注。国外民俗资源利用研究集中于自 20 世纪 60 年代肇始的对"伪民俗"（fakelore）、"民俗主义"（folklorism）、"类民俗"（thefolkloresque）等概念的讨论和反思，所针对的是 20 世纪后半叶以来，随着文化产业、媒介技术的迅猛发展而涌现的新民俗现象。世界民俗学有关民俗利用的讨论和界定引导中国民俗学扩大研究视野，加强民俗学与当代社会之间的联系，热切关注民间文化资源的保护与开发、社会效益与经济效益、传统民间文化与现代文化产业、政府管理与市场运作等多重关系，[①]并就民俗文化的创造性转化与创新性发展进行深入研讨，景观在当代文化语境中对于民俗的叙事与传承功能日益清晰，景观民俗已然成为一种特殊的当代民俗类型。

景观民俗以面对面的视觉观赏为直接呈现形态，同时与语言传播或（和）行为体验相结合，具有融合语言、仪式与景观三种叙事形态的复合民俗谱系性。它既是一种外显的物质民俗，同时又是一种融入民众生活的观念民俗。因此，景观不仅是民俗的物质形态，更承载着民俗文化的变迁与传承，兼具民俗传统性与当代性。景观民俗以景观叙事为内在文化基因，以景观生产为外在存现形态，与地域、旅游、文化产业，甚至历史、政治等密切相连。所谓景观叙事，就是将景观视为一个空间文本，叙事者依托一定的历史事件、社区记忆和神话传说等其他类型的文本，通过命名（naming）、序列（sequencing）、揭示（revealing）、隐藏（concealing）、聚集（gathering）、开启（opening）等多种叙事策略，让景观讲述历史、唤醒记忆，从而以空间直观的形式实现景观叙事的记忆功能。[②] 在景观叙事的设计理念中，其他类型的叙事文本是存在前提，承担的是与景观文本相互参照、相互转化甚至唤醒彼此叙事记忆的"互文性"功能。因而，景观叙事是以景观建筑物为核心，融合口头、文字、图像、雕塑等多维叙事形态，对民俗进行的谱系

[①]　黄永林：《论民间文化资源与发展文化产业的主要关系》，《华中师范大学学报》（人文社会科学版），2008 年第 2 期。

[②]　余红艳：《"白蛇传"传说的景观叙事与语言叙事》，《湖北大学学报》（哲学社会科学版），2015 年第 4 期。

化叙事与传承模式。

民俗是一种认同性经济。① 从某种意义上来说,民俗认同的过程正是民俗景观生产的过程。余红艳曾就民间传说景观生产概念作了明确界定,她认为"传说与景观始终处于循环生产的互动过程,传说景观生产以传说和地域两大文化基因为生产前提,以命名、改造、重建、新建等为生产方式,以雕塑、建筑、文字简介、导游词等为景观元素,以地方政府、地方学者和各类开发商为主要生产主体"。② 这一概念可以进一步拓展至更多民俗文化中的景观生产。景观民俗是民俗文化与旅游产业的深度融合,民俗文化往往正是基于景观文化得到认同,甚至是拓展与传承。

(二) 景观民俗的类型

从景观民俗的存在形态来看,景观民俗包括实体景观民俗和符号景观民俗。实体景观民俗是指民俗文化以物质形态的景观如建筑物、图像、食品、物件等可触可摸的形式存在。符号景观民俗则是指相关景观中所蕴含的景观文化与民俗文化,是一种相对抽象的符号能指。符号景观民俗与实体景观民俗相辅相成,具有"文化间性"特征,共同构建多维度的复合型景观民俗谱系。从景观民俗的形成时间看,景观民俗包括历史型景观民俗和新建型景观民俗。历史型景观民俗往往是景观生产主体充分依托本地域现有景观如历史遗迹、文物遗存等进行民俗文化解读。该类型景观民俗基于历史的传承性和社会影响力,往往在本地与游客两方面均能得到较大的民俗认同,并承载着本地域民俗文化传承与传播的叙事功能。新建型景观民俗则是在当前民俗旅游与非遗保护浪潮中逐渐形成的景观民俗类型,主要包括基于民俗文化建设的主题公园、主题节事和民俗表演等。此类景观民俗一方面大大拓展了传统的历史型景观民俗的表现形式和文化内容,具有鲜明的时代性、技术性和艺术性等特征;另一方面由于新建型景观民俗带有较强的民俗旅游、经济开发等景观生产目的,存在求大、求全、求新、求经济效益等景观生产现象,因而民众认同特别是本地民众认同较低。

具体到国际中文教学,景观民俗的分类则需要充分考虑其在实际教学应用

---

① 田兆元:《经济民俗学:探索认同性经济的轨迹——兼论非遗生产性保护的本职》,《华东师范大学学报》(哲学社会科学版),2014年第2期。

② 余红艳:《"白蛇传"传说的景观叙事与语言叙事》,《湖北大学学报》(哲学社会科学版),2015年第4期。

方面的视角。国际中文教学框架中的景观民俗包括参观型景观民俗和体验型景观民俗。其中参观型景观民俗属于一种相对静态的存在形态,国际学生通过实地参观进行视觉观赏和听觉接受,例如博物馆、历史文化遗址等;体验型景观民俗则为一种相对动态的存在形态,国际学生通过身临文化现场进行民俗文化实践,并以口头交流、人机交互等多种方式实现一定程度上的体验互动。在具体的国际中文教学中,国际中文教师充分依托周边的景观民俗资源,设计"理论＋实践"的文化教学板块,让国际学生在融汇民俗传统与当代传承的民俗景观中进一步深化对中国文化的认知,有效提升跨文化适应能力与学习能力。

（三）景观民俗的特点

第一,景观民俗具有较强的视觉观赏性。景观民俗依托具体景观进行民俗文化展演与传承传播,观赏性是最基本也是最突出的特点之一。在欧洲,"景观"一词首次出现于希伯来文本《圣经》旧约,描绘的是梭罗门皇城的瑰丽景色,与汉语中的"风景"类似。[①] 在中国,"风景"作为一个词语,最早可见于晋代文献记载的"新亭对泣"的著名故事,[②]意思是风光景色。可见,无论是在中国还是在欧洲国家,"景观"的本义指向的均是视觉审美意义上的风景。现代以来,作为一个专业术语,"景观"被广泛应用于诸多学科,并被赋予更加多元的含义。俞孔坚用"画""书""故事"和"诗"这样四个充满诗情画意的文字多维度阐释"景观"所具有的含义:

> 景观是画,展示自然与社会精彩的瞬间;景观是书,是关于人类社会和自然系统的书;景观是故事,讲述了人与人、人与自然的爱和恨,战争与和平的历史与经验;景观是诗,用精美而简洁的语言,表述了人类最深层的情感。[③]

可见,景观本身就"富有艺术气息",[④]具有艺术审美特质的观赏性是其最基本的属性。景观民俗的这一属性特别适用于面向国际学生开展的民俗文化教

---

① 俞孔坚:《论景观概念及其研究的发展》,《北京林业大学学报》,1987 年第 4 期。
② 小川环树:《风与云——中国诗文论集》,周先民译,中华书局,2005 年,第 26 页。
③ 俞孔坚:《景观的含义》,《时代建筑》,2022 年第 1 期。
④ 张晨霞:《帝尧创世神话图像谱系》,上海人民出版社,2022 年,第 27 页。

学、民俗文化实践活动，有助于国际学生在真实的民俗文化空间中感知中国民俗，理解镌刻于物质景观中的生活文化。

第二，景观民俗具有鲜明的谱系性。"民俗学的谱系观念强调民俗文化的整体性、联系性与互动性。"[①]景观民俗作为以景观为中心，与民俗的语言形态、仪式行为形态相渗透融合的复合型民俗类型，具有较强的辐射性，是体现民俗文化整体性、联系性和互动性的绝佳载体。以杭州西湖景观民俗为例。杭州西湖是世界文化遗产项目，"十大题名景观"早在南宋时期便享有盛誉，除了秀美的自然风光之外，流淌在西湖的经典诗词、传说故事、民俗节日将西湖的自然景观与人文景观、物质景观与民俗景观，以及不同类型的民俗文化紧紧相连，形成了西湖处处是景、时时生情的景观民俗谱系。在国际中文教学中，教师可充分依托景观民俗的谱系性，形成"以点带面""由浅入深"的整体教学设计，让国际学生在具体的景观民俗文化知识学习、认知体验、民俗参与等一系列教学或活动实践中，形成一个立足于景观民俗的文化整体观，有助于进一步深化国际学生的跨文化适应能力和跨文化理解能力。

第三，景观民俗具有文化传承性。传承性是民俗文化的基本特性之一，指向的是民俗文化在时空转换、政治话语、时代语境中的变异与发展。景观民俗虽然因物质属性而具有相对稳定性，但是其承载的民俗文化，包括不断修建、新增的景观都赋予其鲜明的文化传承性，其中也蕴含了景观民俗的时代性和符号性。以江苏镇江金山景观群为例。金山景观群以佛教景观金山寺为核心，承载的是信仰民俗、神话传说、节日民俗等复合型景观民俗元素。其中，"白蛇传传说"作为景观民俗中最具影响力的神话传说，除了依附于金山寺、法海洞、白龙洞、慈寿塔等历史景观，承担着与传说主要人物（法海、白娘子）、核心情节（水漫金山）相一致的景观叙事功能之外，近些年，在现代旅游和非遗保护语境下，还新建了"白蛇传传说"主题公园——白娘子爱情文化园，其中设有景观小品，打破了传说地域分布，系统讲述了以"爱情"为主线的整个"白蛇传传说"，大大拓展了镇江与"白蛇传传说"的地理关联，以及传说与地方的相对局限性。新建型景观与传说历史景观在空间位置上隔湖相望，形成呼应，并以在湖面表演的"白蛇传传说"大型水景秀为文化桥梁，穿越时空，演绎了历史景观与现代景观的融合与传承。

---

① 田兆元：《民俗研究的谱系观念与研究实践——以东海海岛信仰为例》，《社会科学文摘》，2017年第7期。

二、中外景观民俗比较

中外景观民俗因地理空间、历史传统、宗教信仰、民族特性等因素，存在较大的差异。但同时，一些反映人类共同追求、深刻记忆或在一定范围内有着较大影响力的景观民俗往往是同异相存，充分体现了中外景观民俗的普遍性和独特性。考虑到国际中文教育中的民俗文化教学，主要是通过中外代表性民俗文化的对比，让国际中文教师可以更好地根据学情，选取合适的教学内容和教学方法。因此，本部分以"许愿""纪念"这两大在全球范围内具有代表性的景观民俗为重点，热切关注中外景观民俗中的同中有异，在教学中更好地调动国际学生的学习兴趣。

(一) 许愿

"许愿"应该是全世界人民共同的民俗文化，是源于对美好生活的极度渴望而进行的一种民俗仪式行为。"许愿"型景观民俗包括许愿灯、许愿池、许愿树、许愿瓶等。作为一种景观民俗，它往往依托一个具体的物质的"景观"，如灯、喷泉、水池、树木、瓶子等，许愿人在心中默念或者在物件上写下自己的心愿，并通过某种具有仪式感的行为，例如将灯放入水中或者放飞，将硬币抛进喷泉或水池，将红绳或用红绳扣着的物件挂在树上等，完成许愿仪式。

在诸多许愿型景观民俗中，"许愿池"景观民俗应该是最具普遍性和代表性的。"许愿池"是意大利罗马市内最大、知名度最高的喷泉，它的全名是特莱威喷泉，又叫幸福喷泉，于1762年完工，是一座巴洛克风格的室外综合喷泉景观，也是罗马的象征之一。关于许愿池的神秘力量，在罗马流传着两个美丽的传说。一说只要背对着喷泉从肩膀上方抛出一枚硬币到水池中，那么许愿人将会有机会重返罗马。这个传说十分有趣，游客以许愿的方式期待再次访问罗马，表达的是对罗马这个城市由衷的迷恋。另一个传说则更具仪式感，许愿人背对许愿池，右手拿着硬币，越过左肩，用同样的动作分别将三枚硬币抛入池中，第一枚代表会找到恋人，第二枚表示彼此真心相爱，第三枚则表示爱情甜蜜、修成正果，婚后会一起重返罗马。这个传说赋予罗马许愿池特殊的爱情力量，特别是电影《罗马假日》里的经典桥段更让许愿池成为风靡全球的最富浪漫气质的景观民俗。据统计，每天平均有8 000余名游客前来许愿池许愿，每年许愿池约有140万欧元的"进账"。兼具语言叙事、景观叙事、仪式行为叙事的许愿池堪称全球许愿型景观民俗的典型案例。"往许愿池里投硬币"的民俗应该是许愿型景观民俗最具普遍性的仪式行为。不同于欧洲国家的喷泉式许愿池,中国的许愿池往往是某座知名寺庙内的井水、泉水或者是佛像、雕塑等,许愿人可以投硬币,也可以投纸币,隐喻的是中国民间信仰的实用主义。

德国人的许愿型景观民俗比较独特,在德国南部的慕尼黑、弗莱堡、沃尔法赫,北部的汉诺威等城市均有在大斋首日举行的许愿池洗钱包景观民俗。[①] 慕尼黑在每年狂欢节后的大斋首日,市民们都会聚集在玛利亚广场的鱼泉许愿池旁洗钱包。有意思的是,这并不仅是一个民间景观民俗,每年的许愿池洗钱包仪式都是有市长参加并致辞的活动。政府代表也会象征性地清洗市政府的钱袋子,以祝愿城市和市民的钱包都能变得更饱满。弗莱堡的市民一般是在市政厅广场或老城的小溪渠里洗钱包,洗完后,组织者还会邀请许愿人一起喝一杯苦涩的饮料或者吃传统的蜗牛、鱼餐,以表示狂欢节已过,人们应回归日常生活,充分体现了许愿池洗钱包景观民俗的仪式性。

具有中国特色的许愿型景观民俗主要包括许愿灯和许愿树。许愿灯即孔明灯,又称天灯、文灯,相传是三国时期的诸葛孔明发明的,但据史料记载,早在西汉《淮南子·万毕术》一书中已有类似记载:"取鸡子,去其汁,燃艾火纳卵中,疾风,因举之飞。"[②]唐代以前,孔明灯主要用于传递军事讯息,以及探测风向和风速。宋代以后,孔明灯开始融入民间风俗,用于庆祝节日,表达祝福,互报平安,因此,孔明灯又被称为"祈福灯""平安灯"。[③] 至明清时期,孔明灯作为一种庆祝和祈福的工具,得到更加广泛的传播,已然成为各地较为普遍的景观民俗。在今天,很多旅游景点也将放飞孔明灯作为景区内的特殊景观民俗,以吸引游客进行许愿消费。

树崇拜是世界范围的一种文化现象。旧约《圣经》中的伊甸园中央有两棵树,一棵是"生命树",一棵是"善恶树"。夏娃受蛇的诱惑,和亚当偷食了善恶树上的果子,被上帝逐出伊甸园,从此失去了完美的生命。在此,"树"被赋予了神力,能够决定人类的生命和未来。弗雷泽在代表作《金枝》中,讲述了一个罗马城郊内米湖畔的古老习俗。狄安娜女神庙的祭司(森林之王)由逃亡奴隶担任,他在享受自由人的身份和优厚待遇的同时,必须时刻警惕有人折取湖边的橡树枝——金枝。金枝具有神奇的魔力,凡是折取到金枝的人,便取得了与现任森林

---

① 昭东:《德国人许愿池洗钱包求财运》,《环球时报》,2023年3月6日第9版。
② 刘安撰,孙冯翼辑:《淮南万毕术》,商务印书馆,1939年,第3页。
③ 白欣、李莉娜:《孔明灯文化的历史演变》,《装饰》,2012年第1期。

之王决斗的权利,获胜者则可接任森林之王兼神庙祭司职位,享受特别待遇。对此,弗雷泽指出,折取金枝与接触律有关,强壮的森林之王可使得五谷丰登。①由此可见,"金枝"与富足相关,具有祈福的象征意味。树神崇拜也散见于《格林童话》中,无论是《灰姑娘》中具有灵异神力的榛树,还是《杜松子树》中给人震慑力量的森林,人们都需要通过对这些具有神力的树进行祭祀,方可实现自己的愿望。当然,北欧神话中的"世界之树"高达天际,构成了整个世界,衍生了九个王国,因此又被称为"宇宙树"。在中国,也有类似于"世界之树"的神话。《山海经·海内经》记载:"名曰建木,百仞无枝,上有九欘,下有九枸,其实如麻,其叶如芒。大皞爰过,黄帝所为。"②这棵同样有着九根分支和九条根脉的建木不仅让太皞借此攀援登天,也成了后来中国神话中连接天地的"天梯",并为由此形成的许愿型景观民俗奠定了树神信仰基础。中国东北地区因气候条件,植被以森林和草原为主。达斡尔族人将他们的山神——白拿查的形象刻画在树木上进行祭祀,赫哲族人也将他们的天神刻画在形状奇怪或遭遇过雷击的树木上进行供奉、许愿,柯尔克孜族崇拜沙棘树,哈萨克族的神话认为杨树象征人类的生命,满族人则特别崇拜柳树,"射柳祈雨"是其最具代表性的树神崇拜仪式。③但是,在中国更广泛的人群中,"许愿树"景观民俗主要是在粗壮的树干上捆绑红绳或在树枝上悬挂祈福红绳、祈福挂件等,许愿人可根据自己的需求和愿望在心中默念或将之写下,表达对健康、情感、理想等的美好祝福。

(二) 纪念

"纪念"是一种文化记忆,纪念型景观民俗具有皮埃尔·诺拉所说的"记忆之场"的功能,往往承载着一个民族的国民情感,指向某段不可磨灭的历史。纪念型景观民俗包括纪念碑、纪念墙、纪念馆,也包括某些人物的雕塑、纪念物等,表现为在特定的时间、特定的地点进行的某种具有纪念意义的仪式民俗。值得关注的是,尽管记忆具有鲜明的主观性和身体性,但是,一个社会通常都会有一个代表主流价值观念的记忆规范,公共记忆在形成过程中通常要通过规范,去过滤那些"有害的、特殊的、少数的"记忆。④因此,纪念型景观民俗往往传递的是一

① 弗雷泽:《金枝》,李兰兰译,煤炭工业出版社,2016年,第3页。
② 张越编著:《图解山海经》,吉林出版集团有限责任公司,2011年,第522页。
③ 林娜:《树神崇拜:古老而质朴的信仰》,《百科知识》,2015年第5期。
④ 王晓葵:《"记忆"研究的可能性》,《学术月刊》,2012年第7期。

个国家、民族和一个时代的主流价值观念，它一般是在纪念日、国家公祭日，或者某些特殊的节日如中国清明节等，在纪念型景观区域进行有组织的或自发的祭祀活动。几乎每个国家都有纪念型景观民俗，代表性的纪念型景观包括中国人民英雄纪念碑、侵华日军南京大屠杀遇难同胞纪念馆、唐山大地震纪念墙、波兰奥斯威辛集中营大屠杀纪念馆、美国珍珠港事件纪念馆、耶路撒冷犹太教胜迹"哭墙"等。

耶路撒冷犹太教胜迹"哭墙"景观民俗具有较强的宗教色彩和民族特性。"哭墙"又称西墙，是耶路撒冷旧城古代犹太国第二圣殿护墙的一段，长约 50 米，也是仅存的遗址，是犹太教的第一圣地。千百年来，流落在世界各地的犹太人只要回到圣城耶路撒冷，便会来到这面残墙前低声祷告，缅怀祖国及先祖的往昔荣光、哭诉流亡之苦。有的犹太人还会将自己的心愿书写在纸条上，塞入哭墙的石缝，以祈求护佑。如今，哭墙也常常举行犹太少年年满 13 岁的成年礼，充满民族传承的期待和成长教育的欣慰，所以也有人改称其为"欢乐之墙"。从承载苦难的"哭墙"到寄托希望的"欢乐之墙"，耶路撒冷犹太教胜迹"哭墙"景观民俗充分体现了景观民俗的民族性、传承性，它不仅吸引着无数基督教徒前来祷告，形成犹太教独特的景观民俗，同时也成为吸引世界各地游客的著名旅游景观。

灾难往往是一个民族最深沉的集体记忆。中国代表性景观民俗主要集中于为中华民族的统一、崛起和独立而奉献生命的英雄人物和重大历史事件，以及因自然灾害、战争而造成的灾难性记忆。以侵华日军南京大屠杀遇难同胞纪念馆的"哭墙"为例。"哭墙"上镌刻着 10 665 个名字，他们都是 1937 年南京大屠杀期间惨遭日军屠戮的无辜平民。在每年的南京大屠杀死难者国家公祭日（12月 13 日），均会举行公祭仪式，并在南京全城拉响防空警报，缅怀无辜死难者，宣示中国人民牢记历史、不忘过去、珍爱和平、开创未来的坚定立场。

中外纪念型景观民俗大多与战争、死亡等灾难性事件相关，也可能带有鲜明的政治、宗教色彩。因此，在国际中文教学中，教师应首先对国际学生所在国的代表性纪念型景观民俗有所了解，以免带来跨文化交际或者宗教信仰等冲突问题；其次还应充分考虑到纪念型景观民俗在政治、战争、信仰等方面所具有的特殊性，慎重选取进入国际中文教学的内容，以免出现因信仰和立场的差异而带来的跨文化教学冲突。纪念型景观民俗国际中文教学对教师的民俗文化知识、跨文化教学能力和政治素养等均有着较高的要求。

第二节　景观民俗教学与研究个案

　　景观民俗以自然环境为基础，以民俗文化为内涵，通过各种物质的和非物质的不同载体传承民俗文化。在国际中文教学过程中进行景观民俗教学时应将课堂教学与实际景观相结合。充分考虑学校、教师、学生所处的地域环境特点，结合本地的、具有代表性地域文化特色的景观民俗，将教学与实践相结合，充分发挥地域性，以景观民俗为载体让来华留学生在真实情境中丰富和拓宽视野，体悟中国传统及当代文化的魅力。

一、景观民俗教学案例分析

老师，为什么大家都摸石狮子？[①]

学　校	汉语水平	授课对象	作　者	整理者
江苏大学	中高级	华裔青少年	余红艳	袁　婷[②]

（一）案例叙事

　　这是一个为期八天的海外华裔青少年"寻根之旅"夏令营班级，班级的学生是来自美国、德国和西班牙的 29 名华裔青少年。今天安排的文化体验活动是参观镇江金山公园。我作为带队老师全程参与此次体验课。

　　虽然是盛夏，七月的江南十分炎热，但是，文化体验课是青少年最喜闻乐见的夏令营活动，所以大家积极性很高。我们特意请了一位导游，给同学们讲解。第一站就是著名的金山寺。导游简单讲解了金山寺的来历之后，就带着大家站在了寺前的石狮子旁，说："大家可以来摸一摸石狮子的头、背和屁股。"同学们虽然不解，但看到很多游客都在争先恐后地排队摸石狮子，便也从众排起队来。来自德国的小文今年 16 岁，性格很活泼。他一边排队一边我："老师，为什么这么多人都想摸摸石狮子呢？"我看了看导游，因为排队的人多，所以导游找了个阴

①　该案例来源于编者教学实践。
②　袁婷，江苏大学文学院汉语国际教育专业硕士生，主要从事华文教育、文化教学研究。

凉的地方休息。于是,我想了想,就跟几名排队的同学说:"中国有一句古老的俗语:摸摸狮子头,吃喝不发愁;摸摸狮子背,人生多富贵;摸摸狮子腚,保你不生病。"同学们听了都觉得很有意思,竞相背诵起来。来自美国的小英笑着说:"老师,这是迷信吧!"其他同学也跟着笑了起来。是的,这些学生虽然长期生活在国外,但是因为来自华裔家庭,对中国文化或多或少有些了解。我认真想了想要怎样回答这个问题,我对同学们说:"是的,我们的健康、我们的生活和学习,肯定不是摸摸石狮子就可以实现的。"我顿了顿,接着说:"但是,有没有同学知道,为什么大家都懂这个道理,但还是会排队摸石狮子呢?"我看了看大家,继续说道:"因为我们都对生活、对未来充满期待,我们都希望越来越好。所以,有些民俗即使到今天,我们还是会做,因为它符合我们的民俗心理,它是一种许愿,也是一种激励。你们说对吗?"同学们纷纷点头。来自西班牙的小王接过话说:"过生日的时候,我们都会许愿;看到流星,我们也会许愿。这是一样的道理,对吗? 老师。"我点点头:"是的,愿同学们都能健康、快乐!"

虽然整个体验活动主要是由导游讲解,但是,经过这个环节,我也深深意识到,即使是文化体验课,带队教师也应该做好充分的备课,随时进入讲解环节,甚至从跨文化教学的视角引导学生更好地理解中国传统民俗文化,这是导游未必能够做到的。

(二)案例点评

1. 亮点分析

(1)主动的教学意识。在上述案例中,作者是一名文化体验课的带队教师。当学生在文化体验产生困惑时,带队教师能够及时、主动地进入教学状态,承担教学任务,具有积极主动的教学意识。

(2)正确的文化引导。不同于课堂进行的文化教学,文化体验课常常会出现意想不到的问题,甚至可能会出现像上述案例这样的"敏感"性问题,当学生提出"这不是迷信吗"的问题时,如何回答、如何引导便十分重要。民俗文化源于民众的日常生活,其中不乏难以用科学解释的现象,它对应的是一种民俗心理。教师既不能简单地否定,也不能传递迷信思想,以免国际学生或长期生活于海外的华裔青少年对中国文化产生误读。案例中的带队教师将"摸石狮子"定位成一种承载美好祝福的民俗心理,并类比为一种许愿,是值得肯定的教学思路,能够较好地帮助国际学生快速理解这一景观民俗。

2. 不足与建议

应该说,案例中的带队教师拥有较为扎实的民俗文化知识和较强的跨文化教学意识,能够结合专业知识和跨文化传播,进行较为合理、合宜的解答。但是,正如案例反思中所提到的,在文化体验之前,带队教师尚未充分意识到其在体验课中的重要作用,更多依赖导游。实际上,导游很难承担起跨文化传播的功能,特别是在景观民俗体验中,对于一些古老的民间信仰难以给出合适的解答。这就提醒我们国际中文教师在进行文化体验课的安排和设计时,应加强备课,提升专业能力和跨文化交际能力,有效增强对中华文化特别是传统民俗文化的国际理解。

3. 案例思考

(1)选取一个可能在文化体验课中出现的跨文化问题,与同学们展开讨论。

(2)选取一个文化体验项目,拟写一个活动方案。

二、景观民俗研究论文

走向景观叙事：传说形态与功能的当代演变研究

——以法海洞与雷峰塔为中心的考察*

余红艳

摘　要：景观叙事是指以传说人物与情节为前提,以景观建筑物为核心,融图像、雕塑、广告牌,以及导游词等诸多元素为一体的叙事体系。当代社会传统口述叙事日渐萎缩,景观越来越多地承担起讲述传说、传承传说价值的叙事功能,这是当代民俗的显著特点。在"白蛇传"传说中,传说人物"法海"逐渐转化为视觉景观"法海洞",并重构法海正面形象,承担了地域政治与文化建构的功能;而重建的雷峰塔则将传说拓展至围绕景观的现实生活,系统讲述与雷峰塔密切关联的传说情节,是传说景观超越语言形态的经典个案。民间传说在今天不再主要依赖口头传播,而是通过景观呈现,从而提升地域形象,发展旅游经济,成为文化产业与地域政治的重要资源。这种演变的背后,经济要素冲淡了伦理要素,地域需求替代了价值需求,是值得严重关注的问题。

---

　*　该文由余红艳提供,原刊于《华东师范大学学报》(哲学社会科学版),2014年第2期。

关键词：口述；景观叙事；法海洞；雷峰塔

景观是民间传说的核心概念之一，它是传说见证的风物材料，也是传说学研究中判断传承中心地带的重要指标。然而，在以口头交流作为基本存在形态与传承模式的传说视域中，景观却处于依托传说语言叙事而存在的附属地位。20世纪60年代以来，随着视觉文化转向的突现，景观的视觉形态得到越来越多的关注，尤其是在民俗旅游日益兴盛的现代语境下，景观正逐渐超越传说的语言形态，以视觉观赏的形式，对传说展开了更为直观、形象的地域性叙事。在这一过程中，经济性、地域性的需求压倒了伦理的、价值的需求，成为一个突出的问题。本文根据景观叙事理论，以"白蛇传"传说的两大核心景观——法海洞与雷峰塔——为考察中心，探讨传说从口述倾听转向景观观赏，实现其叙事功能与文化传承的当代演变，指出景观在承担地域形象建构与文化产业开发的功能的同时，还存在着一定程度的泯灭价值、追求功利的相关现实问题。

（一）景观叙事：让景观讲述传说

将景观纳入叙事理论的框架，最早源于景观设计领域的探讨。早在一百多年前，简·塞特斯怀特（Jan Satterthwaite）（1904）就指出，通过叙事理论方法，景观设计可以提供经历、地方历史以及加深人们对某件事的记忆。在此，"记忆"成为景观设计的重要目的。1997年，保罗·伯苏（Paul Basu）在其《景观中的叙事》（*Narrativesina Landscape*）一文中，将"记忆"界定为景观叙事设计的主要方法，他指出"大到一个区域或一个具体的场所，小到一个路牌、标志等，他们都是具有记忆特征的。当人们回忆起某些事物时，故事就诞生了。"[1]也就是说，景观叙事得以实现的主要途径，在于与之相关的记忆功能的启动，这就将景观叙事放置到了一个较为宽广的叙事体系之中。叙事者依托一定的历史事件、社区记忆和神话传说等其他类型的文本为叙事原型，通过命名（naming）、序列（sequencing）、揭示（revealing）、隐藏（concealing）、聚集（gathering）、开启（opening）等多种叙事策略，让景观讲述历史、唤醒某种记忆，从而以空间直观的形式实现景观叙事的记忆功能。1998年马修·波泰格（Matthew Potteiger）和杰米·普灵顿（Jamie Purinton）在其合作的专著《景观叙事：讲故事的设计实践》[2]一书中，首次为景

---

① 沈华玲：《景观叙事的方法研究》，中南大学硕士论文，2008年，第9页。
② 马修·波泰格、杰米·普灵顿：《景观叙事——讲故事的设计实践》，张楠、许悦萌、汤莉等译，中国建筑工业出版社，2015年。

观叙事建立了一个理论框架,即由个体叙事构成的故事领域(story realm)、不同叙事相互交织的互文领域(contextual/intertextual realm)以及作为理解所讲述故事的价值观框架的话语领域(discourse realm)构成的三个叙事维度。在这一理论框架中,景观既是一个相对独立的空间文本的叙事形态,同时,它又处于不同叙事形态相互参照、相互转化,甚至唤醒彼此叙事记忆的"互文性"的语境之中,这就进一步强调了景观所具有的叙事功能,以及该功能得以实现的记忆前提。

当我们尝试将景观叙事理论引入传说学研究的视野时,我们发现,景观所隐含的叙事功能,已然得到部分学者的关注。万建中先生在分析屈原传说时,就注意到了景观对传说流播的意义:"它们(秭归、屈原故宅、女嬃庙和捣衣石等地名和建筑物)以及后来再建的与屈原有关的文化景观,一直默默地讲述着屈原的传说,以使屈原的传说不被遗忘",倘若它们"不复存在了,屈原的传说很可能处于危机之中。"①在此,景观的叙事功能得到了较为清晰的表达,景观讲述传说,可观可触的物质景观使传说不被遗忘。反之,景观的缺失,可能会导致传说的淡化,甚至淹没。田兆元先生从神话传说叙事学研究的理论高度,将包括景观在内的物质所承担的叙事功能界定为"物象叙事",与语言叙事和民俗行为叙事共同构成神话的三种存在形态。②"物象叙事"的提出强调了物质载体对神话传说的讲述与传承,将语言、物象与民俗行为三者并列,表明了研究者将"物象"放置到了与其他叙事形态同等重要的叙事位置。姜南在研究云南诸葛亮南征传说时,也注意到了物象景观对传说流播的特殊意义,他细致梳理了诸葛亮南征历史遗迹88处,通过对云南西部与东部传说历史遗迹的数量的对比分析,探讨传说在东西部不同的流播与传承现状。③ 田兆元教授认为:"姜南博士对于这些文化景观的考察,体现出民俗学对于景观叙事的关注。""遍布西南地区的诸葛亮的文化景观,形成了民俗物象的叙事形态,无论是武侯祠,还是各种庙宇,各种诸葛亮的塑像和画像,以及墓碑,都在静静地叙述诸葛亮在云南的辉煌故事。建筑和塑像对于故事传说的稳定性流传起到重要作用,是静态的叙事形式。"④在此,景观叙事作为物象叙事的一种,被明确提到了传说研究的范畴,其价值不仅仅是作为唤醒传说记忆的物质符号,同时,它还通过建筑和雕塑等核心叙事元素,承担了相

①　万建中:《非物质文化遗产与"物质"的关系——以民间传说为例》,《北京师范大学学报》(社会科学版),2006年第6期。
②　田兆元:《神话的构成系统与民俗行为叙事》,《湖北民族学院学报》,2011年第6期。
③　姜南:《云南诸葛亮南征传说研究》,民族出版社,2013年,第37—41页。
④　田兆元:《诸葛亮传说研究的民俗学路径》,《文汇读书周报》,2013年11月1日,第9版。

对独立的叙事功能。

由此,我们结合神话传说体系中的"物象叙事",借用景观设计方法中的"景观叙事"理论,提出适用于传说研究视野的"景观叙事"概念。简单地说,景观叙事就是由景观来讲述传说。具体而言,景观叙事是以景观建筑为核心,由传说图像、雕塑、文字介绍、导游口述等共同构成的景观叙事系统。

首先,景观叙事以唤醒传说记忆的特殊方式,进行传说传承。在"白蛇传"传说的调查中,有 86.4% 的人群表示,看到金山寺首先便会想到"水漫金山",看到雷峰塔,便会想到压在塔下的白娘子,甚至 99% 的人群表示,来到金山寺或者雷峰塔,就会给孩子讲述"白蛇传"。[①] 显然,与传说密切关联的景观成为唤醒传说记忆、诱发传说讲述的重要契机,口头语言的叙事模式正在向以观赏景观为中心的叙事形态悄然转变。于是,语言形态的传说进入旅游景观的范畴,以听觉为主的语言传承模式被置换为以视觉观赏为主的景观传承。景观作为传说的物质见证,成为触动传说记忆的按钮,提醒传说的存在,唤醒传说的记忆,延续传说的讲述,"通过时间轴的现在和空间轴的现场,构筑过去与彼方的历史记忆。"[②]在此,景观与记忆的构筑,其实正是景观隐喻的叙事手法。"景观叙事的出发点是场所隐喻,通过场所设计对历史事件进行隐喻。场所认知的对象是人,场所隐喻认知的基础是基于人的经验的知识的积累。当场所的参与者遇到某个有着丰富意境的场所时,自己会本能地构成直觉画面,但是在它背后却隐藏着观察者全部的生活体验,包括他的信仰、偏见、记忆、爱好,从而产生情感、理解和想象。"[③]因此,景观叙事开始于对传说记忆的触动与唤醒,其叙事手法便是将传说故事隐喻在景观之中,参与者与景观的对话依赖于对景观隐喻的传说语境的理解。

其次,景观叙事的主体赋予传说地域化的特色,从而使景观叙事具有创造性的传承魅力。传说景观是传说地方化的空间投射,其形成与改造均充分反映了本地域的传说流变与地域文化对传说的认同度,这就使得景观叙事在与其他形态的叙事文本展开互文解读的同时,更具有了创造性的特征,并为传说的发展提供更为丰富的地域文化内涵。景观叙事的主体往往是地域文化的表达者:代表地方政府的地方文化精英。他们一方面熟悉地方传说,是地方性知识的拥有者,

---

① 数据来源于笔者日前就"白蛇传"传说的当代传承现状所作的问卷调查。

② 王晓葵:《记忆论与民俗学》,《民俗研究》,2011 年第 2 期。

③ 陈雨:《景观叙事——关于淮南新四军纪念园景观设计的哲学探讨》,《国际城市规划》,2007 年第 3 期。

另一方面又是地方政府依托传说景观进行旅游规划、地域文化传播的文化工作者。他们作为传说景观生产的实践人员,依托丰富的地域历史资源和人文传统,充分发挥文化想象,实施地域景观对传说语言叙事、民俗行为叙事的积极呼应。"景观是地方政府选择的精微而绝妙的支点,经由景观生产的方式,不仅表达了对本地文化传统的认同,而且可获得对景观文化想象空间的实体化呈现。"①景观叙事的地域性表达是地域与传说的时空对话,是传说的景观叙事与其他叙事形态,基于地域文化旅游视角的互动。与此同时,尽管景观是一个相对固化的物质呈现,但是,景观叙事仍然表现为一种动态的演化过程,它的每一次改造、重建,都刻上了时代的烙印,反映了不同时代的景观生产者对传说这一文化资源应用的态度,以及对传说主题流变的地域性选择。

最后,景观叙事是以景观建筑物为核心,融合口头、文字、图像、雕塑等多维叙事形态,对传说进行的体系化传承模式。传说景观并非仅是一个单一的个体,它是以景观的主体建筑为中心,由景观内外与传说密切相关的物象实体、文字介绍、导游口述,以及各式民俗行为等多个方面共同组成的立体呈现。其中,景观建筑物往往是传说中重要事件的场所,与核心情节相连,它既是传说的象征性符号,同时也是传说本身核心叙事对象。与传说相关的图像和雕塑则是基于传说情节而进行的其他艺术形式的转换,是对传说的物象延展。导游作为景观文化的介绍者,一般是较多掌握景观知识与景观生产者文化倾向的特殊参与者,他们基于景观对传说的讲述,呈现出景观叙事的地域创造性特征,扮演着口述传承的重要角色。因此,宽泛地讲,传说的景观叙事是以物质形态的空间叙事为主,以语言形态的口头叙事与文字叙事、身体形态的行为叙事为辅而构成的景观叙事体系。这一体系由视觉上的传说景观建筑为第一冲击力,吸引参与者在景观内外的传说图像、雕塑、壁画、宣传文字,以及导游的传说故事讲解等多维度的叙事形态中,唤醒潜藏的传说记忆、了解景观生产者的传说地方化选择,甚至在参与者的相互交流中,综合性地传承传说的内涵。

就其广泛的社会功能而言,景观的生产与其叙事功能的建构,是为了地域形象的建构,并用以旅游观光,承担了文化产业发展的功能。当代的叙事景观,很大程度上是为了观赏而建设,因此,需要观者的现场感知,就必须具有更强的视

---

① 张晨霞:《帝尧传说、文化景观与地域认同——晋南地方政府的景观生产路径之考察》,《文化遗产》,2013 年第 1 期。

觉冲击力与叙事功能。这样,景观叙事就从口述那种诉诸听觉的传播形态中解放出来,发展出以视觉感知为中心的物象景观叙事形态,从而带来了叙事领域的颠覆性变革,传说开始走向景观叙事的时代。在这一过程中,由于要服从地域的政治与经济的需求,传说固有的批判价值被削弱,这已然成为一个显著的事实。

"白蛇传"传说是一个依托江南城市景观而形成、发展、变异的市镇传说。在其近千年的演变史中,传说以语言形态的叙事结构,以口耳相传的传承模式为主,金山寺、雷峰塔等具有特定文化符号的传说景观辅之。历史进入到20世纪后期,法海洞、雷峰塔这样的传说核心景观逐渐成为传说重要的存在形态,实现了从口传到观赏的传承模式的变迁。

(二) 法海洞的景观叙事:从"法海"到"法海洞"

法海是"白蛇传"传说中的重要人物,其身份为金山寺降妖高僧。随着传说的广泛流播,法海以及金山寺成为传说的标志性符号。但是,据王骧先生考证,历史上的金山寺并无法海,法海是民间文学塑造的人物形象。[1] 可是,在今金山寺慈寿塔下的西侧,有一个"古法海洞"景观,洞的右侧悬挂着"法海洞"来历的简介:

> 法海洞,又名裴公洞。法海,俗姓裴,唐朝宰相裴休之子,河东人生而胎素,颖异不群。其父信佛,作文送子至河南何泽寺出家,取名法海,行头陀行……后朝金山,见殿宇荒废,荆棘丛生,寻得此洞,参禅打坐,并燃指一节,誓兴殿宇。忽一日在山下江际挖土,获黄金数镒,报于地方官李琦,转呈皇帝,敕将黄金送法海禅师重兴殿宇,建成,命名金山寺,法海亦莫知去向。后人供奉其法像于洞中,永作纪念。

由此得知,法海是金山寺认定的开山祖师,法海洞被界定为法海当年在金山寺修行的处所。法海俗姓"裴",所以,法海洞又名裴公洞。然而,在目前可见的清末之前的史书、方志中,金山寺并无法海其人,更无法海洞。那么,口头语言形态中的"法海"是如何演变为地域性景观"法海洞"的呢?

"法海洞"一名首次见于民国七年(1918)编撰的《丹徒县志摭余》:"法海洞在

---

[1] 王骧:《〈白蛇传〉中的法海"其人"》,《民间文艺集刊》(第一集),上海文艺出版社,1981年。

京口金山,原臆其为裴头陀栖隐之地,然法海之名见于稗说,妇孺皆知。"①所谓"稗说"一是关于法海宰相之子身世的坊间传说,二是"白蛇传"传说中,金山寺法海的名号在当时的镇江已经是"妇孺皆知"。显然,传说中的人物"法海",在民间口传语境中,被黏附为金山寺开山祖师"裴头陀","裴公洞"被悄然置换为"法海洞"。1922 年镇江指南编辑社编印了《镇江指南》,在介绍金山"裴公洞"的条目时,出现了"裴公洞,又曰法海洞"②的表达。这是首次正式以洞名条目的形式,将"裴公洞"与"法海洞"合而为一。民国十八年(1929),金山出版了刊物《法海波澜》,不仅在刊名上使用"法海"二字,且其编辑者的署名亦为"金山法海洞僧仁山"。1983 年,由镇江市地名委员会编撰的《江苏省镇江市地名录》在介绍金山寺内洞名的时候,已经置换为:"法海洞又名裴公洞。"③20 世纪 80 年代末 90 年代初,金山寺大雄宝殿重建后,法海洞也得到了修葺,洞门前的法海洞简介与地名录中的解释一致。

　　至此,"法海洞"的洞名条目经历了"裴公洞"、"裴公洞,又曰法海洞",以及"法海洞,又名裴公洞"的历史演变过程,从民间稗说到政府机构的认可,以及金山寺的正式命名,"法海洞"名的变更体现了传说从听觉传播的口头存在形态向视觉观赏的景观存在形态的拓展与演变。在这一过程中,传说人物"法海"是建构景观"法海洞"的记忆基础,地方学者是景观生产的主体,他们依据传说,采取"命名"的景观叙事手法,将金山寺固有景观"裴公洞"命名为"法海洞",在现实景观与传说之间构筑直接关联,实现两者合一的景观命名目的,从而,以景观的物质实体,坐实传说与地域的血缘关系,并成功将语言形态的故事结构扩展为空间形态的景观呈现,唤醒潜藏的传说记忆,诱发传说讲述。

　　法海洞源于法海,因此,它着重唤醒与讲述的便是法海这一人物形象的相关传说。在"白蛇传"传说中,法海是拆散许、白婚姻的主要力量,也是造成"水漫金山"的重要因素。二十世纪以来,在追求自由、爱情,以及革命抗争话语的影响下,法海逐渐从得道高僧的正义形象滑向破坏婚姻的反面形象,甚至在一些民间口传中,法海的身份也被异化为蛤蟆精、螃蟹精、乌龟精、鳖精、鲶鱼精、田螺精、乌羊精,以及黄鳝精等等。目前,在搜集到的 24 篇"法海身世"的民间口传异文

---

① 李恩绶撰,李丙荣续辑:《丹徒县志摭余》,民国七年刊本。
② 朱瑾如、童西萍编:《镇江指南》,镇江指南编辑社发行,东南印书馆印刷,1922 年。
③ 镇江市地名办公室:《江苏省镇江市地名录》(内部资料),1983 年,第 114 页。

中,法海为妖精身份的异文有 19 篇,占相关异文的 79%。① "身份认同"是个体与群体精神关联成为可能的重要条件,是个人与他者,群体或模仿人物在感情、心理上趋同的过程,因此"身份认同"本质上属于一种确证行为。民间赋予法海的异类身份,投射了传说在口头交流中,对法海形象的不认同。然而,法海作为金山寺认定的开山祖师,着力维护僧人的正面形象。金山寺充分利用法海洞这一传说景观,通过法海洞来历的文字简介、洞内法海石雕、寺内僧人口述,以及导游讲解等多维叙事途径,努力重塑法海得道高僧的正义形象,法海洞承担的正是讲述、传播法海正面形象的景观叙事功能。

法海洞门前的简介,讲述了一个地方历史记忆中的法海形象。它首先为法海确立了一个较为高贵的身份:唐宰相裴休之子。其次,又以"生而胎素,颖异不群",为法海构建了一个佛教大师的灵异出生,表明其天生向佛的佛缘。然后,再以燃指一节、获金建寺、寺成远去的传奇事迹,渲染法海高风亮节的美好品性。法海洞简介表面上似乎是还法海一个历史形象,实际上,它是借法海洞这一传说景观,重构法海正面高僧形象。走进法海洞,洞内竖立了一尊法海石雕坐像,他结跏趺坐,面容清瘦,安然慈祥,并清晰可见其一节断指,与洞前法海事迹相一致,表明他舍身建寺的美好功德。这一形象与法海在"白蛇传"传说中的首次出场十分类似。在明末冯梦龙拟话本《白娘子永镇雷峰塔》中,法海是一位"眉清目秀,圆顶方袍,看了模样,确是真僧"②的高僧模样,他对白蛇也是秉持了佛家慈悲为怀的宽容态度,他先是告诫白蛇,要远离许宣,之后,又在许宣的一再请求下,才以金钵收服白蛇。因此,法海洞的景观叙事是一种选择性的叙事与地域式传承。他们摈弃了二十世纪以来,传说对法海形象的贬损,选择以冯梦龙笔下具有降妖法力的佛教传奇人物为叙事蓝本,坚持讲述法海高尚的历史形象与正义传说形象,传递了金山寺僧众对法海禅师的敬仰与维护。

法海简介与石雕像所讲述的法海正面形象,得到了金山寺导游的反复口述,他们在强调历史与传说错位的同时,努力重构一个不同于现有民间口传的法海形象:

> 法海是金山寺的开山祖师,当年,他拾到黄金,燃指一节,立誓要重建寺

---

① 康新民主编:《白蛇传文化集萃》(异文卷),江苏文艺出版社,2007 年。
② 冯梦龙:《白娘子永镇雷峰塔》,《警世通言》(第二十八卷),中华书局,2009 年,第 290 页。

庙。所以,寺庙建成后,就叫金山寺。历史上真正的法海和传说不同,他是唐朝宰相之子,一心向佛,他是得道高僧,是唐朝人,怎么会去管宋朝人的婚姻呢?①

　　大家了解到的法海,都是传说中那个拆散人家婚姻的恶法海,但是,今天,你们来到了金山寺法海洞,我就一定要告诉你们一个真正的法海。他是唐朝宰相裴休之子,是一位得道高僧,当年,他来到这里,决心要建一座寺庙,无意中,在山后挖到黄金,于是,就建成了这座寺,因为得到黄金,所以,取名金山寺。法海洞就是他当时修行的地方。②

　　法海是好人啊! 我小时候,就听老人讲,洞里原来供奉的是法海真身,非常灵,大家都很信。"文革"的时候,被毁了。"文革"后,金山寺的和尚们又在洞里竖了这一尊石雕。③

导游是一个特殊的群体,一方面,他们以宣传地域景观为日常工作,对与景观相关掌故、传说的充分了解是他们必备的职业素养;另一方面,他们多是土生土长的本地民众,对地域景观文化充满温情。他们对法海宰相之子身份的强调、法海是唐朝人而不是宋朝人的时代重申,以及洞内供奉法海真身的儿时回忆,带有鲜明的情感认同。这些法海事迹,与其说是"真正的法海"、"历史上的法海",还不如说是一个地域性的集体记忆中的法海。此外,除去主观上的情感认同,导游还是一个被景观文化符号规训的群体。他们对景观的文化阐释,往往代表的便是景观生产者的文化意图。法海洞的景观文化符号便是金山寺开山祖师法海的苦修处所,这一身份定位必然带来的就是对法海形象的正面解读与坚定维护,反映了景观生产者试图以景观叙事传递的地域文化精神。

法海洞的出现是"白蛇传"传说从口传走向景观的历史过程,它以法海形象为景观叙事的核心内容,以洞名、洞的简介、洞内石雕像,以及导游的现场讲解,共同讲述一个高僧法海的正面形象。这一形象与现时口传、影视等传播媒介中的反面形象展开博弈,坚持宗教本位与地域本位的表达,充分体现了景观叙事对

---

　　① 访谈时间:2012 年 3 月 21 日,访谈地点:金山寺法海洞,被访谈人:王女士,金山寺导游,镇江本地人,访谈人:余红艳。

　　② 访谈时间:2013 年 4 月 12 日,访谈地点:金山寺法海洞,被访谈人:陈洋,金山寺导游,家住镇江金山寺附近,访谈人:余红艳。

　　③ 访谈时间:2012 年 3 月 21 日,访谈地点:金山寺法海洞,被访谈人:陈女士,金山寺导游,访谈人:余红艳。

传说的遴选与创造,是"白蛇传"传说重要的景观存在形态。

但是,传说中的法海曾经具有的残忍固执的一面被滤掉,其负面形象被刻意回避,传说人物所具有的多方面的伦理价值遭致削弱,或者是以一种价值代替了另外一种价值。这一现象在地方人物传说的开发中普遍存在,对于地域来说,反面人物近乎消失,正面建构与弘扬成为地域文化开发的宗旨,这在一定程度上削弱了传说的批判精神。

(三)雷峰塔的景观叙事:从"古塔"到"新塔"

雷峰塔始建于公元 972 年,是五代十国时期吴越国(公元 923—978)最后一位国王钱俶,为供奉佛祖释迦牟尼真身舍利"佛螺髻发"而专门修建的佛塔。对此,钱俶在《建塔碑记》中有明确记载:"俶于万机之暇,口不辍诵释氏之书,手不停披释氏之典者,盖有深者焉,请宫监尊礼佛螺髻发,犹佛生存,不敢私密宫禁中。恭率宝贝,创窣波于西湖之浒,以奉安之。"①在佛教文化中,"佛舍利"是至高无上的神圣之物,尤其是生身舍利。因此,供奉释迦牟尼"佛螺髻发"的雷峰塔,在江南佛教具有较高地位,是一座当之无愧的佛教圣塔,起初与"白蛇传"传说没有一丝一毫的关系。

雷峰塔与"白蛇传"传说相连,最早发生在明代口传,也是雷峰塔建成数百年后的事情。明田汝成《西湖游览志》记载了民间关于雷峰塔镇压白蛇的传说:"俗传湖中有白蛇、青鱼两怪,镇压塔下。"②《西湖游览志余》则直接将传说表述为"雷峰塔"故事,③进一步突出了雷峰塔与"白蛇传"传说的密切关联。明末冯梦龙拟话本《白娘子永镇雷峰塔》吸收民间对雷峰塔这一佛教景观的附丽,正式将雷峰塔纳入"白蛇传"传说的叙事框架,借用这一"佛舍利塔"的神圣意义,将之演化为镇妖圣塔。而民间对雷峰塔的认识,也随着传说的流播,逐渐略去了它最初的文化意蕴,更多集中在传说所赋予它的独特内涵上。从此,雷峰塔作为传说的重要景观,成为传说不可或缺的元素。

清陆次云在《湖壖杂记》中记载了一则发生在明崇祯年间的传说:"俗传湖(西湖)中有青鱼、白蛇之妖,建塔相镇,大士嘱之曰:塔倒湖干,方许出世。崇祯辛巳,旱魃久虐,水泽皆枯,湖底泥作龟裂,塔顶烟焰熏灭,居民惊相告曰:白蛇出矣!互相惊惧,遂有假怪惑人者。后得雨,湖水重波,塔烟

---

① 潜说友:《宋元方志丛刊·咸淳临安志》(卷八十二),中华书局,1990 年,第 412 页。
② 田汝成:《西湖游览志》(卷三),钱塘丁氏嘉惠堂重刊,光绪二十二年丙申四月,第 12 页。
③ 田汝成:《西湖游览志余》(卷二十)《熙朝乐事》,上海古籍出版社,1998 年,第 298 页。

顿息，人心始定。"①这条记载明确反映了传说从口头交流向视觉景观的演化过程。在传说语言叙事中，大士建塔镇妖，并留下偈语，塔倒湖干，白蛇出世。延伸至景观叙事，便与现实生活紧密相关。湖水干枯，塔顶冒烟，人们立即联想到传说中的偈语，担心白蛇将要出世，十分恐惧。直至降雨，湖水重现，塔烟消散，人们这才放下心来。这说明景观唤醒传说记忆，发展传说情节，并将传说引入现实生活，与实际生活发生交集，从而呈现更多的变异性与地域性。

雷峰塔的景观叙事还从传说本身拓展至雷峰塔的塔砖。相传，雷峰塔倒的重要原因之一便是杭州老百姓挖取塔砖的结果：

> 我们那里的乡下人差不多都有这样的迷信，说是能够把雷峰塔的砖拿一块放在家里必定平安，如意，无论什么凶事都能够化吉，所以一到雷峰塔去观瞻的乡下人，都要偷偷的把塔砖挖一块带家去，——我的表兄曾这样做过的，——你想，一人一块，久而久之，那雷峰塔里的砖都给人家挖空了，塔岂有不倒掉的道理？②

雷峰塔砖可以逢凶化吉的传说，是典型的"白蛇传"传说的景观叙事，是对传说为雷峰塔建构的"镇妖圣塔"话语的延伸。塔可以镇妖，砌塔的砖自然也具有了神力，具有辟邪的功效。在杭州民间，塔砖的辟邪性主要表现为：可避蛇祸、渔民出海可保平安、可祈子，以及可利农蚕。这些功能都与传说相一致，其逻辑思维是：雷峰塔——镇蛇妖——塔砖避蛇祸；蛇妖——水族——兴风作浪——塔砖保渔民平安；白娘子——生子得第——塔砖祈子；蚕怕蛇——塔镇蛇妖——塔砖利农蚕。与上述塔砖辟邪的传说相反，杭州当地还流传着另一个撬取塔砖的传说。当地老百姓同情白娘子，希望雷峰塔尽快倒掉，让白娘子早日回家，与亲人团聚。于是，老百姓就每天去搬一块砖头回家，时间久了，塔就倒掉了。③老百姓撬取塔砖的原因，不是为了"避蛇祸"，反而恰恰是希望"白蛇出世"，表达了杭州人对白娘子的深切同情。

无论是雷峰塔砖辟邪的传说，还是希望塔倒、白蛇出世的传说，都是景观叙

---

① 陆次云：《湖壖杂记》，施奠东主编：《西湖文献丛书》之《清波小志》外八种，上海古籍出版社，1999年，第17页。
② 胡崇轩：《雷峰塔倒掉的原因》，《京报副刊》，第四十九号，1925年2月2日。
③ 访谈时间：2013年9月21日，访谈地点：杭州灵隐寺附近，被访谈人：青青，访谈人：余红艳。

事对传说语言叙事的移植与延展,其叙事核心均是指向被镇压塔下的白蛇。在此,"白娘子永镇雷峰塔"是传说记忆,是雷峰塔砖得以产生景观叙事的前提。这一记忆被民众寄托在塔砖身上,并根据现实生活环境、生活方式加以变异,赋予景观更为丰富的文化内涵,同时,也使传说的语言叙事经由景观得到新的讲述。"白蛇传"传说从口传中的"雷峰塔镇妖",发展为景观叙事中的"塔砖辟邪"和"塔倒而白蛇出世",充分体现了景观叙事对语言叙事的延续与超越,以及景观叙事所具有的鲜明的地域特色。"塔砖传说"在塔倒之后,成为"白蛇传"传说当代语言叙事与景观叙事的重要内容。

1924 年,雷峰塔倒塌,时隔七十八年之后,浙江省和杭州市有关方面联合成立专门领导机构和工作机构,正式启动雷峰塔的重建工程。2002 年秋,雷峰塔重新矗立于西湖之畔。然而,关于雷峰新塔的争议却一直不断,争议的焦点集中为新塔是否具有原真性。否定者认为"现在新修的雷峰塔和原来历史上的塔完全不一样,失去了原真性"。① 与之相反,支持者则认为,"重建的雷峰塔却依然保留了之前建筑中所蕴含的文化底蕴。"②这就涉及一个问题,即雷峰塔重建的目的与意义究竟是什么? 是为了复原文化遗产的原真性,还是为了传播"白蛇传"传说? 对此,雷峰新塔的重建者申明,重建的雷峰塔其实是一个新的景观建筑:"雷峰塔是在新的历史条件下和社会背景中新建的景观建筑,绝不等同于对已经倒掉的雷峰塔的复原。"③不是"复原",而是"新建的景观建筑",在现实景观(雷峰新塔)与传说景观(雷峰古塔)之间架构历史关联,其追寻的并非是文物保护理念中的客观的原真性,而是一种旅游研究视角中的"建构主义原真性"(constructive authenticity)。所谓"建构主义原真性",是指建构主义者所寻求的原真性不再是指客观的原真性,而是一种符号的、象征意义的原真性,是社会建构的结果。④ 雷峰塔的重建,追寻的是一个历史的见证性,是尝试以重建的形式表达一种符号性的真实感,这与霍布斯鲍姆曾提出的"被发明的传统"概念相一致:"被发明的传统意味着一整套通常由已被公开或私下接受的规则所控制的实践活动,具有一种仪式或象征特性,试图通过重复来灌输一定的价值和行为

---

① 肖建莉整理:《古迹保护与修复拆真造伪何时休?》,《文汇报》,2003 年 4 月 6 日。
② 张祖群:《基于真实性评判的雷峰塔重建争论》,《江苏师范大学学报》(哲学社会科学版),2013 年第 5 期。
③ 郭黛姮、李华东:《杭州西湖雷峰新塔》,《建筑学报》,2003 年第 9 期。
④ Wang, N: Rethinking authenticity in tourism experience, *Annals of Tourism Research*, 1999, 26(2): 349 – 370.

规范,而且必然暗含与过去的连续性。事实上,只要有可能,它们通常就试图与某一适当的具有重大历史意义的过去建立连续性。"[1]因而,传统是可以被发明的,它具有某种"人为性",并以重复的形式去努力建构与过去的连续性,而这一"过去"又是经过人为选择之后的结果。所以,在"被发明的传统"的视域中,景观的"原真性"并不是关注的焦点,关键在于它的存在连接了曾经遗失的历史时空,唤醒了传说记忆。

"雷峰新塔"便是这样一种传统,不仅再现了"雷峰夕照"的美景,还延续了"白蛇传"传说的叙事,唤醒了与雷峰古塔紧密相关的塔下镇蛇妖、塔前状元祭母,以及围绕塔砖、塔倒的诸多传说记忆。在传说口传语境日益萎缩,民俗旅游日益高涨的现代语境下,它以视觉观赏的景观形态,承担了讲述传说、传承传说的重要使命。重建后的雷峰塔,以"白蛇传"传说为景观设计的叙事原型,以景观内外的广告牌、宣传栏,以及塔内的木雕图谱为叙事元素,重构了一个较为完整的"白蛇传"传说的景观叙事框架,从而使雷峰新塔成为当代"白蛇传"传说的传承场域,其视觉形象即为"白蛇传"传说本身的直观体现。

在雷峰新塔景区入口处,一张广告牌直指雷峰塔镇压白娘子故事的"过去"。画面分为上下两个部分,下半部分是老旧的雷峰塔底飞出了温婉的白娘子,而上半部分则是十分醒目的大字:"塔倒了,白娘子还在吗?"这一带有鲜明指向性的广告语犹如一座架构在景观与传说记忆之间的桥梁,连接了雷峰新塔与古塔的历史渊源,并将古塔的景观叙事——"塔倒传说"——纳入雷峰新塔的景观之中,引导游客从"塔倒传说"开始,去寻觅一个与白娘子、雷峰塔息息相关的古老传说。

进入雷峰新塔,其内部暗层墙壁上雕刻了以"白蛇传"传说八大核心情节为原型的环形巨幅木雕壁画,它们分别是盛会思凡、雨中借伞、端午显形、昆仑盗草、水漫金山、断桥相会、囚禁塔中和破塔团圆。在八大核心情节中,除了"水漫金山"与"昆仑盗草"无法移位之外,其余六大情节均被放置在杭州,并紧紧锁定在雷峰塔及其周围。"盛会思凡"是缘起于雷峰塔建成、佛螺髻发入宫的盛大庆贺场面;"雨中借伞"、"断桥相会"是发生在雷峰塔边的西湖、断桥;"端午显形"也从镇江、苏州被移置于杭州;而"囚禁塔中"与"破塔团圆"更是直接发生在雷峰塔的关键性情节。情节图谱以雷峰塔为叙事中心,并将其"佛舍利塔"的神圣地位

---

① 霍布斯鲍姆、兰格:《传统的发明》,顾杭、庞冠群译,译林出版社,2004年,第2页。

纳入传说的景观叙事之中,以"建塔"、"囚塔"、"破塔"的雷峰塔情节为图谱线索,努力确定雷峰塔在传说中的景观核心地位,强化其叙事功能。这些图像叙事与文字叙事、景观叙事一起,共同构成了物象叙事体系。

传说是景观叙事的基础,雷峰新塔是景观叙事的载体,塔外的广告语与塔内的壁画是试图唤醒传说记忆的具体元素与景观叙事的内容,它们共同实现了"景观生产"的文化功能与经济功能,并在弘扬、传播杭州地域文化精神的同时,获取可观的旅游经济效应。2002 年 11 月 1 日,投资额达 1.5 亿元的雷峰塔景区正式对外开放,2003 年,景区接待游客 138.5 万人次,2004 年,接待游客上涨至 180 余万人次,门票收入高达 6 000 余万元。至 2005 年底,景区收回全部投资。① 从营销传播的角度来看,雷峰塔景区的成功运营正在于景观生产者对 USP(Unique Selling Proposition)的独特选择。雷峰塔景区的 USP,即独特的销售主张,便是"白蛇传"传说的爱情文化。游湖借伞的一见钟情、断桥相会的尽释前嫌、为爱而终老塔下的忠贞与悲壮,讲述了一个美丽、善良、忠贞、坚守的白娘子故事。"《白蛇传》文化是使雷峰塔真正区别于其他文物景区的东西,体验白娘子的千古爱情悲剧构成游客游览雷峰塔的文化冲动,雷峰塔游客的文化旅游心理的秘密就在于想亲身体验亘古不变、忠贞不渝的爱情。"②因此,强化白娘子的爱情形象、拉近雷峰塔与传说的密切关系,是雷峰塔的景观叙事策略与旅游文化定位,是地域文化认同与文化产业开发的合谋。

但是,雷峰新塔对白娘子传说的讲述,淡化了传统叙事中白娘子复杂而丰富的文化形象,她身上曾经具有的妖气、残忍的一面被悉数捐弃,而忠贞爱情、坚忍善良的单一性格得到了放大与聚焦,同时,曾经主要承担佛教教化功能的雷峰塔则演变为娱乐至上的文化旅游。地方在景观生产中,为了美化地域形象,增强旅游娱乐功能,过多改变了传统传说多元的伦理价值,这是一个值得关注的普遍问题。

现代生活充斥着无处不在的视觉景观,正如海德格尔所言,"世界被把握为图像",广泛的视觉化景观呈现正以压倒性的姿态,扫荡着传统叙事规则。地方出于旅游开发的经济需求和地域形象建构的现实需求,借助传说资源,将口头形态转化为视觉形态,以景观演述传说,带动旅游经济,促进了景观的大规模生产,带动了传说形态的急速转型。而景观叙事对地域形象维护的加强,又具有一定

---

① 张玲蓉:《从杭州雷峰塔的开发看旅游产品的文化定位》,《浙江经济》,2005 年第 13 期。
② 乜瑛、陶云彪:《雷峰塔文化定位策略及旅游文化根基探讨》,《商业经济与管理》,2003 年第 1 期。

的地方政治色彩。正是在经济与政治的双重冲动下，传统叙事形态逐渐解体，与此同时，承载叙事功能的景观，在新时代则承担了更多的文化功能，促进了传说功能的进一步扩展，这是当代民俗文化发展的显著特点。从口述到景观，从听觉到视觉，不仅仅是一个文化形态的变迁，更是文化功能的发展。因此，景观叙事的娱乐功能依然，教化功能依然，但景观叙事的经济功能与政治功能，却是口头叙事远远不可比拟的。然而，值得注意的是，地方的景观叙事缺乏批判精神，经济价值替代伦理价值，这是需要深入研究的严重问题。

思考题：

1. 在你的教学实践中，还发现了哪些代表性的景观民俗国际中文教学问题？请选取一个角度进行交流研讨。

2. 随着现代生活、生产方式的变迁，景观民俗在民俗文化传承传播中发挥越来越重要的作用，请从景观民俗国际传播与交流视角，拟写一个景观民俗国际传播研究论文框架，并与同学们展开讨论。

参 考 书 目

1. 余红艳：《景观叙事谱系与景观生产研究：以"白蛇传传说"为考察中心》，上海交通大学出版社，2022 年。

2. 田兆元：《叙事谱系与文化传承》，上海文艺出版社，2018 年。

3. 温迪・J・达比：《风景与认同：英国民族与阶级地理》，张箭飞、赵红英译：译林出版社，2018 年。

4. 马修・博泰格、杰米・普灵顿：《景观叙事——讲故事的设计实践》，张楠、许悦萌、汤丽等译，中国建筑工业出版社，2015 年。

5. 黄继刚：《"风景"背后的景观——风景叙事及其文化生产》，《新疆大学学报》（哲学・人文社会科学版），2014 年第 5 期。

6. 田兆元：《神话的构成系统与民俗行为叙事》，《湖北民族学院学报》，2011 年第 6 期。

7. 徐赣丽：《民俗旅游与民族文化变迁：桂北壮瑶三村考察》，民族出版社，2006 年。

8. 俞孔坚：《论景观概念及其研究的发展》，《北京林业大学学报》，1987 年第 4 期。

第十章

民俗文化国际传播研究方法

2021年5月31日,习近平总书记在"就加强我国国际传播能力建设进行第三十次集体学习"中发表重要讲话,他强调在中外文化交流中"既开放自信也谦逊谦和,努力塑造可信、可爱、可敬的中国形象"。民俗文化是民族文化之根,既具有独特的地域性、民族性,又具有对外交流的形象性与民间性,是当前"讲好中国故事、传播好中国声音"的重要载体。国际中文教师应掌握民俗学、传播学的相关理论与研究方法,以应用于国际中文教育中的民俗文化教学和民俗文化国际交流与传播研究。

第一节　民俗学研究方法

一、主要民俗学流派及其方法

民俗学既是独立的学科,又兼具交叉学科的特征。在民俗学研究过程中,使用相似研究理论和相似研究方法的学者往往被归入同一流派,具有共同的理论源头或师法对象,而同一流派的学者在内部也具有自身的独特性。因而学派的划分是基于相对性而非绝对性的。民俗学的学术流派可归纳为神话学派、语言学派、人类学派、心理学派、历史地理学派(芬兰学派)、功能学派、结构主义学派等,现择其要者介绍如下:

(一) 神话学派

神话学派是19世纪初德国浪漫主义思潮影响下产生的学派,以格林兄弟(威廉·格林和雅各布·格林)为代表。神话学派重视神话在民间文化研究中的地位,认为民间诗歌的原始形式是史诗,而史诗又与神话密切相关。因此,神话是每一个民族文化的源头,是一个民族的集体创造,反映了该民族的集体心理。由于神话的演化,民间故事、叙事诗、传说等才相继出现。想要阐释某个民族的文化、心理和世界观,研究该民族的民俗,就应当从神话入手。

格林兄弟研究民俗文化的切入点是语言,他们认为语言是神话的载体,神话是宗教信仰的体现,而宗教信仰则反映了每个民族的世界观以及它们同周遭世界的关系,同时,语言也映射出经济结构、法律条文、风俗习惯、物质文化等具体信息。格林兄弟在 19 世纪语言学研究成果的基础上,从语汇、语音、语法等方面对具有亲缘关系的日耳曼语言、北欧语言和印欧语系进行历史比较研究,发现了许多共同点并试图构建"原始共同语"。这种历史比较研究的目的是认识和阐释远古时代的民族生活和历史。

长期以来,格林兄弟致力于搜集与记录口头作品和民俗,曾撰写"搜集民众诗歌的倡议书",号召人们关注并记录本地故事和其他口头传统,出版了《德国英雄的传说》《德国传说》《论德国古代民歌》《德国神话》等民俗研究论著。其中,1935 年雅各布·格林出版的《德国神话》一书中收录了大量关于创世、自然、动物与植物起源、日月星辰更替、死亡等主题的神话,为之后神话学的产生与发展奠定了基础。

(二) 语言学派

任教于牛津大学的德裔语言学家麦克斯·缪勒是民俗学语言学派的代表人物,也是严格意义上第一个作出理论贡献的英国民俗学家。

缪勒在其理论代表作《比较神话学》中提出了"神话是语言的疾病"的观点。他认为,在词义丢失的前提下发生隐喻、置换和曲解时,语言便得了疾病,这种语言疾病产生了神话。缪勒在早期语言的名词、动词研究基础上,将神话的生成归结为两类语言现象,即"多名同义"(synonymy)和"一名多义"(polyonymy),并通过这两种现象论证了神话中"多神"的形成。例如,缪勒认为所有印欧语系民族共用一个语言源头,当这些民族分散到世界各地,古代雅利安语言逐渐演变为多民族语言,神名的最初含义也被遗忘,后人不得不创造出许多故事进行解释,于是产生了神话。从该论点出发,缪勒集中对自然神话进行研究,对神话中的神名进行语言学的比较研究,并据此推断神话的意义。

然而,缪勒的自然学派观点及"语言疾病说"与民俗学人类学派的观点产生了重大分歧,对于神话中存在着的荒谬、难以解释的成分和非理性质素,以安德鲁·兰为代表的人类学家认为神话由理性与非理性两部分构成,这些不合伦理道德、具有野蛮行径的非理性成分是客观存在的,且与未开化的人的生活经验密切相关,很可能在他们的思维里是完全合理的普通认知。而缪勒将这些难以解释的神话因素都解释为语言的失常,认为它们一概是原初语义丢失后的隐喻性曲解。缪勒以词源学为依据的"语言疾病说"不足以解释原始的思维、信仰和日常生活经验,二者观点相左,安德鲁·兰也与缪勒进行了长达10多年的论战。直到1871年,英国人类学家爱德华·泰勒的《原始文化》出版,缪勒对于神话的语言学解释理论才遭到了强烈冲击。

（三）人类学派

19世纪后半叶,人类学家形成了若干具有影响力的派别,其中最早出现的是以达尔文进化论为理论原点的进化学派。由于进化学派出现时间早,神话理论较为完整,在它风靡欧洲时,人类学其他学派的神话理论尚未成熟和盛行。因此,欧洲以"人类学派"指称"进化学派",以区分此前出现的神话学派、语言学派等民俗研究流派。人类学派认为现代文明人是由野蛮人进化而来,两者并不是全无联系的,主张运用"取今以证古"的方法,通过研究现存的原始神话、信仰及风俗复原古代原始神话的样貌,从文化史的视角探究民俗的背景以及其中蕴涵的制度和观念。

爱德华·泰勒以进化论为理论基础,提出了"文化遗留物"研究法,将民俗(原始文化、仪式、习俗、信仰观念等)作为古代"遗留物"来研究,认为"遗留物"可以成为我们追溯世界发展过程的证据,旨在通过"遗留物"复现其所代表的原始文化,反过来再以原始文化理解民俗。

安德鲁·兰则是最早以民俗学的立场采用人类学派研究方法的人,他对泰勒的许多观点进行了进一步完善、发展,强调应该将文化遗留物与不断丰富起来的有关野蛮民族的大量同类资料进行比较,用思想、信仰、习俗来解释未开化民族的民俗文化,而不是像语言学派那样将其归因于自然现象和语言疾病,以此重构人类生活与文化的早期阶段。

民俗学人类学派对民俗学研究影响巨大,该学派于20世纪初被介绍至中国,被茅盾、鲁迅、周作人、钟敬文、郑振铎、赵景深等知识分子所接受,在理论和方法层面都为我国的民俗学研究打下了坚实的基础。

（四）心理学派

19世纪中叶以后，心理学得到了长足的进步和发展。在民俗学研究中，心理学上取得的进展为挖掘民俗背后蕴藏的人类心理起到了重要的助推作用，为民俗学研究开拓了广阔前景。具体而言，民俗学心理学派的理论主要由弗洛伊德的精神分析理论和荣格的分析心理理论构成。

奥地利心理学家和精神病医生西格蒙德·弗洛伊德在19世纪末20世纪初创立了精神分析学派。弗洛伊德认为人的意识可以分为三个层次：意识、无意识和前意识；人格结构可以分为本我、自我和超我。当弗洛伊德将理论运用至民俗学研究中时，弗氏认为"俄狄浦斯情结"是文艺和精神创造的内在驱动力，神话是人类被压抑本能冲动的象征性释放，并运用这种观点探求神话中蕴藏的潜意识欲望。

荣格是弗洛伊德的得意门生，后因与弗氏在理论主张上发生冲突，自立门户开创了分析心理学。荣格提出，"集体无意识"存在于整个人类社会之中，它是直觉的、反复的、先于文化的、潜藏在每个人内心深处的。荣格注意到，某些原始艺术、古代神话、部落传说中的意象反复地出现在许多不同的部落和民族中，并且这些意象往往在结构上具备相似之处。据此，荣格作出推断：相似或共同意象的背后揭示的是人类普遍的深层无意识心理结构，即"集体无意识"。

以荣格为代表的分析心理理论中的集体无意识理论与神话原型批评的成熟、发展有着密切关联。"原型"作为集体无意识的最重要表现形式和内容，由尚未经过意识加工的心理内容和被抑制、被遗忘的心理素材构成。荣格认为集体无意识是通过继承与遗传而来的，是由原型这种先存的形式所构成的。集体无意识理论在民俗学研究中被用以追寻民俗文化遗留物中反映的集体观念，探索集体创作背后的规律。

民俗学心理学派重视个体的精神活动，由人类心理活动的特征和规律分析民俗事象，但该学派也对民俗事象产生的现实土壤——物质生产和物质生活关注较少，缺少一定的科学实证和理性基础。

（五）历史地理学派（芬兰学派）

历史地理学派兴起于19世纪末20世纪初，在神话学派和流传学派的基础上发展而成，芬兰学者尤里乌斯·科隆、卡尔·科隆父子和安蒂·阿尔涅为该学派的创始人，故也称为"芬兰学派"。历史地理学派从地理视角出发，认为每一个民俗事象都是由一个地方传到另一个地方，有一个由简明到繁复的演化过程。该学派主张在民俗学研究中广泛、详尽地研究故事情节，从而确定故事的发祥地和传播路径；主张对散落在世界各地的类似情节或异文情节的民俗进行比较，结合大量的图表和地图，探究民间故事的"最初形态"和"最初国家"，厘清民间故事产生和流传的先后时序。

历史地理学派的研究目的为明确某一故事类型完整的生活史，该学派研究民俗事项的一般流程为：第一，搜集尽可能多的异文，按照地理分布进行排列整理，文献资料按编年顺序排列，口头文学资料按地理分布情况排列。第二，通过对文本的经验性辨析，从众多的异文中分解故事的基本特征，提取出作为最小叙事单元的母题或情节单元，并对故事的变体做出索引。第三，通过汇总、分析，建立故事的最初形式和发祥地。这一程序往往认为说法最多、最普遍的是民俗的最原初形态。再结合历史地理因素，将原型和异文进行比较，分析异文在不同时空背景下的变化情况，从而获得该故事类型的生活史。

历史地理学派对某个民俗事项（主要为民间文艺作品）的大量异文进行整合研究，有助于追寻某一故事的生活史。同时，该学派研究步骤明确、论证资料翔实、可实践性强，受到了众多民俗研究者的关注。但该学派也存在着一些局限，一是对故事异文的数量要求严苛，不满足所需材料的数量便无法还原故事的原型；二是认为世界各地的同类型故事都由一个原型演化而来，忽视了民俗平行、类同发展的可能性；三是过于注重故事形式，忽视了故事的审美价值和外部作用的影响。

（六）功能学派

马林诺夫斯基是功能学派的先驱和代表人物之一，20 世纪二三十年代，他在深入研究太平洋岛国土著文化和神话传说的社会功能的基础上，开创了兼容人类学派和社会学派的新学派——功能学派。马氏首先提出"文化整体论"，指出民族文化不是孤立和游离的，而是具有交互性和不可分割性，应将其作为一个整体进行研究。再次，功能学派认为一切文化和社会现象都在社会中发挥着作用，因而选择研究事物的"功能"和"意义"，强调文化功能的差异性质。例如，丧礼和其他有关生命现象的宗教仪式的社会功能在于维护神圣的文化传统，丧礼习俗能够条理化和神圣化具有生存欲望的积极冲动，有效抑制生者强烈、悲观、消极的情感冲动，从而防止其扰乱正常生活，瓦解社会组织，乃至动摇原始文化的物质基础。

马林诺夫斯基主张将功能学派理论方法作为整个原始文化研究的准则，有学者将其分析方法的基本特征进行如是概括："第一，功能分析方法首先是以经验主义的哲学观念为本的；第二，在此基础上，功能分析方法又是把原始宗教与巫术分别作为两种基本的文化要素，并将二者纳入整个原始文化活动之中加以考察的。"①功能学派对于民俗学研究的贡献在于：其一，推动完成了研究聚焦点从民俗起源到民俗功能的转向；其二，强调了在语境中研究民俗的重要性；其三，马氏对神话具有"神圣性"的论断已成为当今人们认识神话本质的共识；其四，主张人类学者生活在所研究的群体中，推动了民俗学田野调查的发展。同时，马氏的功能学派也存在着误区，如过于注重事实经验而走向"极端的经验主义"，缺失从历史维度的考察等等。

（七）结构主义学派

结构主义学派于 20 世纪 50 年代兴起，并于 20 世纪 60 年代盛行。该学派认为任何事物内部均存在由各种要素按规律组合而成的结构体系，倘若立足事物整体对其中的各项要素进行剖析，可以建立该事物的结构，找出贯穿其中的总法则，从而达到认识和把握该事物的目的。在民俗学研究中，结构主义的终极目的是发掘以神话文本为代表的民俗事象的普遍结构规则，进而探索人类思维的普遍逻辑。代表学者有列维-斯特劳斯。

列维-斯特劳斯关注民俗事象，注重对原始艺术、原始宗教、图腾崇拜、神话传说的研究，希望揭示其中反映的人类思维所遵循的普遍规则，找寻每一个神话文本的普遍结构和创造意义，即神话的深层结构。在其代表作《神话的结构研究》中，列维-斯特劳斯以结构分析的方法探讨神话背后的人类神话思维特征，归纳出"二元对立"的普遍结构模式，如上与下、左与右、天与地、水与陆等等。他认为"二元对立"是结构主义分析的核心，也是人类思维的普遍特征。

结构主义对于民俗学研究的贡献在于：其一，与功能学派相似，结构学派促进了研究聚焦点从民俗起源到民俗功能、心理和结构等问题的转向；其二，列维-斯特劳斯对神话普遍结构和转换规则的揭示使得神话研究由经验向理论过渡，推动了神话研究的发展；其三，结构主义神话学引导人们关注文本背后的深层结构与系统法则，扩大了民俗解读的空间。结构主义存在的局限则是"深层结构"被不少人指出是思辨性而非实证性的，一些观点较为主观化，缺乏具体的资料检

---

① 张志刚：《马林诺夫斯基的原始宗教》，《晋阳学刊》，1993 年第 1 期。

验、统一的操作规程,导致缺乏一定的说服力。

　　以上对于七种民俗学学派的基本观点进行了简要介绍,这些学派及研究方法在给民俗学研究带来丰富启迪的同时也具有自身的局限性,因为每一种学派都是基于各自的时代背景和意识形态影响产生和发展的,没有一种被公认完全正确的研究理论和方法。因此,在实际的民俗学研究中应当正视各学派的"优势"与"局限",兼收并蓄,灵活运用。

二、民俗研究的一般方法

　　进行民俗学研究时,可根据实际研究对象和研究角度择取合适的研究方法。就目前而言,较常用的民俗学研究方法大致可以归纳为田野调查、文献搜集与整理、分类法、比较法、统计法、表演理论(语境研究法)、综合法,现简略介绍如下。

(一) 田野调查

　　田野调查又称实地调查或现场研究,由英国功能学派的代表人物马林诺夫斯基奠定,是民俗资料搜集过程中最重要、最可靠、最有效的方法。在田野调查中,调查者深入被调查群众之中,与他们共同生活一段时间,通过直接交流和现场观察,了解、认识一个群体在生活方式、文化心理、民族意识等方面的集体习惯并取得第一手材料。英国学者奈吉尔·巴利曾两次前往非洲喀麦隆多瓦悠人村落进行田野调查,在其著作《天真的人类学家》中论述了多瓦悠人在婚姻、祭祀、典礼等方面的生产生活习俗,同时也客观地展示了研究者在调查过程中面临的灾难与疾病危机。

　　近年来,我国民俗学界发现本民族、本地域的民俗学者具备更高的参与性,能够更快、更深入地研究该民族、该地域的民俗文化。在这样的共识下,民俗学家安德明提出"家乡民俗学"的命题,鼓励研究者在生于斯、长于斯并且具有比较熟悉、稳定社会关系的"家乡"从事田野调查,他们处于家乡民俗的氛围中,能够更自然、深入地理解家乡民俗的文化背景。同时又可以跳出环境,以观察者的视角将"家乡"的人物、事象、地点对象化,进行客观的民俗学研究。

(二) 文献搜集与整理

　　文献搜集与整理是指借助语言、文字、训诂等手段,处理原始素材,研究古籍材料,追溯特定民俗事象的原始形态以及发展、传承的轨迹。古往今来对民俗事项的记录被囊括在历史学、地理学、哲学、宗教学、农学、文学等著作中,用文献学方法搜集这些丰富的民俗资料,作为对田野调查结果的印证和补充,在民俗学研究中同样起到不可忽视的作用。

湖南省江永县的女书习俗是一种由传者口唱,承者聆听并模仿再现的妇女专用文字符号,是世界上发现的唯一一种女性文字。要对该民俗进行研究,需要在田野调查的基础上,查阅、分析女书作品、女字汇编、女书学术论文集、女书专著等文献资料,以了解"女书"文字在数代传承中字音、字形、字义的演变,从而归纳其演进和沿革的规律。

一方面,研究者应当重视民俗文献资料,它们作为前人的记录和记载,具有不可替代的历史价值;另一方面,对于前人记录的民俗文献,研究者需要用科学的眼光和批判的视角加以取舍。一些文献资料道听途说、未经核实,或是掺杂着过多封建说教和文饰的成分,需要仔细鉴定、合理使用,方能为当下的民俗研究提供历史佐证。

(三) 分类法

民俗在内容和形式上往往大同小异,将琐碎的民俗资料分门别类是开展研究分析的第一步。在研究民俗中的民间文学时,常采用母题(主题)学方法。1924 年,胡适在研究民间歌谣时首先将其译为"母题"并运用。民间叙事文学作品按照共性的本旨分类,本旨即"母题"。

中国民间文学中广为人知的《牛郎织女》《毛衣女》《田螺姑娘》等故事,民俗学家将这些人类男子与异类女子的爱情故事归类为天鹅处女型故事,发现此类故事得以广泛创作并传播的原因是民间普遍存在的爱情幻想——人们期望像故事中的民间男子一样,虽原本或生活困顿,或孤苦伶仃,但某一日突然拥有艳遇,与异类女子发生奇妙的爱情故事。天鹅处女型故事在叙事模式上也具有共同的情节框架,"设禁—违禁—惩罚"为共通的母题,故事中的异类女子在脱衣沐浴、拔出羽毛时不能被他人看到,否则将无法回到自己的世界,这便是禁忌。异类化为人形后,身上具有一定的禁忌,倘若违禁(比如说破异类女子原型身份、让异类发现被藏匿起来的羽衣、皮、壳等)便会遭受惩罚,异类女子将重返她的世界,令人欣羡的婚姻也将走向悲剧结局。

其他类别的民俗事项也可以依据分类法进行归纳。例如在建筑民俗领域,中国古代的人造住房种类丰富多样,总体上依据类型可划分为五类:半穴居、井干式、石室、干栏式和竹木结构的草屋；民间歌谣也可以按内容和作用，划分为劳动歌、仪礼歌、生活歌、时政歌、情歌、儿歌六类。在实际研究中，孤立地看待某一民俗事项往往难以抓住其特征，但是如果采取分类法研究多个具有共性的民俗事项，不仅可以从宏观角度把握民俗的内部共性规律，还有助于认识不同地域和民族中民俗的互动、影响，了解民俗事象的传承与传播。

（四）比较法

在民俗学研究过程中会发现，同一个民俗事项在不同地域表现出巨大的差异，或者相隔遥远的两个地方拥有同一类型的民俗事项。产生这种现象的原因是什么，又具有什么研究意义呢？这就要求研究者运用比较法找出答案。

民俗学研究中的比较法将不同地区、民族乃至国别的民俗事象进行比较，从而挖掘它们之间横向和纵向的联系，把握产生、发展和演变的规律。比较法可大致分为历史比较法、类型比较法、区域比较法、控制比较法和交叉比较法等。通过民俗事象间的比较研究，有助于更好地把握地理、社会、生产、生活等方面的规律，极大地开阔了民俗学研究的视野。

（五）统计法

统计法关注于研究对象的数量，是一种技术性更强的计量方法，被广泛应用到各学科中。该研究方法在民俗学领域，可运用至统计某些民俗事项在不同地域出现的频率和数量，增强民俗研究、民俗判断的科学性和说服力。

民俗学家顾颉刚在做孟姜女故事研究时，运用地域分布图表的统计方式，从横向视角梳理孟姜女故事在山东、山西、陕西、湖北等地的发生与传播情况，使结果更加清晰明了，"只要画一地图，就立刻可以见出材料的贫乏，如安徽、江西、贵州、四川等省的材料便全没得到……"统计法助推顾先生得出结论：中国历代政治、文化中心的变迁，使同一个传说故事有多个传播的中心点。

在当代的民俗学研究中，适当运用统计法对已有资料进行排版、整合，对于民俗学学科水平的提高无疑是有利的。

（六）表演理论（语境研究法）

上述五种方法是以民俗事项为中心的研究范式，表演理论则将民俗学研究定位于现实生活世界，关注民俗在一定时空范围内的文化传承与文化变异。20

世纪 60 年代末 70 年代初,美国民俗学界对民俗学的理论和方法进行了反思,力图寻得新的学术研究视角和方法,表演理论在此背景下产生,逐渐成为美国民俗学关注的焦点。20 世纪末 21 世纪初,表演理论开始引起中国民俗学者的关注,运用该方法研究中国的神话、民间传说、民间歌谣、民间节日等等。表演理论聚焦口头民俗的言说方式与交流模式,关注口头艺术文本在特定语境中的动态形成过程和实际应用。

辽宁省的民俗传承人谭振山集表演与创作于一身,在讲述民间故事时遵循"三不讲"的原则,即女性在场不讲"荤"故事,小孩在场不讲鬼故事(如情节需要,点到为止),听众多的场合不讲思想意识不好的故事,专讲有道德训诫作用的故事。

可见,表演者与听众的交流形式是双向的,听众对民俗表演者的表演有着重要影响,在不同场合下会使表演者改变表演内容与形式。有经验和创造性的表演者能够有效地利用文化资源,与听众交流、互动,根据聆听者的反馈进行叙述形式的调整,使文本不断变异。表演理论是当代世界民俗学研究中最具影响力和活力的方法之一,将表演中的、过程中的民俗作为中心,民俗不再是历史的遗留物,而以一种动态生成的崭新面貌重新出现在民众的视野中。

(七) 综合法

以上介绍了一些民俗学研究的常用方法,实际研究过程中往往采取的不是孤立、单一的研究方法,而是很多研究方法的结合。如在研究民间戏曲昆曲的教育模式时,需要综合运用多种研究方法,如采用文献学方法查阅、检索、分析有关戏曲教育、昆曲传承类论文、书籍及会议资料等,对新中国成立以后的昆曲传承情况进行系统梳理;采用语境分析法走访昆曲传承人、昆曲研究者和昆曲教授者,细致调研等。在真正的研究过程中,综合运用诸法,更有助于全面、高效、准确地做好民俗研究,从而保护好、传承好、利用好民俗文化资源。

第二节　传播学研究方法

一、民俗传播理论

美国学者爱德华·霍尔《无声的语言》一书明确提出:"文化即是交流。"[①]作

---

① 爱德华·霍尔:《无声的语言》,何道宽译,北京大学出版社,2010 年,第 75 页。

为一种文化,民俗同样具有交流性和传播性。钟敬文主编的《民俗学概论》一书认为,民俗起源于人类社会群体生活的需要,在特定的民族、时代和地域中不断形成、扩布和演变,是人民大众创造、享用和传承的生活文化。既包括农村民俗,也包括城镇和都市民俗;既包括古代民俗传统,也包括新产生的民俗现象;既包括以口语传承的民间文学,也包括以物质形式、行为和心理等方式传承的物质、精神及社会组织等民俗,①内容十分丰富。在民俗产生、发展的历史过程中,民俗的传承和传播是民俗的重要特点。

为了更好地理解民俗传播问题,我们不妨先来看看民间文学的传承与传播。在印刷术出现之前,民间文学主要依赖口耳相传。祖父母辈、父母辈会把当地的民歌、民谣、儿歌、故事、谚语、俗语、谜语等传给自己的儿孙辈,代代相传,蔚为壮观。政府也会派专人或者设立专门机构进行采集,这类采风活动历史悠久,始于春秋时期,直至当代,成果丰富。早期的民间文学采集活动旨在满足各级政府官员观民情、化民俗、理国政的治国之需,当然,也在无意间积累了丰富的民间文学资源,有益于民俗文化的传承。

除了官方的采集,不乏文人、学者的收集与整理。文人、学者采集当代或历代民间文学作品,大多是出于个人喜爱和研究之需,经过系统采集、编辑、整理,大多流传于后世。采录、汇编历代民歌的,如郭茂倩的《乐府诗集》,杨慎的《古今风谣》《古今谚》,杜文澜的《古谣谚》等。采录、汇编当代民歌的,如冯梦龙选辑的《挂枝儿》《山歌》,郭自德、王廷昭选编的《万花小曲》《霓裳续谱》,郑旭旦的《天籁集》,悟痴生的《广天籁集》,范寅的《越谚》等。

当代民间文学采集,则由文化教育部门牵头组织,集中了相关领域的专家学者,广泛搜罗,规模更加宏大,既深入各地、各民族,也覆盖全国。地方性的,如《西南采风录》《广西特种部族歌谣集》《花儿集》《陕北民歌选》《信天游》《爬山歌》等。全国性的,如《中国民歌选》《中国民间歌曲集成》《中国民间故事集成》《中国歌谣集成》《中国谚语集成》等。②

从民俗的一脉——民间文学的传承与传播现象当中,我们就能感受到民俗传播的重要价值和辉煌成就。正是这些丰富多样的民俗传播实践,引发了学者关于民俗传播的理论思考和学术研究。乌丙安认为,民俗学不仅要研究传播的

---

① 钟敬文主编:《民俗学概论》(第二版),高等教育出版社,2010年,第3—5页。
② 钟敬文主编:《民俗学概论》(第二版),高等教育出版社,2010年,第209—210页。

内容——民俗符号的内容与形式，而且还要研究传播活动本身。在没有大众传播媒介的传统习俗环境中，人们是如何自发地传送并接受民俗信息的，这是民俗学理应关注的问题。当下，民俗信息传播的传统形式正在与大众传播形式形成了全面碰撞和微妙的重整嫁接，必然引起民俗学的密切注视。[①] 乌丙安的判断，抓住了民俗传播问题的核心问题与当下的传播现象。

乌丙安曾梳理过欧美文化传播的理论流派。借助乌丙安的梳理成果，我们可以从宏观上把握文化传播的理论图景，进而帮助我们理解民俗传播的理论渊源。19 世纪末，文化进化主义发展到顶峰，同时也暴露出它的缺点，遭到文化传播主义的批判。文化传播论者反对文化进化论主张的文化独立平行发展的进化范式。他们十分重视各文化之间的历史关系，着重研究这些文化之间的联系、交流和传播的历史事实。进化论者把文化的普遍进化视为文化发展基本原理，传播论者主张人类文化的差异源自历史上的文化接触与文化传播。

其实，"传播"概念不是来源于历史文化研究领域。较早使用这个概念的是物理学、化学以及生物学等学科的研究者。在文化研究领域，泰勒 1871 年出版的《原始文化》开始关注文化传播问题。泰勒在倡导文化进化论的同时，也关注到文化传播问题。他论述了文化从一个文化中心传播开来的文化传播现象。从此，传播概念开始进入文化研究和人类学研究视野。传播论者把文化元素从一个社会传到另一个社会的流布过程，叫作传播。此后，传播慢慢成为人类学、文化学研究的一个关键词和核心概念。

欧美文化传播论主要分为三个学派：第一个是提出"文化圈""文化层"主张的维也纳学派，代表学者有拉采尔、弗罗贝纽斯、格雷布纳、施米特等人，他们借助地理分布研究方法，提出"文化圈""文化层"等理论观点。这些理论将在阐述"文化圈"理论时予以详述。

第二个是英国曼彻斯特学派，代表学者是里弗斯、史密斯、佩里等人。他们认为，古埃及是人类文明和全部文化的发祥地，人类社会所有文化都是从尼罗河流域的埃及文化传播而来的。所以，这一观点被称为"泛埃及主义"或"超传播主义"传播论。显然，这一学派过分强调了传播的作用，并将世界文化起源归结为古代埃及文化，忽视了各地、各民族自身的文化创造与传承。

第三个是诞生于美国的"历史批评学派"。19 世纪末到 20 世纪初，美国产

---

① 　乌丙安：《民俗学原理》，长春出版社，2014 年，第 234—235 页。

生了一种既不赞成"直线进化论"、也不赞成"单一起源全面传播论"的理论流派，被称为"历史批评学派"或"历史具体主义学派"。代表人物是"美国现代人类学之父"弗兰茨·博厄斯，此外还有他的追随者、弟子威斯勒等人。他们倡导"文化相对论"，批判西方文化中心论，强调一切民族文化都有其独创性与文化价值。他们提出"年代—区域"假说，设想文化特质具有从发源地向四周流布、扩散的传播倾向，并提出从中心扩散、流传的文化特质分布范围越广，文化年代就越久远的学术判断。[①]

结合上述分析，我们选取中外学者若干民俗传播理论观点和核心概念进行具体的阐述。

（一）民俗具有时间上的传承性与空间上的扩布性

据乌丙安介绍，国内把"传承性"确定为民俗的一个基本特征，始于 20 世纪 70 年代末。钟敬文主编的《民间文学概论》在概括民间文学基本特征时，首次使用了"传承性"这个概念，与"集体性""口头性""变异性"相并列，构成民间文学的四个基本特征。钟先生这本民间文学教材出版于 1980 年，改变了国内学界对于民俗文化的认识。此后，"传承性"观点被国内民俗学论著、教材所采纳。[②]

钟敬文主编的《民俗学概论》一书在概括民俗基本特征时，提出民俗具有集体性、稳定性与变异性、类型性、规范性和服务性的基本特征。其中，"民俗的传承性和扩布性"被列为第二条，是民俗的重要特征。何为民俗的传承性与扩布性？传承与扩布的主要区别是传播向度的区别，传承性侧重时间向度的传播，扩布性侧重空间向度的传播。

具体说来，民俗的传承性，是指民俗文化在时间发展上的连续性，即历时的纵向延续性。民俗的扩布性，则指民俗文化在空间伸展上的蔓延性，也是指民俗文化的横向传播过程。民俗的传承性和扩布性，使民俗文化的传承成为一种时空文化连续体。[③]

民俗的传承，是由社会文化功能决定的。传承维持着社会文化的连续性和稳定性，发挥着教化的职能。每个人的文化成长，都离不开民俗的教化和熏陶。即使是当下社会，家庭、社区、学校、媒体和众多的民间组织仍肩负着民俗传承的

---

① 乌丙安：《民俗学原理》，长春出版社，2014 年，第 243—260 页。
② 乌丙安：《民俗学原理》，长春出版社，2014 年，第 235 页。
③ 钟敬文主编：《民俗学概论》（第二版），高等教育出版社，2010 年，第 12 页。

责任,发挥着民俗传承的作用。从孩童到成人,人们都会有意无意、自觉不自觉地从家庭、学校、媒体等各种渠道继承民俗方面的知识与文化、行为规范和心理特质。不知不觉中,民俗得以传承,文化得以维系,社会得以发展。民俗的传承,既满足了个体成长的需求,也促进了社会文化的稳定发展。就这样,通过民俗传承,一代一代,民族绵延不断,文化薪火相传。

民俗的扩布,是指民俗文化在空间上的伸展。传承是自上而下,从古至今的;扩布则是前后左右的空间流动。[①] 我们经常看到这样的民俗传播现象,一种民俗在一个民族、一个地区形成,经历了一段时间的完善之后,它的功能和价值充分显现出来,不仅为该民族、该地区的民众所接受,而且开始向其他民族和地区渗透。这种民俗扩布现象随处可见。

纵向的传承和横向的扩布相结合,就会推动民俗文化绵延久远,占有辽阔的空间,形成相互影响、多元并存、融合发展的生动传播局面。当然,这种纵横交织的传播格局没有统一的模式,其间具体情况千差万别。

第一,不同民俗的传播力、影响力各不相同。那些发生时间比较早、社会功能比较广泛的民俗,扩布的地域和民族也相对广大;那些发生时间比较晚、脱离一般民众生活实际的民俗,扩布的地域和民族就会狭小得多。

第二,民俗传播方式各有不同。民俗传播方式多种多样,无论是个人还是群体,都可以将本族本地的民俗传给自己的后人,也可以将其带往异乡,传播到异地异乡、异国异族。整体来看,民俗传播可以划分为和平时期渐进式传播与灾难、瘟疫、战争等时期的突变式传播两种情形。和平时期渐进式传播是在和平环境中自然进行的,在各民族、各地区民众彼此往来中,伴随式发生影响。人们通过比较、选择、取舍、改造、借用等方式,吸收对方民俗文化的优秀部分,融入各自民俗文化当中。这样,外地、外族的民俗,就会渐进式融入本地、本族原有的民俗文化传统中,新民俗得到有效传播。灾难、瘟疫、战争等时期的突变式传播不同于渐进式传播,灾难、瘟疫、战争等事件,具有突发性,往往会带来巨大的社会文化突变、冲突和震荡,人们不得不放弃、中断、改变原有的民俗。这些突发事件也会导致人口锐减或迁徙,迫使人们背井离乡,把本地、本族民俗文化带到其他地区和族群,迁徙、移居的过程也会产生民俗的变化。

第三,民俗传播具有时空交织的特点。从民俗传播的趋势看,既可以从当下

①　钟敬文主编:《民俗学概论》(第二版),高等教育出版社,2010年,第13页。

追溯到远古,逆向回溯不同民俗文化的同根同源性。也可以从古到今,推而广之,探究同一民俗文化发展的地域性、民族性、差异性和多样性。民俗传播时空纵横交织的特点,与民俗发展同源性与差异性互为表里,能够为我们观察民俗发展、民俗传播现象确立一个纵横交织的时空坐标轴。这对于深入探讨民俗的起源与发展、传播与流变,具有重要的价值与意义。

（二）没有传播就没有民俗,民俗在传播中形成,民俗在传播中发展

仲富兰在《民俗传播论》一书中,提出了"没有传播就没有民俗"的学术观点,值得我们重视。仲教授认为,民俗与传播是互为一体的,如同一枚钱币的两面。从本质上讲,民俗是传播的文化,传播是民俗扩展流行的保障与载体。没有民俗的传播和没有传播的民俗都是不可思议的。历史地看,民俗的形成和发展受到传播的影响。传播促成民俗文化的整合、增殖、积淀、分层与变迁。反过来,民俗对传播也有着十分重要的影响,民俗赋予传播丰富的文化意义。传播活动,从古至今都是人类社会发展的伴生物。从口语到文字,从动作到符号,人类传播行为与民俗活动如影相随。上古社会,人自身就是民俗传播最好的媒介。铁器时代,发明了印刷媒体;电气时代,出现了光电媒体(广播和影视);数字化时代,诞生了无孔不入的互联网。传播与民俗共同发展的互动历史表明：文化与传播在很大程度上是同质同构、互融互渗的。从这个意义上,仲富兰提出没有传播就没有民俗。[①]

庹继光、刘海贵认为,民俗形成的过程本质上是民俗的传播过程。"集体遵从、反复演示、不断实行"是民俗形成的核心特征。民俗传播缺乏单一信息来源、固定传播者、明显传播效果等一般信息传播活动的必备要素,具有相对固定的信源、程式化处理、集体认同、信息变异等传播要素,最终成为一个民族文化符号。民俗,对内成为族群成员的"集体记忆",对外则成为彰显民族特征的重要标志。[②] 显然,民俗传播不是大众媒体式的单向度传播,而是民众群体性、多向度、跨时空的复杂传播。民俗与人俱来,与族相连,与传播相伴而行,它是人类永恒的伴生物。在庹继光、刘海贵的研究基础上,仲富兰进一步提出"民俗在传播中形成"的学术观点。

---

① 仲富兰：《民俗传播论》,复旦大学出版社,2015年,第12页。
② 庹继光、刘海贵：《民俗传播要素简论》,《新闻大学》,2012年第4期。

民俗在传播中形成,也在传播中发展。正是因为生生不息的传播活动,让民俗成为人类发展的重要文化酵素,成为不同族群的集体记忆和文化积淀,也成为不同族群的文化表征与文化形象,而不是一些停留在发黄纸张上的陈年旧事,一堆没有生命的陈芝麻、烂谷子。因此,我们可以在前辈学人的观点上,稍加拓展发挥,明确提出"民俗在传播中发展"这一观点,作为上述观点的有益补充。

仲富兰在"没有传播就没有民俗""民俗在传播中形成"等核心观点基础上,创建了颇有价值的民俗传播理论体系。具体章节内容参见表1。

表1　仲富兰《民俗传播论》内容

章　节	章　标　题	节　标　题
绪论	文化视野下的民俗传播研究	
第一章	民俗传播要素与环境分析	1. 民俗与传播的交叉研究 2. 民俗传播的要素分析 3. 民俗传播研究的生态环境
第二章	民俗传播与符号理论	1. 符号理论的学术史梳理 2. 符号理论对民俗传播的建构意义 3. 符号——信息传达的意义载体 4. 符号传播与民俗传承
第三章	民俗传播:表征与意蕴	1. 象征:民俗表征的独特结构 2. 谐音:民俗传播的会意表征 3. 神话:民俗传说的历史意蕴
第四章	传播仪式与传播形态	1. 仪式:传播中的时空节点 2. 史前民俗符号的传播形态 3. 传播三态:本真态·再生态·新生态
第五章	民俗传播的机制分析	1. 传播机制的三个要素 2. 民俗媒介的传播机制 3. 民俗传播的载体与组织
第六章	传播语境与信息扩散	1. 传播的语境、情景与口碑 2. 色彩斑斓的传播流向 3. 力度受制的传播流程
第七章	民俗信息的语言编码	1. 芸芸众生的传播"编码" 2. 信息编码的意义表达 3. 编码的语言载体

章　节	章　标　题	节　标　题
第八章	民俗信息与非语言传播	1. 非语言传播的特殊符号 2. 非语言传播的媒介形态 3. 地缘特征、人口流动与非语言传播
第九章	社会记忆与心理结构	1. 考察社会记忆的传播特点 2. 传播过程中的主体心理结构 3. 主体心理积淀与社会记忆

（三）文化圈、民间传说圈、民俗文化发生圈与民俗文化影响圈

文化传播领域"文化圈"理论与研究方法的开创和发展，离不开从拉采尔到施米特等学者的不懈探索。德国人文地理学家、人类学家弗里德里希·拉采尔在调查非洲弓箭历史时，发现某些类似的文化形态竟然存在于相隔很远的地区，令人困惑和不解。拉采尔进一步研究发现，发生关联现象的不只是弓箭，很多文化要素都有可能发生关联。如生产技术、使用器具、衣食住行、社会组织、婚姻丧葬、信仰禁忌、神话故事、艺术娱乐等，几乎涵盖人类生活的全部文化要素。正是这种文化发生上的关联性和类似性形成了一个个的"文化圈"。拉采尔把这种民族文化发生上的历史关联性现象，命名为"文化圈"。而且，两个地区、民族之间关联、类似的文化要素越多，两者之间的历史与文化关联度就越高。它是一种文化不断被其他地区或民族借用和引入，从一个中心向其他地区、其他民族扩散的结果。拉采尔还运用"地理方法"，考察各种文化要素的分布情况，把它绘制成分布地图，并以此为根据调研、推定它们的传播路线。① 通过对拉采尔"文化圈"理论的梳理，我们可以领略和感受到这种理论的风采与特色。

借用文化圈理论和方法，乌丙安认为，中国文化的农耕文化圈、畜牧文化圈和狩猎采集文化圈有着丰富的关联与明显的分野。农耕文化圈中，中国区域性农耕文化圈的分野一直存在。北方以旱地种植为标志的麦黍文化圈与南方以水田种植为标志的稻作文化圈，既有融合，又保持着相对独立。南方以方言圈为标记的吴语文化圈和粤语文化圈都有相对独立的文化形态和文化范畴。北方，农牧、农猎、牧猎的多民族杂居的混合文化圈，呈现出多彩多姿的文化形态。华北

---

① 乌丙安：《非物质文化遗产保护中文化圈理论的应用》，《江西社会科学》，2005 年第 1 期。

平原、松辽平原、黄土高原农耕文化诸多元素的移动，十分丰富多样。历史上多次大规模的民族迁徙和移民潮，使中国农耕文化经过相互接触、彼此融合，发展成为不同历史阶段文化圈的变迁。在现存的民族、民间文化遗产中，明显可以看到横向空间并存的文化圈差异。在这些差异中，我们找到了纵向历史发展不同阶段的文化差异。① 借助文化传播理论、文化圈视角与方法，可以更加具体地发掘文化的扩散传播、接触关联、差异分野、借用融合等错综复杂的生动图景，立体呈现文化发生、发展、变迁的历史面貌。

在中国民俗文化中，中国四大民间传说——《牛郎织女》《孟姜女》《梁山伯和祝英台》《白蛇传》家喻户晓，构成了中国民俗文化含量最为丰厚的口头遗产。它们传播范围广，影响深远。在悠久的传播历程中，这四个民间传说形成了各自的"民间传说圈"。乌丙安在考察《孟姜女》传播历史的基础上，认为孟姜女口头遗产在中国已经构成了一个很大的"民间传说圈"。在孟姜女传统民间文化活动集中的地区，即以孟姜女口头传承为文化圈的活动空间里，人们不停地用多种形式重复展演和弘扬孟姜女的文化遗存。全国孟姜女口头遗产研究人员，根据当地流传的丰富口传遗产、翔实的史料线索和城乡社区人文景观遗迹，测查和认定了两千多年间孟姜女口头遗产在山东淄博、湖南津市、河北秦皇岛的传播轨迹与特点，比较全面地摸清了孟姜女口头遗产在全国的家底，充分评估它在民俗文化史、民间文艺史、社会生活史以至思想史等诸多方面的价值。乌丙安认为，孟姜女的故事是"对于苦难世界的一种悲壮的抗议"，它充分展现了"无情世界中真善美的感情"。它感动天地的文化震撼力、传播力与影响力，既是中华文化的精神财富，也是全人类的宝贵文化遗产。②

田兆元通过大量的文献比较，发现中国古代"四大美人"之中，王昭君不仅仅是一个普通的美人，文化价值要远远高于西施、貂蝉和杨贵妃，并建议"建立一个王昭君文化圈"。可以考虑从湖北宜昌王昭君出生，到陕西关中王昭君入宫，到山西、内蒙古出塞，形成一个昭君出塞的文化路线图、文化发生圈。除了实际的昭君出塞的文化圈，还有一个昭君影响的文化圈。昭君出塞文化圈相对比较容易画出来，昭君影响文化圈比较难清晰、完整地画出来。需要扎实的田野调查，搜集昭君信仰的有关资料，了解国内外哪些地方供奉昭君娘娘，摸清这个家底，

---

① 乌丙安：《非物质文化遗产保护中文化圈理论的应用》，《江西社会科学》，2005 年第 1 期。
② 乌丙安：《〈孟姜女传说〉口头遗产及其文化空间》，《民俗研究》，2009 年第 3 期。

基本上就可以把昭君影响文化圈勾画出来。[①]

(四) 民俗文化空间是民俗文化传播的独特场所

"文化空间"或"文化场所"是联合国教科文组织在保护非物质文化遗产时使用的一个专有名词。《联合国教科文组织宣布人类口头和非物质遗产代表作申报书编写指南》"口头和物质遗产的种类"一节中明确写道:"宣布人类口头和非物质遗产代表作针对的是非物质文化遗产的两种表现形式。具体而言,一种表现于有规可循的文化表现形式,如音乐或戏剧表演,传统习俗或各类节庆仪式;另一种表现于一种文化空间,这种空间可确定为民间和传统文化活动的集中地域,但也可确定为具有周期性或事件性的特定时间;这种具有时间和实体的空间之所以能存在,是因为它是文化现象的传统表现场所。"[②]

在理解"文化空间"概念时,既不能拘泥于联合国教科文组织官方文件中的定义,也不能无限扩大,遍地开花。最重要的是把握内容要旨,通俗地说,"凡是按照民间约定俗成的古老习惯确定的时间和固定的场所举行传统的大型综合性的民族、民间文化活动,就是非物质文化遗产的文化空间形式"。[③] 有了这样的理解,遍布我国各地、各民族的传统节庆活动、庙会、歌会、歌圩、集市等,都是最典型的具有各民族特色的文化空间。

据乌丙安的统计和研究,在世界和国内非物质文化遗产代表作中,我国文学艺术类的文化表现形式非遗数量多、占比高,文化空间类非遗项目数量少、占比低,两种类型严重失衡,不符合中国传统民俗文化遗产的真实国情,也反映出国内偏向艺术遗产保护而在一定程度上忽视或轻视民俗文化遗产保护的倾向。因此,乌丙安呼吁,应该将民俗文化空间作为中国非物质文化遗产保护的重中之重,尤其是与广大群众文化生活紧密相关的节日文化和庙会文化。[④]

乌丙安认为,在已经批准成为世界非物质文化遗产代表作的项目中,以下两种文化空间形式值得国内确认、申报文化空间项目时参考、借鉴。[⑤]

---

① 田兆元:《昭君文化的传播力与影响力的初步考察》,《三峡论坛》,2009 年 11—12 月合刊。
② 转引自向云驹:《论"文化空间"》,《中央民族大学学报》(哲学社会科学版),2008 年第 3 期。
③ 乌丙安:《民俗文化空间:中国非物质文化遗产保护的重中之重》,《民间文化论坛》,2007 年第 1 期。
④ 乌丙安:《民俗文化空间:中国非物质文化遗产保护的重中之重》,《民间文化论坛》,2007 年第 1 期。
⑤ 乌丙安:《民俗文化空间:中国非物质文化遗产保护的重中之重》,《民间文化论坛》,2007 年第 1 期。

一种是多米尼加共和国孔果圣灵兄弟会文化空间、爱沙尼亚基努文化空间、俄罗斯塞梅斯基文化空间、乌兹别克斯坦博逊地区文化空间、几内亚尼雅嘎索拉索索·巴拉"文化空间"。它们的共同特点是在一个相对独特的地区，有一个文化传承群体，用他们的信仰和独有的合唱、舞蹈、演奏庆祝宗教节日，这些歌舞、音乐、宗教活动形成了一个完整、独特的民俗文化生产、传播空间。例如，爱沙尼亚基努文化空间非遗项目位于波罗的海的基努和曼尼贾等小岛上。岛上居民叫基努人，约 600 人。基努人男子出海捕鱼，女子种地、操持家务，女子也是基努文化的主要传承者。她们经常一起传唱民间歌谣，穿戴的羊毛手工服饰色彩绚丽，有着悠久动人的传说。基努文化空间的特色还表现在文化与自然的并存上，两座小岛风景独特，草地、松林、海滩、沙滩，景色如画。[①]

另一种文化空间类型是摩洛哥吉马·埃尔-弗纳广场文化空间。这是一个古老的国际游客活动空间，从 11 世纪起，这里就是远近闻名的游乐胜地，每天清晨到午夜，各国游客欣赏这里的音乐、舞蹈、杂耍、故事，形成了典型的游乐性广场文化空间。

（五）贸易之路与民俗文化传播之路

叶舒宪经过大量的实地考察和文献考证，认为从历史发展看，玉路是丝路的前身，离开对玉与丝交换现象的理解，丝路问题无法得到阐明。"丝路"中国段之所以成为"路"，是因为先有和田玉东输中原，出于运送玉石的需要，拉动西域良马向东输送，"玉路"同时成为"马路"，玉帛交换和绢马贸易持续数千年，也奠定了西佛东输的"佛路"。这条"佛路"体现在佛教寺自西向东的延伸上。从喀什到于阗、龟兹（克孜尔石窟），再到敦煌（莫高窟）、张掖（马蹄寺）、武威（天梯山）、永靖（炳灵寺）、天水（麦积山）、大同（云冈石窟）和洛阳（龙门石窟），一路向东。佛教石窟寺建筑与佛陀塑像的渐次向东传播，其路径居然和一千年以前周穆王西游中亚的路线惊人的一致。这就是如今仍清晰可辨的"丝路"中国段所发生的文化传播多米诺效应。佛教沿着玉石之路传入中原，丰富了中国文化的神话性想象成分，如三千大千世界、天堂和地狱等。佛教与本土的玉石信仰和天马神话相互融合，沿着玉石东来与丝绸西去之路径，造就出华夏文明有关"西天"与"西游"的想象世界。

---

① 向云驹：《论"文化空间"》，《中央民族大学学报》（哲学社会科学版），2008 年第 3 期。

简而言之,所谓丝路,玉石在先,马匹紧随其后,佛教和佛像又在马匹之后。丝绸即帛,是交换玉石和马匹的筹码。这四种物质是一种原生和派生的逻辑关联,或者说是一种因果关系。没有西玉东输的强烈需求,就不会有作为运输工具的马和骆驼伴随着玉石一起向东的旅程,也不会有大规模的东帛西输的现象。同样,没有玉石东进中原的黄河河套路线,也就不会有佛教石窟寺的东向传播——沿着河西走廊直到晋北大同盆地。美玉向东去,蚕丝自东来,这才碰撞出一条"玉帛"交汇的文化通道。①

叶舒宪通过多重证据的深入考察,还原了中国段丝绸之路的物资贸易和文化传播的历史图景。其实,不只是这一条和平繁盛的"玉帛之路"如此,所有的类似的交通之路、贸易之路,也都是民俗文化传播之路。

因此,从民俗文化传播角度看,绵延千百年的茶马古道、陆上丝绸之路、海上丝绸之路、古代四通八达的邮驿之路,南来北往的京杭大运河,横贯祖国大陆的长江、黄河,既是一条条交通之路、贸易之路,也是一条条信息传递之路、文化发展之路、民俗传播之路。当下,中国政府倡导"一带一路"建设,它贯穿欧亚非大陆,横跨太平洋、印度洋,既是合作之路、和平之路、发展之路,也是文明之路、文化之路、传播之路。

（六）民间故事、民俗文化资源在国际中文教育中的"文化误读"

在国际中文教育中采用民俗文化内容,汲取民间文化资源助益国际中文教育,在文化传播视域中,其实质是跨文化传播行为。只不过这种跨文化传播行为不是发生在一般的社交领域,而是发生在国际中文教育的课堂或教学场景之中。在实际的跨文化传播实践中,因为语言、文化、认知心理等方面的差异性,发生"文化误读"现象十分常见。因为"教育深植于文化中,我们对于教育过程的期待也是文化的一部分",所以,"课堂上的许多传播行为可能会被来自不同文化背景的人误解"。② 这也是我们在"民俗文化与国际中文教育"的教学实践与研究中特别需要留心和注意的基本问题。从另外一个角度看,只有较好地解决了"文化误读"问题,才能比较完整地理解所学文本、相关文化活动、文化符号的原意,了解所学文化在原来文化脉络、文化语境中的真实意义。只有这样,才能实现增强

---

① 叶舒宪:《玉、马、佛、丝——丝路中国段文化传播多米诺效应》,《人文杂志》,2016 年第 9 期。
② 朱迪丝·N.马丁,托马斯·K.那卡雅玛:《跨文化传播》(第 5 版),陈一鸣、刘巍巍译,清华大学出版社,2019 年,第 345 页。

跨文化传播敏感、减少跨文化分歧、增强跨文化沟通能力、减少跨文化理解障碍的目的。从另外一个角度看，通过对方的"文化误读"，可以反观自身的文化特质，增强文化理解的深度，意识到自身文化传统的偏向。

　　什么是跨文化传播、跨文化交际中的"文化误读"呢？文化误读是基于己方的社会规范、观念体系、思维方式等对另一种文化产生的偏离事实的理解和评价。文化误读源于文化差异，受制于社会历史条件、文化交往能力以及语言水平、知识结构等因素，也常常因为服务于解释者的某种利益需要，具有浓厚的政治和意识形态色彩——这种误读通常比较稳定，也往往会形成误导，直接导致偏见、歧视甚至敌意的产生。在跨文化交往中，任何一个交往主体都难以完全脱离自身的文化框架。因此，文化差异导致误读难以避免。在一定程度上，文化误读也有丰富和扩展文化理解范畴的价值，文化误读常常能够补充新的解读，或是揭示某些潜在的、原本不易察觉的一些文化特征。[①]

　　在实际的国际中文教育中，这种案例屡见不鲜。例如，生活民俗中衣食住行的风俗习惯，仪式性民俗中传统节日文化、生老病死的礼仪，民间文学、艺术形象与内涵，我国文化中数字、色彩的象征意义等等，在国际中文教育中都有可能产生种种文化误读。再如，我国民间文化里有不少讽刺故事，如自相矛盾、刻舟求剑、画蛇添足、掩耳盗铃、杯弓蛇影、滥竽充数、叶公好龙、杞人忧天等。在中国文化语境中，学习这些故事，是让读者汲取经验教训，避免犯下类似的错误，目的是增加人们的智慧。这些故事也经常被不同版本的国际中文教育教材采用，而且出现的频率还比较高。外国学生反复接触这类故事，容易让他们产生中国古人可能比较愚笨的错觉。[②] 这些情况，都是国际中文教育中的文化误读现象。

　　蔡真妮在美国教十二三岁的初中生学中文时，也发生了这样的文化误读现象。她用的教材是暨南大学为外国学生学习中文编写的一套课本。一个星期天，学到其中一篇课文《阿凡提借锅》。故事说的是阿凡提到地主家借锅，还的时候锅上还放了一口小锅，地主就问："你只借了一个锅，怎么还回来了两个呢？"阿凡提回答借去的这口锅在他家生了一个小锅，所以一起还回来了。地主很高兴地收下了，告诉他以后想用锅就来借。很快，阿凡提将地主家最大的那口锅借走了，然后一直都没有还。地主去要，阿凡提说，那口锅死了。地主很生气地问：

　　① 孙英春：《跨文化传播学》，北京大学出版社，2015年，第165—166页。
　　② 胡占斌：《汉语国际推广中民间故事传说类文化内容之教学研究》，暨南大学硕士学位论文，2013年5月。

"锅怎么会死呢?"阿凡提回答:"锅都可以生孩子,怎么就不会死呢?"地主很生气,但是拿他没有办法。读完了课文,蔡真妮和孩子们讨论这个故事。美国学生认为阿凡提是个狡诈、愚蠢、不讲信用的人,颠覆了人们对于阿凡提的印象和认知。

课后教学反思中,蔡真妮想到阿凡提的故事实际上是有背景的,那个地主向来自私贪婪,对雇工苛刻,穷人都对他敢怒不敢言,只有阿凡提能对付得了他,经常让他吃个亏、出个丑,为穷人出气。美国文化中长大的孩子认为欺骗、撒谎、没有信用是让人唾弃的行为,这是他们的文化背景。在不提供背景材料的情况下,单纯从一个故事出发,外国孩子的确很难理解阿凡提所作所为的文化意义。①

这则教学反思也从侧面提示我们,在国际中文教育中,采纳民俗文化、民间故事等教学资源、教学内容时,需要提供相应的文化背景、文化语境,或许,这样才能减少文化误读,增加文化理解的本真性与完整性。恰如罗兰德·萨雷所说:"在跨文化情境中,有效的传播需要系统地弥合分歧,需要文化自觉性以及对另一种文化的了解。"②否则,所谓的跨文化还只是局限于原本的己方文化,用自己的文化认知框架解读另外的文化,或局限于文化刻板印象,或沉陷于文化偏见,或遮蔽于文化优越感,还没有真正地跨出去、跨过去。

真正的跨越,需要换位体验,需要文化移情。"移情是跨文化交流的基础","通过移情,我们愿意去想象着把自己置身于我们并不熟悉的其他文化世界,并去感受他们的感受"。移情意识和移情能力可以有意识地培养,一般来说,当人们还年轻的时候,这种想象和再现的能力还非常有限,但随着年龄的增长和阅历的增加,我们的同情感、理解和响应性都会有所提高。③ 经过这样的历练或系统的跨文化交际培训,人们的文化视野就会更加宏阔,就会更加自觉地换位思考,学会倾听,接受差异,形成跨文化沟通和交流的素养与能力。

二、民俗传播常用研究方法

民俗学和传播学自身都具有内容广博、容易和其他学科产生关联的亲和性。所以,民俗传播研究领域的研究方法是比较多元的。用于民俗学研究的具体方

① 蔡真妮:《美国孩子读不懂阿凡提》,《小学教学研究》,2011 年第 6 期。
② 迈克尔·H.普罗瑟:《文化对话:跨文化传播导论》,何道宽译,北京大学出版社,2013 年,第59 页。
③ 拉里·A.萨默瓦,理查德·E.波特,埃德温·R.麦克丹尼尔:《跨文化传播》(第六版),闵惠泉、贺文发、徐培喜等译,中国人民大学出版社,2013 年,第 314 页。

法，如田野调查方法、文献学方法，更加具体的分类法、分析与综合的方法、比较法、统计法等，①都可以用于民俗传播研究。传播学量化研究方法、质性研究方法、综合性研究方法也都可以纳入民俗传播研究方法的范畴。

结合前文所述民俗传播的理论梳理，我们发现民俗传播具有时间上的传承性、延续性，空间上的扩布性和撒播性，也具有跨文化传播中可能存在的刻板印象与文化误读。我们认为历史考证的方法可以梳理民俗传播从古至今、由今而古的时间上的传承发展问题。地理方法、绘制民俗传播地图可以呈现民俗传播空间上的分布与规律。访谈、深度访谈、焦点小组访谈等对话式的研究方法，可以有效深入沟通，既有利于消除文化上的偏见、刻板印象，也有利于化解文化误读、规避不必要的文化分歧和其他摩擦与争端，还可以真实深入地了解民俗文化传播的效果和影响。这三个系列的研究方法，相较而言，更加贴近民俗传播的基本特征，更加符合民俗传播研究的内在机理。

（一）历史考证法：从一重证据到四重证据

日本学者堀一郎在他的《民间传承的概念和民俗学的性质》中提出：民俗学是历史学科，并且是其中的"文化历史学"。②民俗研究作为历史研究的一个部分，历史既是其目的，也是其方法。因此，运用历史考证的方式进行民俗研究是民俗的学科性质决定的。或者说，考证历史是民俗研究和民俗传播研究的一种基本方法。

针对研究方式和时间选择长短的不同，可以区分不同类型的历史考证研究法。根据证据搜集、梳理、利用针对的不同研究对象和时间节点，大致可以将历史考证法区分为横断式历史考证、纵贯式历史考证、纵横交错式历史考证等类型。

横断式历史考证，侧重于民俗传播的某个时间段、关键事件，从民俗传播的长河中截取一个剖面、一个片段，以小见大，管中窥豹。纵贯式历史考证，研究者就某个民俗文化的传播案例、关键事件，某个区域的民俗传播，某个民族的民俗传播做跨越一定时间长度的由今及古、由古及今的追溯性、推演性研究，研究聚焦于民俗传播的时间性变迁，可以搜集不同时间点的数据，旨在了解民俗顺时而

①　钟敬文主编：《民俗学概论》（第二版），高等教育出版社，2010年，第371—378页。
②　转引自乌丙安：《民俗学原理》，长春出版社，2014年，第240页。

变的变迁趋势、世代更迭的民俗演变。纵横交错式历史考证,研究者根据需要,选取某个民俗传播关键事件、文化元素、民俗个案、民族性民俗文化现象,进行纵向与横向相互结合的梳理与追溯,展示、呈现民俗传播时间向度与空间向度的双重变化。

不论是上述哪一种向度的民俗传播历史考证,均需要搜集、挖掘、梳理充足有效的证据。"有一分材料出一分货,有十分材料出十分货。"有一分证据说一分话,有几分证据说几分话。根据前辈学人的艰苦探索,我们可以梳理出一个历史考据证据科学方法的发展脉络——从一重证据到四重证据。这些方法广泛应用于人文和社会科学研究诸多领域,也可以应用于民俗传播研究领域。

国内前辈学者从注重传世文献的单一视角与研究方法到注重二重证据法,实有多方面的原因。其中两个比较重要的原因,一是甲骨文、敦煌经卷等文献的发现,二是学者学术研究的方法自觉与方法创新。文献方面,1899 年,甲骨文字发现,并开始引起学界重视。1900 年,敦煌石室巨大宝藏重见天日,其中有两万多件经卷资料,包括佛经、公私文件,以及诸子、韵书、诗赋、小说等,书写所用文字除了汉文,还有梵文、藏文、龟兹文、突厥文等。此外,还有汉晋木简和内阁大库档案。在这四大发现中,给学界震动最大的是前两者,建立了甲骨学和敦煌学两个学科领域。

学者研究方法创新方面,应归功于以王国维为代表的学者们的方法自觉意识和方法创新精神。王国维在《古史新证》一书中提出"二重证据法":"吾辈生于今日,幸于纸上之材料外更得地下之新材料。由此种材料,吾辈固得据以补正纸上之材料,亦得证明古书之某部分全为实录,即百家不雅驯之言,亦不无表示一面之事实。此二重证据法,唯在今日始得之。"①纸上之材料加上地下之新材料,研究证据从纸上材料增加到纸上材料与地下新材料两种,实为研究方法与研究思路上的一个重要转折与重大突破。没有"二重证据法"的突破和创新,后来的"三重证据法""四重证据法""多重证据法"也无从谈起。因此,"二重证据法"的学术价值向来为人所重。陈寅恪的《王静安先生遗书序》对于王国维的学术方法尤为推许,并着重解释了学术研究"证据法"的"二重性","一曰取地下之实物与纸上之异文互相释证,二曰取异族之故书与吾国之旧籍互相补证,三曰取外来之

---

① 转引自梅琼林:《王国维与"三重证据法"》,《民族艺术》,1998 年第 3 期。

观念与固有之材料互相参证"，[①]诠释中亦有拓展。虽命名为二重性，实质已扩展到了多重证据与材料。

"二重证据法""三重证据法"突破了单向度思维方法，表现为多向度、全方位的文化探索，着力从文化典籍、考古文物和社会风俗遗存等维度探讨、阐释、研究问题，推动治学模式的转型，可以有效规避古代典籍以讹传讹、文化误释等问题，也可以更好地解释一些文化疑难问题。例如，西周以来的车马饰物以铜为主，也有铜鎏金的高级工艺。马首额间的金色葵花，一直不明白是什么意思。叶舒宪发现，彝族《作祭献药供牲经》有"饰马饰马首，额间饰葵花"的细节描述，葵花符号的意义就可以得到较为明确的解释，那正是天马不同于世俗之马的标志性符号。[②] 三重证据、多重证据，可以给古代文献或考古实物的解读带来语境还原的效果。

从 20 世纪初二重证据说，到 90 年代三重证据说，再到 21 世纪初四重证据说。表面看，三重证据、四重证据、多重证据只是证据的增加，其内里则意味着学科的跨越和融合。因为，三重证据涵盖典籍、文物、风俗，同时涉及文献学、考古学和民俗学三个学科。[③] 证据增加了，学科界限打破了，研究整体性增强了，从信古、疑古、释古到立体释古，[④]学术研究走向了新的境界。

例如，顾颉刚研究历史和民俗，勇于把民间的歌谣、戏曲、传说、故事等当作可资利用的材料，将之与高文典册里的经史材料放在同等的位置进行研究。把《左传》《檀弓》《孟子》上有关杞梁妻的记载与民间有关孟姜女的传说放在一起进行比较研究，从故事的变迁中寻找古史中传说演变的一般规律。[⑤] 有学者提出，沈从文研究中国服饰发展史，其研究资料不局限于典籍资料，而是将服饰的实物、图像和文献结合起来，综合考察，研究更加真实可信。[⑥] 饶宗颐研究三星堆文化，倡导甲骨文、田野考古与传世文献并重，将甲骨文与文献、考古彼此证明，是"三重证据法"的实际应用。[⑦]

叶舒宪从 90 年代运用三重证据法开展研究，到 21 世纪提出并运用四重

---

①　梅琼林：《王国维与"三重证据法"》，《民族艺术》，1998 年第 3 期。
②　叶舒宪：《玉、马、佛、丝——丝路中国段文化传播多米诺效应》，《人文杂志》，2016 年第 9 期。
③　梅琼林：《王国维与"三重证据法"》，《民族艺术》，1998 年第 3 期。
④　叶舒宪：《国学考据学的证据法研究及展望》，《证据科学》，2009 年第 4 期。
⑤　施爱东：《试析顾颉刚的民俗研究方法》，《民间文化》，2000 年第 11—12 期。
⑥　杨道圣：《沈从文与服饰史研究的三重证据法》，《艺术设计研究》，2021 年第 2 期。
⑦　李学勤：《论三重证据法与三星堆的意义》，《中国文化研究》，2021 年夏之卷。

证据法进行跨学科研究,已推出不少具有原创价值的研究成果。如前文所述,叶舒宪在研究玉石之路等问题时,充分运用四重证据法,研究结论令人信服。

叶舒宪认为,三重证据法"是在纸上的文献材料和地下挖掘出的考古材料以外,利用跨文化的民族学与民俗学材料作为参照性的旁证,来阐释本土的文学和文化现象的研究方法"。四重证据法包括:"一重证据指传世文献。二重证据指地下出土的文字材料,包括王国维当年研究的甲骨文、金文和后来出土的大批竹简帛书。三重证据指民俗学、民族学所提供的相关参照材料,包括口传的神话传说,活态的民俗礼仪,祭祀象征等。四重证据则专指考古发掘的或传世的远古实物及图像。"①这些资料分属于文字学、文献学、人类学、考古学和艺术史等。第一、二重证据为文字文本,第三重证据主要是口传文本和活态文化传承,第四重证据则是非文字非语言材料构成的文化文本。

从人类学角度看,历史上社会精英阶层掌握文字,也掌握话语霸权,对历史的真实和文化的多元有宰制和遮蔽作用。从二重证据、三重证据到四重证据,研究者如能充分发掘、利用多重证据进行互释,足以祛除人文研究文字中心主义之弊,还原被遮蔽的历史文化生活全貌。四重证据结合起来,构成"物象—语言—文字"整体性的人类生活世界,可以搭建起从语言学到现象学的认知桥梁。四重证据法能够有效整合新发现的非文字材料,可以逐步开展立体释古的文化文本重建工作,推动人文研究不断推陈出新。②

(二) 地理研究法:从文化调研到绘制民俗传播地图

如前文所述,德国人文地理学家、人类学家弗里德里希·拉采尔在研究文化圈问题时,充分借鉴了地理学的思维和方法。瑞士民俗学家罗伯特·威尔德哈贝尔认为,地理学家帕斯勒应是第一个提及并讨论绘制现代民间生活地图集想法的人。这一想法体现在他的博士论文《老萨克森农民屋的地理分布》之中,也体现在《德国的民间地理》一书之中。而且,他还发表了一篇题为"民俗学的地理学方法"的论文。民间生活现代地理学方法,可以用绘制地图的手段表现文化问题,可以观察文化区域环境与分布情况。在绘制完好的地图中,我们可以看到文化圈和文化疆域。当然,民俗地图不是固定不变的。通过添加一些有用的符号

---

① 叶舒宪:《物的叙事:中华文明探源的四重证据法》,《兰州大学学报》(社会科学版),2010 年第6 期。

② 叶舒宪:《物证优先:四重证据法与"玉成中国三部曲"》,《国际比较文学》,2020 年第 3 期。

和附加的注解,地图就能够将动态的历史呈现出来。①

国内学者在研究民俗传播问题时,也不乏这样的经典案例。顾颉刚研究孟姜女传说的异文现象时,就充分采纳了地理区域分析的研究方法。顾颉刚研究民间文学,不是单纯比较不同地域故事之间的异同,而是把它们分别纳入不同时期、不同区域进行具体分析。他在《孟姜女故事研究》结论部分的一则附言中论及这种地域文化变迁的研究方式:"只要画一地图,就立刻可以见出材料的贫乏,如安徽、江西、贵州、四川等省的材料便全没有得到;就是得到的省份每省也只有两三县,因为这两三县中有人高兴和我通信。"顾先生认为,如果能把各处的材料都收集到,必可以借这一个故事,将全国各地交通路径、文化变迁、宗教势力、民间艺术等做出更加清晰的描述。通过做地域分布图表,顾先生发现由于中国历代的政治、文化中心的变迁,使得一个传说会产生若干个传播中心点。一个中心点形成的时候,这个传说便会被当时、当地的时事、风俗、民众的思想感情所改造,从而发生变异。而且,在这个中心点周围的地区,传说是相对稳定的;而各中心点之间,传说则发生很大的变异,形成了不同的异文。结合地缘风俗,就会发现故事异文的原因所在。例如,陕西有姜嫄崇拜,杞梁妻变成了孟姜女;湖南有舜妃崇拜,孟姜女会有望夫台和绣竹;广西有被除风俗,孟姜女会在六月下莲塘洗澡;西南地区有称妻、妾事夫为孝的名词,故孟姜女会得变成了寻夫崩城的孝女。② 顾先生站在地缘的角度,运用地理的方法,尝试勾勒民间传说的文化地图,考虑不同地区的风俗差异,极有说服力地解决了同样一个故事存在大量异文的问题。

(三) 对话研究法:从访谈、深度访谈到焦点小组访谈

研究民俗的跨文化传播问题,离不开从访谈、深度访谈到焦点小组访谈的对话研究。唯有对话式研究方法,才能揭示民俗跨文化传播中可能存在的文化误读现象,考察民俗跨文化传播的效果与影响。

访谈可以从样本人群中获取推论信息。访谈的问题应该提前准备好,接受访谈者应该在规定的范围内,回答相应的问题。

深度访谈通常采用开放性问题提问,使用事实描述、总结、归纳方法。研

---

① 罗伯特·威尔德哈贝尔:《民俗地图集的制作方法》,《文化遗产》,2012 年第 3 期。
② 施爱东:《试析顾颉刚的民俗研究方法》,《民间文化》,2000 年第 11—12 期。

者通过访谈了解特定的社会现象,他们通常与被访谈者发展为一种熟悉的关系,使被访谈者很容易并很自然地将细节以及深层次的信息展示出来。研究目的是了解被访谈者内心深处的个人见解,他们的情感、动力和需求。深度访谈探索性很强,研究者需要逐步了解被访谈者的个人背景以及被访谈问题的背景,在访谈过程中不断修正要提出的访谈问题。为了使深度访谈能有效进行,访谈者要面对一系列问题,如找谁来谈、什么时候谈、什么地点谈、怎样组织访谈结构、采用什么样的方法访谈、怎样记录并转写等。

深度访谈的形式有非结构、结构、半结构三种形式。非结构访谈是研究者事先不知道哪些问题适合提出来,怎样提才不会影响被访谈者的情绪和感觉,也不清楚被访谈者的反应的一种访谈方式。半开放、半结构的访谈方式则是研究者先将问题准备好,现场再根据访谈情况,进行补充性提问。

在大众传播研究中,受众研究的一个比较典型的方法就是焦点小组访谈。焦点小组访谈法需要邀请了解相关研究问题的 6 至 8 名对象。经过访谈者逐步深入引导,了解受访者个人或集体的态度、观点或看法。访谈者从引导或预热式的开放式提问转向研究的焦点问题。例如,回顾某个"关键事件"、评价某部影视作品等。

访谈、深度访谈、焦点小组访谈,需要征得受访人同意,才能进行录音或录像。访谈后,要将录音或录像内容转成文字。①

在民俗传播研究和民俗跨文化传播教学与研究中,不乏运用对话、访谈、深度访谈、焦点小组访谈的案例。有老师在外国留学生班上执教"中国民俗"课程时,有意引导学生关注、比较自己国家民俗文化与中国民俗文化的差异。启发学生思考回答:中国各地的房屋类型有和你国家一样的吗? 东北饮食和你国家哪些地区的饮食习惯相似? 韩国和中国的中秋节习俗有何不同? 中国有"出门饺子回家面"一说,你们国家有这种讲究吗? 另外,还可以适时安排学生制作本国某一民俗的课件,在课上讲给大家听,使中国民俗的课堂也时常盛开异域的花朵。这样不但可以促使学生积极思考,更能使其深刻理解因地域、文化不同而带来的各民族、各国间的民俗差异。②

教学上,可以通过比较、讨论、对话,分析、解读民俗的差异。研究也是如此,

---

① 陈国明、彭文正、叶银娇、安然:《传播研究方法》,复旦大学出版社,2011 年,第 239 页。
② 谭丽梅:《对外汉语教学中〈中国民俗〉课程设置与思考》,《现代交际》,2019 年第 23 期。

通过对话、访谈、深度访谈、焦点小组访谈等方法，可以深入了解不同国家的人们在接触不同文化背景的文化问题、民俗问题时的真实理解和具体原因。

有研究者考察美国版《西游记》——《荒原》跨文化传播与理解时，采用了深度访谈的方法。他对 27 位非华裔美国青年观众进行半结构深度访谈，并对访谈资料进行基于对话理论的话语分析。访谈提纲包括三类问题：① 受访者对《荒原》的总体评价，包括喜欢或不喜欢的原因；② 受访者如何解读电视剧与《西游记》原著的关联，以及剧中的其他中华文化符号；③ 电视剧在文化上是否有难以理解之处，以及观看时如何对此进行思考。27 位受访者来自哥伦比亚大学、波士顿大学和达特茅斯学院三所美国高校，是在读的非华裔本科生或研究生，他们对中国文化有一定的了解和兴趣，是《荒原》观众。访谈主要通过面对面的方式进行，辅以电话访谈。访谈语言为英语。平均单次访谈时间约为 100 分钟，累计访谈时间约为 45 小时。研究发现，欧美观众将西游记故事视为娱乐消费品进行享受，将西游记故事与典型的中国文化符号进行对比理解，将其中的中国文化元素与其他民族文化元素混合理解，借助固有的西方文化框架理解中国文化。研究者认为，我们要实现的是一种有实质意义产出、达成非对抗性理解的跨文化对话。[①] 因此，增强中华文化的亲和力、对话性、传播力是十分必要的。那些在对话中形成的新的惯例和习俗，完全有可能成为跨文化传播发展的新起点。

思考题：

1. 选取一个民俗文化事项，以小组合作的形式，面向国际学生开展该民俗事项国际传播与交流的现状调研，并形成一个调研报告，在课堂上交流分享。

2. 选取一个民俗文化事项，与同学们讨论，如何更好地将民俗传播学理论与方法应用于国际中文教学研究与实践中。

参 考 书 目

1. 孙宜学：《中外文化国际传播经典案例》，同济大学出版社，2016 年。

2. 钟敬文：《民俗学概论》，高等教育出版社，2010 年。

---

① 田浩：《讲好中国故事的跨文化传播路径》，《新闻春秋》，2019 年第 6 期。

3. 杨利慧:《神话与神话学》,北京师范大学出版社,2009 年。

4. 仲富兰:《民俗传播学》,上海文化出版社,2007 年。

5. 顾颉刚:《孟姜女故事研究集》,上海古籍出版社,1984 年。

6. 荣格:《心理学与文学》,生活·读书·新知三联书店,1987 年。